U0841051

《魏延昌地形志》存稿辑校

[清]张穆 原著
安介生 辑校

齊魯書社

国家古籍整理出版专项经费资助项目

目 录

《魏延昌地形志》卷之二

《魏延昌地形志》卷之三

辑校说明

——兼论张穆《魏延昌地形志》存稿的学术价值

《魏延昌地形志》一书，是由清代著名学者张穆撰写，后又经何秋涛补辑整理的关于北魏延昌时期的地理志著作。由于此书在作者本人生前并没有全部完成，后来也没有正式整理刊印，结果导致许多内容逐渐散失，迄今仅留下数卷手稿。《〈魏延昌地形志〉存稿辑校》一书，就是笔者对这些存世手稿进行初步编辑、校订的成果。张穆存稿主要包括以下几个部分的内容：阮元序文、张穆自序、目录（包括总目与分目）、司州三卷等。

一

张穆，是清代以及中国古代学术史上一个光辉的名字，在笔者个人看来，张穆称得上是清代历史地理学术成就的最杰出代表之一。他以短暂的生命挥写出中国古代学术史上辉煌的篇章，他的学术巨著是中国传统学术宝藏中不可磨灭的宝贵财富。

张穆，谱名瀛暹，字蓬仙，后名穆，字诵风，又字石州、石舟、硕州等，故而何秋涛等学者尊称他为“石翁”。又别署季泄、月斋等，晚号靖阳亭长。张穆为山西平定州(今山西阳泉市)人,据《石州年谱》记载,他出生于嘉庆十年(1805年)农历十月初九日,卒于道光二十九年(1849年)十一月初九日,享年仅四十五岁。张穆出身于官宦家庭,祖父张佩芳为乾隆二十一年举人,二十二年进士,曾历职安徽歙县、合肥、寿州、泗州等地,后晋封朝议大夫。张佩芳著述丰富,著有《希音堂集》、《翰苑集注》、《歙县志》、《卷州志》等。父亲张敦颐同样学识博赡,曾应聘主持太平县太平书院,为嘉庆六年举人、十六年进士,后授职翰林院编修、武英殿纂修、文颖馆纂修等。应该说,生长于这样一个充满学术氛围的官宦之家,张穆自幼受到了良好的中国传统文化教育,而且早在十岁时便离开家乡,跟随父亲进入北京生活。然至嘉庆二十三年(1818年),张敦颐病逝于浙江建德县任上,这对于少年时代的张穆不啻是一个重大打击。然而,所幸的是,张穆受到表舅莫晋先生的扶助,就傅其家,继续从事传统文化典籍的研习。年少的张穆已显示出过人的才华,受到莫晋的高度赞赏。他对于经典学术研究情有独钟,曾特地拜访山西籍著名学者祁寯藻,并结为终生挚友。道光十二年(1832年),张穆再次来到北京,考取了正白旗汉教习,并与俞正燮、何绍基等著名学者相知、相识,还得到了程恩泽等官员的赏识,在京都学界声誉鹊起。

而立之后的张穆在北京如鱼得水,著述迭出,如审定祁韵士《西域释地》及校订《西陲要略》,校定《安玩堂藏稿》及《吴侍御奏稿》等。但是,出身于官宦之家的他似乎不能逃脱科举入仕之路。道光十九年(1839年),年届三十五岁的张穆参加顺天府乡试,因负才傲物,触犯场规,惹恼考官,竟被押送刑部受讯。后虽无罪开释,但被永久摈斥,不得再参加科举考试。这一挫折自然更加坚定了张穆矢志于学术研究的决心,"闭户著书,益肆力于古","盖其志专欲以学术名后世也"。"祸福相倚",也就在这一年,张穆有幸受到了当时的学界巨擘阮元的激赏。身居高位的阮元在学术界拥有崇高的威望，著作等身，当见到张穆的著述，他不禁惊叹为“二百年无此作也”。这无疑大大提升了张穆在当时学术界的知名度。“识者谓：先生之学，盖全氏谢山（祖望）、钱氏辛楣（大昕）之俦，非它家所可拟云。”（《石州墓志》）全祖望、钱大昕均为清代冠绝一时的大师巨子，张穆能获得如此赞誉，可见当时学术界对他学问造诣的高度认可。

其后，仅仅过了两年时间，至道光二十一年，张穆就完成了《魏延昌地形志》一书的初稿。阮元欣然应允为此书作序。道光二十三年（1843 年）岁末，当张穆收到阮元手书的序文时，十分感动，在给阮元的复信中充分表达了感激之情：“穆夙揽鸿文，心仪古学，积思愿见者，垂二十年。虽久承奖借，曲荷招徕，终以潢潦细流难语河海之大，望门却步，诚自量也……岁杪，从子贞太史（即何绍基）处奉到手书并赐撰《延昌地形志序》，一得之愚，信心实难。及经拈出，辄用自诧，只此一端，已足千古，人间美满，不可多占也。穆年交四十，正斐然有作之时，此后岁月足珍，誓当于饥寒蕉萃之中，勉图树立，副函丈期望之雅。”自惭地位卑微的张穆虽经阮元大力奖掖，竟无意上门拜见致谢，其性格之刚介不群，由此也可见一斑。

但是，“天妒英才”，仅仅又过了五六年之后，性格刚介、才华卓异的张穆就走完了四十馀年的生命历程。更令人揪心的是，在他逝世之时，他的一些主要学术著作如《蒙古游牧记》与《魏延昌地形志》等，都没有最终脱稿及刊印。然而，张穆的学术贡献并没有因为英年早逝而销声匿迹，这就要感谢另一位清代的学术巨子——何秋涛的无私奉献。何秋涛通过艰苦的整理工作，最终没有让张穆的心血付诸东流。

何秋涛（1824～1862），字愿船，也是一位清代学术史上声望卓著且英年早逝的著名学者，撰有边疆史地名著《朔方备乘》等。他晚生张穆十馀年，既为张穆的忘年之交，又是他的学术挚友，对张穆的学术成就十分敬重。祁寯藻在《㐆斋文集序》中指出：“今石州之归葬，亦赖同人襄助，其遗稿则属之何子贞太史及何愿船比部。愿船既撰《石州墓志》，复为补辑北魏《延昌地形志》、《蒙古游牧记》二书成帙。"何秋涛在所撰《石州墓志》中提到了当时手稿的情况："先生既殁，秋涛偕何编修绍基次其稿曰《月斋文集》、《靖阳亭札记》各若干卷，《延昌地形志》、《蒙古游牧记》杂涂乙，未脱稿，秋涛将为理而成之。"关于何秋涛补辑工作的情况，我们从本稿所收原志目录注文中窥得一斑。如他在目录按语云："（卷之十五）以下皆据石翁初稿补目。"应该说，何秋涛所见张穆原稿还是基本完整的，只是目录尚未全部整理出来。

但是，最终出于各种原因，《魏延昌地形志》一书在何秋涛生前也没有刊印，其手稿遂至逐渐散失。这可谓清代学术界的一大损失。现代著名学者王仲荦先生在《北魏延昌地形志北边州镇考证前言》中遗憾地讲道："清世平定张穆石秋（应为州——笔者注）著《延昌地形志》二十卷，欲以补魏收之阙，惜其书散亡，今所存者，惟目一卷，司州三卷而已。"这也就是张穆这部手稿保存至今的基本状况。

二

整理与研究《魏延昌地形志》，对于南北朝历史地理研究、张穆学术思想以及清代学术史研究都具有重大价值与意义。从这部《魏延昌地形志》存稿内容可以看出，其学术价值与意义主要体现在以下几个方面：

（一）对于南北朝历史地理研究的重要价值

对于《魏书地形志》及相关学术问题作出公正而明确的判定，是张穆对南北朝沿革地理研究所做出的重要贡献之一。根据张穆《自序》，我们知道，张穆对于南北朝历史地理的研究发轫于对《水经注》的研读。而其好友俞正燮提出建议，劝其应先研治《魏书·地形志》。在现有南北朝八部史书中，魏收所撰《魏书》受到批评最多,甚至在书成不久即被目为“秽史”。但是,古人的批评往往集中于人物评价方面,而对于《地形志》所存在的问题并不是很清楚。对于《地形志》的研究,张穆也经历了相当长时间的困惑。然而,经过潜心钻研,终于豁然开朗:“此非北魏之志也。”《魏书·地形志》实为东魏之地理志,根本无法反映北魏政区地理发展的实况。应该承认,这一发现意义重大,使学术界对于《魏书·地形志》的性质有了一个正确的认识与理解。

既然《魏书·地形志》无法反映北魏政区演变的状况,那么,在《魏书·地形志》的基础上进行修修补补就没有什么太大的价值了。根本的解决之道,便是另起炉灶,重撰新志。但是,对于一位生活于清代中期的学者,想要重新撰写一千多年前的北魏王朝的地理志,何啻于痴心妄想!这需要多么刚强的毅力与多么高超的才智啊!然而,张穆毅然决然地开始了重编新志的工作,“更事排纂,勒为此《志》”。

笔者以为:存稿之中,价值最高者无过于“总目”与“分目”部分,从这两个目录中,我们不仅可以了解《魏延昌地形志》的基本框架,还可以了解北魏全盛时期政区概况,这无疑是《魏延昌地形志》的学术精华与最高成就所在。其中,“分目”部分清晰地记载了各州州名、各州所辖郡名及数目、各郡所辖县名及数目。这些内容大都是张穆前无古人的创造,殚精竭虑的成果。连何秋涛在按语中也不免赞叹道:“恒、朔诸州,皆石翁凿空而成,精力尽见于此。”也就是说,在《魏书·地形志》等相关记载极为阙略的情况下,张穆为了恢复这些地区的政区沿革状况,付出了惊人的心力与智慧。

关于《延昌地形志》的卷数,历来有不同的说法。如《清续文献通考》卷二六一载:“《北魏地形志》十三卷,张穆撰。”现代学者范希曾在《书目答问补正》中也强调:“张穆《延昌地形志》,未见传本。此书为补正《魏书·地形志》而作,全书未成,仅成书十三卷。”本稿所辑《魏延昌地形志分目》十分明白地解决了这一难题。这份目录共有二十卷的内容。然而,何秋涛在按语中指出:“自夏州一篇原稿未完,东夏州以下全阙,秋涛依原例辑补成书,语足成之。”但是,如果结合阮元序文分析,其中还有阙疑之处。因为如果张穆没有完成初稿,显然不可能送与阮元撰写序文。况且,在目录“东夏州”以后的注文中,何秋涛还多次提到手稿内容,这说明张穆手稿没有经过整理,目录没有全部理清,但内容还是较为全面完整的。当然,也不排除在何秋涛接到手稿之前,手稿内容已有部分散佚,其中最为可惜的便是附图部分的流失。张穆研治舆地之学,重视地图,而阮元在序言中已提到原稿有总图及各州郡图,但在何秋涛修订后的目录中却没有提到附图。

在现当代研究南北朝沿革地理的学者中,王仲荦先生无疑是成就最高的一位,他的名著《北周地理志》在现代中国学术界产生了较大影响。王先生对于《延昌地形志》极其重视,《北周地理志》中便附录有《北魏延昌地形志北边州镇考证》一文,即有意续补《延昌地形志》之阙遗。王先生在该文前言中明确指出:“荦既撰集《北周地理志》成,每苦北魏时北边州镇废置不详,地望难准,窃欲补亡,以附此书之后。”文中所谓“此书”,便是指《魏延昌地形志》稿本。据此,也可以说,《魏延昌地形志》已在事实上成为南北朝历史地理研究的一个前提与基础。其重要意义不言而喻。

(二)对现代古籍整理工作的重要价值

清代在古籍整理及文献版本学方面取得了巨大的成就,对于郦道元所撰《水经注》的整理与研究便是一个突出的事例。其间,一批最杰出的学者均对《水经注》整理工作付出了艰苦的努力,其中包括全祖望、戴震、赵一清等人。经过这些学者的卓越工作,《水经注》一书始以善本面世,供学者使用。现代学者将《水经注》的研究称为“郦学”,而可以肯定地说,在传统时代“郦学”的伟大殿堂之上,清代学者无疑居于其中翘楚的地位。没有清代学者的艰苦工作,也就没有现代“郦学”建立的基础。

由“自序”可以看出，张穆撰作《魏延昌地形志》的源起，主要出于对《水经注》研读的需要。而从张穆所撰《自序》中同样可以看出，《魏延昌地形志》撰成的另一大目的，也是服务于《水经注》研究。而总观本稿，《魏延昌地形志》的创作，其实是与《水经注》的研究分不开的，我们甚至可以肯定，没有《水经注》、《洛阳伽蓝记》等伟大史地著作，也就不可能有这部《魏延昌地形志》的出现。《水经注》虽以研究水系为主，但相当详尽地记述了水系及流域所涉及的区域历史地理的变迁，这些记载无疑是反映北朝时期历史地理最直接、最重要的第一手文献。而魏收等人在撰写《魏书·地形志》时，恰恰遗漏了这些宝贵的文献资料。

当然，利用《水经注》资料并不是轻而易举的。首先，“郦学”的第一步工作便是不同版本的校订，因为各种版本的记述内容存在差异，这会直接影响到其资料的使用。而不同版本的判断与选取，会对使用者的学力有着相当高的要求。其次，在版本确定之后，《水经注》所载水系相当复杂，相互交织，与地理名物的对应问题也相当棘手。其过程犹如披荆斩棘，错综复杂。张穆对《水经注》所做出的选取与校订，对于我们今天研究《水经注》具有重要的参考价值。

在这部存稿中，除《水经注》、《洛阳伽蓝记》等南北朝名著外，张穆还引述了众多史地名著，如《元和郡县图志》、《太平寰宇记》、《通鉴》胡注以及《读史方舆纪要》等。因为当时缺乏今天古籍整理的大量成果，学者们对于这些古籍的使用，都面临一个版本及相关问题的辨别问题，这同样是对使用者学力与判断力的考验。张穆在引述过程中，对各种名著所存在的错讹之处也进行了不少分析与说明，这些论列对于我们今天研究这些名著也是极具启发意义的。

对于同时代学者的著作与成果，张穆也是相当重视，每每引述，因此，也可以说，这部存稿在某种程度上代表了清代学者在南北朝史地研究的集体成就。张穆引述的著作，既包括《大清一统志》、《河南通志》等官方修订的大型著作，也有《日知录》、《尚书后案》、《癸巳类稿》等私人撰述，均反映出他非凡的识见与渊博的学问。部分引述的内容（如《永乐大典》内容）甚至有很高的文献价值。

《魏延昌地形志》原稿虽然散失不全，但如前贤遗珍，还是受到现代学者高度重视。如在中华书局"二十四史"校点工作中，著名史学家唐长孺先生主持《魏书》的校点工作，我们从其校勘记中可以发现，唐先生多次利用了《延昌志》的内容来校订《魏书·地形志》的相关内容，如《魏书·地形志》"广武郡中牟县"下有"中汤城"，卷末"校勘记"云："《延昌志》'汤'字改'阳'，引《水经渠水篇》（卷二二）'承水又东北入黄瓮涧，北径中阳城西，（中略）《竹书纪年》：梁惠成王十七年，郑釐侯来朝中阳者也。'《杨疏》于上引条下亦云《地形志》'汤'为'阳'之讹。"可见，张穆的精辟见解得到了学者们的赞同。又如《魏书·地形志》"荥阳郡密县"下有"治容城"的注文，卷末"校勘记"云："诸本'密'作'容'。《延昌志》卷二'荥阳郡密县'下改'密'，云：'今本《地形志》作容，误。'杨校：'《志》例：县已移治者，于故城则曰有某城；未移治则云治某城。容与密形近，其为密之误无疑。'温径改'密'，无说。按杨说是，今改正。"这里所云《延昌志》，同样是这部《魏延昌地形志》存稿的内容。

（三）对于认识清代学术史及学术方法论的重要参考价值

张穆生前极其重视对于清代学术史的研究，他自幼便喜读先儒学案，成年之后，撰成《顾亭林（炎武）年谱》与《阎若璩年谱》，其目的便是总结与继承前辈学者的治学经验，以鼓励与引导后学。如他在《阎若璩年谱题识》中指出："癸卯（即道光二十三年，1843年）夏，穆改订《亭林年谱》既卒业，念国朝儒学，亭林之大，潜丘（即阎若璩）之精，皆无伦比，而潜丘尤北方学者之大师，因取杭大宗、钱晓征所为《传》,及《札记》、《疏证》诸书,排次岁月,为《潜丘年谱》,将以诒吾乡后进,兴起其向学之心……此本虽罣漏仍不免,然于潜丘束身力学之大纲,约略具矣。学者倘能循潜丘读书之法,研证经史,勉成实学,而不蹈标榜声誉,苟简自封之习,是则区区举似前贤之微意也。”

在《〈魏延昌地形志〉自序》中,张穆对于自己的研究方法与学术态度均进行相当明晰的说明,如云“三代以来山川古迹,班、马两《志》甄录已多,收书或繁,或啬,绝无条理。今亦不复盗袭前修,以炫耳目”。传统时代的学者往往以古为尚,述而不作,而像张穆这样提出“盗袭前修”弊端的学者恐怕是不多见的。这在中国传统学术史上也有着相当积极的意义。

当然,还需指出的是,这是一部传统时代学者的著作,其不足与缺陷也是毋庸讳言的。传统时代的学者们有着他们特殊的生活环境与教育背景、特殊的情感认同及意识形态。而这些特殊情感与意识形态不可避免地反映在张穆的手稿之中。例如,笔者在手稿中惊奇地发现,不少空阙之字,比如“旧”、“顽”、“乖”、“瑕”等,都是作者有意为之。也许是感怀于坎坷的身世,也许是某些字眼刺痛了张穆的内心世界,这可以视为一种文化心态,但是,这在校勘问题上却触犯了大忌,必须加以纠正与说明。否则极有可能以讹传讹,造成新的问题与误解。另外,《魏延昌地形志》手稿虽然卷帙不多,但引述繁富,且很多内容存在重新修改、排定的问题,后来增加的内容也相当多,全系手工抄录,对于我们今天的学习与研究造成了不少的障碍与困难。

三

《魏延昌地形志》是张穆最有影响的学术巨著之一,在清代学术史上占有相当重要的地位,很早就引起了学术界的关注,但是,出于流播与散失的问题,大大局限了它应有的影响与价值。近代大学者梁启超先生在《中国近三百年学术史》中就提到了张穆的《魏延昌地形志》,并注云:"此用延昌时为标准,补正《魏书·地形志》也。"然而,长期以来,学术界未睹《延昌地形志》之真容,自然更无法谈及阅读及利用了。而现代学者唐长孺、王仲荦等先生均因得到《延昌地形志》的抄本方得以运用于校勘工作。

辑校《魏延昌地形志》存稿,可以说是笔者做《魏书·地形志》汇释工作的一项意外收获。早在十馀年前,笔者就接受恩师葛剑雄教授的委托,开始了《魏书·地形志》的汇释工作。"正史地理志汇释"工作,是当代历史地理学巨匠谭其骧先生生前所主持制定的一项重大学术工程,《魏书地形志汇释》就是其中的一部。接受任务之初,鉴于学力,笔者根本无法真正了解这份任务的复杂性与艰巨性。但是,随着时间的推移,愈发感到这份工作的艰巨与复杂。时过境迁,十馀年过去了,这部书依然没有完成。值得庆幸的是,这项工作让笔者能有机会深入到传统沿革地理学之堂奥,窥视到中国传统学术殿堂的博大与精深。

在开始从事《魏书·地形志》汇释工作后不久,笔者便遇到一个最棘手的难题。具备清代学术史常识的人都会知道,张穆所撰的《魏延昌地形志》是历代研究《魏书·地形志》最杰出的成果之一,因而也就成为是汇释工作所必须搜集的、必不可少的最重要内容。如果不能收集到《魏延昌地形志》的内容,将会极大地影响汇释工作的质量与价值。

在开始汇释工作不久,同所的钱林书教授就十分慷慨地将他所珍藏的《魏延昌地形志目录》赠与笔者,这本目录由原来复旦大学历史地理研究室翻印,钱教授保存得相当完好。这本目录的重要性是不言而喻的。经笔者查找,当时所里资料室并没有保存《延昌地形志》的前三卷抄本。为了弥补这一缺憾,笔者开始了四处寻找《延昌地形志》抄本的漫长历程。

根据前面提到的情况,笔者曾经推定,除唐长孺先生外,王仲荦先生肯定保存了一部《魏延昌地形志》手稿。因为在阅读著名学者赵俪生先生关于西北史地研究的文章时，笔者发现赵先生曾动情地回忆在王仲荦先生家中盛夏挥汗抄写《延昌地形志》手稿的情形。因为王仲荦先生已经过世，笔者便写信给赵先生，寻求这部手稿的信息。赵先生很快给笔者写来了回信，但是，很遗憾，赵先生告诉笔者：他的手稿已被一位学生借走，并带往国外。而他已与这个学生失去了联系。

现在中国人民大学清史研究所工作的华林甫教授，是笔者多年的好友，也负责着《隋书·地理志》的汇释工作。2004 年上半年，他告诉笔者，中国社会科学院历史所图书室藏有一部《魏延昌地形志》稿本，他曾在那里翻阅过。得到这样的消息，笔者非常兴奋，很快专程赶到北京中国社科院历史所图书室，查询相关情况。但是，经过反复查对与核实，图书室已经是有目无书。或许经过多次搬迁，手稿一时不知所在了，笔者还是空欢喜了一场。

"踏破铁鞋无觅处，得来全不费功夫。"就在笔者心灰意冷之时，事情却发生了可喜的转机。在一次与历史地理研究所老教授们的愉快交谈中，对南北朝史地深有研究的赵永复先生得知笔者的烦恼后，竟然"变戏法"般从资料柜中取出了一部《魏延昌地形志》的抄本。也许是时间久远，包括恩师在内的许多所里老师已忘却了本所还珍藏着一部手抄本！这一抄本的发现，真正让笔者无比的欣喜。这份抄本，再加上先前钱林书教授赠与的目录，也就构成了今天这部存稿的最主要内容。

科学校勘学的发展，是现代中国学术史的一个重要组成部分。著名学者胡适先生在《元典章校补释例序》中指出："校勘之学无处不靠善本，必须有善本互校，方才可知谬误；必须依据善本，方才可以改正谬误；必须有古本的依据，方才可以证实所改的是非。""以上三步工夫，是中国与西洋校勘学者共同遵守的方法，运用有精有疏，有巧有拙，校勘学的方法终不能跳出这三步工夫的范围之外。"

显而易见，在现代古文献校勘工作中，善本的取得与对校是极其必要的。但是，在许多情况下，善本的取得十分困难，而且，善本的完善与否，也是相对而言的，本身也会存在一些需要订正的问题。因此，“聚古人于一堂”，采取多种版本进行对校及理校，是今天古籍整理工作的必然取向。

在常人心目中，由于脱离古代的语言环境，现代年轻一代学者进行古籍整理工作，似乎是勉为其难，甚至会得到吃力不讨好的后果。在开始从事整理工作时，笔者也不免心存忐忑，缺乏信心。然而，随着工作的开展，笔者的心态与观念发生了重大改变。首先，自新中国建立以来，几十年间，大陆学术界在古籍整理方面取得了令人瞩目的巨大成绩。以“二十四史”点校本与《资治通鉴》点校本为代表，当代中国学者在古籍整理方面的贡献不容低估，这些优秀成果无疑为以后的学术研究创造了良好的环境与条件。与这部辑校直接相关，《水经注》、《元和郡县图志》、《太平寰宇记》、《读史方舆纪要》等重要的历史地理名著在近年来都有相当完善的校点本刊行，这对于笔者的校勘工作有着极大的助益。其次，电子书籍的大量涌现及检索功能的提升，为今天的古籍校勘提供了巨大的便利与帮助。在这部存稿的校勘工作中，笔者得到了实实在在的帮助。如果没有今天最新的电子文献及检索工具的使用，这部存稿校勘工作的最后完成恐怕会持续相当长的时间。特别值得一提的是，笔者所在的复旦大学图书馆购买了电子版《中国基本古籍库》与《中国方志库》，能够很方便地登录与检索，这种便利与效率是以往学者所想象不到的。其三，网络时代的到来，为研究者在网络上及时查找相关信息也提供了极大的便利。所以，今天的研究者真正可以做到不出家门而“看遍天下”与“搜遍天下”，而大大减少了“闭门造车”的担忧与弊端。因此，可以毫不夸张地说，校勘学的新时代已经来临，技术方面的巨大飞跃，必然为当代古籍整理工作注入强大的活力，同时，也会激励更多年轻学者投身于古籍整理的队伍中来。

学术为天下之公器，接续前贤学术烛火，并努力使之发扬光大，是后代学者义不容辞的历史责任。也许是仅仅剩下数卷的分量，《魏延昌地形志》存稿一直未能整理出版，这对于学术界来讲无疑是一大缺憾。回想当初本人为寻找这部书稿所遭遇到的种种辛苦，因此，笔者很早便有将存稿整理出版的想法，所以，几年来，作为《魏书·地形志》汇释工作的一部分，笔者一直在抽时间整理、标点《延昌地形志》的文稿内容。在这一过程中，笔者发现，由于没有最后的校核与整理，这部存稿内容中错漏、脱讹之处甚多，如果不进行全面整理及正式出版，甚至无法运用于《魏书·地形志》的汇释之中。这无疑大大增加了存稿辑校出版的必要性与迫切性。另外，现代中国学者对于存稿中所引用的许多古籍名著的研究都取得了相当突出的成就，《水经注》的研究也不例外，整理、搜集及利用这些新成就与新成果，无疑会大大提升这部存稿的学术含金量。

山西是笔者出生及长大成人的故乡，多年来，乡土情缘促使笔者积极致力于山西地方史地问题研究。近些年来，随着对张穆学术研究成就的深入认知，笔者对于这位乡贤高山仰止的崇拜之情与日俱增。能够有幸整理他的遗稿，让笔者感到无上的光荣。中外前贤都曾告诫过，整理前人手稿是一桩相当艰辛的工作，何况笔者面对的是一位伟大学者的手泽！尽管常常以古今贤哲的事例自我鼓励，但是，在整理过程中，还是免不了困顿与倦怠。而每每在这种时刻，反复聆听 F. I. R(飞儿)乐队的名曲——《千年之恋》，竟让笔者的内心充满了感动与力量：

……

穿过千年的伤痛，
只为求一个结果，
你留下的轮廓，指引我——
黑夜中不寂寞。

穿越千年的哀愁，
是你在尽头等我，
最美丽的感动，
会值得用一生守候。

空灵的吟唱，跌宕而极具张力的旋律，这种情境与我们耳熟能详的学问“三种境界说”是何其相似啊！古今词人跨越千百载的“心领神会”，梦幻般地演绎出祖国传统文化历劫不灭的“魂魄”，而这份至真至纯的不朽“魂魄”，确实值得后世学人用他们一生的时间来幸福地“呵护”与守候。

最后，必须重申的是，这部辑稿是笔者个人深入研究南北朝历史地理及张穆学术思想的一个重新开始。因为个人学力以及时间关系，笔者对于北魏历史地理的很多问题尚无力进行全面的分析与说明，而且辑校时间持续较长，前后也不免有疏漏及不一致的地方，对于引证资料所涉及的许多复杂考证问题也无法深入探究。这次辑校整理工作一定存在不少失当之处，还望学界师友不吝赐教。笔者特别希望，这部辑稿的推出，能够积极推动中外学术界对于南北朝历史地理以及对张穆学术成就研究的关注。如果这部辑稿的出版，能促使张穆更多遗稿的整理出版，那不仅是当代学界的幸事，也将是中华传统学术的幸事！石翁不朽，华夏学术永存！

岁次庚寅(2010 年)深秋
安介生撰于海上德砚斋

凡　例

一、主要内容与增加部分。《魏延昌地形志存稿》原稿主要分为三个部分:(一)是阮元的《序》与张穆的《自序》;(二)张穆撰写、何秋涛补辑的《魏延昌地形志目录》;(三)张穆所撰写《延昌地形志》司州三卷原文。本次辑校增加了"总目录"、"辑校说明"、"凡例"、"征引文献及版本目录"等几项内容。

二、稿本的编排标点分段工作。原稿是手抄稿本,左行竖排,没有句读。今依出版要求,改为横排右行,用新式符号进行全面标点。原稿往往以一县内容为一自然段落,本次辑校采取更细致的条目分段,便于读者阅读。

三、原稿内容之区别。司州三卷原文内容分为"正文"与"正文注释"两个部分。本稿首先用不同字号加以区别,其次用圆括号()标注"正文注释"部分。另外,原稿在"正文注释"之外,还对引述文字进行注释,称为"原注";原稿内容又有作者本人及何秋涛增补及调整的文字内容,称为"夹注",均用方括号[]加以标识。

四、校订工作。辑校者对原稿所引述的内容进行全面的校订,对于各种文献资料歧异之处,用数字加圆圈号○在每句后标出序号,而校订及解释内容附在正文段落之后"校注"部分之中。

五、引述文献的处理。鉴于今天许多古籍有多个点校版本,因此,辑校者通常选取一个最为完善的版本进行核校,称为“今本”(如“二十四史”与《资治通鉴》等均用中华书局1997年版点校本。本书校注中凡涉及此两种版本者,均称“今本”。在“征引文献及版本目录”中,“今本”照例排在首位。常见古籍或选用古籍只用一种版本,则不强调“今本”)。如有歧异之处,则参校其他版本进行校订及分析。但是,对于《水经注》版本特别繁多的特殊情况,辑校者以《水经注疏》为主,同时参考《水经注校证》、库本《水经注》等著作进行参校。

六、关于原稿引述文献简省问题。原稿简省既包括文献书名、篇名的简省,同时更多包括文献内容的简省。书名的简省如将《元和郡县图志》称为《元和志》,《读史方舆纪要》称为《方舆纪要》等,甚至《魏书》等正史中的传记直书传名等等。对于书名、篇名的简省,通常在首次出现时进行补阙外,其后便不再增补。其次为引述文献内容的节略。张穆的许多引述,可谓“意引”、“节引”,并非全部照抄。为保证原始文献的完整性,避免以讹传讹,辑校者在较多内容节省的情况下加以标注,以免读者的误解。

七、关于错讹脱漏内容的处理。存稿辑校工作以最大限度地保存原书风貌为指针,因此,对于原稿中明显的错讹脱漏的内容进行补、改、存考等处理。将原稿错讹内容用尖括号〈〉括出(包括原稿作者已圈删的文字),但不直接从字面删去。将辑校者改定、补充的文字用花括号{}标出。

八、关于繁简文字问题。张穆擅长书法,又有崇古之好,因此,抄本中古体字、异体字频出,本次辑校以简体字出版,必须进行繁简字及规范化处理。处理的主要根据是《现代汉语词典》(修订本,商务印书馆2001年版)、《汉语大字典》(湖北辞书出版社、四川辞书出版社1997年版)等。同样本着最大限度保存原书风貌的原则,尽量保留原稿中使用的文字形式,但也不全袭用繁体。

《魏延昌地形志》序[①]

魏收所撰《魏书·地形志》三卷，简略太甚。其叙州郡，不述太和全盛之规，转录武定分裂之制，识者病之。平定张君（穆）著有《延昌地形志》一书，精博之至[②]。大〈指〉{旨}谓魏收书乃东魏之志[③]，与北魏无涉，于道武、太武建国之模，孝文、宣武创垂之业一字不纪，而徒贡谀高齐，自来志家〈书〉无此荒谬[④]。乃博采旁稽，重事厘订，凡古书及金石遗文有涉及魏事者，必详采之。西北陂塘〈唐〉堰泽[⑤]，中尉纪叙最详[⑥]。今并考其兴废及见今情形，冀后来者有所取法。《收志》讹字甚多，以郦氏《水经注》及各地志正〈订〉其讹脱[⑦]。有《总图》，有各州郡图，载每卷之首[⑧]。

余略为缁阅，洵属〈为〉实事求是之书[⑨]。其中尤精确者，如并州上党郡之石井关，《收志》沿《班志》上党郡"有天井关"之文。不知汉上党郡南逾阳阿，魏上党境南不过玄{元}氏[⑩]，乃改系之"建兴郡高都"下[⑪]。〈并〉{晋}州平阳之禽昌县[⑫]，收云[⑬]："即汉、晋之北屈。"不知汉、晋北屈县在今吉州东北，魏禽昌县在今平阳东、洪洞东南，相歫{距}绝远[⑭]，断非一地；并推详其致误之由。又"永安郡平寇县"有鸡头山神祠[⑮]，谓即今{忻州}系舟山{之}支阜[⑯]，系舟、鸡头，声转最近。"浮阳郡章武县"有"大家姑祠"[⑰]，"或云麻姑神”。据《寰宇记》[18]，清池县有“麻姑城”。而《水经·〈浊漳〉{淇水}注》[19]：“清河又东北，径〈纻〉{纻}姑邑南[20]，俗谓之新城。”俗说“麻姑”，盖即由〈博〉{傅}会“纻姑”之名而起[21]，纻、麻义相通也[22]。

又此书虽为《魏志》而作，兼为读《水经注》者示其表畷，故凡与《郦注》相涉者每不惮词费，然亦不意存左袒。如“太仓翟泉”，则从《伽蓝记》[23]，而不从郦氏之说。至于戴氏所校之本[24]，未免意为删改。如《收志》“湿沃县”有“后父城”[25]，即《〈漯〉{河}水注》之“后辅城”[26]。近本“后”讹作“右”[27]。戴氏不知取证《收志》，而改“右”为“左”[28]。凡若此者，亦一一辨正之。其系以延昌者，据《初学记》引《括地志》云：“{后}魏孝文帝都洛阳[29]，开拓土宇。明帝熙平元年，凡州四十六，镇十二，郡国二百八十九矣。[30]”熙平者，宣武延昌四年之后一年，元魏之盛，至此已极，故断自延昌也。

余于嘉庆十五六年间，在京师文颖馆总阅《全唐文》时，馆中供事于《永乐大典》中钞得古洛阳图数纸，内有《后魏洛阳宫城图》、《金墉城图》，所载宫殿、楼观甚详，并有李彪、崔林、长孙稚、郑道昭诸宅。其图非后人所能臆造，曾摹刻于版，试取观之，倘亦有所裨助焉。

道光二十三年冬十月，扬州阮元识于怡志林泉之馆[31]。

校注：

① 据笔者查证，该篇序文应为清代学者刘文淇为阮元代作。原文参见刘文淇《青溪旧屋集》卷五《魏延昌地形志序》(代)。除落款署名及个别讹脱之处外，与本稿原文几乎完全相同。刘文淇也为石翁挚友，他在文章标题所注一个“代”字，也说明了这个问题。不过，序中所涉事实，如总阅《全唐文》及《永乐大典》所存《后魏洛阳宫城图》、《金墉城图》之事，应为阮元亲历而口授。校订此序所据版本有：(1)《青溪旧屋集》卷五(简称“文集本”)；(2)《清人文集地理类汇编》，第135至136页(简称“汇编本”)。

②“文集本”、“汇编本”均脱写此四字。

③原稿此句“旨”误写为“指”，据改。又“文集本”、“汇编本”此句衍写一“其”字。

④“文集本”、“汇编本”此句“志家”误写为“志书”，待考。

⑤“汇编本”此句“塘”误写为“唐”，应误。

⑥中尉，即指郦道元，因为郦氏生前曾经官拜御史中尉，故后世学者仍常称“中尉”名号以指代郦氏。在本稿中石翁也常称“中尉”之名指代郦氏。

⑦“文集本”、“汇编本”此句“正”改写为“订”。

⑧介生按：本稿所辑目录并无《总图》与《各州郡图》之列，可见何秋涛所见之原稿已遗失图版部分。

⑨“文集本”、“汇编本”此句“属”改写为“为”，存考。

⑩介生按：原稿此句作“玄”应有笔误或臆改，《汉书·地理志》上党郡有“泫氏县”。泫氏，后改名“玄氏”，玄氏在今本《魏书·地形志上》“建州长平郡”下。而在本稿中，石翁为避朝讳例将“玄”改为“元”，“汇编本”、“文集本”均作“元氏”。存考。

⑪“建兴郡高都县”在本稿所辑《魏延昌地形志》卷三“司州”下。

⑫此句出处有误，“禽昌县”在今本《魏书·地形志上》“晋州平阳郡”下，故“并州”应为“晋州”之误，据改。

⑬“文集本”、“汇编本”此句无“收”字。

⑭原稿此句作“岠”，“文集本”、“汇编本”作“距”，“岠”与“距”相通。

⑮“永安郡平寇县”在今本《魏书·地形志上》“肆州”下。“平寇县”在本稿所辑《魏延昌地形志》原目录卷八“肆州新兴郡”下。“文集本”、“汇编本”此句脱写一“又”字。

⑯“文集本”与“汇编本”此句有“忻州”、“之”字，据补。

⑰浮阳郡章武县在今本《魏书·地形志上》“沧州”下。“章武县”在本稿所辑《魏延昌地形志》原目录卷五“瀛州章武郡”下。

⑱引文见乐史所撰《太平寰宇记》卷六五。《太平寰宇记》，本稿中通常简称为《寰宇记》。

⑲介生按：此句引文出处疑有误，经查证，以下引文出自《水经·淇水

注》,据改。"文集本"、"汇编本"此句补写一"水"字,据补。

⑳ 原稿此句"纻"误写为"竚",据改。

㉑ 原稿此句"傅"误写为"博",据改。

㉒ 介生按:《水经注疏》撰著者与石翁意见相同,如此条下校语云:"会贞按:《地形志》章武县:有大家姑祠,俗云海神,或云麻姑神。汉曹大家,'家'与'姑'同。《地形志》'家'下'姑'字衍。《寰宇记》清池县有麻姑城,引《郡国志》:即汉武东巡祀麻姑,故有此名。此作'纻姑',考《诗·陈风》:可以沤纻。陆玑《疏》:纻亦麻也。然则纻姑邑,即麻姑城矣。《一统志》:麻姑城在沧州北。"

㉓《伽蓝记》即指北魏杨衒之所著《洛阳伽蓝记》,也为本稿简称之例。

㉔ 介生按:戴氏即指清代学者戴震(字东原),其所校《水经注》,即通常所称"武英殿聚珍本(殿本)《水经注》",即今"四部丛刊"本《水经注》。

㉕"湿沃县"在今本《魏书·地形志上》"沧州乐陵郡"下。

㉖ 介生按:此句出处疑有误。《水经注》诸本目录并没有单列《漯水注》,漯水内容附在《河水注》下,据改。

㉗《水经注疏》、《水经注校证》及文渊阁"四库全书"本(以下简称"库本")《水经注》此句均作"右辅城",《水经注疏》校云:"守敬按:《地形志》湿沃:有后父城。后、右形近,父、辅音同。"但并未予以订正。

㉘ 介生按:经查证,今本"四部丛刊"本《水经注》此条仍作"右辅城",并未作校改,与序文作者所见之版本不同。

㉙ 原稿此句前省略一"后"字,据补。

㉚ 此段引文出自今本《初学记》卷八《州郡部》。

㉛ 据《石州年谱》记载:道光二十三年(1843 年),"岁杪,奉到阮芸台相国手书并撰《魏延昌地形志序》。""文集本"、"汇编本"均无此句落款。

《魏延昌地形志》自序[①]

魏收书初出，即重为世所诟厉。其《地形志》，近代始稍稍攻之，然特议其绾籍不断自太和，雍、秦郡县多所脱漏而已，至于《志》之巨谬及收之本旨，未有显言者也。

考拓跋氏肇基恒朔，迁鼎洛阳，两地宏规，最宜晐{赅}备[②]，此如颂周京者，知称丰镐，必溯{溯}邠、岐[③]；美汉业者，既尊三辅，敢略沛、丰？龙兴虎视，根本重地，未可率尔也。乃《收志》司州、洛尹[④]，分析畸零；盛乐、平城，全归寄治。数典忘祖，悖孰甚焉？而其本旨则正以贡谀东魏，张贡谀高齐之本。首邺，孝静都也；次定，次冀，甸服也。以形势论，即应西叙〈颖〉{颍}、洛[⑤]，东条兖、济，乃横厕并州于其间者，晋阳，高欢之行台也。观"太原郡晋阳"注下特书曰："出帝〈永熙〉{太昌}中霸朝置大丞相府[⑥]，武定初，齐献武王〈止〉{上请}置晋阳宫[⑦]。"自古地家无此变例，然而收之本旨显然明白矣。

且收虽云"据永熙绾籍"，而分、并、建、革，一以天平、元象、兴和、武定为限，则收是《志》，纯乎东魏之志而已，纯乎籍{藉}东魏以表高氏受命之符而已[⑧]。武定六年，魏遣兵略江淮，取梁二十三州；七年，取梁青州及山阳郡淮阴；越一年而高洋篡魏，此《收志》前二卷所以始于魏尹，终于沿边新附诸州也。其弟｛第｝三卷雍、秦以下诸州⑨，地入西魏，不关于高，遂挩失踳驳，不可阖数。徒以书综全魏，不得不旁及关西，聊充卷袟｛帙｝尔⑩。［原注：杜君卿曰⑪："魏收《史》所载州郡，是东魏静帝武定中，其时洛阳以西及关中、梁、益之地悉属西魏，收犹总而编之。"］

穆初读《水经注》，即谋博征典籍，撰为义疏。黟俞君理初教之曰⑫："是当先治《地形志》。"取而读之，苦其芜乱。大兴徐丈星伯尝敏｛叩｝以《收志》分卷之由⑬，亦茫无以对。单心钩稽，退写为图，图成，始恍然曰："此非北魏之志也。而自来〈说北魏〉｛谈拓跋｝畺｛疆｝域者⑭，率以是《志》斟其里到，遇有收所失载之郡县，若建阳、长松〈上粉〉［夹注：上粉，《｛水｝经》文。］之类⑮，辄以为后人羼乱，傎矣！"于是更事排纂，勒为此《志》。

建置断自延昌者，按《初学记》引《括地志》云："｛后｝魏孝文帝都洛阳⑯，开拓土宇。明帝熙平元年，凡州四十六，镇十二，郡国二百八十九矣。"熙平者，延昌四年之后一年。《通鉴》"梁天监十年"下云："是〈时〉｛岁｝⑰，梁之境内，有州二十三⑱，郡三百五十，县千二十二。是后州名浸多，废置离合，不可胜〈纪〉｛记｝⑲。［夹注：语本《隋书·地理志叙》。］魏朝亦然。"梁天监十年者，魏之永平四年，延昌改元之前一年也。岂不以孝文奠宅京之烈，宣武抚全盛之业，元魏畺｛疆｝里斯其极哉！熙平以后，增改颇多，孝昌之际，沦亡遂甚，仍一一附见条下，俾一朝沿革有所考焉，而盛衰之感，系于此矣。恒、代以北，晋末弃诸荒徼，郡县不立，魏设重镇制之，士马腾强，所由盛也。《通鉴》宋〈秦〉｛泰｝始五年《注》⑳："魏自北方并有诸夏，亦依魏、晋制，置诸州刺史。其西北被边，夷、晋杂居之地，则置镇将以镇之。"㉑孝明改镇为州，易都将以刺史，渐用削弱，国遂不支，尤一代废兴所关，故胪叙特详，以示鉴戒之义。

三代以来山川古迹，班、马两《志》甄录已多，收书或繁，或啬，绝无条理。今亦不复盗袭前修,以炫耳目。而古籍遗文有涉及魏事者,则毕加搜讨,不惜〈觑〉{覼}缕[22]。典实既陈,隘塞犄具,亦考古所必资矣。晋自永嘉以后,群胡杂族,版荡中原,凡五代十六国攻守战伐之迹,皆魏人席卷之先驱,而晋、隋《地志》记载阙如,揆以"汉详秦制"之例,亦此《志》所应荟萃也。《隋志》、《通典》、《元和志》、《寰宇记》、《通鉴注》株引既多,差互不免,必凿然有征,始用据补,馀并附存案语,以俟达者,不敢臆决也。

又此《志》虽以魏事为本,鄙意所在[23],则并欲为世之读《郦注》者通其径术,故凡〈为〉中尉所条列[24],每不惮其词之烦。西北陂塘堰泽,尤有心经世者,讨论所必先。兹并考其兴废及现今情形,庶后来者有所取法焉。昔沈约叙《宋{书}州郡志》曰[25]:"地理参差,其详难举,实由名号骤易,境土屡分。或一郡一县,割成四、五;四、五之中,亟有离合。千回百改,巧厤{历}不筭{算}[26];寻校推求,未易精悉。"夫由今日订延昌之籍,视休文撰大明之书[27],去古弥远,难应倍蓰。寻校无冯,矧云精悉?然以刊《收志》之谬,补《魏书》之阙,或亦谈拓跋畺{疆}域者所不废云尔。

道光二十一年重光赤奋若孟陬良日,平定张穆簧[28]。

校注:

① 介生按:校订此篇《自序》所据版本有:(1)谭其骧主编:《清代文集地理类汇编》,简称"汇编本";(2)《月斋诗文集》"文集"卷三,清代咸丰八年祁寯藻刻本,简称"祁氏刻本";(3)《月斋诗文集》"文集"卷三,《山右丛书初编》(山西人民出版社 1986 年),简称"文集本"。

② "晐备"即"赅备","晐"与"赅"相通。

③ 泝,同"溯","汇编本"改为"溯"。

④ 介生按:本稿中通常将《魏书·地形志》简称为"《收志》"。

⑤ 原稿此句"颍"误写为"颖",据改。

⑥ 今本《魏书·地形志上》此句卷末"校勘记"云:"诸本'太昌'作'永

昌'。杨校:孝武帝改元太昌,非永昌也。此'永'为'太'之误。按《北史》卷六《齐本纪》上称:'并州平,神武以晋阳四塞,乃建大丞相府而定居焉。''并州平'在太昌元年七月,见卷一一《出帝纪》。这里'永'乃'太'之讹,杨说是,今改正。"石翁所见版本作"永熙",非"永昌",据改。

⑦ 今本《魏书·地形志上》此句卷末"校勘记"云:"南本以下诸本'上'作'止',独百衲本作'上'。按《北史·齐纪》上武定三年正月丁未记'神武请于并州置晋阳宫'。'上'作'上请'解,今从百衲本。"介生按:如以百衲本为是,则应再补一"请"字,存考。

⑧ 介生按:"汇编本"、"文集本"及《月斋诗文集》"祁氏刻本"均脱末一句,据原稿补。原稿"籍"为"藉"之通假字。

⑨ 原稿此句作"弟三卷",弟,古义同"第"。

⑩ 今校本"袟"改为"帙","袟"与"帙"相通,不必改。

⑪ 介生按:杜君卿,即唐代学者杜佑。杜佑,字君卿,为唐代著名学者,撰有《通典》等。以下引文见今本《通典》卷一七一《州郡部》注文。

⑫ 介生按:俞理初,即指清代学者俞正燮。俞正燮,字理初,清代徽州府黟县人,著有《癸巳类稿》等著作。张穆对俞氏的学问十分敬重,曾有《感怀诗》云:"俞君黟大儒,精博兰陵荀。客邸一解后,过从辄频频。"

⑬ 徐星伯,即徐松。徐松,字星伯,清代直隶顺天府大兴(今北京城西南)人,是清代著名历史地理学家,著有《唐两京城坊考》、《西域水道记》、《新疆志略》等,也为石翁挚友。原稿作"敂","敂"与"叩"相通。"汇编本"作"徐文星伯",误。

⑭ 原稿本作"说北魏",夹注改为"谈拓跋",据改。又原稿有几处"畺"字,"汇编本"改为"疆",畺为"疆"之古字,可见石翁尚古之意,不必改。

⑮ 原稿本有"上粉"二字,后被圈删。又"夹注"所云《经》,应为郦道元《水经注》所本之《水经》,据补"水"字。

⑯ 原稿引文略去一"后"字,据补。

⑰ 原稿引文出自今本《资治通鉴》卷一四七《梁纪三》,此句"岁"误写为"时",各本均未更正,据改。

⑱ 引文此句下胡三省注云:"此据《五代史志》。按萧子显《齐志》:齐

有扬、南徐、豫、兖、南兖、北徐、青、冀、江、广、交、越、荆、巴、郢、司、雍、梁、秦、益、宁、湘、南豫二十三州。时已废巴州，当以王茂所立宛州足之。"介生按：据石翁夹注，此段引文应出自《隋书·地理志》，胡氏所指《五代史志》应有误。萧子显《齐志》，即指《南齐书·州郡志》。

⑲ 原稿引文此句"记"误写为"纪"，据改。

⑳ 此段《通鉴》胡三省注文，为原稿夹注所增，"汇编本"、"文集本"及"祁氏刻本"均无，据原稿补。原稿"泰"误写为"秦"，据改。

㉑ 此段注文出自今本《资治通鉴》卷一三二"宋纪十四"胡注。

㉒ 介生按：原稿及"文集本"此句作"覼"，"祁氏刻本"与"汇编本"改为"觇"，覼，与"觇"义不同，应以"觇"为是，据改。

㉓ 原稿此句有"所在"二字，"汇编本"、"文集本"及"祁氏刻本"均脱。

㉔ 原稿此句有"为"字，后被圈删。

㉕ 原稿此句省略一"书"字，据补。

㉖ 原稿此句"巧厤不筭"，"厤"同"历"，"筭"同"算"。介生按：石翁精深于古文字与书法源流，故原稿中喜用古字、异体字。

㉗ 沈约之，字休文。大明为南朝刘宋朝之年号，"大明之书"即指《宋书》。

㉘ 介生按："重光赤奋若"或作"重庄赤奋若"，即指辛丑年，道光二十一年。孟陬，即指农历一月。"篹"，诸本或改为"课"，或改为"撰"，音义皆同，不必改。又诸本均略去"平定张穆"四字。

《魏延昌地形志》总目

平定张穆石州课
光泽何秋涛愿船编次

校注：

①介生按：据此注文可知，总目应为后来学者整理之成果，非张穆本人或何秋涛所作。

《魏延昌地形志》分目①

魏延昌地形志

卷之一

司州上

领郡二十　县一百二十一{一百二十}②

河南尹　领县十五

　洛阳　河南　河阴　巩　东垣　新安　〈颍〉{颍}阳③　堙阳

　治城　梁　石台　东汝南　南汝原　新城　陆浑④

卷之二

司州中

〈荧〉{荥}阳郡⑤　领县九

　〈荧〉{荥}阳⑥　成皋　京　密　〈眷〉{卷}⑦　阳武　中牟

苑陵　开封

颍川郡　领县六

　长社　许昌　阳翟　鄢陵　新汲　临颍

汲郡　领县七

汲（秋涛按：原稿据所引《寰宇记》及石州自记，仍以汲为郡治。）朝歌[8]
获嘉　修武　共　山阳　林虑

东郡　领县十三[9]

白马　凉城　东燕　酸枣　长垣　小黄　封丘　济阳　尉氏　扶沟　阳夏　雍丘　圉城

卷之三

司州下

河内郡　领县十一

野王　怀　州　平皋　温　沁水　轵　白水　清廉　苌平　西太平

建兴郡　领县四

阳〈河〉{阿}[10]　高都　玄氏　长平

安平郡　领县二

端氏　濩泽

平阳郡　领县八

杨　平阳　禽昌　襄陵　临汾　泰平　北绛　永安

正平郡　领县二

曲沃　南绛

河东郡　领县六

蒲坂　闻喜　安定　北解　南解　猗氏

北乡郡　领县二

汾阴　北猗氏

高凉郡　领县二

高凉　龙门

河北郡　领县四

大阳　河北　安邑　夏

恒农郡　领县九

北陕　陕中　崤（秋涛按：原稿“崤”下有“恒农县”，当依此目，移于“西恒农郡”下。）[11]　卢氏　南陕　宜阳　金门　东亭　南渑池

西恒农郡[12]　领县一

恒农（石州自记云：单属。）

石城郡　领县二

石城　同堤

渑池郡　领县二

北渑池　俱利

鲁阳郡　领县二[13]

山北　河山（原稿此下有“汝南”、“符垒”，石州于眉上自记：“此二县移写下‘西舞阳’后。”）

襄城郡　领县十三[14]

襄城　繁昌　龙山　龙阳　均城　南〈舞阳〉阳（应考。）[15]　北舞阳　云阳　西舞阳　汝南　符垒　昆阳　高阳

卷之四

相州

领郡六　县四十六

魏郡　领县八

邺　荡阴　安阳　内黄　〈斤〉{斥}丘[16]　魏　昌乐　临水

阳平郡　领县八

馆陶　清渊　元城　发干　乐平　临清　武阳　阳平

广平郡　领县十四

曲梁　广平　广〈非〉{年}[17]　平恩　曲安　邯郸　肥乡　列人　斥章　易阳　武安　襄国　南和　任

顿丘郡　领县五

顿丘　卫国　临黄　繁阳　阴安

清河郡　领县五（无倚县。）[18]

武城　绎幕　清河　侯城　贝丘

南赵郡　领县六

广阿　平乡　钜鹿　南〈乐〉{栾}⑲　柏人　中丘

定州

领郡五　县三十

中山郡　领县十

卢奴　唐　望都　上曲阳　魏昌　新市　毋极　安喜　蒲阴　北平

常山郡　领县七

九门　真定　行唐　蒲吾　灵寿　井陉　石邑

钜鹿郡　领县四

曲阳　〈稾〉{槀}城⑳　鄡　〈瘿〉{廮}陶㉑

赵郡　领县五

平棘　房子　元氏　高邑　〈乐〉{栾}㉒城

博陵郡　领县四

安平　饶阳　深泽　安国

卷之五

冀州

领郡三　县二十六

长乐郡　领县十一

信都　南宫　扶柳　堂阳　枣强　索卢　广川　广宗　武强　经　下博

勃海郡　领县十

东光　南皮（秋涛按：原稿"南皮"在"东光"前，应依此目更正。）　蓚{脩}㉓安陵　般　重合　西平昌　平原　安德　鬲

武邑郡（无倚{县}㉔。）　领县五

武遂　阜城　灌津　武邑　武强

瀛州

领郡四　县二十五

高阳郡　领县九

高阳　博野　蠡吾　易　〈秋〉{扶}舆㉕　新城　乐乡　永宁　清苑

章武郡　领县八

平舒　成平　束州　文安　章武　饶安　浮阳　高城

河间郡　领县四

武垣　乐城　中水　鄚

乐陵郡　领县四

乐陵　阳信　厌次　濕沃

安州

领郡三　县七

广阳郡　领县二

燕乐　广兴

密云郡　领县三

密云　要阳　白檀

安乐郡　领县二

安市　土垠

平州

领郡二　县五

辽西郡　领县三

肥如　阳乐　海阳

北平郡　领县二

新昌　朝鲜

营州

领郡二　县四

昌黎郡　领县二

龙城　广兴(秋涛按:原稿此下有“平刚”,当依石翁此目删。)
建德郡　领县二
石城　广都

卷之六

恒州

领郡十二[26]　县十七　(秋涛按:恒、朔诸州皆石翁凿空而成,精力尽见于此。)
代尹　领县三
平城　武周　永固　(原稿此下有“太平县”,石翁移为郡。)
太平郡(〈参〉{无}领县。)[27]
平齐郡　领县二
怀宁　归安
桑乾郡　(无领县。秋涛按:当领桑乾一县也,记考。)
凉{梁}城郡[28]　领县二
参合　旋{裋}鸿[29]
善无郡　领县二
善无　沃阳
繁畤郡　领县二
繁畤　崞山
高柳郡　领县二
安阳　高柳
灵邱郡　领县二
灵丘　莎泉
北灵丘郡　领县二
长宁　广牧(秋涛按:此二县俟考。石翁按语在“朔州广牧郡”眉上:“当移入此处。”)
内附郡(无领县。)

燕州

领郡七　县十

广宁郡　领县二

　广宁　潘

大宁郡　领县二

　大宁　小宁

昌平{平昌}郡[30]　领县二

　昌平　万言

东代郡　领县一

　平舒(自《收志》“上谷郡”移此。)

平原郡(无领县。)

上谷郡　领县一

　居庸

遍城郡　领县二

　广武　沃野

朔州

领郡五　县十一

盛乐郡　领县二

　归顺　还安

云中郡　领县二

　延民　云阳

建安郡　领县二

　永定　永乐

真兴郡　领县三

　真兴　建义　南恩

广牧郡　领县二

　阳原(在眉上“应补”。)　富昌

卷之七

幽州

领郡三　县十八

燕郡　领县五

　蓟　广阳　良乡　军都　安城

范阳郡　领县七

　涿　固安　范阳　苌乡　方城　容城　遒

渔阳郡　领县六

　潞　雍奴　无终　渔阳　土垠　徐无

卷之八

并州

领郡三　县十九

太原郡　领县十

　晋阳　祁　榆次　中都　邬　平遥　〈沽〉{沾}[31]　受阳　长安　阳邑

上党郡　领县五

　屯留　长子　壶关　寄氏　刘陵

乡郡　领县四

　乡　涅　襄垣　铜鞮

肆州

领郡三　县十一

新兴郡　领县五

　定襄　平寇　阳曲　蒲子　驴夷

秀容郡　领县四

　秀容　石城　肆卢　敷城

雁门郡　领县二

广武　原平

汾州

领郡四　县十二

吐京郡　领县二

吐京　新城

五城郡　领县四

长寿　五城　平昌　石城

定阳郡　领县三

吉昌{定阳}[32]　昌宁　斤城

西河郡　领县〈二〉{三}[33]

隰城　永安　介休

卷之九

兖州

领郡七　县四十

泰山郡　领县六

钜平　奉高　博平　嬴　牟　梁父

鲁郡　领县六

鲁　汶阳　邹　阳平　新阳　〈弁〉{卞}[34]

高平郡　领县七

高平　方与　金乡　平阳　任城　亢父　钜野

东平郡　领县七

无盐　范　须昌　寿张　平陆　富城　刚

东阳平郡　领县五

元城　乐平　顿丘　馆陶　平原

东泰山郡　领县〈二〉{三}[35]

南城　新泰　武阳

济阴郡　领县六

定陶　离狐　冤句　乘氏　考城㊱　己氏

南兖州

领郡七　县十九

(第二)陈留郡　领县五

小黄　浚仪　谷阳　东燕　武平

梁郡　领县三

睢阳　襄邑　下邑

下蔡郡　领县四

楼烦　下蔡　临淮　龙亢

谯郡　领县三

蒙　蕲　宁陵

沛郡　领县二

萧　相

马头郡　领县二

己吾　蕲

(第一)涡阳郡(领县无考。)

平阳郡(坿{附}㊲　领县无考。石州云:此郡隶何州,未得确据,姑附此。)

卷之十

济州

领郡三　县十六

济北郡　领县六

卢　临邑　东阿　肥城　谷城　蛇丘

平原郡　领县六

聊城　博平　茌平　鄃　零　高唐

濮阳郡(治黎城,非县。)　领县四

廪丘　濮阳　城阳　鄄城(鄄城改仍第四。)

青州

领郡九　县四十八　治东阳城。

齐郡　领县九[38]

临淄　昌国　益都　盘阳　{平昌}　广饶　西安　安平　广川

北海郡　领县五

平寿　下密　剧(秋涛按:原稿“剧”在“下密”前,当依此目移正。)

都昌　胶东

乐安郡　领县四

千乘　博昌　安德　般

渤海郡　领县〈二〉{三}[39]

长乐　重合　脩

高阳郡　领县五

高阳　新城　鄚　安次　安平

河间郡　领县六

阜城　城平　武垣　乐城　章武　南皮

乐陵郡　领县五

阳信　乐陵　厌次　新乐　漯沃

高密郡　领县五

高密　夷安　黔〈陬〉{陬}[40]　平昌　东武

平昌郡　领县六

昌安　淳于　营陵　安丘　朱虚　琅邪

南青州

领郡二　县六　治团城。

东莞郡　领县三

东莞　莒　诸

东安郡　领县三

盖　新泰　发干

卷之十一

齐州

领郡六　县三十五

济南郡　领县六

历城　著　东平陵(稿删“平”字。)[41]　土鼓　逢陵　朝阳

东魏郡　领县九

聊城　蠡吾　顿丘　肥乡　卫国　博平　安阳　东魏　临邑

东平原郡　领县六

平原　鬲　临济　茌平　广宗　高唐

东清河郡　领县七

贝丘　清河　绎幕　鄃　零　武城　饶阳

广川郡　领县三

武强　索卢　中水

东太原郡[42]　领县四

太原　祝阿　山〈茬〉{茌}[43]　卢

光州

领郡二　县十三

东莱郡　领县七

掖　西曲成　东曲成(原稿“〈西〉曲成”之“成”[44]，皆作“城”。)　卢乡　牟平　黄　㡉[45]

长广郡　领县六

即墨　昌阳　长广　不其　挺　当利

卷之十二

雍州

领郡五　县三十三

京兆郡　领县八

霸城　长安　杜城[46]　鄠　山北　新丰　阴槃　蓝田

冯翊郡　领县七

高陆　频阳　万年　莲勺{芍}[47]　夏封　广阳　鄣

扶风郡　领县五

好畤　始平　美阳　槐里　盩〈屋〉{厔}[48]

咸阳郡　领县五

池阳　石安　灵武　宁夷　泾阳

北地郡　领县八

富平　泥阳　〈戈〉{弋}居[49]　云阳　铜官　土门　宜君　三原

岐州

领郡三　县九

平秦郡　领县三

雍　周城　横水

武都郡　领县四

虢　苑川　平阳　高车

武功郡　领县二

美阳　〈漠〉{莫}西[50]

华州

领郡三　县十三

华山郡　领县五

郑　华阴　夏阳　敷西　郃阳

澄城郡　领县五

澄城　五泉　三门　宫城　南五泉

白水郡　领县三

南白水　白水　姚谷

卷之十三

秦州

领郡〈三〉五[51]　县十九(照稿改。)

天水郡　领县四

上封　显新{亲}[52]　平泉　当亭

略阳郡　领县八{七}[53]

安夷{戎}[54]　绵诸　陇城　清水　阿阳　新兴　南由

汉阳郡　领县三

黄瓜　杨原{阳廉}[55]　阶陵

陇西郡　领县二

襄武　首阳

南安阳郡　领县二

桓道　中陶

南秦州

领郡九(附录二。)　县二十七

仇池郡　领县二

阶陵　仓泉

广业郡　领县二

下辨　白石

固道郡　领县三

两当　广乡　梁泉

广化郡　领县二

广化　思案

天水郡　领县三

水南　平泉　平原

汉阳郡　领县二

兰仓　谷泉

武都郡　领县五

石门　白水　东平　孔提　长松

武阶郡　领县四

䣂当　北部　南五部　赤土{万}[56]

修武郡　领县四

　广长　平洛　〈秵〉{柏}树[57]　下辨

建阳郡(附)

平武郡(附)

东秦州

领郡二　县七

中部郡　领县四

　中部　石保　狄道　长城

敷城郡　领县三

　洛川　敷城　定阳

豳州

领郡三　县九

赵兴郡　领县五

　定安　赵安　高望　独乐　阳周

西北地郡　领县二

　富平　安武

襄乐郡　领县二

　襄乐　肤施

洛州

领郡五　县七

上洛郡　领县二

　上洛　拒阳

上庸郡　领县二

　丰阳　商

魏兴郡　领县一

　阳亭

始平郡　领县一

　上洛

长和郡　领县一

　南商

卷之十四

泾州

领郡六　县十六

安定郡　领县五

　安定　临泾　朝那　乌氏　石堂

陇东郡　领县三

　泾阳　祖厉{居}[58]　抚夷

新平郡　领县四

　白土　爰得　三水　高平

赵平郡　领县一

　鹑觚

平凉郡　领县二

　鹑阴　阴密

平原郡　领县一

　阴槃

卷之十五

夏州

领郡五　县十(以下皆据石翁初稿补目。〈自〉夏州〈以下〉一篇原稿未完,东夏州以下全阙,秋涛依原例〈签记之〉辑补成书,语足成之[59]。)

化〈城〉{政}郡[60]　领县二

　革融　岩绿

阐熙郡　领县三

　山鹿　新囵　长泽(补)

金明郡　领县三

永丰　启宁　广洛

代名郡　领县二

呼酋　渠搜

大兴郡　（领县无考。）〈石翁补目，俟考。〉[61]

东夏州

领郡五　县〈九〉十一[62]〈附县一。〉

遍城郡　领县二

广武　沃野

朔方郡　领县四

魏平　政和　朔方　石城（补。）

定阳郡　领县三

临戎　临真　〈附〉因城（补。）[63]

〈补〉乐川郡[64]　领县一

安平

〈补〉义川郡[65]　领县一

永宁

〈附县一　因城（未知何郡，俟考。）〉[66]

凉州

领郡〈十三〉{十四}[67]　县〈二十三〉{二十八}[68]

武威郡　领县二

林中　襄{城}[69]

（夹注：应〈改〉移"武威"在前。）

武安郡　领县一（原批云：姑臧事迹悉注此下。按：姑臧后魏改林中事迹，应见彼处。此武安在今镇番，距姑臧尚远。绎《隋志》所记，乃分姑臧置武安郡，非改姑臧为武安郡也。今仍以武威郡居首。姑臧事迹皆注"林中县"下，附记于此。）

宜盛

临杜郡　领县二

安平　和平

建昌郡　领县三

榆中　治城　蒙水

番和郡　领县二

彰　燕支

泉城郡　领县一

新阳

武兴郡　领县三

晏然　马城　休屠

〈武威郡　领县二

林中　襄城〉(夹注:应改“武安”。)⑩

昌松郡　领县三

温泉　揟次　莫口

东泾郡　领县一

台城

梁宁郡　领县二

园池　贡泽

广武郡(补)　领县三

广武　允吾　令居

魏安郡(补,领县无考。)

张掖郡　领县二

永平　山丹

浇河郡(补)　领县三

河津　石城　广威

河州

领郡四　县〈十二〉{十三}⑪〈又附郡一　县一。〉

金城郡　领县三

子城(补)　榆中　大夏

武始郡　领县三

　勇田　狄道　阳素

洪和郡　领县三

　水池　蓝川　蕈川{州}[72]　〈临洮当补。〉

临洮郡　领县四

　临洮(补)　龙城　石门　赤水

附:〈浇河郡　领县一　(延昌时,无鄯、瓜二州。)

石城　(存考。)〉[73]

卷之十〈五〉六[74]

梁州

领郡六　县〈十四〉{十六}[75]

晋昌郡　领县四

　龙亭　兴势　南城　宜安(补)

褒中郡　领县三

　褒中　武乡　廉水

安康郡　领县二

　安康　宁都

汉中郡　领县三

　南郑　汉阴　城固

华阳郡　领县三

　华阳　沔阳　嶓冢

丰宁郡　领县一

　丰宁

巴州

领郡〈二〉{五}[76]　县〈一〉{六}[77](《〈本〉收志》郡县缺,此皆石〈翁〉{州}补目。)[78]

大谷郡　〈无〉领县一[79]

梁大

归化郡　领县二

归化{仁}[80]　曾口

木门郡　领县一

伏疆{强}[81]

北水郡　领县一

难江

晋昌郡　领县一

长乐

益州

领郡六　县〈十四〉{十五}[82](附侨郡二)

东晋寿郡　领县四

黄　石亭　兴{晋}安[83]　晋寿

西晋寿郡　领县二

阴平　三泉

新巴郡　领县二

新巴　晋安

南白水郡　领县二

始平　京兆

宋熙郡　领县二

兴乐　元寿

巴西郡　领县三

〈间〉{阆}中[84]　阆阳　宕渠

南阳侨郡(附)

始平侨郡(附)

东〈盐〉{益}州[85]

领郡七　县十六

武兴郡　领县四

景昌　武兴　石门　武安

仇池郡　领县二

西乡　西石门

槃头郡　领县二

武世　苌举

广苌郡　领县二

苌广　新巴

广业郡　领县二

广业　广化

梓潼郡　领县二

华阳　兴宋

洛〈聚〉{丛}郡[86]　领县二

武都　明水

卷之十〈六〉七[87]

豫州

领郡十一　县四十三　治悬瓠城。

汝南郡　领县八

上蔡　临汝　平舆　安城　西平　瞿阳　阳安　保城

南颍〈州〉{川}郡[88]　领县三

邵陵　临颍　曲阳

汝阳郡　领县三

汝阳　武津　征羌

新蔡郡　领县二

鲖阳　固始

初安郡　领县四

新怀　安昌　怀德　昭越

襄城郡　领县三

义绥　遂宁　武阳
陈郡　领县四
项　长〈乎〉{平}[89]　西华　襄邑
南顿郡　领县三
南顿　和城　平乡
汝阴郡　领县四
汝阴　宋　许昌　新蔡
丹阳{杨}郡[90]　领县四
秣陵　邵陵　南阳　白水
城阳郡　领县五
安定　淮阴　真阳　建兴　建宁

东豫州

领郡〈五〉八[91]　县十〈三〉八[92]
汝南郡　领县五
南新息　北新息　安阳　汝阳　长平
东新蔡郡　领县四
固始　鲖阳　苞信　汝阳
新蔡郡　领县二
苞信　长陵
弋阳郡　领县一
弋阳
阳安郡　领县一
永阳
光城郡　领县二
光城　乐安
东{宋}安郡[93]　领县二
乐宁　宋安
安蛮郡　领县一

新化

徐州

领郡十　县三十〈六〉七⑭

彭城郡　领县七

彭城　吕　薛　龙城　留　永兴　永福

南阳平郡　领县三

襄邑　阳平　濮阳

沛郡　领县三

萧　沛　相

东海郡　领县九(石〈翁〉州补。)

昌虑　承　合乡　兰陵　建陵　赣榆　襄贲　朐　{下密}⑮

北济阴郡　领县三

丰　离狐　城武

下邳郡　领县五

下邳　良城　僮　武原　下相

琅邪郡　领县三

即邱{丘}⑯　费　临沂

南济阴郡　领县二

顿邱{丘}⑰　定陶

临潼郡　领县二

〈晋陵〉(石翁自删。)⑱　临潼　取虑

平阳郡　(无领县,无考)⑲

扬州

领郡十　县二十一

梁郡　领县二

崇义　蒙

淮南郡　领县三

寿春　汝阴　西宋

北谯郡　领县二
　安阳　北谯
陈留郡　领县二
　浚仪　雍邱{丘}[100]
北陈郡　领县一
　长平
边城郡　领县二
　期思　丰城{新息}[101]
新蔡郡　领县二
　新蔡　固始
安丰郡　领县二
　安丰　松兹
下蔡郡　领县二
　下蔡　楼烦
颍川郡　领县三
　相　西华　许昌

卷之十八

郢州

领郡三　县八
齐安郡　领县三
　保城　鄳　齐安
义阳郡　领县三
　平阳　义阳　漷西(补)
〈永〉宋安郡[102]　领县二
　乐宁　东随

荆州

领郡十一　县四十八　(附郡一)

南阳郡　领县十

宛　新城　冠军　舞阴　郦　云阳　西平　涅阳　上陌　西鄂

顺阳郡　领县五

南乡　丹水　临洮　槐里　顺阳

新野郡　领县三

穰　新野　池阳

{东恒农郡　领县六}[103]

西城　北郦　南乡　左南乡　上忆　东石

汉广郡　领县二

南棘阳　西棘阳

襄城郡　领县九

方城　郏城　伏城　舞阴　清水　翼阳　郑　北平　赭城

北淯郡{北清郡}[104]　领县三

武川　北雉　向城(补)

恒农郡　领县四

国{圉}[105]　恒农　南郦　邯郸

析阳郡　领县二

西析阳　东析阳

朱阳郡　领县二[夹注:司州石城郡前"朱阳",石翁有稿移此。]

黄水　朱阳

脩阳郡　领县二

盖阳　脩阳

附:安乐郡　(附,见《清水注》。　领县无考。)

东荆州

领郡二　县四

江夏郡　领县三

江夏　比阳　阳平

汉广郡　领县一

平氏

卷之十〈七〉九[106]

西北各镇（“六镇考”附）

怀朔镇

武川镇

抚冥镇

柔元{玄}镇[107]

怀荒镇

御夷镇

薄骨律镇

宏静镇

沃野镇

平高镇{高平镇}[108]

鄯善镇（即鄯州。）

敦煌镇（即瓜州。）

此宣{宜}删（宿豫镇　建城　戍〈平高镇〉　明垒镇　附诸小镇）[109]

卷〈十八〉之二十[110]

备考

校注：

① 介生按：原稿并无“分目”二字，增之以与前“总目”相对应。

② 原稿司州内文此句“百”字前并无“一”字。司州实有一百二十县，存考。

③ 原稿“颍”误写为“颖”，据改。

④ 原稿本为“北陆浑”，后圈删“北”字，又有“南陆浑”县，后也有圈删之意。

⑤ 原稿内文作“荥阳”，“荧”为“荥”之古字，据改。

⑥ 原稿内文作“荥阳”，说见前，据改。

⑦ 原稿内文作“卷”,据改。

⑧ 原稿目录及内文均以朝歌为首县,今据何秋涛按语改属县次序,内文不改,以保持原稿原貌。介生按:除注明何秋涛所加按语之外,条目注文也多为何秋涛所写。

⑨ 介生按:原稿内文“东郡圉城”后又有“襄邑县”,后被圈删。

⑩ 原稿内文作“阳阿”,“河”字为误,据改。

⑪ 介生按:何秋涛说是,原稿内文“峭县”下有恒农县,后有圈删之意。

⑫ 原稿内文无“西恒农郡”,“恒农郡”下原有朱阳郡,后被圈删。

⑬ 原稿内文领县数空阙,原实有四县,据石翁夹注,汝南、符垒二县应移写于“西舞阳”后。

⑭ 原稿内文领县数空阙,据本目录应为“十三”。

⑮ 原稿本为“南舞阳”,后圈改为“南阳”。

⑯ 原稿“斥”误写为“斤”,据改。斥丘县在魏郡下,见今本《魏书·灵征志》。

⑰ 今本《魏书·地形志》无广非县,疑为广年县之讹,据改。

⑱ 此条注文为后增,置于清河郡之下。

⑲ 原稿目录“南栾县”误写为“南乐县”,据改。

⑳ 原稿目录“稾城县”误写为“稾城县”,据改。

㉑ 原稿目录“廮陶县”误写为“瘿陶县”,据改。

㉒ 原稿目录“栾城县”误写为“乐城县”,据改。

㉓ 今本《魏书·地形志》作“脩县”,存考。

㉔ 原稿注文省略一“县”字,据补。

㉕ 原稿目录“扶舆县”误写为“秋舆县”,据改。

㉖ 恒州实领十一郡,若加广牧郡,方足“十二”之数。

㉗“参”字应为“无”字之误,据改。介生按:据何秋涛按语,“太平郡”为“太平县”所改,故当领太平一县。

㉘ 今本《魏书·地形志》作“梁城郡”,存考。

㉙ 今本《魏书·地形志》作“裋鸿县”,存考。

㉚ 今本《魏书·地形志》作“平昌郡”,存考。

㉛ 原稿“沾县”误写为“沽县”,据改。

㉜ 今本《魏书·地形志》作“定阳县”,存考。

㉝ 领县数“二”应为“三”之误,据改。

㉞《水经·泗水注》与今本《宋书·州郡志》均作“卞县”,“弁”字为误,据改。

㉟ 领县数“二”应为“三”之误,据改。

㊱ 今本《魏书·地形志》作“考县”,无“城”字,存考。

㊲ “坿”义同“附”,可通假。

㊳ 介生按:下面只列八县,今本《魏书·地形志》“齐郡”下还有平昌县,据补。

㊴ 领县数“二”应为“三”之误,据改。

㊵ “陑”应为“陬”字之误,据改。

㊶ 今本《魏书·地形志》作“平陵县”,存考。

㊷ 今本《魏书·地形志》作“太原郡”,存考。

㊸ 原稿“茌”误写为“茬”,据改。

㊹ 原稿此句有“西”字,后被圈删。今本《魏书·地形志》亦作“曲城”。

㊺ 今本《魏书·地形志中》“光州东牟郡”下有惤县。介生按:徐中舒主编《汉语大词典》“帨 ”字引清人王筠所著《说文句读·巾部》云:“《魏书·地形志》‘惤’下注云:‘有弦城。’然则县本名弦,弦县出布,因加巾为帨,后遂以帨为县名。后汉以来地志又变为掔、惤、恼三形,皆讹也。”今本《魏书·地形志》未作校订。

㊻ 今本《魏书·地形志》作“杜县”,无“城”字,存考。

㊼ 今本《魏书·地形志》作“莲芍县”,存考。

㊽ 原稿此条“厔”误写为“屋”,据改。

㊾ 原稿目录“弋居”误写为“戈居”,据改。

㊿今本《魏书·地形志》作“莫西”,据改。

51 原稿“三”改写为“五”,据按语,应为何秋涛后改。

52《水经·渭水注》与今本《魏书·地形志》均作“显亲县”,存考。

53 介生按:略阳郡下领县只有七个,然据泰州总领县数,应为“八”,疑脱写一县,存考。

54 介生按:今本《魏书·地形志》作“安戎”,存考。

55 今本《魏书·地形志》作“阳廉县”,存考。

(56) 今本《魏书·地形志》作“赤万县”,存考。

(57) 今本《魏书·地形志下》“南秦州修武郡”下有柏树县,卷末“校勘记”云:“诸本‘柏’作‘租’,不成字,局本作‘和’。《杨校》:‘《周书·氏传》(卷四九)作柏树,《隋志》修武县下同,此和为柏之误。’按‘和’当是以意改。租乃‘柏’之形讹,今改正。”据改。

(58) 今本《魏书·地形志》作“祖居县”,存考。

(59) 注文为何秋涛按语,略有圈删、补正之处。

(60) 原稿目录“化政郡”误写为“化城郡”,据改。

(61) 〈〉括号内文字后有圈删之意。

(62) 原稿县数为“九”,后圈改为“十一”。

(63) 原稿前有一“附”字,后圈删。

(64) 原稿前有一“补”字,后圈删。

(65) 原稿前有一“补”字,后圈删。

(66) 〈〉括号内文字有斟酌圈删之意。

(67) 介生按:凉州实领十四郡,据改。

(68) 介生按:凉州实领二十八县,据改。

(69) 原稿“武威郡”为后移置,“襄”字下脱一“城”字,据补。

(70) 据夹注之意,武威郡已移写为首郡,此处“武威郡”被圈删。

(71) 介生按:河州实领十三县,据改。

(72) 今本及库本《魏书·地形志》均作“蕈州”,存考。

(73) 〈〉括号内文字有斟酌圈删之意。

(74) 原稿误写为“十五”,后圈改为“十六”。

(75) 介生按:梁州实领十六县,据改。

(76) 原稿巴州实领五郡,“二”应为“五”之误,据改。

(77) 介生按:巴州实领六县,据改。

(78) 原稿此条注文略有圈改之处。介生按:将“石翁”改为“石州”,疑为后来抄录者所为。

(79) 介生按:原稿此句衍写一“无”字,据删。

(80) 据今本《太平寰宇记》,“归化县”疑为“归仁县”之误,存考。

(81) 据今本《太平寰宇记》,“伏疆县”疑为“伏强县”之误,存考。

⑧² 介生按:益州下属实有十五县,据改。

⑧³ 今本《魏书·地形志》作“晋安县”,存考。

⑧⁴ 原稿目录“阆中”误抄为“间中”,据改。

⑧⁵ 原稿此目“益”误写为“盐”,据改。

⑧⁶ 今本《魏书·地形志》改为“洛丛郡”,据改。

⑧⁷ 原稿此处“十六”圈改为“十七”。

⑧⁸ 今本《魏书·地形志》作“颍川郡”,“州”字为误,据改。

⑧⁹ 原稿“长平”误写为“长乎”,据改。

⑨⁰ 今本《魏书·地形志》作“丹杨郡”。

⑨¹ 原稿领郡数由“五”圈改为“八”。

⑨² 原稿领县数应由“十三”改为“十八”,“三”字未圈删,据删。

⑨³ 今本《魏书·地形志》作“宋安郡”,存考。

⑨⁴ 原稿领县数由“三十六”圈改为“三十七”。

⑨⁵ 原稿东海郡实有八县,疑脱“下密县”,据补。

⑨⁶ 今本《魏书·地形志》作“即丘”。

⑨⁷ 今本《魏书·地形志》作“顿丘”。

⑨⁸ 原稿原有晋陵县,后圈删。

⑨⁹ 此段注文应有衍误。

⑩⁰ 今本《魏书·地形志》作“雍丘”。

⑩¹ 今本《魏书·地形志》作“新息”。

⑩² 原稿“宋安”误写为“永安”,后圈改。

⑩³ 原稿脱写“东恒农郡 领县六”,据补。

⑩⁴ 今本《魏书·地形志》仍作“北清郡”,石翁据钱大昕说改。

⑩⁵ 据钱大昕说,此县应为“圉县”之误,见今本《魏书·地形志》卷末“校勘记”。

⑩⁶ 原稿卷数由“十七”圈改为“十九”。

⑩⁷ 柔元镇应为“柔玄镇”,当为石翁、何秋涛避朝讳所改,据改。

⑩⁸ 介生按:“平高镇”似应为“高平镇”,存考。

⑩⁹ 原稿此句“宣”字为“宜”字之误,据改。平高镇后被圈删。

⑪⁰ 原稿卷数由“十八”圈改为“二十”。

《魏延昌地形志》卷之一

司州上

司州

汉司隶校尉,魏陈留王奂改置司州,晋因之[①]。

太宗平河南,置洛州。太和十七年,定议迁洛,仍置司州[②]。(据《河南志》、《{魏书}·官氏志》[③]:司州牧,从第二品。司州治,在宫前阊阖门外太社南,凌阴里北[④]。《{魏书}·灵征志》:太和二年九月,鼎出于洛州滍水,送于京师。王者不极滋味,则神鼎出也[夹注仍置"司州"句下。——原注][⑤]。《舆地广记》:光武中兴,都雒邑,置河南尹,兼置司隶,魏、晋因之,兼置司州。后为刘聪所陷。东晋末,〈刘裕〉颍[原阙。——原注]{川刘}裕再克河洛[⑥],建置郡府,终不能有。后魏孝文乃自代徙洛,置河南尹并司州。[此条可不用。——夹注])

领郡二十[⑦]

(穆案:司州所领之郡,《志》无明文[⑧],今以本书考之[⑨]。

《灵征志》:太和十九年,司州平阳郡获白〈孤〉{狐}以献[⑩]。

景明元年,司州之正平、平阳频暴风{陨霜}[⑪]。

四年三月，司州之河北、河东、正平、平阳大风拔树。

景明元年七月，司州之〈颖〉{颍}川、汲郡大水⑫。

正始二年九月，司州上言：〈颖〉{颍}川阳翟县木连理⑬。

正始四年八月，司州恒农郡蝗虫为灾。

又正始二年，司州上言：崤县木连理。

永平二年，司州上言：恒农北陕县木连理。

正始元年五月，司州上言：荥阳京县木连理。凡得郡八⑭。

延昌三年正月，司州上言：轵县木连理。轵属河内，则河内亦司州领也。得郡九。

《裴延儁传》：延儁从祖弟仲规，咸阳王禧为司州牧，辟为主簿，仍表行建兴郡事。〈高祖〉车驾自代还洛⑮，次于郡境云云。建兴郡者，本《志》之建州也。永安中，始罢郡置州⑯。得郡十。

《任城王传》："灵太后时，四中郎将兵数寡弱，不足以襟带京师。澄奏宜以东中郎带荥阳郡，南中带鲁阳郡，西中带恒农郡，北中带河内郡。"指画四边，至为朗列⑰。

又《寇臻传》：高祖南迁，郢州地为王畿。

《高祖本纪》：太和十八年十〈一〉月⑱，诏荆、郢{、东荆三州}敕勒蛮民勿有侵暴⑲。是时荆州治鲁阳，郢州治南安。南安，汉叶县也，在襄城郡西南，与鲁阳壤地相错。本《志》所谓"太和十三年置郢州，十八年改为南中府者"是也⑳。鲁阳、襄城，盖当司州之南界矣，得郡十二。

《孝感传》：东郡小黄县人董吐〈辉〉{浑}、兄养㉑，事亲至孝㉒。景明初，畿内大使王凝奏请标异。东郡地属畿内，其领于司州可知。《寰宇记》曰："后魏孝文帝迁都于洛，以东郡属司州。"足为炳据㉓。得郡十三。

建兴、河东、正平、平阳、恒农既隶司州，形势相联，其(平安){安平}㉔、高凉、石城、北乡、渑池、西恒农〈四〉{等}六郡亦应在甸服之内㉕，合河南尹计之，凡得郡二十㉖。

盖当神畿开置之初，务事恢廓，有兼包并举之志焉。而鞭长尾大，控制难周。故熙平以后，增设已多。洎孝静迁邺，献武秉钧，遂离析纷更，举祖宗创建之全规，胥泯灭之，改河南曰宜迁，夫何言之不顺乎！[《隋书·地理志》：旧河南县，东魏迁邺，改为宜迁县。——原注]㉗)

县百二十有一{百二十}[28]

校注：

① 今本《太平寰宇记》卷三"河南府"下云："魏受禅，都洛阳。陈留王(曹)奂合河南等五郡置司州。《十三州志》云：'京师之州，司隶校尉掌焉，故曰司州。'晋受禅，又都洛阳，司州不改。"介生按：据《晋书·地理志》，此五郡为河南、河东、河内、弘农、平阳。

② 今本《魏书·地形志中》有"洛州"，其下注云："太宗置，太和十七年改为司州，天平初复。"

③ 介生按：此《官氏志》即为《魏书·官氏志》。原稿引用《魏书》内容，往往省略书名，直书篇名，首次出现补写书名，以下不再补写。又此条出自《魏书·官氏志》，不应据《河南志》，查今本《河南志》无此条内容。

④ "司州治"见《河南志》"后魏城阙古迹"一节。

⑤ 介生按：此上数条均为后增夹注内容，遵照石翁之意置此。

⑥〈〉括号内"刘裕"二字后圈删。"川刘"二字原阙，据补。

⑦ 今本《魏书·地形志中》"洛州"下领六郡：洛阳郡、河阴郡、新安郡、中川郡、河南郡、阳城郡。

⑧ 此《志》应指《魏书·地形志》。

⑨ "本书"即指《魏书》，下不再注。

⑩ 原稿引文"狐"误写为"孤"，据改。

⑪ 引文此句脱"陨霜"二字，据补。原稿引文常有节略，为保持文稿原貌，通常不再补充。

⑫ 原稿常将"颍"误写为"颖"，据改。

⑬ 原稿引文此句"颍"误写为"颖"，据改。

⑭ 此八郡即为河北、河东、正平、平阳、颍川、汲郡、恒农、荥阳。

⑮ 介生按："高祖"二字为石翁臆增。

⑯ 今本《魏书·地形志上》"建州"下注云："慕容永分上党置建兴郡，真君九年，省。和平五年，复。永安中，罢郡置州。治高都城。"

⑰ 末尾两句并非引文。

⑱ 原稿引文作“十一月”,恐误,经查,应为“十月”,据改。

⑲ 原稿此句有节略,据补。又今本《魏书·高祖本纪》此句“敕勒”作“勒敕”,恐误。

⑳ 此条引文原在今本《魏书·地形志下》“襄州南安郡”条下:“太和十三年置郢州,十八年改为南中府,天平初罢府置,后陷。”

㉑ 原稿“浑”误写为“辉”,据改。

㉒ 引文此处有节略。

㉓ 此条引文出自今本《太平寰宇记》卷九“河南道滑州”下。

㉔ 与前面目录相校对,应为“安平”,据改。

㉕ 原文为“四”,不可解,应为“等”之误,改。

㉖ 原文为“十有八”,后圈改。

㉗ 宜迁县在今本《魏书·地形志中》“洛州河南郡”下。

㉘ 今本《魏书·地形志中》“洛州”下仅有十二县。据目录,司州实领一百二十县,存考。

河南尹

秦置三川守,汉改为河南郡①。后汉、晋为尹,后罢②。晋安帝置郡,后亦罢③。

太宗复。太和中迁都,为尹。(《官氏志》:河南尹,第三品。治步广里。④)

领县十五⑤

校注:

①《汉书·地理志》“河南郡”下云:“故秦三川郡,高帝更名雒阳。户五万二千八百三十九。莽曰保忠信乡,属司隶也。”

②《水经·谷水注》:“秦灭周,以为三川郡。项羽封申阳为河南王。汉以为河南郡,王莽又名之曰保忠信乡。光武都洛阳,以为尹。尹,正也,所以董正京畿,率先百郡也。”又今本《艺文类聚》卷六“地部河南郡”下云:“应劭《汉官仪》曰:河南尹所治,周地。秦兼天下,置三川守,河、雒、伊也。

汉更名河南，孝武皇帝增云太守。世祖中兴，徙都雒阳，故号为尹，尹，正也。”

③ 今本《魏书·地形志中》“洛州河南郡”下云：“秦置三川守，汉改为河南郡，后汉、晋为尹，后罢。司马德宗（即晋安帝）置，后罢。太宗复，太和中，迁都为尹，天平初改。”

④ 今本《河南志》云：“（晋）步广里，在翟泉侧。”又“（后魏）河南尹廨，翟泉之北”。《洛阳伽蓝记校注》卷一“城内建春门内”下云：“高祖于（翟）泉北置河南尹，中朝时步广里也。”

⑤ 今本《魏书·地形志中》“洛州河南郡”下仅领宜迁一县。

洛阳（在今河南府洛阳县东北二十里。）

汉、晋属[①]。

太和十七年，并缑氏置[②]。（《官氏志》：洛阳令，从第五品。治绥民里[③]。）

京城（夹注：《高祖〈本〉纪》：太和十七年九月庚午，幸洛阳，周巡故宫基址{趾}[④]。帝顾谓侍臣曰：晋德不修，早倾宗祀，荒毁至此，用伤朕怀。遂咏《黍离》之诗，为之流涕。仍定迁都之计。冬十月戊寅朔，诏征司空穆亮与尚书李冲、将作大匠董爵经始洛京。[“夹注”京城下。——原注]）

东西二十里，南北十五里。（杨衒之《伽蓝记》[⑤]）

十二门[⑥]：（《永乐大典》“门字韵”后魏门名引《洛阳志》[⑦]：云龙门，宫东门。千秋门，宫西门也。西对阊阖门，东对千秋门。南门曰乾光门，〈挟〉{夹}建两观[⑧]，观下列朱桁于堑〈上〉[⑨]，以为御路。东〈门〉曰含春{门}[⑩]，北有退门，城上西面列观，五十步一睥睨，屋{台}置一钟[⑪]，以和漏鼓。西北〈建〉{连}庑{函}荫[⑫]，墉〈北有〉{比}广榭[⑬]、〈缘〉{绿}水池[⑭]。光极殿前有光极门，王世充改为永泰门。大司马门、端门、朱华门、乾明门、东掖门、西掖门，皆后魏宫名。又有凤阳门、望春门、长夏门、仁寿门、招德门、启夏门、阳武门、纳义门、厚载门、上秋门。）

南面四门，（穆按：《世宗纪》：正始元年，诏洛阳令有{大}事听面敷奏[15]。《河南志》:南有四门。有宣阳,又有津阳。《伽蓝记叙》作"三门",有宣阳,无津阳[16]。据下"城南"记"高阳王寺在津阳门外三里",则《河南志》所据之《伽蓝记》本亦四门。今本文有讹脱,遂妄改耳。《水经注》[17]:谷水自西明门又南,东屈径津阳门南,又东径宣阳门南[18]。足证今本《记叙》之误。又案:宋宋敏求次道有《河南志》二十卷,今已不存,此《志》从《永乐大典》中写出[19],或疑即次道之书。然胪叙故实,兼及金元,殆后人凭藉宋《书》更事增益矣。都无显证,故不敢辄题次道之名。[20])

正南曰宣阳门,(穆案:据《永乐大典》"后魏京城图",正南门当为平昌[21]。据《水经注》则正南门乃宣阳也。疑《图》误,以晋制为魏制矣。又曰"宣阳门,故{小}苑门也[22]。皇都迁洛,移置于此"。胡氏《禹贡锥指》亦误以平昌为正南门[23]。[注互见"大司马门"下。——原注]。《灵征志》:正光〈九〉{元}年八月[24],有黑龙如狗,南走至宣阳门,跃而上,穿门楼下而出。普泰元年四月甲寅,有龙迹自宣阳门西出,复入门。)

东〈正南〉曰平昌门[25],(〈《永乐大典》"后魏京城图"。〉[26]《水经注》:故平门也[27]。《伽蓝记》:汉曰平门,魏、晋曰平昌门,高祖因而不改[28]。《灵征志》:孝昌二年五月丙寅,京师暴风,拔树发屋,吹平昌门扉坏。)

东曰开阳门,(《水经注》:《晋宫阁{名}》曰[29]:故建阳门也。《汉官》曰:开阳门始成,未有名,宿昔有一柱,来在楼上。琅邪开阳县上言:县南城门一柱飞去[30]。光武皇帝使来识视,良是,遂坚缚之,{因}刻记年月日以名焉[31]。《伽蓝记》:自魏及晋,因而不改,高祖亦然。[32])

〈西曰宣阳门,(《水经注》:故苑门也,皇都迁洛,移置于此。)〉[33]

〈次〉西曰津阳门[34]。(《水经注》:故津门也[35]。)

校注:

① 据《汉书·地理志》,河南郡下有雒阳县。雒阳同洛阳。据《续汉书·郡国志》,河南尹下有雒阳县。据《晋书·地理志》,河南郡下有洛阳县。汉晋时期,洛阳均为河南郡郡治所在。

② 今本《魏书·地形志中》"洛州洛阳郡缑氏县"下云:"二汉、晋属河

南。太和十七年，并洛阳，天平初复，属。”

③《洛阳伽蓝记校注》卷二“城东”下云：“建阳里东有绥民里，里内有洛阳县，临渠水。县门外有《洛阳令杨机清德碑》。”今本《河南志》云：“桥北大道东，曰绥民里，有洛阳县廨。”

④ 今本《魏书·高祖纪下》此句作“基趾”。又篇名无“本”字，据删。

⑤《洛阳伽蓝记校注》卷五“城北”下云：“京城东西二十里，南北十五里，户十万九千馀。”原稿应据此。原稿又误写“杨衒之”为“杨衔之”，据改。

⑥ 介生按：这一数字有误。“雒阳城十二门”的说法，最早出于《续汉书·百官志》，而今本《河南志》“后魏城阙古迹”下亦云：“后魏京城亦在成周，门十二。”然《洛阳伽蓝记》并没有“十二门”的记述。如按以下考释所得，南面四门（宣阳、平昌、开阳、津阳）、东面三门（东阳、建春、清阳）、西面四门（西明、西阳、阊阖、承明）、北面二门（大夏、广莫），总共十三门，并非十二门。《读史方舆纪要》考证东汉雒阳城凡有十二门时称“西面三门”，即雍门（西明、西阳）、广阳（西阳、西明）、上西门（阊阖门），又注云：“又北一门曰承明门，后魏主宏所立，当金墉城前东西大道。初曰新门，旋改为承明门。是时，盖塞宣阳门开承明门，亦曰十二门。”关于堵塞宣阳门之事，石翁并未提及，待考。

⑦ 介生按：经查今本《永乐大典目录》，“汉至隋宫门”一节应在三千五百十九卷中，而此卷散佚，故原稿所引《永乐大典》内容有补阙之价值。

⑧ 此段引文应出自《水经·谷水注》，此句“夹”误写为“挟”，据改。

⑨ 引文此句衍写一“上”字，据删。

⑩《水经注疏》此句作“东曰含春门”，据改。

⑪ 引文此句脱写一“台”字，据补。

⑫《水经注疏》此句作“西北连庑函荫”，据改、增。

⑬《水经注疏》此句作“墉比广谢”，并校云：“朱‘比’讹作‘北’，赵同，全、戴改。”介生按：此句恐《永乐大典》转引时已改，石翁转录其文而已。

⑭ 引文此句“绿”误写为“缘”，据改。

⑮ 引文此句脱写一“大”字，据补。

⑯ 引文见《洛阳伽蓝记序》，又作《原序》，文渊阁“四库全书”本作“自叙”。《洛阳伽蓝记校注》此条已改作“四门”，并有详细注释，兹不赘述。

⑰ 下列引文见郦道元《水经·谷水注》。

⑱《水经注疏》卷一六《谷水篇》"铜马徙于建始殿东阶下"之后有脱文,卷后"校记"云:"按:钞手误脱六十五字,当补。其文曰:'胡军丧乱。此像{象}遂沦。谷水又南径西明门,故广阳门也。门左枝渠东流{派}入城,径太社前,又东径大{太}庙前,又东于青阳门右,下注明渠。谷水又南,东屈,径津阳门南,故津门也。'"介生按:"校记"将"象"改写为"像","东派"改写为"东流","太庙"改写为"大庙",或是版本之异,今据《水经注校证》改。

⑲ 此句中原有"徐丈星伯"四字,后圈删。徐星伯,即永乐大典本《河南志》的辑录者徐松。

⑳ 关于今本《河南志》的版本问题,详见高敏《永乐大典本河南志跋》(今本《河南志》附录)。

㉑ 今本《河南志》后附有《后魏京城图》,石翁说是。

㉒ 此条引文出《水经·谷水注》,引文脱写一"小"字。《水经注疏》释云:"朱脱'小'字。守敬按:《续汉书·百官志》,雒阳城有小苑门。《洛阳伽蓝记》:南面次西曰宣阳门,汉曰津阳门,晋曰宣阳门,高祖因而不改。津阳字误,当依《续汉志》作'小苑'。《寰宇记》:汉小苑门在午上,晋改曰宣阳门。"据补。

㉓ 语见今本《禹贡锥指》卷八"平昌门"注文:"城之正南门,故平门也。"

㉔ 原稿引文"元"误写为"九",据改。

㉕ 原稿本为"正南"二字,后圈删,改为"东"。

㉖〈〉括号内文字后圈删。

㉗ 引文见《水经·谷水注》:"谷水又东,径平昌门南,故平门也。"

㉘ 引文见《洛阳伽蓝记序》。

㉙ 引文此句脱一"名"字,据补。

㉚《水经注疏》此句无"县"字,并释云:"戴'南'上增'县'字。守敬按:《续汉书·百官志》注引,有'县'字。"

㉛《水经注疏》此句有"因"字,释文略云:"朱下句无'因'字。赵云:何焯云:刻记上落'因'字,以《后汉书》注,《文选》注参校。全、赵、戴改

增。"据补。

㉜ 引文见《洛阳伽蓝记序》。

㉝〈〉括号内文字后圈删。

㉞ 原稿此句前有"次"字,后圈删。

㉟ 引文出《水经·谷水注》,见前注⑱。

东面三门,正东曰东阳门,(《伽蓝记》:汉曰"东中{中东}门"①,魏、晋曰"东阳门",高祖因而不改。)

北曰建春门,(《水经注》:即上东门也。一曰上升门,晋曰建阳门②。穆案:晋亦曰建春门,建阳门,乃晋都城南面西头第一门,即汉之津门也。《伽蓝记》不误③。)

南曰清阳门。(《水经》旧本亦作"青"。戴校《水经注》亦作'清'。《水经注》:故清明门也,亦曰税门〈也〉④,亦曰芒门。《伽蓝记》"'清'作'青'"⑤:汉曰望京门,魏、晋曰清明门,高祖改为青阳门[《水经注》前写,《伽蓝记》后写。——原注]。穆案:汉望京门,亦曰宣平门。《河南志》作"清"。⑥)

西面四门,南曰西明门,(《伽蓝记》:汉曰广阳门,魏、晋因而不改,高祖改为西明门。⑦)

次北曰西阳门,(《水经注》:旧汉氏之西阳{明}门也⑧,亦曰雍门矣。旧门在南。太和中,以故门衺{邪}出⑨,故徙是门,东对东阳门。《伽蓝记》:魏、晋曰西明门,高祖改为西阳门。)

次北曰阊阖门,(《水经注》:汉之上西门者也,《汉宫记{官仪}》曰⑩:上西门所以不纯白者,汉家厄于戍,故以丹{漆}镂之⑪。太和迁都,徙门南侧。《伽蓝记》:汉曰上西门,有铜璇机玉衡,以齐七政。魏、晋曰阊阖门,高祖因而不改。)

次北曰承明门。(《伽蓝记》:承明者,高祖所立,当金墉城前东西大道。迁京之始,宫阙未就,高祖住在金墉城。城西有王南寺,高祖数诣寺沙门论议,故通此门,而未有名,世人谓之新门。时王公卿士常迎驾于新门。高祖谓御史中尉李彪曰:“曹植诗云‘谒帝承明庐’,此门宜以承明为称。”遂名之。)

北面二门,西曰大夏门,(《伽蓝记》:汉曰夏门,魏、晋曰大夏门。尝造三层楼,去地二十丈。洛阳城门楼皆两重,去地百尺,惟大夏门甍栋干云。穆案:尝〈造〉{读}《河南志》[12]:作宣武造。〈“千{干}云”作“峻丽”,盖亦今本误改。〉[13]《永乐大典》“门字韵”后魏门名引《洛阳志》曰:北有退门,城上西面列观,五十步一睥睨,屋{台}置一钟[14],以和漏鼓。西北〈建〉{连}庑{函}阴[15],墉〈北〉{比}〈有〉广榭。〈绿水池〉[16][此《水经注》文。——原注])

东曰广莫门。(《水经注》:汉之谷门也。北对芒阜,连岭修〈互〉{亘}[17],苞总众山。始自洛口,西逾平阴,悉芒垄也。《伽蓝记》:魏、晋曰广莫门,高祖因而不改。广莫门以西,至于大夏,宫观相连,被诸城上也。《御览》卷六十七引《述征记》曰:广阳门北有魏明帝流杯池["阳"当作"莫"。——原注]。)

校注:

① 引文见《洛阳伽蓝记序》,《洛阳伽蓝记校注》改为“中东”,并注云:“吴《集证》云:‘《水经注》曰:东阳门,故中东门也。此二字倒。《御览》作中东门是也。’按元《河南志》亦作‘中东门’,当是。详见注,今正。”据改。

② 引文出自《水经·谷水注》,《水经注疏》此条下释云:“守敬按:《续汉书·百官志》,雒阳城有上东门。《洛阳伽蓝记》:东面北头第一门曰建春门,汉曰上东门,魏、晋曰建春门,高祖因而不改。无所谓建阳门也。考孝武帝郑太后讳春,故改‘蕲春’为‘蕲阳’,改‘寿春’为‘寿阳’,改‘富春’为‘富阳’。《晋书·孝武帝纪》:太元十六年,慕容永寇河南,太守杨佺期击破之。是当太元时,必改‘建春’为‘建阳’。至安帝隆安三年,姚兴陷洛阳。又至义熙中,刘裕北平关、洛,旋复失之。是改‘建春’为‘建阳’,为时不久。故《伽蓝记》仍称‘建春’。戴延之《西征记》亦然。郦氏好奇,故不曰‘建春’,而曰‘建阳’。宋本《初学记》作‘定阳’,亦‘建阳’之误。《寰宇记》云:晋曰昌门,一曰建春门。昌门,必亦晋时流俗之称。”

③ 今本《河南志》"晋城阙古迹"有"开阳门、宣阳门、建阳门"条，下注云："汉之津门。按：永嘉二年，王弥至洛阳，屯于津阳门。弥兵败，烧建春门而东。疑此用汉名而为建阳门。"

④ 引文出《水经·谷水注》。《水经注疏》此句无"也"字，并释云："朱门外有'也'字，戴删。"

⑤《洛阳伽蓝记校注》"青阳门"下注云："吴《集证》云：'按《水经注》：阳渠水于城东隅枝分，北径清阳门，故清明门也。则凡青阳、青明之青字，皆当作清字。各本俱脱水旁。惟何氏本（按即汉魏丛书本）于城内修梵寺作清阳门，不误。'按《水经·谷水注》朱谋㙔本作清阳门，吴氏当即据之。但赵一清与戴震校本皆改作青阳门。考青阳门在东面，自取《尔雅》'青为青阳'之义，则作'青'者实不误。吴说殆非。又清明门，如隐堂本、缘君亭本、真意堂本皆作清，与《谷水注》同，吴说亦误。"

⑥ 今本《河南志》"晋城阙古迹"有"清明门"条，下注云："汉之宣平门。"

⑦ 引文出《洛阳伽蓝记序》。

⑧ 引文出《水经·谷水注》。《水经注疏》此句作"西明门"，并释云："守敬按：《续汉书·百官志》，雒阳城有雍门。《洛阳伽蓝记》：西面次北曰西阳门，汉曰雍门，魏、晋曰西明门。高祖改为西阳门。《寰宇记》：汉曰雍门，在西上。晋改曰西明门。《河南志》：晋之西明门，后魏孝文改西阳。此《注》言旧汉氏之西明门，与诸说异，岂汉为晋人误乎？"原稿此句作"西阳门"，应是抄写之误。

⑨《水经注疏》此条作"邪"，并释云："朱'邪'讹作'卯'，戴、赵改。""衺"为"邪"之通假字，不误。

⑩ 引文出《水经·谷水注》，《水经注疏》此句作《汉官仪》，并释云："朱作《汉宫记》，《笺》曰：官当作宫。盖本《玉海》，全、赵、戴皆依改宫。守敬按：《续汉书·百官志》注引应劭《汉官》曰：上西门所以不纯白者，汉家初成，故丹镂之。与此各有误。此《汉官记》是《汉官仪》之误，彼亦脱仪字。彼初成是厄戍之误。《寰宇记》、《河南志》并作《汉官仪》，作厄戍，可证，今订。"据改。

⑪《水经注疏》卷十六"校记"云："按：原'丹'上下脱'漆'字，《续汉

志》同。标点本已校补。《寰宇记》、《名胜记》河南八有之,可证,今补。"据补。

⑫ "造"字不可解,或为"读"字之误,存考。

⑬〈〉括号内文字后有圈删之意。今本《河南志》"西有大夏门"下注云:"宣武造,三层楼,去地二十丈。洛阳城门楼皆两重,去地百尺。唯大夏门甍栋峻丽。"与石翁所见相合。又"千"字为"干"字之误,据改。

⑭ 引文此句脱写一"台"字,据补。

⑮ 引文出自《水经·谷水注》。原稿引文作"西北建庑阴",《水经注疏》作"西北连庑函阴",并释云:"朱'西'讹作'函',庑下脱'函'字。赵据孙潜改、补。"据改、补。

⑯ 原稿引文作"墉北有广榭",《水经注疏》作"墉比广榭",并释云:"朱'比'讹作'北',赵同,全、戴改。"据改。"有"、"绿水池"数字为衍。据删。

⑰ 引文出自《水经·谷水注》,此句"亘"误抄为"互",据改。

宫城(《河南志》案:宫殿多仍魏、晋旧名,或云依《洛阳图》修缮某所〈其〉{某}居①,疑总名阊阖宫,然又与上门名相犯。《禁扁》:元魏洛城阊阖宫。)

正南曰阊阖门阙、(《水经注》:魏明帝上法太极于洛阳南宫,起太极殿于汉崇德殿之故处。[崇德殿,汉宫正殿也。——原注]改雉门为阊阖门②。今阊阖门外,夹建巨阙,以应天宿,虽不如礼,犹象而魏之,上加复思,以易观矣。《孝庄纪》:建义〈二〉{元}年十月③,尔朱荣槛送葛荣于京师,帝临阊阖门。穆案:此及废帝、出帝两《纪》所书"升太极殿"、"登阊阖门",皆谓宫城南门也。又按:此《志》以延昌为限,熙平以后之事,例不摭厕,惟宫阙门阁皆经构于高祖、世宗之代,景明〈二〉{三}年诏书所谓"今庙社乃建,宫极斯崇"是也④。故时援以相证。其诸涉及后事者视此。[夹注:《灵征志》:景明三年闰月甲午,京师大风拔树发屋,吹折阊阖门关。〈称〉{秋}涛按⑤:城门、宫门皆有阊阖之名,此条未审所指。])

乾光门、(据《水经注》,此乃金墉城南门。《永乐大典》"门字韵"后魏门名引《洛阳志》曰:乾光门,挟{夹}建两观⑥,观之下列朱桁于堑上,以为御路。穆案:《志》所谓"挟建两观",即《注》所谓"夹建巨阙"也。据知阊阖者,阙名,乾光者,门名。后人以门阊阙名,取便称耳。否则,宫阁、门阙之名,乃沈含馨、江式辈承诏特制,岂有外城西门曰阊阖,宫城正门后曰阊阖者乎?《河南志》疑与门名相犯是也。南曰乾光,北曰乾明,亦相对成文。)

大司马门、(《世宗纪》:正始四年闰月甲午,禁大司马门不得车马出入。《水经注》:渠水自铜驼街东,径司马门南⑦。自此南直宣阳门,经纬通达,皆列驰道,往来之禁,一同两汉。)

端门、止车门。(夹注:《{魏书}郭祚传》⑧:故事:令、中丞驺唱而入宫门,至于马道。及祚为仆射,以为非尽敬之宜,言于世宗。帝纳之,下诏:"御在太极,驺唱至止车门;御在朝堂,至司马门。"["夹注"在"止车门"下。——原注])

东内曰朱{东}华门⑨,(《杨昱传》⑩:延昌三年,诏:自今{已后},若非{朕}手敕⑪,勿令〈光〉{儿}辄出⑫,宫臣在直者,从至万岁门。《{魏书}·礼志》:延昌四年春正月丁巳夜,世宗崩于式乾殿。侍中、中书监、太子少傅崔光等奉迎肃宗于东宫⑬,入自万岁门,至显阳殿。穆案:东宫在皇城外东北隅,万岁门必皇城东门。云龙与神虎对,朱华与千秋对,以义定之,朱华即万岁之别名矣。〈穆案〉⑭东华门,《河南志》及《图》皆作"朱华",考之于书,皆无其名。《禁扁》亦作"朱华"。惟《伽蓝记》曰:庄帝手刃荣于明光殿。荣部下尔朱阳都等二十人随入东华门,亦为伏兵所杀。明光殿正在东华门内,然则"朱"为"东"之讹无疑,据改。[东或即朱之讹欤?——原注] 按:孝静迁邺,宫阙之名多仍洛旧。《北史·杨愔传》有"长广王及归,彦在朱华门外"云云,益足证东华之误矣。)

外曰云龙门、(《{魏书}·崔光传》:诏光乘步挽于云龙{门}出入⑮。《前废帝纪》:入自建春、云龙门。《出帝纪》:入自东阳、云龙门。⑯)

通门、(《河南志》及《图》皆无东、西通门之名。《水经注》:西有通门⑰。东则未详。以意揆之,亦当有也,据补。)

掖门。(《{魏书}·北海王详传》:又于东掖门外,规〈立〉{占}新宅[18]。《元彧传》:尔朱兆率众奄至,彧出东掖门。《孙绍传》:绍曾与百〈寮〉{僚}赴朝[19],东掖未开,守门候旦。《尔朱世隆传》:令王终日于洛滨游观,至晚,{王}还省[20],将〈军〉{车}出东掖门[21]。)

西内曰千秋门,(《{魏书}·宣武灵皇后传》:太后敕造申讼车,时御焉。出自云龙大司马门,从宫西北,入自千秋门。)

外曰神虎门、(《水经注》[22]:神虎门东对云龙门。二门衡栿之上,皆刻云龙风虎之状,以火齐薄之。及其晨光初起,夕景斜晖,霜文翠照,陆离眩目。《{魏书}·高肇传》:肇所乘骏马停于神虎门外,无故惊倒。)

通门、掖门。(《{魏书}·天象志》:太和二十二年二月乙丑,月与岁星、荧惑合于右掖门内[23]。)

北曰乾明门。(《永乐大典》后魏门名引《洛阳志》又有凤阳、望春、长夏、仁寿、招德、启夏、阳武、纳义、厚载、上秋十名[24]。)

校注:

① 今本《河南志》校改“其”为“某”,并注云:“原作‘其’字,于义不顺,据缪本改。”据改。

② 引文出《水经·谷水注》,此处有节略。

③ 原稿“元”误抄为“二”,据改。

④ 原稿“三年”误抄为“二年”,据改。

⑤ 原稿“称涛”应为“秋涛”之笔误,改。

⑥ 此条引文本出自《水经·谷水注》。“夹”误抄为“抄”,据改。

⑦ 引文出自《水经·谷水注》,此处有节略。

⑧ 引文出自今本《魏书·郭祚传》。

⑨ 此句后删“朱”,改“东”字,但后又圈删“东”字之意。

⑩ 引文出自今本《魏书·杨播传》附杨昱传。

⑪ 引文此两句有节略,据补。

⑫ 引文此句“儿”误为“光”,据改。

⑬ 引文此句有节略。

⑭〈〉括号内文字后圈删。

⑮ 引文此句脱写一“门”字，据补。

⑯ 两条引文均出自今本《魏书 · 废出三帝纪》。

⑰《水经 · 谷水注》云：“{渠水}又南径通门、掖门西。”并非“西有通门”。

⑱ 以下各传出自今本《魏书》，不再补出。此处引文有节略，“占”误为“立”，据改。

⑲ 引文此句“僚”误写为“寮”，据改。

⑳ 引文有节略。

㉑ 此句引文衍写一“军”字。今本《魏书 · 尔朱世隆传》卷末“校勘记”云：“诸本‘车’讹‘军’，今据《北史》卷四八、《册府》(同上卷页)改。”据改。

㉒ 引文出自《水经 · 谷水注》。

㉓ 此条引文似有圈删之处。

㉔ 今本《河南志》有“大司马门、端门、止车门、朱华门、乾明门、云龙门”条，下注云：“宫东门。”

皇居正中曰〈大〉{太}极殿①、(《{魏书}·世宗纪》：景明二年正月丁〈已〉{巳}②，引见群臣于太极前殿，告以览政之意。三年十二月壬寅，飨群臣于太极前殿，赐布帛有差，以初成也。《夏侯道迁传》：自南郑来朝{京师}，〈宣武〉引见于太极东堂③。《崔光传》：正始二年八月，光表曰：去二十八日，有物出于太极之西序，敕以示臣，臣按其形，即庄子所谓“蒸成菌”者也。)

显阳殿、(《{魏书}·肃宗纪》：熙平二年八月戊〈成〉{戌}④，宴太〈宗〉{祖}以来宗室年十五以上于显阳殿⑤，申家人之礼。《前废帝纪》：普泰元年三月丙子，帝引见尚书右仆射元罗及皇室于显阳殿，劳勉之。四月〈巳〉{己}未⑥，帝于显阳殿简试通直散骑常侍、散骑侍郎、通直郎，剩员非才他转之。六月癸亥，帝临显阳殿，亲理冤讼。《灵征志》：{庄帝}永安二年十一月己丑，有赤气如雾，从显阳殿阶{西南角}斜属步〈廓〉{廊}⑦，高一丈许，连地如绛纱幔，自未至戌不灭。穆案：宫殿名见于本书者，惟显阳最夥,兹录其事之有关国典者。)

建始殿。(《伽蓝记》:太后还〈总〉{捻}万〈几〉{机},图〈清河王〉怿像于建始殿。[8][王士点《禁扁》:西游国园亦有建始殿。——夹注][9])

左、右曰观德殿、(《任城王澄传》:{次之观德殿},[10]高祖曰:射以观德,故遂命之。)

明光殿、(《孝庄纪》:建义三年九月辛卯,天柱{大}将军尔朱荣、上党王天穆自晋阳来朝[11]。戊〈戌〉{戌}[12],帝杀荣、天穆于明光殿。)

宣光殿、(《肃宗纪》:永平三年三月丙戌,帝生于宣光殿之东北。延昌四年八月戊子,帝朝皇太后于宣光殿。《胡国珍传》:诏依汉车千秋、晋安平王故事,给步挽一乘,自掖门至于宣光殿得以出入。《张普惠传》:又表〈于〉{论}时政得失[13],〈孝明〉{肃宗、}灵太后引普惠于宣光殿[14],随事难诘,延对移时。)

清徽堂、(《高祖纪》:太和二十一年七月甲寅,帝亲为群臣讲《丧服》于清徽堂[15]。《任城王澄传》:车驾还洛,引见王公侍臣于清徽堂。高祖曰:此堂成来,未与王公行宴乐之礼,后东阁庑堂粗复始就,故今与诸贤欲无高而不升,无小而不入。〈穆案:此即《本纪》所书太和十九年八月甲子引群臣历宴殿堂事也。〉[16]《杨椿传》:戒子孙曰:太和二十一年,吾从济州〈采〉{来}朝[17],在清徽堂豫宴。堂,《后魏京城图》作"殿"。〈误。〉[18])

光极堂、(《高祖纪》:太和十九年十二月〈甲子〉{乙未朔}[19],引见群臣于光极堂,宣示品令,为大选之始[20]。甲子,引见群臣于光极堂,班赐冠服。《刘昶传》:高祖〈于〉{临}光极堂大选[21]。《礼志》:太和{十}九年五月甲午[22],冠太子恂于庙。丙申,高祖临光极堂,太子入见,帝亲诏之。堂,《图》亦作"殿"[23]。〈误。〉[24]《咸阳王禧传》:景明二年,世宗召禧等入于光极殿。[《河朔访古记》:《洛阳金石刻》有《后魏大将军泉府君碑》。——夹注]《永乐大典》"后魏门名"引《洛阳志》曰:光极殿前有光极门,王世充改为永泰门。以上三殿、两堂,《图》在东。)

含章殿、(《元叉传》:清河王怿以兵卫守于宫西别馆。叉恐怿终为己害,与侍中刘腾密谋,诬怿自望为帝[25]。腾闭永巷门,灵太后不得出,怿人，遇叉于含章殿后，欲入徽章东阁。叉厉声不听。命宗士及直〈齐〉{斋}等三十人执怿衣袂㉖，将入含章东省。穆案：含章殿之名，不见于《河南志》及《图》，详绎传文，兼规往制，当在宫城东列，直北与崇训宫相接。山谦之《丹阳记》曰：含章名起后汉。《河南志》："〈曹〉魏城阙古迹"㉗：含章殿，在显阳之东。"晋城阙古迹"：含章殿，亦在显阳之东㉘。而后魏《图》宫城西列殿堂六，东列殿堂五，则其为《图》、《志》失载无疑。谨据补于"光极堂"后，仍未敢臆定其次也。）

崇训宫、（《伽蓝记》曰：太后正号崇训，母仪天下〈是也〉㉙。王士点《禁扁》：崇训宫，灵太后居。又案：皇太后之所居曰崇训宫，在含章殿后。中有嘉福殿、九龙殿。《河南志》及《图》亦不载，今以元〈义〉{叉}、于忠、胡国珍及阉官诸传考之㉚，知其为太后东朝也。惟后魏旧法：子立则赐母死。至于宣武，此制始革。高祖、世宗无为豫建宫极之理，疑熙平以后，乃始增创，故肃宗初立，尚朝太后于宣光殿也。《志》以延昌为限，例不杂侧，附识于此。又案：《北史·后妃传论》谓孝文终革，此失考。太子恂初立，林后仍以旧法薨，而世宗之母高后于太和十九年自代迁洛，薨于汲郡共县。二十一年，世宗始立为皇太子。则此制实宣武始革，《北史》误也。魏收书《皇后传》亡，后人以《北史》补之，仍衍其误。）

理诉殿、（《世宗纪》：延昌元年四月，诏立理诉殿、申讼车，以尽冤穷之理。[夹注：清暑殿上。]）

清暑殿、（《伽蓝记》：西明门外，清河王怿第宅丰大，逾于高阳。西北有楼，出凌云台。楼下有儒林馆、退{延}宾堂㉛，形制并如清暑殿。穆案：华园亦有清暑殿，衒之所拟，未知何指。而《河南志》则似即据此文，以为宫城西殿也。[夹注：清暑殿下。]）

徽音殿、（《元〈又〉{叉}传》㉜：肃宗徙御徽音殿，〈义〉{叉}亦入居殿右㉝。）

式乾殿、（《世宗纪》：正始三年十有一月甲子，帝为京兆王愉、清河王〈绎〉{怿}、广平王怀、汝南王悦讲《孝经》于式乾殿㉞。永平二年十有一月〈已〉{己}丑㉟，帝于式乾殿为诸僧、朝臣讲《维摩诘经》。）

茅茨堂、（注见"凝闲堂"下。）

宣极堂、(以上三殿、两堂,《图》在西。王士点《禁扁》:光极、宣极、清徽、西柏四堂并在洛。)

凝闲堂、(《任城〈上〉{王}传》㊱:次之凝闲堂。高祖曰:"名目要有其义,此盖取夫子闲居之义,不可纵奢以忘俭,自安以忘危,故此堂后作'茅茨堂'。"谓李冲曰:"此东曰步元庑,西曰游凯庑。此堂虽无唐尧之君,卿等当无愧于元、凯。"冲对曰:"臣既遭唐尧之君,不敢辞元、凯之誉。"又高祖召澄入见凝闲堂。穆案:此堂,《京城图》在皇城内西南隅。据《传》,高祖明谓"凝闲堂"后作"茅茨堂",则《图》误也。)

含温室、(《礼志》:太和十九年十一月己卯,帝在含温室[今本《礼志》"含"误作"合"。——原注]㊲。《孝文幽后传》:高祖以疾卧含温室。《图》:在皇城内东南隅。)

崇虚楼、(《通鉴》:齐建武三年七月[魏太和二十年。——原注],魏主以久旱,自癸未不食至于乙酉。群臣皆诣中书省请见。帝在崇虚楼,遣舍人辞焉。《注》:武帝永明九年,魏移道坛于桑乾之阴,改曰崇虚寺。此盖迁洛后,于禁中〈齐〉{斋}戒则居之㊳。穆案:事见本书《王肃传》,《高祖纪》无"崇虚楼"字。《禁扁》:崇虚楼,太和二十一年作。[涛按:太和二十年有崇虚楼,《禁扁》误也。——夹注])

听讼观、(《世宗纪》:永平〈二〉{元}年六月壬申㊴,诏曰:"慎狱重刑,著于往诰。朕御兹宝历,明鉴未远,断决烦疑,实有攸愧,可依洛阳旧图,修听讼观。农隙起功,及冬令就。当与王公卿士亲〈听〉临录问㊵。"穆案:〈魏晋〉《水经注》:听讼观,即汉之平〈乐〉{望}观也㊶。明帝太和三年更名㊷,西北接华林隶簿㊸。此听讼观,《京城图》缋在阊阖门阙之左。然则诏所云"依旧图修"者,盖谓其廊庑之制。《陆机与弟书》"听讼观东,作百丈许廊屋"是也㊹。)

徽章阁、(注见上"含章殿"下。["徽章阁"写在"听讼观"后。——夹注]㊺)

东堂、(《高〈阁〉{闾}传》㊻:〈宣武〉{世宗}践阼㊼,累表逊位。〈极〉诏授光禄大夫、金章、紫绶㊽。及辞,引见东堂,赐以肴羞,访以大政。

《邢峦传》：徐、兖沿边镇戍相继陷没，以峦为使持节、都督东讨诸军事。世宗劳遣于东堂[49]。又｛豫州城民｝白早生｛杀刺史司马悦，以城南入｝[50]，｛萧衍｝遣其冠军将军齐苟仁｛率众｝入据悬瓠[51]。诏峦讨之，世宗临东堂劳遣[52]。又豫州平，峦振旅还京师，世宗临东堂劳之。《萧宝夤传》：永平四年，诏宝夤为使持节、假安南将军、｛别将｝[53]，世宗于东堂饯之。《图》：在皇城内东北隅。）

西柏堂。（《于忠传》[54]：〈明帝〉｛肃宗｝即位[55]，忠与门下议，以〈帝〉｛肃宗｝冲年[56]，未亲机政；太尉、高阳王雍属尊望重，宜入居西柏堂，省决庶政。《高阳王雍传》：表曰："臣初入柏堂，见诏旨之行，一由门下。"又曰："出入柏堂，尸〈位〉｛立｝而已。"[57]《高肇传》：太尉高阳王先居西柏堂，专决庶事。《图》：在皇城内西北隅。）

东有清徽园，（《郭祚传》：尝以立冯昭仪，百官夕饮清徽后园。高祖举觞赐祚。《彭城王勰传》：高祖宴侍臣于清徽堂。曰〈宴〉｛晏｝[58]，移于流化池芳林之下。流化池，亦作"流化渠"。《任城王澄传》：因之流化渠。高祖曰："此曲水者亦有其义，取乾道曲成，万物无滞。"次之洗烦池，高祖曰："此池中亦有嘉鱼。"澄曰："此所谓'鱼在在藻，有颁其首'。"高祖曰："且取'王在灵沼，于牣鱼跃'。"穆案：合此诸《传》诊之，园，盖在清徽〈殿〉｛堂｝后[59]，因即假"清徽"之名。而流化、洗烦二池，亦即在此园中矣。）

西有西游园。（《伽蓝记》：千秋门内道北有西游园，园中有陵〈灵〉｛云｝台[60]，即是魏文帝所筑者。台上有八角井，高祖于井北造凉风观。登之远望，目极洛川；台下有碧海曲池；台东有宣慈观，去地十丈。观东有灵芝〈钧〉｛钓｝台[61]，累木为之，出于海中，去地二十丈。风生户牖，云起梁栋。丹｛楹｝刻桷[62]，图写列仙。刻石为鲸鱼，背负钓台。既如从地踊出，又似空中飞下。钓台南有宣光殿，北有嘉福殿，西有九龙殿，殿前九龙吐水成一海。凡四殿[合宣慈观之数。——原注]，皆有飞阁向灵芝往来。三伏之月，皇帝在灵芝台以避暑。有五层浮图一所，去地五十丈。｛仙掌凌虚，铎垂云表，作工之妙，埒美永宁｝讲殿[63]。尼房五百馀间，绮疏连亘，户牖相通，珍木香草，不可胜言[64]。椒房嫔御，学道之所，掖庭美人，并在其中。穆案：王士点《禁扁》：元魏殿名：嘉福（灵芝、钓台之北）、建始（东）、九龙(西)、宣光(南四殿,皆有飞阁入凑。灵芝台并在西游园),盖即本之《伽蓝记》,今本脱去"建始殿"一条,当据补。《永乐大典》"宫字韵":后魏西游园下引有'东有建始殿'句。《灵征志》:神龟元年二月,获龟于九龙殿灵芝池,大赦,改元。穆案:此嘉福、九龙二殿,与前注崇训宫殿名相犯,而实非一地,犹宣光本宫城东列殿名,而此亦有宣光殿也。《水经注》:渠水又东,历故〈奎〉{金}市{南}[65],直千秋门,{古宫门也。}[66]{又}枝流入石逗[67],伏流注灵芝九龙池。魏太和中,皇都迁洛{阳}[68],经构宫极,修理街渠。{务穷}幽隐[69],发石视之,{曾}无毁坏[70]。又石工细密,非今知所拟,亦奇为精至也,遂因用之[71]。〈又曰:千金竭旧堰谷水,魏时更修此堰[此谓曹魏。——原注][72],开沟渠五所,谓之五龙渠。晋世大水暴注,更于西开泄,名曰代龙渠,代龙渠即九龙渠也[73]。全氏祖望曰:案五龙渠与九龙渠不同,五龙渠即千金渠。若九龙渠作于魏明帝青龙三年,是时崇华殿灾,郡国九龙见,明帝因更营九龙殿,引谷水为九龙池,而筑渠以堰之。善长误矣。〉[74]《宣武灵皇后传》:幸西林园法流堂,命侍臣射,不能者罚之。又肃宗朝太后于西林园,宴文武侍臣,至于极昏。太后乃起执肃宗手下堂,言:母子不聚久,今暮共一宿,诸大臣送我入。太后与肃宗向东北小阁。穆又案:西林园,疑即《伽蓝记》之西游园,惟西林之名,叠见于灵皇后、元叉、奚康生诸传,而衒之所述四殿,本书不著。善长述灵芝、九龙之胜,亦不言其间有园名,是一是二,不敢臆决,因附注于此,以俟更考。《方舆纪要》华林园下曰:又有西林、西游等园,后魏〈避〉{熙}平以后置于宫旁[75],为游宴处。按西游园有高祖所造凉风观,其不始于熙平可知。惟西林之名,始见于灵太后时,是为后起之证[宜出西游园,而附载西林于注。——原注]。)

[夹注:西游园下:《伽蓝记》、《禁扁》、《水经注》、穆案、《宣武灵皇后传》、又案。][76]

京城之内,凡三百二十三坊。(《广阳王嘉传》:迁司州牧。表请于京四面,筑坊三百〈三〉{二}十[77],各周一千二百步。《世宗纪》:景明二年九月,发畿内夫五万五千人筑京师三百二十三坊[78],四旬而罢。《伽蓝记》:庙社、宫室、府曹以外,方三百步为一里,里〈有〉{开}四门[79];门置里正二人、吏四人、门士八人,合有二百二十里。《河南志》:案:城之大小见上文，而杨衒之推广而言者⑳，盖兼城之外也。）

校注：

① 此处“太”误写为“大”，改。

② 引文此句“巳”误写为“已”，据改。

③ 传记引文均来自今本《魏书》，不再补写，此处有节略，据补。

④ 引文此句“戌”误写为“戍”，据改。

⑤ 引文此句“太祖”误写为“太宗”，据改。

⑥ 引文此句误写“己”为“巳”，据改。

⑦ 此条引文有脱字，据补。“廊”误写为‘廓’，据改。

⑧ 引文出自《洛阳伽蓝记》卷四“城西”下，有衍、误之处。据改。

⑨ 此注后似乎有圈改之意。

⑩ 此处引文疑为作者脱漏，补。

⑪ 此句引文脱写一“大”字，据补。

⑫ 引文此句“戌”误写为“戍”，据改。

⑬ 引文此句“论”误写为“于”，据改。

⑭ 此文此句以“孝明”代“肃宗”，据改。

⑮《丧服》为儒家经典“十三经”中《仪礼》之一篇。

⑯ 此案语后有圈删之意。

⑰ 引文此句“来”误写为“采”，据改。

⑱ “误”字后圈删。

⑲ 引文此句“乙未朔”误为“甲子”，据改。

⑳ 引文此处有节略。

㉑ 引文此句“临”误写为“于”，据改。

㉒ 引文此句脱写一“十”字，据补。

㉓ 此《图》即为今本《河南志》后附《后魏京城图》，下不再注。

㉔ “误”字后圈删。

㉕ 此段引文多有节略。

㉖ 此句引文“斋”误写为“齐”，据改。

㉗ 今本《河南志》标题无“曹”字。

㉘ 今本《河南志》“晋城阙古迹”下并无含章殿之名目,恐版本有异。

㉙ 引文出自《洛阳伽蓝记》卷二“城东”,此句“是也”二字为衍文,据改。

㉚ “元义”应为“元叉”之误,改。

㉛《洛阳伽蓝记校注》此条改作“延宾堂”,并注云:“按元《河南志三》‘退’作‘延’。考下文曰:‘怿爱宾客,重文藻,海内才子,莫不辐辏。’则延字义长,《河南志》当是,各本皆误,今据正。”据改。

㉜ 传名“叉”误写为“又”,据改。

㉝ 引文此句“叉”误写为“义”,据改。

㉞ 此句引文“怿”误写为“绎”,据改。

㉟ 引文此句“己”误写为“已”,据改。

㊱ 传名“王”误写为“上”,据改。

㊲ 今本《魏书・礼志》依然作“合温室”,未改。张说是。

㊳ 引文此条“斋”误作“齐”,据改。

㊴ 引文此条“元年”误为“二年”,据改。

㊵ 引文此句衍写一“听”字,据删。

㊶ 引文出自《水经・谷水注》,“魏晋”二字后圈删。“平乐观”为“平望观”之误,据改。然今本《河南志》“后汉城阙古迹”有“平乐观”,而无“平望观”。

㊷ 今本《河南志》作“明帝太和元年”,恐误。

㊸ 此条引文多有节略,不补。

㊹ 此条引文见今本《河南志》“晋城阙古迹”下。

㊺ 此条原在“崇虚楼”之前,遵照作者之意移置于此。

㊻ 传名“闾”误写为“阁”,据改。

㊼ 原稿将“宣武”替代“世宗”,据改。

㊽ 此条引文有节略,“极”字为衍,据改。

㊾ 此条引文有节略。

㊿ 引文此句有脱文,以致文义不明,据补。

(51) 引文此句有脱文,据补。

㊾ 此条引文多有节略。

㊿ 此条引文有节略。

54《于忠传》附于今本《魏书·于栗磾传》之后。

55 原稿以“明帝”替代“肃宗”,据改。

56 原稿以“帝”替代“肃宗”,据改。

57 引文此句“立”误写为“位”,据改。

58 引文此句“晏”误写为“宴”,据改。

59“清徽殿”应为“清徽堂”之误,石翁在“清徽堂”条已有订正,不再复述,改。

60 引文此句“云”误抄作“灵”,据改。

61《洛阳伽蓝记校注》此句作“灵芝钓台”,并释云:“《三国志》二《魏志·文帝纪》:黄初三年,‘是岁穿灵芝池。’《太平御览》六十七《晋宫阁名》:‘灵芝池广长百五十步,深二丈,上有连楼飞观,四出阁道钓台,中有鸣鹤舟、指南舟。’”据改。

62 引文此名空阙一“楹”字,据补。

63 此句引文有脱文,据补。

64 引文此处有节略。

65 引文此句“金”误抄为“奎”,据改。又脱写一“南”字,据补。

66 引文此处有节略,据补。

67 引文此句脱写一“又”字,据补。

68 引文此句脱写一“阳”字,据补。

69 引文此句空阙“务穷”二字,据补。

70 引文此句空阙一“曾”字,据补。

71 原稿引文与文渊阁“四库全书”本《水经注》以及陈桥驿《水经注校证》相同。《水经注疏》此句为:“又石工细密,非今之拟,亦可为精至也,遂因用之。”并无校勘记,恐有误。不改。

72 引文此处有节略。

73 此条引文多有节略。

74〈〉括号内文字后有圈删之意。

75 引文此句“熙”误抄为“避”,据改。

⑯ 夹注内容为作者重新排序，原稿中《宣武灵太后传》居首，其次为《伽蓝记》，再次为《水经注》，据夹注改。

⑰ 引文此句“二”误抄为“三”，据改。

⑱ 今本《魏书·世宗纪》此句引文与原稿有所不同，卷末“校勘记”云：“南、北、殿本和《北史》‘五万’下有‘五千’二字。又《北史》作‘三百二十坊’。按卷一八《广阳王传》也作‘三百二十坊’，‘坊’上‘三’字当衍。”存考。

⑲ 引文此句“开”误写为“有”，据改。

⑳ 今本《河南志》此句作“阳衒之”。

宫城南曰铜驼街。（《水经注》：渠{水又枝}分[1]，夹路南出，径太尉、司徒两坊间，谓之铜驼街。旧魏明帝置铜驼诸兽于阊阖南街，陆机云“驼高九尺，脊出太尉坊”者也。《御览》“州郡部四”引陆机《洛阳记》曰：洛阳有铜驼街，汉铸铜驼二枚，在宫南四会道，相对，俗语曰：金马门外集众贤，铜驼陌上集少年。）

左有左卫府、（《官氏志》：卫将军，第二品，加大者，位在太子太师之上。左、右卫将军，第三品。《通典》：后魏永光初，又增左、右卫将军各二人。宫前阊阖门御道东。）

司徒府、（《官氏志》：司徒，第一品。《灵征志》：普泰元年秋，司徒府太仓前井并溢。在左卫府南。）

国子学、（《世宗纪》：正始元年十一月戊午，诏曰：古之哲王，〈垂〉{创}业垂统[2]，安民立化，莫不崇建胶〈庠〉{序}[3]，开训国胄，昭宣《三礼》，崇明四术，使道畅群邦，风流万宇。自皇基徙构，光宅中区，军国务殷，未遑经建，靖言思之，有惭古烈。可敕有司依汉、魏旧章，营缮国学。四年夏六月己丑朔，诏曰：高祖德格二仪，明〈坐〉{并}日月[4]，播文教以怀远人，调礼学以旌俊造。徙县中区，光宅天邑，总霜露之所均，一姬卜于洛涘，戎缮兼兴，未遑儒教。朕纂承鸿绪，君临宝历，思〈摸〉{模}圣规[5]，述遵先志，〈令〉{今}天平地宁[6]，方隅无事。可敕有司准访前式，置国子，立太学，树小学于四门。延昌元年四月丁卯，诏曰：迁京嵩县，年将二纪，虎闱阙

{唱}演之音⑦,四门绝讲诵之业。博士端然,虚禄岁祀,贵游之胄,叹同子衿。靖言念之,有兼愧慨。可严敕有司,国子学孟冬使成,太学、四门明年暮春令就。《伽蓝记》:国子学堂内有孔子像,颜渊问仁,子路问政在侧。《官氏志》:国子祭酒,从第三品;国子助教,从第七品。《文献通考》:国子助教,后魏置⑧。在司徒府南。)

宗正寺、(《官志氏》:宗正,第三品,宗正少卿,从〈事〉三品⑨。在国子学南。)

太庙、(《礼志》:太和十九年〈三〉{二}月癸亥⑩,诏曰:知太和庙已就,神仪灵主,宜时奉宁。可克三月三日己巳⑪,内奉迁于正庙。其出金墉之仪,一准出代都太和之式。入新庙之典,可依近至金墉之轨。其威仪卤薄,如出代庙。百官奉迁,宜可省之。但令朝官四品以上,侍官五品以上及宗室奉迎。《高祖纪》:太和十九年四月戊辰,太和庙成。在宗正寺南。)

护军府、(《官氏志》:中护军,第三品,加将军则去中,位次抚军。在太庙南。)

衣冠里。(在护军府南。)

右有右卫府、(在宫前阊阖门御道西。)

御史台、(《官氏志》:御史中尉,第三品上。治书侍御史,第五品上。侍御史、殿中御史,从第五品中。太和二十三年,高祖复次职令,改治书侍御史从第五品。《通典》:汉御史大夫寺,后汉以来谓之御史台,亦谓之兰台寺。梁及后魏、北齐或谓之南台。后魏之制:有公事,百官朝会,名薄自尚书、令仆以下,悉送南台。又曰:后魏御史中尉,督司百僚,其出入,千步清道,与皇太子分路,〈正〉{王}公百〈馀〉{辟}⑫,咸使逊避。其馀百僚,下马弛车止路旁。其违缓者以棒棒之。持[《通典》避唐讳,改治曰持,马氏仍其文——原注]书侍御史,后魏掌纠禁内朝会失时,服章违错,飨宴会见,悉所监之。又曰:后魏御史甚重,必以对策高第者补之。侍御史与殿中侍御史昼则外台{受}事⑬,夜则番直内台。御史旧式不随台主简代。延昌{中}⑭,王{显}有宠于宣武⑮,为御史中尉,始请革选。此后踵其事。又曰:监察侍御史,后魏太和末,亦置此官,宿直外台,不得入宿内省。[《官氏志》写在《通〈考〉{典}》前。——夹注]⑯在太尉府西北。)

太尉府、(《官氏志》:太尉,第一品。《通典》:后魏初,太尉与大将军不并置。正光〈以〉{之}后⑰,亦皆置焉。又曰:后魏旧制:有大将军,不置太尉;有丞相,不置司徒。在宫前阊阖门南,御道西〈对永康里〉⑱。)

太府寺、(《官氏志》:太府卿,第三品;太府少卿,从第三品。《通典》:《周官》有太府下大夫,掌贡赋之贰⑲,历代不置,然其职在司农、少府。后魏太和中,改少府为太府卿,兼有少卿,掌财物库藏。《伽蓝记》无"太府寺",而将作曹南有"九级府"。《河南志》无"九级府",有"太府寺"。穆案:太府之职,既后魏特置,而九级之名,遍考诸书,未得其据,疑皆《河南志》是,今从之。在右卫府南。)

昭玄曹、(《释老志》:先是,立监福曹,又改为昭玄,备有官属,以断僧{务}⑳。永平九年秋,诏曰:缁素既殊,法律亦异,故道教彰于互{显}㉑,禁劝各有所宜。自今〈以〉{已}后㉒,众僧犯杀人以上罪者,仍依俗断,余犯悉付昭玄,以内律僧制{治}之㉓。在太尉府西南。)

将作曹、(《官氏志》:将作大匠,从第三品。在太府寺南。)

太社、(《水经注》:《礼》:天子建国,左庙右社,以石为主,祭则希〈冤〉{冕}㉔。今多王公摄事。王者不亲拜焉。咸宁元年,洛阳大风,帝社树折,青气属天。元王东渡,魏社代昌矣。《礼志》:天平四年四月,太社石主将迁于社宫,礼官云应用币。中书侍郎裴伯茂据故事,太和中迁社宫,高祖用牲不用币,遂以奏闻。魏,一作晋,顾氏炎武《历代帝{王宅京记}》引王隐《晋书》证之曰㉕:武帝咸宁元年八月,大风折太社树,有青气出焉。占曰:东莞当有帝者。明年,元帝生。此晋室中兴之表。赵一清《水经注笺刊误》曰:作晋,非也。道元生于拓跋朝,是时魏都洛阳,记此正表晋衰魏兴之表,安得云晋社代昌乎?在将作曹南,司州治在太社南。)

凌阴里、(《水经注》:《东京赋》曰:其南则有谚门曲榭,邪阻城洫。《注》云:谚门,冰室门也;阻,依也;洫,城下池也;皆屈曲邪行,依城池为道。故《说文》曰:隍,城池也。有水曰池,无水曰隍矣。〈移〉{谚}门即宣阳门也㉖。门内有宣阳冰室。《周礼》:有冰人,日在北陆而藏之,西陆,朝觌而出之。冰室旧在宣阳门内,故得是名。门既拥塞,冰室又罢。穆案:道元云宣阳拥塞者,魏、晋之正南门,曰平昌,宣阳在平昌之西,建阳又在宣阳之西。后魏以宣阳为正南门,其西止津阳一门,故旧宣阳门拥塞之也。绎此《注》文,益足证前《京城图》之误。又案:宫城之南门曰阊阖,京城西阳门次北之门,亦曰阊阖。《伽蓝记》叙太尉府至凌〈云〉{阴}里诸地曰㉗:宫前阊阖门南,本自明画而缋图者,读{者}不审㉘,误以宫前阊阖门为城西阊阖门,移写铜驼街左右里署于其间,斯大谬矣。兹悉为厘正。在太社南。)

尚书省。(《官氏志》:尚书令,〈弟〉{第}二品;尚书仆射、从〈弟〉{第}二品;吏部尚书、列曹尚书,〈弟〉{第}三品㉙。《北史·于谨传》㉚:孝昌元年,随广阳王征鲜于修礼㉛。停军中山,侍中元晏宣言于灵太后曰:广阳盘桓不进,坐图非望。又有于谨{者}㉜,为其谋主,恐非陛下纯臣。灵太后诏于尚书省门外立榜,募获谨者,许以重赏。谨闻{之}㉝,请诣阙〈技〉{披}露腹心㉞。广阳许之,遂到榜下㉟,有司以闻。《初学记》:尚书令,《汉官》云:初,秦代少府遣吏四人在殿中,主发书,故号尚书,尚犹主也。汉因秦置之。《齐职仪》云:魏、晋、宋、齐并曰尚书台。《五代史志》云:梁、陈、后魏、北齐、隋则曰尚书省。穆案:《河南志》于凌阴里后列尚书省,不详所在。以《于谨传》证之,知其不误,省治当即在凌阴里中也。《通典》:尚书〈省〉{令}㊱,后魏、北齐掌弹纠见事,与御史中丞更相廉察。)

[夹注:右有太尉府、御史台、右卫府、太府寺、将作曹、昭〈立〉{玄}曹、太社、尚书省、凌阴里。]㊲

校注:

① 引文此句有节略,据补。

② 引文此句"创"误抄为"垂",据改。

③ 引文此句"序"误写为"庠",据改。

④ 引文此句"并"误抄为"坐",据改。

⑤ 引文此句"模"误抄为"摸",据改。

⑥ 引文此句"今"误写为"令",据改。

⑦ 引文此句空阙一"唱"字,据补。

⑧《文献通考》卷五七"国子助教"条下云:"后魏亦有。"

⑨ 引文此句衍写一"事"字,据改。

⑩ 原稿引文此句作“三月”，今本《魏书·礼志》作“二月”，卷末“校勘记”云：“诸本‘二月’作‘三月’，《通典》卷四七作‘二月’。按太和十九年庚午朔，无‘癸亥’，二月庚子朔，‘癸亥’乃二十五日。卷七下《高祖纪》下太和十九年二月戊辰：‘行幸碻磝。太和庙成。’戊辰乃三十日，当是不知确在哪一日，故系于月尽，其庙成实在二月癸亥前。这里‘三月’乃‘二月’之讹。”据改。介生按：《高祖纪》引文应在“四月戊辰”，而非“二月戊辰”。

⑪ 今本《魏书·礼志》卷末“校勘记”云：“‘三月三日己巳’，《通典》作‘五月’。三月无‘己巳’，五月己巳朔，非三日。卷七下《高祖纪》下是年五月庚午（即二日）‘迁文成皇后冯氏神主于太和庙’。疑‘三月三日己巳’为‘五月朔日己巳’之讹。但此《志》所云所迁者似指历代神主，《纪》唯云迁冯太后神主，又差一日，不知何故。”存考。

⑫ 引文此句“王”误写为“正”，“辟”误写为“馀”，据改。

⑬ 引文此句空阙一“受”字，据补。

⑭ 引文此句脱写一“中”字，据补。

⑮ 引文此句空阙一“显”字，据补。

⑯ 夹注《通典》误写为《通考》，改。

⑰ 引文此句“之”误写为“以”，据改。

⑱〈〉括号内文字后圈删。

⑲ 引文此处有节略。

⑳ 引文此句空阙一“务”字，据补。

㉑ 引文此句空阙一“显”字，据补。

㉒ 引文此句“已”误写为“以”，据改。

㉓ 原稿脱写一“治”字。今本《魏书·释老志》卷末“校勘记”云：“诸本脱‘治’字，不可通，今据《册府》（卷五一，五七〇页）补。《广弘明集》卷二引《志》‘治’作‘判’，乃避唐讳改。”据补。

㉔ 引文此句“冕”误写为“冤”，据改。

㉕ 此条书名空阙“王宅京记”数字，据补。

㉖ 引文此条“誃”误写为“移”，据改。

㉗《洛阳伽蓝记》有“凌阴里”，而无“凌云里”，疑有笔误，据改。

㉘ 原稿此句空阙一“者”字，补。

㉙ 此段引文三处“第”简写为“弟”，均据改。

㉚《于谨传》附于《于栗磾传》之后。

㉛ 引文此处有节略。

㉜ 引文此句脱写一“者”字，据补。

㉝ 引文此句脱写一“之”字，据补。

㉞ 引文此句“披”误写为“技”，据改。

㉟ 引文此处有节略。

㊱ 此条引文在“尚书令”之下，非“尚书省”，改。

㊲ 此条夹注是作者重新排定的词条次序，为保留原貌，未作调整。中间“昭玄曹”误为“昭立曹”，改。

宫城东有步广里、(在建春门内御道内。高祖置河南尹于翟泉北，治此里中[①]。穆案：自此以后几不题所出者，皆檃括《伽蓝记》及《河南志》之文也。)

治粟里、(在东阳门内一里御道南，仓司官属住其内[②]。)

永安里、(《伽蓝记》：景明初，伪齐建安王〈肃〉{萧}宝寅{夤}来降[③]，封会稽公，为筑宅于归正里。后进爵为齐王，尚南阳{长}公主[④]。宝寅{夤}耻与夷人同列，令公主启世宗，求入城内，世宗从之，赐宅于永安里。《河南志》：不知其所。穆案：据《永乐大典》“晋京城图”，永安里在东阳门内，御道南。[夹注：永安里，写在治粟里后，宜寿里前。][⑤])

宜寿里、(治粟里西。)

永和里、(在清阳门内御道北。里南北皆有池，高门华屋，〈齐〉{斋}馆敞丽[⑥]，楸槐荫途，桐杨夹植，当世名为“贵里”。)

故太仓、(建春门内，御道北，有空地，拟作东宫，晋中朝时太仓处也[⑦]。穆案：《水经注》所谓“故太仓”，乃后魏太仓，辨见下。太仓前有井，注见司徒府下。)

苍龙海、(《伽蓝记》：太仓南有翟泉，周回三里，即《春秋》所谓“王子虎、晋狐偃盟于翟泉”也。水犹澄清，洞底明净{静}[⑧]，鳞甲潜藏，辨其鱼鳖[9]。中朝时步广里也。泉西有华林园,高祖以泉在园东,因名苍龙海。穆案:《记》所谓"苍龙海",即郦《注》之南池也。《注》曰:谷水枝分,东注天渊池。自天渊池东,出华林园,径听讼观南,又东流,入于洛阳县之南池[10]。池即故翟泉也。南北百一十步,东西七十步。又案:翟泉所在,道元、衒之所说,皆与杜预不殊,而衒之则杜注以驳学徒之非,道元则举三证以辨杜注之误,即实考之,郦亭稍违知者。道元引班固、服虔、皇甫谧诸说,以证翟泉当在洛阳东北。又知建春门路北,路即东宫〈衔〉{街}[11],于洛阳为东北,与衒之所记方位、里次一一符合,而顾疑杜预因京相璠等言"太仓西南池水名翟泉"之一证,谓必是翟泉。既言西南于洛阳,不得为东北,不知东宫街在洛阳东北,翟泉在步广里,为东宫街西南,本自明了,何谓杜非? 推详郦旨,盖误以后魏之太仓为晋太仓,故此生支窦耳。衒之曰:昭仪寺在东阳门内一里,有池,京师学徒谓之翟泉也[12]。案:杜预注《春秋》云:翟泉在晋太仓西南。晋太仓在建春门内,今太仓在东阳门内{御道}北[13]。地在今[二字今本误倒,据《宅京记》引改。——原注]太仓西南,明非翟泉也。道元曰:渠水自铜驼街东,径司马门南,又东径杜元凯所谓翟泉北[14],今无水。又历司空府前,径太仓,南出东阳门石桥下,注阳渠。又阳渠{谷}水于城东南隅[15],枝分北注,径青阳门东,又北径东阳门东,又北径故太仓西,又北入洛阳沟,又东,左迤为池。以《记》证《注》,道元殆承学徒之说,以昭仪寺池为翟泉,而驾其疑于征南也。实则若杜,若郦,若杨,皆确知翟泉所在,而郦之集矢于〈社〉{杜}者[16],由未审东宫街为晋太仓故处,而渠水所径之太仓,乃后魏之太仓也。)

华林园、(《高祖纪》:太和二十年二月辛丑、庚戌,两幸华林["两"字臆增。——原注],听讼于都亭。三月丙寅,宴群臣及国老、庶老于华林园。八月壬辰朔,幸华林园,亲录囚徒。二十一年八月甲戌,讲武于华林园。庚辰,车驾南讨。["南讨"下接《郭祚传》,次《世宗纪》,次《茹皓传》,次穆案。——夹注][17]《郭祚传》:高祖幸华林园,因观故景阳山。祚曰:"山以仁静,水以智流。愿陛下修之。"高祖曰:"魏明以奢失于前,朕何为袭之于后?"祚曰:"高山仰止。"高祖曰:"得非景行之谓?"《世宗纪》:永平四年五月己亥,迁代京铜龙置天渊池{西}[18]。《茹皓传》:皓性微工巧,多所兴立。

为山于天渊池西，采掘北邙及南山佳石。徙竹汝、〈颖〉{颍}⑲，罗莳其间；经构楼馆，列于上下。树草栽木，颇有野致。世宗心悦之，以时临幸。穆案：本书自迁洛后⑳，游兴华林，多不具录，录其初事之有关国典者。《水经注》：〈谷〉{渠}水又东㉑，枝分南入华林园。历疏圃南。圃中有古玉井，井悉以珉玉为之，以缁石为口，工作精密，犹不变古，璨焉如新。又径瑶华宫南，历景阳山北。山有都亭。堂上结方湖。湖中起御坐，石也。御坐前建蓬莱山，曲池接筵，飞沼拂席。南面射侯夹席，武峙背山。堂上则石路崎岖，岩障峻险，云台风观，缨峦带阜。游观者升降阿阁，出入虹陛。望之状凫没鸾举矣。其中引水飞{皋}㉒，倾澜瀑布，或枉渚声溜，潺潺不断。竹柏荫于层石，绣薄丛于泉侧，微飙暂拂，则芳溢于六空，实为神居矣。其水东注天渊池，池中有魏文帝九华殿。殿基悉是洛中故碑累之，今造钓台于其上。池南直魏文帝茅茨堂，前有《茅茨〈之〉碑》㉓，是黄初中所立也。《伽蓝记》：华林园中有大海，即汉天渊池。池中犹有文帝九华台。高祖于台上造清凉殿，世宗在海内作蓬莱山。山上有仙人馆。上有钓台殿，并作虹蜺阁，乘虚〈东〉{来}往㉔。至于三月禊日，季秋〈九〉{巳}辰㉕，皇帝驾龙舟鹢首，游于其上。海西有藏冰室，六月出冰，以给百官。海西南有景山殿，山东有羲和岭，岭上有温风室。山西有姮娥峰，峰上有露寒馆，并飞阁相通，〈陵〉{凌}山跨谷㉖。山北有玄武池，山南有清暑殿。殿东有临涧亭，殿西有临危台。景阳山南有百果园，果列作林，林各有堂㉗。柰林南有石碑一所，魏明帝所立也，题云"苗茨之碑"。高祖于碑北作苗茨堂㉘。柰林西有都堂，有流觞池，堂东有扶桑海。凡此诸海，皆有石窦流于地下，西通谷水，东连阳渠，亦与翟泉相连。若〈早〉{旱}魃为害㉙，谷水注之不竭；离毕滂润，阳渠[渠，今本误作谷。——原注]泄之不盈㉚。至于鳞甲异品，羽毛殊类，濯波浮{浪}㉛，如似自然也。穆案：苗茨堂之立，《注》、《记》说异，未知孰是。赵一清曰：天渊池，黄初五年所穿；九华台，黄初七年所筑。或茅茨堂亦丕所建，特其碑是睿所立，未可知也。）

司空府、（《官氏志》：司空，第一品。《尔朱世隆传》㉜：奴言：初来时至司空府西，欲向省，令王嫌迟，遣二防阁捉仪刀催车。车入，到省西门，王嫌牛小，系于阙下槐树，更将一青牛驾车。《水经注》见上。在故太仓南。

[夹注:《官氏志》,次《尔朱传》,次《水注》、次在。][33])

邢峦宅、(《峦传》:{高祖因行药至司空府南,见峦宅,遣使谓峦曰:朝行药至此,见卿宅乃住,东望德馆,情有依然。}[34])

太仓署、(《通典》:太仓署,{于}《周官》有廪人下大夫、上士[35]。秦官有太仓令、丞,汉因之,属大司农。后汉令主受郡国传漕谷。其荥阳敖仓官,中兴皆属河南尹,历代并有之。在东阳门内御道北。)

〈导〉{渠}官署[36]、(《通典》:〈导〉{渠}官署[37],周有舂人。秦、汉有令、丞,属少府,汉东京令、丞主舂御米及作干糒,属大司农,历代皆有之。穆案:导,当作渠。郑德注《封禅文》云:渠,择也。《汉书·百官表》、《后{汉}书·殇帝和帝纪》皆有渠官[38],《注》皆云:渠官,主择米。〈后魏盖沿汉制而设此官。〉[39]段氏玉裁曰:《后汉书》:邓后诏:减大官、渠官,自非〈共〉{供}陵庙[40],稻粱{米}不得渠择[41]。光武诏:郡国异味,有豫养渠择之劳。凡作导者,讹字也。又案:渠官之名,《官氏志》位卑不载。在太仓署西。[夹注:导{渠}官署下:先《通〈考〉{典}》,次穆案,次在。][42])

句{钩}盾署[43]、(《通典》:汉钩盾令,宦者,典诸近{池}〈园〉{苑}囿游观之事{处}[44],属少府,后汉亦有之。晋大鸿胪属官有钩盾令,自后无闻。北齐如晋制。穆案:北齐盖即因魏制,特魏收书失载耳。龙门灵岩有正始二年四月十五日横野将军、钩盾署洪池丞权六烦造弥勒像一区。)

典农署、(《〈文献〉通典》[45]:典农中郎将、典农都尉、典农校尉,并曹公置。晋〈大〉{泰}始二年[46],罢农官为郡县,后复有之。)

耤{藉}田署[47]、(《文献通考》:藉{籍}田令[48],周为甸师。汉文帝感贾谊之言,始开籍田,置令、丞,掌耕国庙、社稷之田。立{为}藉{籍}田馆[49],谷以皆给祭天地、宗庙、群〈神〉{臣}之祀[50]。[夹注:耤田用《文献通考》。]以上三署,在建春门内御道南。)

司农寺。(《官氏志》:大司农,第三品。{大}司农少卿[51],从〈弟〉{第}三品[52]。在藉{耤}田署南。[53])

校注:

① 引文出自《洛阳伽蓝记》卷一“城内建春门”下:“高祖于(翟)泉北

置河南尹，中朝时步广里也。”介生按：中朝即指定都洛阳时期的晋朝。以下各条如无歧误之处，则不再重复引用。

② 引文出自《洛阳伽蓝记》卷一“城内昭仪尼寺”下。今本《河南志》又云：“治粟里，导官署南。里内仓司官属居之。”

③ 引文出自《洛阳伽蓝记》卷三“宣阳门外”下，此句“萧”误写为“肃”，据改。萧宝寅，今本《魏书》作“萧宝夤”。

④ 引文此句脱写一“长”字，据补。

⑤ 永安里，原在写在“永和里”之后，遵照夹注所说作者之意移写。

⑥ 引文出自《洛阳伽蓝记》卷一“城内修梵寺”下，“斋”误写为“齐”，据改。

⑦ 引文出自《洛阳伽蓝记》卷一“城内建春门”下。

⑧ 引文出自《洛阳伽蓝记》卷一“城内建春门”下，《校注》“明净”作“明静”。

⑨ 引文此处有节略。

⑩ 此段引文多有节略。

⑪ 引文出自《水经·谷水注》，“街”误写为“衔”，据改。

⑫ 引文出自《洛阳伽蓝记》卷一“城内昭仪尼寺”下。

⑬ 据前后文义，此句脱写“御道”二字，据补。

⑭ 引文出自《水经·谷水注》，元凯，为晋朝学者杜预之字。

⑮《水经注疏》此处作“谷水”，并释云：“会贞按：此自城西径城南之谷水，于东南隅三枝分北径城东者。”

⑯ 原稿“杜”误写为“社”，据改。

⑰ 夹注为作者所改定词条次序，以下内容据改。

⑱ 今本《魏书·世宗纪》卷末“校勘记”云：“《北史》卷四，《册府》卷一三（一五〇页）‘池’下有‘西’字，疑脱。”介生按：查《北史》此条避唐讳作“天泉池西”，《通志》卷一五下与《北史》同，而文渊阁“四库全书”本《册府元龟》卷一三此条并无“西”字。

⑲ 引文此句“颍”误写为“颖”，据改。

⑳ 本书即指《魏书》。

㉑《水经注疏》作“谷水”，并释云：“戴改‘渠’作‘谷’。会贞按：非也。

华林园即上芳林园。《魏书·文帝纪》裴《注》,齐王芳即位,改为华林。此城北之渠水,自大夏门东枝分入城者,渠水即谷水也。”

㉒ 此句引文空阙一“睾”字,据补。

㉓ 此句引文衍写一“之”字,据改。

㉔ 引文出自《洛阳伽蓝记》卷一“城内建春门”下。此句“来”误写为“东”,据改。

㉕《洛阳伽蓝记校注》作“巳辰”,并释云“吴琯本、汉魏本‘巳’作‘良’。绿君亭本、真意堂本作‘九’。吴集证云:‘按古人春秋修禊,皆用上巳,各本误也。’按秋禊用目上巳,各书未见,吴说不知何据。”据改。

㉖ 引文此句“凌”误写为“陵”,据改。

㉗ 引文此处有节略。

㉘《洛阳伽蓝记校注》注释云:“《水经·谷水注》:‘(天渊)池南直魏文帝茅茨堂,前有《茅茨碑》,是黄初中所立也。’赵一清《校释》:‘《洛阳伽蓝记》曰:华林南有石碑一所(下省)云云。陈氏耀文《天中记》曰:衒之,魏之,亲释苗茨之碑,道元谓黄初所立,误矣。一清按:天渊池,黄初五年所穿;九华台,黄初七年所筑。或茅茨堂亦丕所建,特其碑是睿所立,未可知也。’按《魏书》十九《任城王澄传》云:‘车驾还洛,引见王公侍臣于清徽堂。……次之凝闲堂,高祖曰:名目要有其义,此盖取夫子闲居之义。不可纵奢以忘俭,自安以忘危。故此堂后作茅茨堂。’与本文同以此堂为后魏高祖所置,与《水经注》不同。杨衒之亲见碑文,所说当可信。疑《水经注》之魏文帝应作孝文帝,即高祖,因下文黄初年号,为后人改孝为魏而误。赵氏说‘茅茨堂亦丕所建’,乃未细读《伽蓝记》文之疏忽。至于石碑则疑是黄初时立。”引文此句后有节略。

㉙ 引文此句“旱”误写为“早”,据改。

㉚《洛阳伽蓝记校注》作“阳谷”,并释云:“吴集证云:‘谷当作渠。’”

㉛ 引文此句脱写一“浪”字,据补。

㉜ 今本《魏书·尔朱世隆传》附于《尔朱彦伯传》之后。

㉝ 夹注即作者重新排定引文次序,据之重排。

㉞ 原稿并未引录《邢峦传》相关内容,今据今本《魏书·邢峦传》补。

㉟ 引文此句脱写一“于”字,据补。

㊱ 据以下考订，应改“导”为“導”，原稿有疏漏，改。

㊲ 今本《通典》卷二六，文渊阁“四库全书”本《通典》卷二六均作“导”，未察此误。

㊳《后汉书》书名脱写一“汉”字，补。又《殇帝和帝纪》应为《孝和孝殇帝纪》。今本及文渊阁“四库全书”本《汉书》、《后汉书》均作“导”，未察此误。

㊴〈〉括号内文字后圈删。

㊵ 段氏注文出自《说文解字注》“禾部”，《后汉书》卷十上《皇后纪》作“供”，非“共”，据改。今本《后汉书》依然作“导”，未改，也没有校勘记。

㊶ 原稿引文此句脱写一“米”字，据补。

㊷ 夹注即作者最终排定文序，据改定。注文中“導”误写为“导”，“典”误写为“考”，改。

㊸ 据下文考定，词条应为“钩盾署”，“句”（即“勾”）为钩之古字，原稿频有这种字例，显示作者尚古之意。

㊹ 引文出自今本《通典》卷二六《职官八》，卷末“校勘记”云：“《后汉书·百官志三》（三五九五页）‘近’下有‘池’，‘事’作‘处’。”介生按：今本《后汉书》“园”作“苑”，据改、补。

㊺ 介生按：原稿引用《通典》之时，前常有“文献”二字，后圈删，盖作者经思虑后舍去《文献通考》，而选用《通典》的结果。

㊻ 引文此句“泰”误写为“大”，据改。

㊼ 据文义，此词条应为“藉”，而“耤”为“藉”之古字，也显示作者尚古之意。

㊽ 今本及文渊阁“四库全书”本《文献通考》均作“籍田”，“藉”与“籍”可通假。

㊾ 引文此句脱写一“为”字，据补。又引文有节略。

㊿ 引文此句“臣”误写为“神”，据改。

51 此句引文脱写一“大”字，据补。

52 引文此句“第”简写为“弟”，据改。

53 原稿词条为“耤田署”。

宫城西有金墉宫、(《高祖纪》:太和十九年八月,金墉宫成。《水经注》:谷水又东,径金墉城北。魏明帝于洛阳城西北角筑之,谓之金墉城①。《晋宫阁名》{曰}②:金墉有崇天堂,即此。地上架木为榭,故〈白〉{百尺}楼矣③。皇居创徙,宫极未就,止跸于此。构霄榭于故台,所谓台以〈停停〉{亭亭者}也④。南曰乾光门,夹建两观,观下列朱桁于堑,以为御路。东曰含春门,北有〈暹〉{退}门⑤。城上西面列观,五十步一睥睨,屋台置一钟,以和漏鼓。西北连庑函荫,墉比广榭,炎夏之日,高祖常以避暑。为绿水池一所,在金墉者也。《伽蓝记》:瑶光寺北有承明门,有金墉城,即魏氏所筑⑥。{城}东北角有魏文帝百尺楼⑦,年虽久远,形制如初。高祖在城内作光极殿,因名金墉城门为光极门。又作重楼飞阁,遍城上下,从地望之,有如云也。《太平寰宇记》〈洛阳县〉{河南县}下云⑧:金墉城,在故城西北角。{魏明帝所筑。}⑨《洛阳地图》云:金墉城内有百尺楼。穆案:《永乐大典》载《历代洛阳图》与乐氏说合,疑此图即乐氏所见图矣。)

延年里、(在西阳门内御道北。)

永康里、(在西阳门内御道南,即晋时金市处。)

义井里、(在义井[涛跋:此二字必误。——夹注]里东⑩。里北门外有桑树数十株⑪,枝条繁茂,下有甘井一所,石槽铁罐,供给行人,饮水庇阴⑫,多有憩者。)

濛汜池、(在延年里中。夏则有水,冬则竭矣。⑬)

太仆寺、(《官氏志》:太仆卿,第三品;太仆少卿,从第三品。〈《通典》:太武帝平统万赫连昌,⑭定陇右秃发、沮渠等。河西水草善,乃以为牧地,六畜滋息,马三百馀万匹,馲驼将半之,牛则无数。孝文迁洛阳之后,复以河阳为牧场,恒置戎马十万匹,以拟京师军警之备。每岁自河西〈放〉{徙}牧于并州⑮,渐南,欲其习水土而无死伤也。而河西之牧滋甚。〉[夹注:入温县"马场"下。]⑯亦在延年里。)

乘黄署、(《通典》:乘黄署,后汉太仆寺有未央厩令,魏改为乘黄厩。乘黄,古之神马,因以为名。在太仆寺东。)

武库署、(即魏相国司马文王府库也。在乘黄署东,东至阊阖宫门。

《通典》:武库令、丞,于《周官》司甲、司弓矢等下大夫,司戈盾等中士、下士,盖其任也。两汉曰武库令,属执金吾。后汉又有考工令、丞,属太仆,主造兵器,成,付武库令。魏、晋因之,晋后属卫尉。)

望先寺、(《水经注》:阳渠水南暨阊阖门,汉之上西门者也⑰。其水北乘高渠,枝分上、下,历故石桥东,入城,径望先寺{瑶光寺}⑱。又东,历故金市南,直千秋门。)

瑶光寺。(世宗宣武皇帝所立,在阊阖城门,御道北,东去千秋门二里。《孝文废皇后冯氏传》:昭仪规为内主,谮构百端,寻废后为庶人。后贞谨有德操,遂为练行尼,后终于瑶光佛寺。《宣武皇后高氏传》:肃宗即位,上尊号曰皇太后,寻为尼,居瑶光寺。赵氏《金石录》:《后魏瑶光寺碑》,在洛阳县,永平三年八月立。)

校注:

① 引文此处有节略。

② 引文此句脱写一"曰"字,据补。

③《水经注疏》作"百尺楼",并释云:"朱作'曰楼',全、戴改作'白'。守敬按:非也。《洛阳记》、《伽蓝记》并作百尺楼,此当作百尺楼矣,今订。"据改。

④ 引文此句"台以停停也",与文渊阁"四库全书"本《水经注》、《水经注集释订讹》、《水经注释》相同。但《水经注疏》改写为"台以亭亭者也",但并无相关注解。

⑤ 文渊阁"四库全书"本《水经注》作"�门",并案云:"案'遈'近刻讹作'退'。"《水经注疏》改为"退门",并释云:"全、赵、戴改'退'为'遈'。守敬按:《初学记》二十五引此作'退',《方舆纪要》作'遈'。"介生按:查今本《初学记》卷二五"门部"并无"退门"之记述。不知杨氏所谓"《初学记》二十五"所指为何。但《玉海》卷一六四、《历代帝王宅京记》卷九、《水经注集释订讹》以及前引《永乐大典》门字韵引"后魏门名"等均作"退门",据改。

⑥ 引文此处有节略。《洛阳伽蓝记校注》此处补二十二字:"晋永康中,惠帝幽于金墉城。东有洛阳小城,永嘉中所筑。"并释云:"此二十二

字,各本皆有,吴集证本无,与此同,今据各本补。"介生按:石翁所本,也应有此二十二字。

⑦ 引文此句脱写一"城"字,据补。

⑧ 引文出处有误,应出自"河南县"下,据改。

⑨ 引文此处有节略,据补。《水经注释》卷十六注云:"一清按:城为魏明帝筑,则层楼不应云文帝起也,盖亦明帝之误文。"

⑩ 据《洛阳伽蓝记校注》卷一"城内",景乐寺"北连义井里",那么,义井里应在景乐寺北。

⑪ 引文出自《洛阳伽蓝记校注》卷一"城内景乐寺"下,此句无"十"字,并释云:"绿君亭本、真意堂本'数'下有'十'字。"

⑫《洛阳伽蓝记校注》卷一"阴"字下注云:"吴琯本、汉魏本、吴集证本作'荫'。"

⑬ 引文出自《洛阳伽蓝记》卷一"城内长秋寺"下。

⑭ 原稿引文此处画一空格,不知何意。

⑮ 引文此句"徙"误写为"放",据改。

⑯ 夹注所指,即〈〉括号内《通典》之引文。介生按:此段内容实出自《魏书・食货志》,不知作者何故转引《通典》。

⑰ 引文此处有节略。

⑱《水经注疏》此句作"瑶光寺",并释云:"朱作'望先寺',全、赵、戴同。守敬按:《洛阳伽蓝记》:瑶光寺,世宗宣武皇帝所立,在阊阖门御道北,东去千秋门二里,寺北有金墉城,东有洛阳小城,准以地望,与《注》所叙之寺合。望先与瑶光形近,其为瑶光之误无疑,今订。《通典》齐建武三年,魏废皇后冯氏,后居瑶光寺为练行尼。《注》:瑶光寺在洛阳宫侧。"

城南宣阳门外,有利民里、(在门外一里御道东。里内有灵台一所,基址虽颓,犹高五丈馀,是汉光武所建{立}者①。灵台东辟雍,是魏〈武所〉建{立}者②。《伽蓝记》"光武"作"武帝","魏"作"魏武",皆误,今从《河南志》。③)

洛水浮桁、(《水经注》:阳渠水{谷水}④又东,径宣阳门南⑤。对阊阖门，南直洛水浮桁。故《东京赋》曰“泝洛背河，左伊右瀍”者也。夫洛阳考之中土，卜惟洛食，实为神都也。门左即洛阳池处也，池东，旧平城门所在矣。今塞。《伽蓝记》：宣阳门外四里，至洛水上作浮桥，所谓永桥也⑥。南、北两岸有华表，举高二十丈，华表上作凤皇{凰}⑦，似欲冲天势。《成淹传》：于时宫殿初构，经始务广，兵民运材，日有万计，伊洛流澌，苦于厉涉。淹遂启求，敕都水造浮航。高祖赏纳之⑧，赐帛百匹，知左、右二都水事。）

〈东有〉四夷馆⑨、（一曰金陵，二曰燕然，三曰扶桑，四曰崦嵫。）

〈西有〉四夷里⑩、（一曰归正，二曰归德，三曰慕化，四曰慕义。《通鉴》普通二年[魏正光二年。——原注]：时魏方强盛，于洛水桥南御道东作四〈夷〉馆⑪。道西立四里：有自江南来{降}者，处之金陵馆。三年之后赐宅于归正里；自北夷降者处燕然馆，赐宅于归德里；自东夷降者处扶桑馆，赐宅于慕化里；自西夷降者处崦嵫馆，赐宅于慕义里。穆案：《通鉴》此文，即本之《伽蓝记》。考萧宝寅{夤}于景明初来奔⑫，世宗为筑宅归正里，则四馆、四里皆延昌以前所旧有，《通鉴》特终言魏事，非谓正光时始立也。归正里，时又谓之吴人坊，以萧宝寅(夤)、张景仁同赐宅于此也。〈里近伊、洛二水，三千馀家，自立巷市，所卖多水族，时谓之鱼鳖市。〉⑬北夷人侍，常秋来春去，〈游〉{避}中国之热⑭，时谓之雁臣。）

伊阳圜丘⑮、（《世宗纪》：景明二年十一月壬寅，改筑圜丘于伊水之阳⑯。《礼志》同。《水经注》⑰：伊水又东北，至洛阳县南，径圜丘东，大魏郊天之所，准汉故事建之。穆案：委粟山圜丘，盖因魏制。《魏志·明帝纪》“景初〈二〉{元}年十{一}月乙卯，营洛阳南委粟山{为}圜丘”是也⑱。伊阳圆丘，盖因汉制。中尉引《〈后〉{续}汉书·〈郊〉{祭}祀志》曰⑲：建武二年，初制郊兆于洛阳城南七里，为圜{坛}八陛是也⑳。）

委粟山圜丘、（《高祖纪》：太和十九年十一月〈庚午〉，行幸委粟山，议定〈圜〉{圆}丘㉑。《礼志》同。山在今河南府东三十里。《李业兴传》：天平四年，与李谐、卢元明使萧衍。萧衍散骑常侍朱异问业兴曰：“魏洛中委粟山是南郊邪?”业兴曰：“委粟是圆丘，非南郊。”异曰：“北间郊、丘异所，是用郑义。我此中用王义。”业兴曰：“然，洛京郊、丘之处专用郑解。”）

道场、(《释老志》:太和十五年,诏移崇虚寺于都南桑乾之阴,岳山之阳。迁洛徙邺,踵如故事。其道坛在南郊,方二百步,以正月〈十一〉{七}日[22]、七月七日、十月十五日,坛主、道士、高{哥、歌}人一百六人[23],以行拜〈词〉{祠}之礼[24]。《隋书·经籍志》:迁洛〈以〉{已}后[25],置道场于南郊之旁,方二百步。正月、十月之十五日,并有道士、歌{哥}人百六人[26],拜而祠焉。)

四通市、(《伽蓝记》:〈四夷〉附化之民,万{有}馀家[27],门巷修整,阊阖填列,青槐荫陌,绿柳{树}垂庭[28],天下难得之货,咸悉在焉。别立市于洛水南,号四通市。民间谓〈为〉永桥市[29]。伊、洛之鱼,多于此卖[30]。鱼味甚美,京师语曰:洛鲤、伊鲂,贵于牛羊。)

景明寺。(《伽蓝记》:宣武皇帝所立也。景明年中立,因以为名。在宣阳门外一里御道东。其寺东西南北,方五百步。前望嵩山、少室,却负帝城[31]。青林垂影,绿水为文[32]。复殿重房,交疏对霤,青台紫阁,浮道相通。虽外有四时,而内无寒暑。房檐之外,皆是山池。竹松兰芷,垂列阶墀[33]。{寺有三池,}萑蒲菱藕,水物生焉[34]。礣硙舂簸[35],皆用水功。伽蓝之妙,最为称首。时世好崇福,四月七日,京师诸像,皆来此寺。尚书祠曹录像,凡有一千馀躯。至八日,以次入宣阳门,向阊阖宫前{受}皇帝散花[36]。《冯亮传》:亮隐居崧高,世宗召令侍讲"十地"诸经[37],固辞,遂不强逼,还山。会逆人王敞事发,连山中沙门,而亮被执赴尚书省,诏特免雪。亮不敢还山,遂〈居寓〉{寓居}景明寺[38],敕给衣食及其从者数〈十〉人[39]。)

开阳门外,有劝学里、(《伽蓝记》:开阳门御道东有汉国子学堂。堂前有《三种字石经》二十五碑,表里刻之。写《春秋》、《尚书》二部,作篆、科斗、隶三种字,汉右中郎将蔡邕笔之遗迹也。犹有十八碑,馀皆残毁。复有石碑四十八〈枝〉{枚}[40],亦表里隶书,写《周易》、《尚书》、《公羊》、《礼记》四部。又《〈读书〉{赞学}碑》一所[41],并立堂前。魏文帝作《典论》〈云〉{六}碑[42],至太和十七年,犹有四存,高祖题为"劝学里"。〈武定四年,大将军[《通鉴》:中大同元年,高{澄}从迁洛阳石经五十二碑于邺[43],是天平二年也[44]。——原注]迁石经{于}邺[45]。〉[46]《水经注》:蔡邕以熹平四年,与堂{棠}谿典、杨赐、马日磾、张驯、韩说、单飏等[47],奏求正定{六经｝文字⑱，灵帝许之。邕乃自书丹于碑，使工〈监〉｛镌｝刻⑲，立于太学门外⑳。今碑上悉铭刻蔡邕等名。魏正始中，又立古、篆、隶《三字石经》。穆案：衒之所见之碑，即中尉所见之碑也。乃于隶书之四十八碑既不审视，反误以《三字》为中郎笔，当由碑既迁邺，作记时以意定之也。宋洪氏《隶释》辨之已详，近代亭林顾氏、堇浦杭氏又递有论著㉑，其辨益密。兹以《释地》为主，故引《伽蓝记》而附订其误如此。《太宗纪》：泰常〈二〉｛八｝年㉒，至洛阳，观石经。《高祖纪》：太和十七年九月壬申，观洛桥，幸太学，观石经。《世宗纪》：延昌三年十二月庚寅，诏立明堂。《通鉴》[梁天监十七年。——原注]：初，洛阳有汉所立《三字石经》[穆案：后魏人多以《三字》为汉石经，不仅衒之也。考《刘芳传》可见。]虽屡经丧乱而初无损失。及魏，冯熙、常伯夫相继为洛州刺史，毁取以建浮图精舍，遂大致颓落，所存者委于榛莽，道俗随意取之。侍中领国子祭酒崔光请遣官守视，命国子博士李郁等补其残缺，胡太后许之。会元〈又〉叉、刘腾作乱㉓，事遂寝。）

延贤里、（在劝学里东。齐秘书丞王肃太和十八年来奔。时高祖新营洛邑，多所造制。肃博识旧事，大有裨益，高祖甚重之，常呼“王生”。延贤之名，｛因｝肃立之㉔。）

报德寺。（高祖孝文皇帝所立也，为冯太后追福，在开阳门外三里㉕。《释老志》：先是，于恒农荆山造珉玉丈六像一。永平三年冬，迎置于洛滨之报德寺，世宗躬观致敬。）

津阳门外，有中甘里。（在门外三里御道西。）

校注：

① 引文出自《洛阳伽蓝记》卷三“城内大统寺”下，此句“立”改写为“建”。

② 引文此句“武所”二字后圈删。“立”改写为“建”。

③ 今本《河南志》又改为“魏武”。并注云：“原无‘武’字，缪本有之。查《洛阳伽蓝记》卷二作‘辟雍，是魏武所立者。’知脱‘武’字，据补。”介生按：“辟雍”引文应出于《洛阳伽蓝记》卷三。

④《水经注疏》此句作“谷水”。

⑤ 引文此处有节略。

⑥ 引文出自《洛阳伽蓝记》卷三“城南宣阳门”下,此处有节略。

⑦ 引文此句“凰”简写为“皇”,据《洛阳伽蓝记校注》卷三改。

⑧ 引文此处有节略。

⑨ 此句前原有“东有”二字,后圈删。

⑩ 此句前原有“西有”二字,后圈删。

⑪ 原稿引文原有“夷”字,后圈删。

⑫ 萧宝寅,今本《魏书·萧宝夤传》作“萧宝夤”。

⑬ 引文出自《洛阳伽蓝记》卷二“城东景宁寺”下。〈〉括号内文字后圈删。

⑭ 引文出自《洛阳伽蓝记》卷三“城南宣阳门”下。“避”误写为“游”,据改。

⑮ 圜丘,又作“圆丘”,“圜”为“圆”之通假字。

⑯ 今本《魏书》此句作“圆丘”。

⑰ 此段引文出自《水经·伊水注》。

⑱ 原稿引文有误,应为“景初元年十一月乙卯,营洛阳南委粟山为圜丘”。“元”误写为“二”,脱“一”、“为”二字,据改、补。

⑲《水经注疏》于此句注云:“赵、戴‘汉’上增‘后’字。守敬按:当增‘续’字,‘郊’当作‘祭’。”介生按:杨说是,据改。

⑳ 今本《后汉书》后附《祭祀志》作“圆坛”,原稿“圜”下空阙,不知何故。据补。《水经注疏》又云:坛,“赵作‘壝’。”

㉑ 查今本《魏书·高祖纪》,并无“庚午”二字,而《礼志》有此二字,出处有误。又“圜丘”作“圆丘”,据改。

㉒ 今本《魏书》作“正月七日”,据改。引文多有节略。

㉓ 今本《魏书·释老志》作“哥人”,卷末“校勘记”云:“北本、殿本‘哥’作‘高’,百衲本、南本、汲本作‘哥’,《册府》卷五五(五八九页)作‘奇’。按‘哥人’不可解,北、殿本作‘高人’,当是以意改。‘奇’字与‘哥’形近,但无他证,今仍之。”介生按:高人、哥人,均不妥帖,其实应为“歌人”,参见原稿下引《隋书·经籍志》。

㉔ 引文此句“祠”误写为“词”,据改。

㉕ 引文此句“已”误写为“以”,据改。

㉖ 今本《隋书·经籍志》作“哥人”,未有校勘记。《历代帝王宅京记》卷八引作“歌人”,原稿应据此。

㉗ 引文出自《洛阳伽蓝记》卷三“城南宣阳门”下,“四夷”为原稿作者所加,脱写一“有”字,据删补。

㉘《洛阳伽蓝记校注》作“绿树”,并注云:“吴琯本、汉魏本、绿君亭本、真意堂本‘树’作‘柳’。”存考。

㉙ 引文此句原有“为”字,后圈删。

㉚ 引文此处有节略。

㉛《洛阳伽蓝记校注》于此句注云:“帝城指洛阳城。”

㉜ 引文此处有节略。

㉝ 引文此处有节略。

㉞ 此句引文前有“寺有三池”,节略则意义不明,据补。后此句引文也有节略。

㉟《洛阳伽蓝记校注》注释云:“字书无䃥字,疑是礳字,俗书或作礳,因讹为䃥。礳与硙义相同。(下略)”介生按:此注释盖有误。《洛阳伽蓝记校释》注云:“䃥字,字书无,盖即今之‘碾’字。”䃥应为碾之俗字,同音通假。今本《汉语大字典》取周说。

㊱ 引文此句空阙一“受”字,据补。

㊲ 此段内容为意引,多有节略。

㊳ 引文此句“寓居”误倒为“居寓”,据改。

㊴ 原稿原有“十”字,后圈删。

㊵ 引文出自《洛阳伽蓝记》卷三“城南报德寺”下,此句“枚”误写为“枝”,据改。

㊶《洛阳伽蓝记校注》改“读书”为“赞学”,并校释云:“吴琯本、汉魏本、真意堂本‘读书’作‘赞学’。按《元河南志三》、《说郛》皆作‘赞学’,是,今据正。”据改。

㊷《洛阳伽蓝记校注》校云:“吴琯本、汉魏本‘云’作‘六’。真意堂本‘云’下有‘六’字。吴集证云:‘按《魏志》,明帝太和四年二月戊子,以文帝《典论》刻石,立于庙门之外。《水经注》:魏明帝又刊《典论》六碑附于其次。则此云字乃六字之误也。’按《元河南志》、《说郛》皆作‘六碑’,是也,

今正。"《洛阳伽蓝记校释》亦云:"'六',原作'云',误。今依《逸史》本校正。"据改。

㊸ 原稿引文此句脱写一"澄"字,据补。

㊹ 介生按:此处纪年恐有误,梁中大同元年为546年,而东魏天平二年为535年,相差十一年,不知石翁何有此误。

㊺ 引文此句脱写一"于"字,据补。

㊻ 〈〉括号内文字后有圈删之意。

㊼ 此句引文多有节略。堂,又通作棠。

㊽ 引文此句脱"六经"二字,据补。

㊾ 此句引文"镌"误写为"监",据改。

㊿ 引文此句后有节略。

51 堇浦杭氏,指清代学者杭世骏。杭世骏,号堇浦。

52 引文此句"八"误写为"二",据改。

53 引文此句"叉"误写为"又",据改。

54 引文出自《洛阳伽蓝记》卷三"城南报德寺"下。原稿此句无"因"字,《洛阳伽蓝记校注》有"因"字,并校云:"吴琯本、汉魏本、真意堂本无'因'字。"《洛阳伽蓝记校释》也有"因"字,校云:"因字,津逮本、逸史本无。"据补。

55 引文出自《洛阳伽蓝记》卷三"城南报德寺"下。

城东东阳门外,有东安里、(在门外一里御道北[1]。)

晖文里、(在门外二里,御道北,即晋之马道里[2]。)

敬义里、(在门外御道西。[3])

昭德里、(在敬〈我〉{义}里南[4]。)

典虞曹、(《晋书·职官志》:太仆统典农、典虞都尉、典虞丞。在敬〈我〉{义}里[5]。)

正始寺。(百官等所立也。正始中立,因以为名。众僧房前,高林对牖,青松绿柽,连枝交映,多有枳树而不〈实〉{中食}[6]。在敬义里。)

建春门外，有阳渠石桥、（《伽蓝记》：谷水周围，绕城至{建春}门外[7]，东入阳渠石桥。桥有四柱，在道南。铭云："汉阳{嘉}四年将作大将马宪造[8]。"逮我孝昌三年，大雨颓桥，柱始埋没。道北二柱，至今犹存。《水经注》：谷水又东，屈南，径建春门石桥下[9]。桥首建两石柱。桥之右柱铭云云。穆案：衒之云四柱者，举桥之两端言；中尉云二柱者，举桥之一端言，非有异也。道南之柱，以孝昌三年为雨所颓，而中尉即以是年出使关右，为萧宝夤所害，计柱颓之时，中尉当犹在京师，然已不及笔之于《注》矣。阳州宜阳郡，孝昌初置，而《洛水篇》注载其事，然则孝昌三年以前之事，皆《水注》所及载也。《太平御览》卷七十五引戴延之《西征记》曰：洛阳城外四面有阳渠水，周公所制也。建春门外，二桥最大，一纵一横。卷一百九十引《述征记》曰：东城二石桥，旧于王城之东北，开渠引洛水，名曰阳渠，东流，经洛阳于城之东南，然后北回通运，至建春门，以输常满仓[10]。常景《洛桥铭》：浩浩大川，泱泱清洛。道源熊耳，控流巨壑。纳谷吐伊，贯周淹亳。近达河宗，远朝海若。兆惟洛食，实曰土中。上映张柳，下据河嵩。寒暑攸叶，日月载融。帝世光宅，函夏同风。前临少室，却负太行。制岩东邑，峭峘西疆。四崄之地，六达之庄。恃德则固，失道则亡。详观古昔，列见丘坟。乃禅乃革，或质或文。周馀九裂，汉季三分。魏风衰晚，晋景凋曛。天地发辉，图书受命。皇建有极，神功无竞。魏箓仰天，元符握镜。玺运会昌，龙图受命[案：此二句衍也，因各本皆有，姑仍之。——原注]。乃眷书轨，永怀保定。敷兹景迹，流美洪模。袭我冠冕，正我神枢。水陆兼会，周郑交衢。爰勒洛汭，敢告中区。《续古文苑》卷十四[11]。）

租场、（在阳渠南，东安里北。中朝时常满仓，高祖令为租场，天下贡赋所聚{蓄}也[12]。）

建阳里、（在阳渠北，即中朝时白社故里[13]。里有〈上〉{土}台[14]，高三丈，上作二精舍。{赵逸云：此台是}中朝时旗亭也[15]。上有二层楼，悬鼓，击之以罢市。有钟一口，撞之，闻五十里。）

马市石桥、（《伽蓝记》：建阳里东南角。中朝时牛马市处也。东临石桥，晋太康元年〈造〉中朝时市南桥也[16]。澄之等盖见此桥铭，因以桥[谓阳渠石桥。——原注]为太康初造{也}[17]。穆案：《水经注》云：马市石桥南有二石柱，并无文刻[18]。而《记》云澄之等见此桥铭。两说牴牾，未喻其理。）

绥民里、（在建阳里东。里内有洛阳县廨，临阳渠水。[19]）

崇义里、（在绥民里东。里东有七里桥，以石为之。中朝杜预之荆州出顿之所也。七里桥东一里，郭门开三道，时人号为三门。离别者多云："相送三门外。"京师士子，送去迎〈来〉{归}[20]，常在此处。）

鸿池陂、（《水经注》：〈阳渠〉{谷}水又东[21]，注鸿池陂[22]。在洛阳东二〈千〉{十}里[23]。池东西千步，南北千一百步，四周有塘，池中又有东西横塘，水溜径通。{《任城王澄传》：}[24]高祖幸洪池，命澄侍升龙舟，因赠诗以序怀。《出帝纪》：永熙三年二月〈卒〉{辛}巳[25]，幸洪池陂。《咸阳王禧传》：〈世宗幸小平津。〉[26]禧在城西小宅，初欲勒兵直入金墉，众怀沮异[27]，计不能决，遂约不泄而散。〈武兴王杨集始出便驰告，而禧意不疑。〉[28]乃与臣妾向洪池别墅。胡三省曰：即汉之鸿池[29]。《李冲传》[30]：高祖自邺还京，泛舟洪池，乃从容谓冲曰："朕欲从此通渠于洛，南伐之日，何容不从此入洛，从洛入河，从河入汴，从汴入清，以至于淮？下船而战，犹出户而斗，此乃军国之大计。今沟渠若须二万人以下、六十日有成者，宜以〈之〉{渐}修之[31]。"冲对曰："若尔，便是士无远涉之劳，战有兼人之力。"穆案：《南齐书·魏虏传》仍作"鸿池"。又龙门灵〈严〉{岩}有"洪池丞权六烦造弥勒像"一区[32]。互见前"句盾署"下。）

七里涧。（《水经注》：阳渠水又东[33]，左合七里涧[34]。涧有石梁，即旅人桥也。《伽蓝记》：崇义里东有七里桥，以石为之，桥东一里，郭门开三道，时人号为三门，京师士子送去迎归，常在此处。[35]）

青阳门外，有孝敬里、（在门外二里御道北。[36]）

景宁里、（在门外三里御道南。[37]）

孝义里、（魏收《序纪》：悦子子建，永熙二年春，卒于洛阳孝义里舍。在门外三里御道北。[38]）

殖货里、（在孝义里东小市北。[39]）

洛阳小市、（在孝义里东。[40]）

昭义里、[41]

平等寺。(在青阳门外,魏广平王怀所立[42]。永平中,造定〈充〉{光}铜像。[《中州金石》——原注][43])

校注:

①《洛阳伽蓝记》卷二"城东"下云:"庄严寺,在东阳门外御道北,所谓东安里也。"

②《洛阳伽蓝记》卷二"城东"下云:"秦太上君寺,胡太后所立也。在东阳门二里御道北,所谓晖文里。"又:"赵逸云:晖文里,是晋马道里。"

③《洛阳伽蓝记》卷二"城东"下云:"正始寺,百官等所立也,正始中立,因以为名。在东阳门外御道西,所谓敬义里也。"《洛阳伽蓝记校注》校云:"吴琯本、汉魏本、真意堂本'西'作'南'。绿君亭本注云:一作南。按《元河南志三》作'西'。"《洛阳伽蓝记》校云:"'南'原作'西',津逮本同。此从《大典》一三八二三引及《逸史本》改正。案前言秦太上君寺在东阳门外御道北,则此当在御道南。"介生按:《校释》所称《逸史》本,即《校注》所云"吴琯本"。

④《洛阳伽蓝记》卷二"城东正始寺"下云:"敬义里南有昭德里。"原稿"义"误写为"我",据改。

⑤《洛阳伽蓝记》卷二"城东正始寺"下云:"(敬义里)里内有典虞曹。"原稿"义"误写为"我",据改。

⑥ 引文出《洛阳伽蓝记》卷二"城东正始寺"下,原稿"中食"改写为"实",不知出自何本。《洛阳伽蓝记校注》与《洛阳伽蓝记校释》等本均为"中食",据改。

⑦ 引文出自《洛阳伽蓝记》卷二"城南明悬尼寺"下,此句省略"建春"二字,据补。

⑧ 引文此句脱写一"嘉"字,据补。

⑨ 引文出自《水经·谷水注》,此句下有节略。

⑩ 张穆案语后各条,均为夹注后增。

⑪ 此条也为夹注所增,仅列出书名及出处。据补全文。

⑫ 引文出自《洛阳伽蓝记》卷二“城东明悬尼寺”下,原稿无“蓄”字,《洛阳伽蓝记校注》校云:“吴集证本无‘蓄’字,云:聚字下各本有一蓄字。”据补。

⑬ 引文出自《洛阳伽蓝记》卷二“城东龙华寺”下:“阳渠北有建阳里。”又“璎珞寺在建春门外御道北,所谓建阳里也,即中朝时白社池。”《洛阳伽蓝记校注》与《洛阳伽蓝记校释》均改“白社池”为“白社地”。

⑭ 此段引文出自《洛阳伽蓝记》卷二“城东龙华寺”下,此句“土”误写为“上”,据改。

⑮ 引文有节略,据补。原稿有“时”字,《洛阳伽蓝记校释》校云:“‘时’字各本无,依《河南志》补。”《洛阳伽蓝记校注》未补“时”字。

⑯ 引文出自《洛阳伽蓝记》卷二“城东魏昌尼寺”下,各本均无“造”字,盖为衍文。

⑰ 引文省略一“也”字,据补。

⑱ 引文出自《水经·谷水注》。

⑲ 引文出自《洛阳伽蓝记》卷二“城东石桥”下。

⑳ 引文出自《洛阳伽蓝记》卷二“城东石桥”下。此句“归”改写为“来”,据改。

㉑ 引文出自《水经·谷水注》,《水经注疏》此句作“谷水”,据改。

㉒ 引文此句后有节略。

㉓ 引文此句“十”误写为“千”,据改。

㉔ 下段引文未注明出处,查补。

㉕ 引文此句“辛”误写为“卒”,据改。

㉖〈〉括号内文字后圈删。

㉗ 引文此句后有节略。

㉘〈〉括号内文字后有圈删之意。

㉙ 胡三省注文出自今本《资治通鉴》卷一四四《齐纪十》“和帝中兴元年”下,全文云:“洪池即汉之鸿池,在洛阳东二十里。田庐曰墅,今人谓之别业。晋人以来往往治池馆,观游于其中。”

㉚ 介生按:《李冲传》为夹注后增。

㉛ 引文此句“渐”误写为“之”,据改。

㉜ 原稿此句“岩”误写为“严”，改。

㉝ 此“阳渠水”在《水经注疏》等书依旧为“谷水”。

㉞ 引文此句后有节略。

㉟ 引文出自《洛阳伽蓝记》卷二“城东石桥”下，多有节略。参见“崇义里”条校语。

㊱ 引文出自《洛阳伽蓝记》卷二“城东平等寺”下：“（平等寺）在青阳门外二里御道北，所谓孝敬里也。”

㊲ 引文出自《洛阳伽蓝记》卷二“城东景宁寺”下：“（景宁寺）在青阳门外三里御道南，所谓景宁里也。”

㊳ 引文出自《洛阳伽蓝记》卷二“城东景宁寺”下：“出青阳门外三里御道北，有孝义里。”

㊴ 引文出自《洛阳伽蓝记》卷二“城东景宁寺”下：“孝义里东市北殖货里。”

㊵ 引文出自《洛阳伽蓝记》卷二“城东景宁寺”下：“孝义里东，即是洛阳小市。”

㊶《洛阳伽蓝记》卷三“城南高阳王寺”下云：“潘崇和讲《服氏春秋》于城东昭义里。”出处即在于此。

㊷ 引文出自《洛阳伽蓝记》卷二“城东平等寺”下：“平等寺，广平武穆王怀舍宅所立也。在青阳门外二里御道北。”

㊸ 此处注解恐有误。宋赵明诚《金石录》卷二二录有《北齐冯翊王平等寺碑》，释云：“右《北齐平等寺碑》，题《太宰冯翊王定光像宝殿碑》。冯翊王者，名润，齐神武子也。碑云：寺，魏广平王怀所立。永平中，造定光铜像一区，高二丈八赤（同尺）。属魏季，像在寺外，未果移入。其后，齐高祖过洛，始迁像入寺，至润，又增修殿宇焉。据杨衒之《洛阳伽蓝记》云：孝昌三年十二月中，此像面有悲容，两目垂泪，三日而止。其后，尔朱荣、北海王尔朱兆入洛阳，像皆悲泣如初，每经神验，朝野惶惧，其事甚异，而此碑不载。”今本《魏书·灵征志》载云：“永安、普泰、永熙中，京师平等寺定光金像每流汗，国有事变，时咸畏异之。”可与此碑相印证。原稿“定光”误写为“定充”，据改。

城西西阳门外，有洛阳大市、（在门外四里御道南，周回八里。市南有皇女台，汉大将军梁冀所造，犹高五丈馀。景明中，比丘道恒立灵仙寺于其上①。《水经注》：汉明〈年〉｛帝｝永平五年②，长安迎取飞廉并铜马，置上西门外平乐观。今于上西门外，无他基观，惟西明门外，独有此台，巍然广秀，疑即平乐观也。又言皇女稚殇，埋于台侧，故复名之曰皇女台。穆案：《记》、《注》之说各异，未知孰是。）

通商里、达货里、（二里在市东。里内之人，尽皆工巧，屠贩为生，资财巨万。③）

调音里、乐律里、（二里在市南。里内之人，丝竹讴歌，天下妙伎出焉④。律，《河南志》作"肆"，误⑤。）

延酤里、（延，今本《伽蓝记》作"退"，误，从《河南志》改⑥。）

治〈觞〉｛觞｝里⑦、（二里在市西。里内之人，多酝酒为业⑧。河东人刘白堕善酿酒，季夏盛暑，以罂贮酒，暴日中，经一旬，酒味不动。饮之香美⑨，醉而不醒。京师朝贵，出郡登藩，远相饷馈，逾于千里，以其远至，号曰"鹤觞"，亦名"骑驴酒"。刘白堕事见《河水注》四七，或并〈宋〉｛写｝入，或并删之⑩。《河南志》作"觞治"，误倒⑪。）

慈孝里、奉终里、（二里在市北。里内之人以卖棺椁为业，赁輀｛辆｝车为事。⑫）

〈准〉｛阜｝财里⑬、（里内频有〈频有〉怪异⑭，尚书右｛左｝仆射元顺｛稹｝改为齐谐里。顺，《伽蓝记》误作慎，误，据《河南志》改⑮。）

金肆里、（二里，《京师图》：在孝慈｛慈孝｝、奉终之北⑯。）

（凡此十里，多诸工商货殖之民。千金比屋，层楼对出，重门启扇，阁道交通，迭诸临望。金银锦绣，奴婢缇衣；五味八珍，仆隶毕口。⑰）

寿丘里。（自延酤以西，张方沟以东，南临洛水，北达芒山。其间东西二〈十〉里⑱，南北〈千〉｛十｝五里⑲，并名寿丘里，皇宗所居也，民间号｛为｝皇子坊。⑳）

阊阖门外，有宜年里、（在门外御道南。㉑）

长分桥、（在阊阖门城外七里。即汉之夕阳亭也㉒。中朝时，以谷水浚急，注于城下，多坏民家，立石桥以限之。长则分流入洛，故名曰长分桥。或云：晋河间王在长安，遣张方征长沙王，营军于此，因为张方桥{也}[23]。朝士送迎，多在此处。穆案：《水经注》于叙千金堨后云：谷水又东，又结石梁，跨水制城，西梁也[24]。即谓此桥。《杨椿传》：诏听椿归老，群公百〈寮〉{僚}饯于城西张方桥[25]，行路{观者，莫不称叹}[26]。《崔亮传》：亮在雍州，读《杜预传》，见为八磨，嘉其有济时用，遂教民为碾。及为仆射，奏于张方桥东堰谷水，造石碾磨数十区，其利十倍，国用便之。）

千金渠、（在长分桥西，计其水利，日益千金，因以为名[27]。穆案：千金渠自河南城东，到洛阳城西，凡四十馀里。或曰堰，堰，〈拥〉{壅}水也。[《玉篇》。——原注][28]或曰堨，堨，壁间隙也。[《说文》。——原注]。又拥，堨也。[《玉篇》。——原注]总名曰渠，渠，水所居也。[《说文》。——原注]其实本一，所谓散文则通也。绎中尉《注》：谷水自千金堰东注，谓之千金渠{也}。[《瀍水注》。——原注][29]又引《语林》曰：堰成，水历堨东注，谓之千金渠[30]。然则在河南者，溯其始功，当曰堰，曰堨；在洛阳者，穷其委注，当曰渠。所谓对文则别矣。今为分析列之，详见河南县下。《太平御览》卷七十三引戴延之《西征记》曰：金、瀍、谷三水合处，有千金堨，即魏陈思王所立，引水东灌，民今赖之。又《九州要记》：洛阳千金堨傍有九龙祠{存}[31]。《寰宇记》：九龙祠，在履顺坊。案《东郡记》：后魏孝文迁都洛阳，{于此}修千金堨[32]，渠成而水不流。常见有龙扼之，水不得下，〈为〉{于}是祭之[33]，龙退而水行。[《寰宇记》条入"河南"下。——夹注][34]）

永明寺、（在宜年里东。房庑连亘，一千馀间。庭列修竹，檐拂高松，奇花异草，骈阗阶砌[35]。《通鉴》：天监〈四〉{八}年（魏永平二年）[36]，时佛教盛于洛阳，沙门之外，自西域来者三千馀人。魏主别为之立永明寺千馀间以处之[37]。穆案：《通鉴》此文亦本《伽蓝记》。）

夏侯道迁园池。（《夏侯道迁传》：于京城之西，水次之地[之地，《北史》作市地。——原注]，大起园池，〈植〉{殖}列蔬果[38]，延致秀彦，时往游{适}[39]。）

校注：

① 引文出自《洛阳伽蓝记》卷四"城西法云寺"下。

② 引文出自《水经·谷水注》,此句"帝"误写为"年",据改。

③ 引文出自《洛阳伽蓝记》卷四"城西法云寺"下,此"市"即洛阳大市。

④ 引文出自《洛阳伽蓝记》卷四"城西法云寺"下,此"市"也指洛阳大市。

⑤《洛阳伽蓝记校注》校云:"吴琯本、汉魏本'律'作'肆'。《元河南志》亦作'肆'。"介生按:今本《河南志》仍作"肆",未作校订。

⑥《洛阳伽蓝记校注》未改,《洛阳伽蓝记校释》亦据《元河南志》改为"延"。

⑦ 原稿"觞"误写为"觞",据改。

⑧ 二里即指延酤里与治觞里,引文出自《洛阳伽蓝记》卷四"城西法云寺"下,此市仍指洛阳大市。

⑨ 此段引文应出自《河南志》,然今本《河南志》无"香美"二字,疑为作者据《洛阳伽蓝记》所增。

⑩ 此段为后增夹注,刘白墮酿酒事见《水经注疏》卷四《河水注》,"写"误写为"宋",改。

⑪ 今本《河南志》改作"酳",并校云:"原作'酳治',缪本作'治酳'。查《伽蓝记》卷四,亦作'治觞',酳是'觞'的异体字。据改。"

⑫ 引文出自《洛阳伽蓝记》卷四"城西法云寺"下。《洛阳伽蓝记校释》、《洛阳伽蓝记校注》"輀"作"輀"。二字本通假。《洛阳伽蓝记校注》校云:"吴琯本、汉魏本'輀'作'輀'。《元河南志》亦作'輀'。"輀,今简化为辆。

⑬《洛阳伽蓝记校释》改作"阜财",并释云:"'阜财',原作'准财',误。阜者,盛多之意也。"《洛阳伽蓝记校注》亦校云:"《珠林》'准'作'埠'。"据改。

⑭ 引文出自《洛阳伽蓝记》卷四"城西法云寺"下,此句重复抄写"频有"二字,后圈删。

⑮ 原稿为"右仆射元顺",《洛阳伽蓝记校注》作"右仆射元積",校云:"《元河南志》'右'作'左'。"又"绿君亭本、真意堂本'積'作'慎'。《珠林》亦作'慎'。张合校云:"案《魏书》作'瑱'。按《元河南志》又作'顺'。

考元瑱与元顺皆曾为尚书右仆射,未知孰是。"《洛阳伽蓝记校释》改为"左仆射元顺",并校云:"'左仆射元顺'原作'右仆射元稹',今据《河南志》改。案《魏书》无元稹其人,或以为即北海王元颢弟元瑱也。瑱事迹见《魏书》卷二十一上。庄帝,拜侍中车骑将军,封东海王。后迁中书监,左光禄大夫,兼尚书右仆射。颢败,被诛。但史称:'瑱无他才干,以亲属居重任。'本书所云改阜财里为齐谐里,似非元瑱事。《元河南志》不作'元稹',而作'元顺'。考顺字子和,任城王元澄子,见《魏书》卷十九中《澄传》。史称:顺下帷读书,笃志爱古,有诗赋表颂建筑数十篇。肃宗时,为给事黄门侍郎,兼殿中尚书,转侍中,除尚书,兼右仆射。后除征南将军,右光禄大夫,转兼左仆射。因迎庄帝,为陵户鲜于康奴所害。《顺墓志》记顺事甚详。顺既好学能文,齐谐里之名盖为元顺所改。《元河南志》作'尚书左仆射',当据旧本《伽蓝记》而来。今本作'元稹'者,盖由唐人写'顺'每作'慎'(《法苑珠林》卷五十七引即作'慎',又讹为'稹'耳。)"介生按:查今本《河南志》,此条有校语云:"原误作'九顺',据缪本改。"据此可知,石翁所见《伽蓝记》本仍作"元慎",而非"元稹"。

⑯ 原稿"慈孝"误倒写为"孝慈",改。

⑰ 引文出自《洛阳伽蓝记》卷四"城西法云寺"下。

⑱ 引文出自《洛阳伽蓝记》卷四"城西法云寺"下,此句衍写一"十"字,后圈删。

⑲ 原稿引文此句"十"误写为"千",据改。

⑳ 引文此句脱写一"为"字,据补。

㉑ 今本《河南志》云:"(寿丘里)里西曰宜年里,有陈留王景皓宅,侍中安定公胡元吉宅。"《洛阳伽蓝记》卷四"城西永明寺"下云:"寺西有宜牛里。"《校注》改为"宜年里",并校云:"《元河南志三》'牛'作'年'。汉晋洛阳宫城图、后魏《京城图》亦作'宜年里'。疑各本皆误,今从作'年'。"

㉒《洛阳伽蓝记》卷四"城西法云寺"下云:"(洛阳城西张方桥)即汉之夕阳亭也。"又"永明寺"下云:"出阊阖门城外七里,有长分桥。"

㉓ 引文出自《洛阳伽蓝记》卷四"城西法云寺"下,此句脱写一"也"字,据补。

㉔ 引文出自《水经·谷水注》。

㉕ 引文此句“僚”误写为“寮”，据改。

㉖ 此句引文有节略，据补。

㉗ 引文出自《洛阳伽蓝记》卷四“城西永明寺”下，然原文均为“千金堰”。

㉘ 介生按：查《重修玉篇》卷二“土部”：“堰，壅水也”。非“拥”字，改。

㉙ 引文此句脱写一“也”字，据补。

㉚ 引文出自《水经·谷水注》。

㉛ 引文脱写一“存”字，据补。

㉜ 引文此句脱写“于此”二字，据补。

㉝ 引文此句“于”误写为“为”，据改。

㉞ 此条引文出自今本《太平寰宇记》卷三“河南府洛阳县”下。

㉟ 引文出自《洛阳伽蓝记》卷四“城西永明寺”下。

㊱ 此处纪年有误。北魏永平二年应为萧梁天监八年，即509年。

㊲ 引文出自今本《资治通鉴》卷一四七《梁纪三》“武帝天监八年”下。

㊳ 今本《魏书·夏侯道迁传》此句“植”为“殖”，据改。

㊴ 引文此句脱写一“适”字，据补。

城北大夏门外，有阅武场、（在门外御道西[①]。岁终农隙，甲〈土〉{士}习战[②]，千乘万骑，常在于此。）

光风园。（在门东北。中朝时，宣武有大场也[③]。《图》作“光风殿”，又夏殿，在阅武场南[④]。）

广莫门外，有永平里、（在门外一里御道东[⑤]。《金石萃编·魏故怀令李超墓志铭》：正光五年八月十八日，卒于洛阳县之永年里宅。当据改。）

闻义里。（洛阳城东北〈有上高里〉有上〈高〉{商}里[⑥]，殷之顽民所居处也，高祖名“闻义里”[⑦]。迁京之始，朝士住其中，迭相讥刺[⑧]，竟皆去之。惟有造瓦者止其内，京师瓦器出焉。世人歌曰：“洛阳东北上〈高〉{商}里[⑨]，殷之顽民昔所止。今日百姓造瓮子，{人皆弃去住者耻。}[⑩]穆案：迁洛之初，韩显宗上言：朝廷每选{举}人士，{则}校其一昏{婚}一宦，以为升降，何其密也。至于度地居民，则清浊连甍，何其略也。今因迁徙之初，皆是〈空〉{公}地，分别工伎{伎作}，在于一言，有何〈可〉{为}疑而阙盛美。然则四城诸里，区分四民，各以类从[11]。高祖盖有取于显宗之议而然。）

县竟{境}有延寿城[12]、（《水经注》：休水又径延寿城南，缑氏县治[13]。《寰宇记》：灵星坞，一名延寿城[14]。穆案：此说盖读《水注》不审，非《水注》误也。《方舆纪要》：延寿城，在今偃师县南三十五里。[15]）

缑氏原、（《水经注》：休水北历覆釜堆东，又东屈零星坞，水流潜通，重源又发，侧缑氏原[16]。俗亦谓之为抚父堆。穆案：抚者，覆声之传；父者，釜字之省，异名同实。《寰宇记》引卢氏《嵩山记》云：覆釜堆，亦名〈抚〉{赴}父堆，即缑岭也[17]。《元和志》：缑氏山，在{缑氏}县东南二十九里[18]。古缑氏城，在今偃师县南。）

柏谷坞、（《通鉴》：义熙十二年，秦陈留公洸遣赵玄〈将〉将兵千馀南守柏谷坞[19]。《宋书·王镇〈亚〉{恶}传》[20]：高祖北伐，镇恶领前锋，破虎牢及柏谷坞，斩贼帅赵玄。军次洛阳。《索虏传》：高祖北伐，加毛德祖建武将军，为镇恶前锋，斩贼〈定〉{宁}朔将军赵玄石于〈相〉{柏}谷[21]。本书《咸阳王禧传》：禧自洪池东南走，渡洛水，至柏谷坞[22]。《韩延之传》：初，延之曾往来柏谷{坞}[23]，省鲁宗之墓，有终焉之志。因谓子孙云："河洛，三代所都，必有治于此者。我死，不劳向北代葬也，即可就此。"〈反〉{及}卒[24]，子从其言，遂〈茎〉{葬}于宗之墓次[25]。延之死后五十馀年而高祖徙都，其〈县〉{孙}即居于墓北柏谷坞[26]。柏，《水经注》作"百"。《洛水篇》：洛水又东〈径〉{过}偃师县南[27]，又东，径百谷坞北。戴延之《西征记》曰：坞在川南，因高{原}为坞[28]，高一十馀丈。刘武王西入长安，舟师所保也。杜佑曰：在缑氏县东北。[29]）

钩锁{鏁}垒、（《元和志》：钩〈锁〉{鏁}故垒在{缑氏}县东北七里[30]。《宋书》"司马休之从宋公西征，营于柏谷坞西"，即此垒。相连如锁，因以为名也。）

袁术固、（《水经注》：公路涧上有袁术固，四周绝涧，迢递百仞，广四五里，有一水，渊而不流，故溪涧即其名也[31]。《元和志》：袁术固，在缑氏县

西南十五里。宋武《北征记》曰:“少室山西有袁术固,可容十万众。一夫守隘,万夫莫当。”㉜)

〈刘聚(《水经注》:三面临涧,在缑氏西南。周畿内刘子国,故谓之刘〈聚〉{涧}。)㉝〉

洛水亭、(《北史·甄深传》:长子侃随琛在京,以酒色夜〈归〉{宿}洛水亭舍㉞,殴击主人,为司州所劾,淹在州狱。广平王怀为牧,欲具案穷推。宣武敕怀宽放,怀固执之,久乃特旨出侃㉟。又有洛阳东亭。《杨昱传》㊱:初,尚书令王肃除扬州刺史,出〈却〉{顿于}洛阳东亭㊲。《李元护传》:景明初,为齐州刺史,三年{夏}卒㊳。病前月馀,京师无故传其凶〈而〉{问}㊴,又城外送客亭柱,有人书曰“李齐州死”。纲佐饯别者见而拭之,后复如此。)

黄马坂、(《寰宇记》:黄马坂,在缑氏县西北十里。戴延之《西征记》云:“次前至黄马坂,去计素渚十里。㊵”即此{地}也㊶。[夹注:此黄马坂即《河水注》五之黄马坂,不或去之。]㊷)

计素渚、(《水经注》:洛水东径计素渚。中朝时,百国贡计所顿,故渚得其名。㊸)

八风谷、(《水经注·㶟水篇》:方山永固堂檐前四柱,采洛阳之八风谷黑石为之。又平城太和殿之东阶下有一碑,太和中立,是洛阳八风谷之缁石也㊹。穆案:《伊水篇》:“狂水又西,八风谿{溪}水注之㊺。水北出八风山,南流,径纶氏县故城西,西南流,入于狂水。”八风谷即八风谿矣。又案:《谷水篇》:华林园疏圃中有古玉井,“以缁石为口”。盖亦八风谷之石也。明刻《北堂书钞》引作“缋”,误。㊻)

北芒{邙}山㊼、(《高闾传》:〈宣武〉{世宗}践阼㊽,累表逊位,进陟北芒{邙}㊾,上望阙表,以示恋慕之诚。《宋书·王康传》㊿:索虏野坂戍主异{黑}蛸公[异蛸,当作黑稍,见本书《于栗磾传》。——原注]游骑芒上51。[夹注:《宋书》写在〈召〉{任}城上。]52《任城王澄传》:驾还洛京,至北〈芒〉{邙}53,遂幸洪池。《广川王略传》:诏曰:迁洛之人,自兹厥后,悉可归骸芒{邙}岭54,{皆}不得就茔恒代55。《南齐书·魏虏传》:伪咸阳王愔[本书作“禧”。——原注]因恪[宣武帝。——原注]年少〈谋〉[此字臆增。——原注]㊿56,因恪出〈猎〉北芒{猎}57,袭杀之。《〈阳〉{杨}津传》58:景明中,〈宣武〉{世宗}游于北〈芒〉{邙}59,津时陪从,太尉、咸阳王禧谋反,〈帝〉{世宗}驰入华林60。《傅永传》:永尝登北〈芒〉{邙}61,于平坦处〈旧〉{奋}矛跃马62,盘旋瞻望,有终焉之志。远慕杜预,近好李冲、{王肃,欲葬附其墓},{遂}买左右地数顷,{遗}敕子叔伟{曰}:此吾之永宅也。63《太平御览·地部七》引《十道志》:邙山,在洛阳县北十里64。杨佺期《洛阳记》曰65:北山连岭,修亘四百馀里,实古今东洛九原{源}之地也。66《方舆纪要》:{北邙}山,在河南府北十里67,连偃师、巩、孟津三县,绵亘四百馀里。)

芒阜冰室、(《水经注》:魏氏起〈元〉{玄}武观于芒垂68,朝廷又置冰室于斯阜,{室}内有冰井69。常以十二月采冰于河津之隘,峡石之阿,而〈纳〉{内}于井室70,〈所谓纳于凌阴者也。〉[《河水注》。——原注]71《方舆纪要》:硖石,在孟津县西二十里,亦黄河津济处。)

张母祠、(《太平御览·地部七》引戴延之《西征记》云:邙山西区{岸}东垣72,亘阜相属,其下有张母祠。永嘉中73,此母有神术,能愈病,故元帝渡〈口〉{江}时74,延〈雪〉{圣}火于丹阳75,即此母也。今祠存焉。)

嵩高山、(《高祖纪》:太和二{十}年八月戊戌76,车驾幸嵩高。《初学记》引后魏孝文帝《祭嵩高山文》77:维太和十八年,敬昭告于嵩高中岳之灵:太极分浑,两仪是生;辰作乾宝,岳〈椅〉{树}坤灵78;昭彰天地,吐纳五精;维中挺神,祥契幽经;日月交晖,寒暑〈退〉{递}成79;万象合和,兆类孳盈;爰自化辟,俶庆胥庭;轩辕曜哲,伊祁载形;逮于有周,实光洛桢。川潜龙光,山隐凤停;三才凭微,七曜依明;人伦倾首,百神柔诚;造厥区夏,历兹三正;应符代绩,孰不斯营?〈粤〉{曰}乎皇魏80,飞虬玄并;螭腾穹象,用九黔嬴;新邦兴略,不猷罔清;佗琼指阴,淹翠湿亭;河图旷览,升中阙铭;朕承法统,〈涎〉{诞}邀休宏81;开物成务,载铄成龄;迁宇柳方,阐绳〈瀍〉{廛}城82;则直之兴,百堵若星;日躔流馥,月陆芬馨。锵旋紫宿,景曜黄衡,鸾声嘒嘒,鸶和嘤嘤。归盖如云,还辀若霆。惟嵩岩岩,峻极昊青;惟邑翼翼,长启魏京。荐〈至〉{玉}告〈祀〉{虔}83,用昭永贞,纳兹多福,万国以宁。[此文更觅善本校之。《礼志》一条。——原注]《礼志》:泰常八年正月[84],{四月}[85],幸洛阳,遣使以太牢祀嵩高。嵩高,一名太室,其西曰少室。戴延《述征记》:少室与太室相〈埘〉{埒}[86],相去十七里,嵩其总名也。《集古录目》:《后魏中岳碑》,不著撰人名氏,后魏太安三年,诏遣辽西王常英修中岳祠,立此碑[87]。《立中岳文》载吴氏金石,存字多残蚀。山在今河南府登封县北十里。)

大石山、(《伊水注》:大石岭,《开山图》所谓大石山也,在洛阳南。《方舆纪要》:大石山,在〈今〉河南府东南四十里[88]。)

合水、(《洛水注》:合水南出半石之山,北径合水坞,而东北流,注于公路涧。《寰宇记》:半石山,在缑氏县南十五里。)

刘水、(《洛水注》:合水出半〈山〉{石}东山[89],西北流,径刘聚,三面临涧,在缑氏西南,周畿内刘子国,故谓之刘涧。其水西北流,注于合水。《汉书·地理志》:缑氏县有刘聚[90]。)

休水、(《洛水注》:休水导源少室山,与少室水合,注于洛水[91]。)

来儒水、(《伊水注》:来儒{之}水出于半石{之}山[92],西南流,径斌轮城北[93]。{其水又西南,径}大石岭南[94],至高都城东,{西}入伊水[95]。〈大石岭,《开山图》所谓大石山也,在洛阳南。〉[96])

〈小平津、(《高祖纪》:太和二十年九月,车驾阅武于小平津。《河水注》:河水又东,径平县故城北[在今孟津县东。——原注],俗谓之小平也,有高祖讲武场[97]。)《咸阳王禧传》:世宗幸小平津。《方舆纪要》:在孟津县西北[98]。〉[99]

〈委粟津、(《通鉴》:元嘉七年[神麚三年。——原注],魏将安颉自委粟津济河,攻金墉,守将杜骥南遁,遂克之[100]。《方舆纪要》:在孟津县西,黄河渡处也。)〉[101]

嵩阳寺、(《伽蓝记》:嵩高中有嵩阳寺[102]。天平二年《中岳嵩阳寺碑》:此山先来未有塔庙,〈亡〉{大}德沙门生禅师卜兹福地[103],创立神场,〈营〉{当}中岳之{要}害[104],对众术之枢外,乃北背高峰,南临广陌,西带浚涧,东接修林,于太和八年,岁次甲子,建造伽蓝,筑立塔殿,布置僧坊,略深梗概。《河朔访古记》:"嵩阳宫,〈石〉{在}登封县北五里[105],本汉武帝宫也,后魏建精思观。"又"岳祠[106],今在登封县东北九里,其神性慈,传{五}戒[107],不享荤辛。庙始在东南岭上,今庙之东。后魏太武帝太安中徙于神盖山[108],在今庙之北。"《太平广记》卷十四引《神仙感遇传》:李筌,号达观子,居少室山,好神仙之道。常历名山,博采方术。至嵩阳虎口岩,得黄帝《阴符经》本。绢素书,朱漆轴,缄以玉匣,题云:大魏真君二年七月七日,上清道士寇谦之藏诸名山,用传同好。[卷六十三引《集仙〈传〉{录}》用。——原注][109]《御览》卷六十九引卢氏《嵩山记》曰:半马涧,人或云百马涧,亦曰拜马涧,故〈盛〉{老}传王子晋得仙而马还[110],〈国人〉{人因}思之不见[111],而拜其马于此也。《中州金石记》有《中岳嵩阳寺碑铭》,毕氏云云。[112])

闲居寺、(《冯亮传》:亮既雅爱山水,又兼巧思,结架岩林,甚得栖游之适,颇以此闻。世宗给其工力,令与沙门统〈僧〉{僧}暹、河南尹甄琛等[113],周视嵩高形胜之处,遂造闲居佛寺。林泉既奇,营制又美,曲尽山居之妙。《元〈义〉{叉}传》[114]:正光五年秋,灵太后对肃宗谓群臣曰:"隔绝我母子,不听我往来{儿}间[115],复何用我为?放我出家,我当永绝人间,修道于嵩高闲居寺。先帝圣鉴,鉴于未然,本营此寺者,正为我今日。")

少林寺、(《释老志》:又有西域沙门名跋陀,有道业,深为高祖所敬信。诏于少室山阴,立少林寺而居之,公给衣供。)

周文公庙、(《礼志》:太和十六年二月,诏:周文公制礼作乐,垂范万叶,可祀于洛阳。《世宗纪》:正始元年,诏立周旦、夷齐庙于首阳山。{穆案}[116]《河水注》:首阳山有周公庙。《伽蓝记》:芒岭首阳山,旧有周公庙[117]。〈疑〉{未知}即太和时所诏建〈也〉{否}?[118])

伯夷、叔齐庙、(正始元年立,注见上。)

郦食其庙阙、(《谷水篇》:阳渠水又东流,径汉广野君郦食其庙南。庙在北山上,成公绥所谓偃师西山也。山上旧基尚存,庙宇东向{面}[119],门有两石人对倚。北石人胸前铭云:门{亭}长[120]。石人西有二石阙,虽经颓毁,犹高丈馀。阙西,即庙故基也。《通鉴》:秦广武将军石无讳东戍巩城。檀道济等长驱而进。无讳至石〈阙〉{关}[121],奔还。《注》引此{二}石阙[122],

在偃师县西二十五里[123]。)

长陵、终宇陵、景陵、嵇绍冢、(《任城王澄传》:高祖曰:"朕昨夜梦一老公,头鬓皓白,拜立路左。自云晋侍中嵇绍,神爽卑惧,似求有〈马〉{焉}。"[124]澄曰:"稽绍,晋之忠臣;比〈千〉{干}[125],殷之良士。二人坟茔并在{于}道周[126]。陛下经〈瀍〉{殷}墟而吊比〈千〉{干}[127],至洛阳而遗稽绍,当是希恩而感梦。"高祖曰:"朕何德,能幽感达士也。然既有此梦,或如任城所言。"[128]于是求其兆域,遣使吊祭焉。)

刘亮墓、(《新唐书》[129]:刘禹锡自为《子刘子传》,称:汉景帝子胜,封中山,子孙为中山人。七代祖亮,元魏冀州刺史,迁洛阳,为北部〈祁〉{都}昌人[130],坟墓在洛北山,后其地狭不可依,乃葬荥阳〈权〉{檀}山原[131]。)

李冲冢。(《李冲传》:卒,葬于覆舟山,近杜预冢,高祖之意也。后车驾自邺还洛[太和二十三年。——原注],路经冲墓。高祖卧疾,望坟掩泣久之。诏曰:"司空文穆公,德为时宗,勋简朕心,不幸徂逝,托坟〈芒〉{邙}岭[132]。旋銮覆舟,躬睇茔域,悲仁〈侧〉{恻}旧[133],有恸朕衷。可遣太牢之祭,以申吾怀。" 胡三省曰:按:魏主诏代人迁洛者葬洛,馀州从便。冲,陇西人也,以其贵宠,亦令葬洛[134]。《方舆纪要》:首阳山,在今河南府城东北[周文公庙在首阳。——原注],其相近者又有覆舟山[135]。穆案:皆芒岭之支阜也。《魏故怀令李超墓志》:正光五年八月卒。越六年正月,葬洛阳覆舟山之东南。《中州金石记》曰:《寰宇记》:偃师县有覆舟山。陶季述《京邦记》云:周围二十里,下有白水苑是也。此云洛阳者,与偃师接境。又《偃师金石遗文记》:志石出自今乔家村旁近。此《志》云:葬洛阳县覆舟山之东南。当时偃师并属洛阳,于斯可征。)

校注:

① 引文出自《洛阳伽蓝记》卷五"城北禅虚寺"下。

② 引文此句"士"误写为"土",据改。

③ 引文出自《洛阳伽蓝记》卷五"城北禅虚寺"下。石翁有臆增之处。

④ 介生按:今本《河南志》后附"后魏京城图"未见"夏殿"。

⑤ 引文出自《洛阳伽蓝记》卷五"城北凝圆寺"下。《洛阳伽蓝记校

释》改为"凝玄寺"。

⑥ 引文出自《洛阳伽蓝记》卷五"城北凝圆寺"下,此句重写"有上高里"四字,后圈删。《洛阳伽蓝记校注》此句原作"上高景",后改为"上商里",并校云:"各本'景'作'里'。吴集证本作'景',云:'此误也。'按下文作'里'字,与止、子、耻为韵,则此'景'字显误。又按汉魏四朝《洛阳宫城图》,后魏京城东北广莫门外作'上商里'。考《后汉书》{卷}二十九《鲍永传》云[介生按:原文此句脱一"卷"字,补。]:赐永洛阳商里宅。《元河南志二》亦作上商里。则此高字商盖以与商字形相似而误,各本皆然,下同,今并正。"《洛阳伽蓝记校释》也改为"上商里",据改。

⑦ 介生按:今本《河南志》后附"后魏京城图"只标出"闻义里",而并未有"上商里"。与范祥雍所见《元河南志》有所不同。

⑧ 据《洛阳伽蓝记校注》,引文原为"幾刺",并校云:"绿君亭本、汉魏本、真意堂本、吴集证本作讥。"

⑨ 各本或作"洛阳城",改为"洛城"。《洛阳伽蓝记校注》校云:"吴琯本、汉魏本、照旷阁本无'阳'字。吴集证云:'阳字当从各本衍。'按歌系七言,阳字当衍,否则衍'城'字。今从吴琯等本。"

⑩ 介生按:原稿引文脱写最后一句歌词,据补。

⑪ 介生按:《韩显宗传》附于今本《魏书·韩麒麟传》后,原稿引文与今本《魏书》内容有较大出入,不知何故。今本《魏书》原文曰:"朝廷每选举人士,则校其一婚一宦,以为升降,何其密也。至与开伎作宦途,得与膏粱华望接闬连甍,何其略也。此愚臣之所惑。今稽古建极,光宅中区,凡所徙居,皆是公地,分别伎作,在于一言,有何为疑,而阙盛美。"而"然则四城诸里,区分四民,各以类从"等数句,盖石翁所臆增。今据改其中关键异同处。

⑫ 介生按:此句"竟"同"境",亦显示石翁尚古之意。

⑬ 引文出自《水经·洛水注》。

⑭ 引文出自今本《太平寰宇记》卷五《河南道五》"缑氏县"下。

⑮ 引文出自《读史方舆纪要》卷四八《河南三》"偃师县"下"延寿关"条,延寿关,或谓延寿城。

⑯ 引文出自《水经·洛水注》,此句后有节略。

⑰ 引文出自今本《太平寰宇记》卷五《河南道五》"缑氏县"下"缑氏

山”条。原文作“赴父堆”,据改。

⑱ 引文出自今本《元和郡县图志》卷五《河南道一》“缑氏县”下,故应补“缑氏”二字。

⑲ 引文出自今本《资治通鉴》卷一一七《晋纪三十九》“安帝义熙十二年”下。此句重写一“将”字,后圈删。

⑳ 此传名“恶”误写为“亚”,据改。

㉑ 引文此句“宁”误写为“定”,“柏”误写为“相”,据改。

㉒ 此段引文有节略。

㉓ 引文此句脱写一“坞”字,据补。

㉔ 引文此句“及”误写为“反”,据改。

㉕ 引文此句“葬”误写为“茎”,据改。

㉖ 引文此句“孙”误 写为“县”,据改。

㉗ 原文此句“径”为“过”,据改。

㉘《水经注疏》此句为“原”,并注云:“朱‘原’作‘而’,《笺》曰:宋本作‘高’。戴、赵改‘高’。守敬按:《通鉴》晋义熙十二年,《注》引此亦作‘高’。然考《寰宇记》引戴延之《西征记》:坞在川南,因原为坞。又云:坞西有二寺,亦在原上。承因原为说,则作‘而’作‘高’,皆‘原’之误,今订。”介生按:今本《太平寰宇记》所引《西征记》,并未包括“坞西有二寺,亦在原上”的内容。存疑。

㉙ 引文出自今本《通典》卷一七七《州郡七》“河南府缑氏县”下:“柏谷坞在县东北。”

㉚ 引文出自今本《元和郡县图志》卷五《河南道一》“河南府缑氏县”下,据补县名。此句原作“鏁”,为“锁”的通假字,据改。

㉛ 引文出自《水经·洛水注》。

㉜ 引文出自今本《元和郡县图志》卷五《河南道一》“河南府缑氏县”下。

㉝ 引文出自《水经·洛水注》。此句“涧”误写为“聚”,据改。〈〉括号内“刘聚”条后有圈删之意。

㉞ 引文此句“宿”误写为“归”,据改。

㉟ 此段引文多有节略。

㊱《杨昱传》附在今本《魏书·杨播传》后。

㊲ 引文此句“顿于”误写为“却”，据改。

㊳ 此段引文多有节略。此句脱写一“夏”字，据补。

㊴ 引文此句“问”误写为“而”，据改。

㊵ 引文出自今本《太平寰宇记》卷五《河南道一》“河南府缑氏县”下。介生按：今本以及文渊阁“四库全书”本《太平寰宇记》此句作“计索渚”，应有误。

㊶ 引文此句脱写一“地”字，据补。

㊷《水经注疏》卷五《河水五》“（河水）又东过成皋县北，济水从北来注之”下注云：“河水右径黄马坂北，谓之黄马关。”介生按：根据注释文字，《水经注疏》撰著者也认同此黄马坂就是戴延之所谓“黄马坂”。

㊸ 引文出自《水经·洛水注》。介生按：此处所谓“中朝”，即指西晋。

㊹ 此段引文多有节略。

㊺《水经注疏》作“八风溪”，溪、谿二字通假。

㊻ 文渊阁“四库全书”本《北堂书钞》卷一五九仍作“缋石”。

㊼ 古文献中多作“北邙山”。

㊽ 引文原本作“世宗”，据改。

㊾ 今本《魏书·高闾传》作“北邙”，据改。

㊿《王康传》附在今本《宋书》卷四五《王镇恶传》后。

51 今本《宋书·王康传》改作“黑弰”，卷末“校勘记”云：“黑，各本并作‘异’，据《元龟》七八一改。《廿二史考异》云：‘异当作黑。黑弰公于栗䃅也。栗䃅为河内镇将，好操黑矟，宋武帝与之书，题曰黑矟公麾下，魏因拜为黑矟将军，弰、矟声相近，亦即槊字。’”

52 夹注为作者重定次序。召城，应为“任城”之笔误，改。

53 引文多有节略。原文“芒”作“邙”，据改。

54 引文“芒”原作“邙”，据改。

55 引文此句脱写一“皆”字，据补。

56 今本《南齐书》无“谋”字，与张穆所用版本不同，张说是，据改。

57 引文此句应为“出北芒猎”，据改。

58 传名“杨”误写为“阳”，据改。《杨津传》附于今本《魏书·杨播传》后。

⑲ 引文原作"世宗","芒"原作"邙",据改。

⑳ 引文原作"世宗",据改。

㉑ 今本《魏书》作"北邙",据改。

㉒ 引文此句"奋"误写为"旧",据改。

㉓ 此段引文多有节略、脱文,据补。

㉔ 介生按:文渊阁"四库全书"本《太平御览》卷四二《地部七》所引《十道志》云:"邙山在洛阳县四十里。"四,应为"北"之误。本稿为是。

㉕ 文渊阁"四库全书"本《太平御览》卷四二《地部七》所引《十道志》作"杨龙骧《洛阳记》"。

㉖ 文渊阁"四库全书"本《太平御览》作"九源",未知孰是,待考。

㉗ 引文原作"北邙山",据补。

㉘ 引文原作"玄武观",石翁应为避讳而改字,据改。此句后引文有节略。

㉙ 引文此句脱写一"室"字,据补。此句后引文又有节略。

㉚ 引文此句"纳"为"内",据改。

㉛ 〈〉括号内文字后有圈删之意。

㉜ 今本《太平寰宇记》卷三"河南府河南县"下引戴延之《西征记》作"西岸"。存考。

㉝ 各本此句前有一"即"字,应为衍文。

㉞ 引文此句"江"误写为"口",据改。

㉟ 原稿引文此句作"雪火",不可解,今本《太平寰宇记》引作"圣火","雪"应为"圣"之笔误。

㊱ 引文此句脱写一"十"字,据补。

㊲ 引文出自今本《初学记》卷五《地理上》"嵩高山"下。

㊳ 此句引文"树"误写为"椅",据改。

㊴ 引文此句"递"误写为"退",据改。

㊵ 引文此句"曰"改写为"粤",据改。

㊶ 引文此句"诞"误写为"涎",据改。

㊷ 引文此句"廛"误写为"瀍",据改。

㉝ 引文此句“玉”误写为“至”,“虔”误写为“祀”,据改。

㉞ 引文此句后有节略。

㉟ 今本《魏书·礼志》卷末“校勘记”云:“《册府》(卷三二下三五三页)‘幸洛阳’上有‘四月’二字。按事见卷三《太宗纪》泰常八年四月,此条前后都记月,不应独缺,当脱‘四月’二字。”

㊱ 引文出自今本《初学记》卷五《地理上》“嵩高山”下,多有节略。此句“埒”误写为“埘”,据改。

㊲ 此段引文疑有误,《宝刻丛编》卷十录有《后魏修华岳庙碑》,同样引述《集古录目》云:不著书撰人名氏,后魏兴光元年,诏遣侍中辽西王常英、析曹尚书苟尚等重葺岳庙,二年立此碑。

㊳ 引文此句臆增一“今”字,据删。

㊴ 引文此句“石”误写为“山”,据改。

㊵ 缑氏县隶属河南郡。

㊶ 此段引文多有节略。

㊷ 引文此句脱写两个“之”字,据补。

㊸ 此段引文多有节略。

㊹ 引文节略过多,以致文义不明,据补。

㊺ 引文此句脱写一“西”字,据补。

㊻〈〉括号内文字与前重复,后圈删。

㊼ 此段引文有节略。

㊽《读史方舆纪要》卷四八《河南三》“河南府孟津县”下此条作“小平城”。

㊾ 作者对此条后有圈删之意。

⑩⓪ 此段引文多有节略。

⑩① 作者对于此条也有圈删之意。

⑩② 引文出自《洛阳伽蓝记》卷五“城北”卷末。

⑩③ 天平二年《嵩阳寺碑》参见清人叶封撰《嵩阳石刻集记》卷上,引文此句“大”误写为“亡”,据改。

⑩④ 引文此句“当”误写为“营”,又脱写一“要”字,据改、补。

⑩⑤ 引文此句“在”误写为“石”,据改。

⑯“岳祠”条引文出自《河朔访古记》卷下“中岳中天崇圣帝庙”下。

⑰引文此句脱写一“五”字，据补。

⑱年号有误。太安，是北魏文成帝拓跋濬的年号，而不是太武帝拓跋焘的年号。

⑲《太平广记》卷六三“骊山姥”条下引用《集仙录》也提到了李筌的故事。原稿“录”误写为“传”，据改。

⑳引文此句“老”误写为“盛”，据改。

㉑引文此句“人因”误写为“国人”，据改。

㉒前此数条为作者夹注后增，似有可推敲之处。《中岳嵩阳寺碑铭》出自《中州金石记》卷一。

㉓引文此句“僧”误写为“僧”，据改。

㉔传名“叉”误写为“义”，据改。

㉕引文此句空阙一“儿”字，据补。

㉖原稿有“穆案”二字，后圈删。

㉗引文出自《洛阳伽蓝记》卷二“城东平等寺”下。

㉘此句有两处作者圈改之处，据改。

㉙《水经注疏》作“东面”，并注云：“戴改‘面’作‘向’。”《水经注校证》也作“东向”。存考。

⑳引文此句空阙一“亭”字，据补。

㉑引文出自今本《资治通鉴》卷一一七《晋纪三十九》“安帝义熙十二年”下，此句“关”误写为“阙”，据改。

㉒引文此句空阙一“二”字，据补。

㉓胡注原文为：“自洛城东至偃师四十五里，偃师西山有汉广野君郦食其庙，庙东有二石阙。”并未有“西二十五里”之内容。

㉔引文有节略，末一句“焉”误写为“马”，据改。

㉕引文多有节略。此处“干”误写为“千”，据改。

㉖引文此句脱写一“于”字，据补。

㉗引文多有节略。此句“殷”改写为“瀍”，“干”误写为“千”，据改。

㉘引文有节略。

㉙《刘禹锡传》在今本《新唐书》卷一六八。

⑬ 引文此句"都"误写为"祁",据改。

⑬ 引文此句"檀"误写为"权",据改。

⑬ 引文有节略,此句今本《魏书·李冲传》作"邙",据改。

⑬ 引文此句"恻"误写为"侧",据改。

⑬ 引文出自今本《资治通鉴》卷一四二《齐纪八》"东昏侯永元元年"下。

⑬ 引文出自《读史方舆纪要》卷四八"河南府委粟山"下。

河南(在今洛阳县西北九里。)

汉、晋属。(《郡国志》刘昭注引《地道记》曰:王城去雒城四十里。①)

有离宫、(《高祖纪》:太和十七年十月己卯,幸河南城。《世宗纪》:景明四年八月辛丑,{行}幸河南城离宫。②)

鉴洛城③、(《洛水注》:河[洛]南[城]县[二字臆增。——原注]南有甘洛城④,《郡国志》所谓甘城也。《甘水注》:甘水东一十许里,洛城南有故甘城焉。北对河南故城,世谓之鉴洛城。鉴、甘声相近,即故甘城也。穆案:古音谈、衔同部,故甘、鉴之声得相转也。)

伊阙、(《世宗纪》:正始元年十有二月己亥,行幸伊阙。《水经》:伊水{又}东北过新城县南⑤,又东北过伊阙中。《注》:昔大禹疏以通水,两山相对,望之若阙,伊水历其间,北流,故谓之伊阙矣。⑥东岩西岭,并镌石开轩,高甍架峰。西侧灵岩下,泉流东注,入于伊水。穆案:《注》"镌石开轩"二语,疑即指白整、刘腾等凿石窟事,以非朝廷美政,故讳言之也。《方舆纪要》:伊阙山,亦曰阙塞山,亦曰龙门山,一名阙石{口}山,一名钟山,在今河南府西南三十里。⑦)

石窟寺、(《释老志》:景明初,世宗诏大长秋卿白整准代京灵岩寺石窟,于洛南伊阙山为高祖、文昭皇太后营石窟二所。初建之始,窟顶去地三百一十尺。至正始二年中,始出斩山二十三丈。至大长秋卿王质谓斩山太高,费功难就,奏请下移就平,去地一百尺,南北一百四十尺。永平中,中尹刘腾奏为世宗复造石窟一,凡为三所。从景明元年至正光四年六月已前,用功八十万二千三百六十六。)

千金堨、(《谷水注》:《河南十二县境〈薄〉{簿}》曰[8]:河南县城东十五里有千金堨,魏都水使者陈勰所造,后张方入洛,破千金堨,京师水碓皆涸。永嘉初,汝阴太守李矩、汝南太守袁孚修之,以利漕运,公私赖之。{水}积年,渠堨颓毁,石砌殆尽,遗基见存,朝廷太和中修复故堨。[9])

瀍水(出县北梓泽)、(《水经》:瀍水出河南谷成县[《括地志》:故谷城在河南县西北十八里——原注]北山,东与千金渠合,又东过洛阳县南,又东过偃师县,又东,入于洛。《注》:县北有古晉{潜}亭[10],瀍水出其北梓泽中,历泽东南流。水西有一原,其上平敞,古晉{潜}亭之处也。《汉{书}·地理志》[11]:谷城,《禹贡》:瀍水出晉{潜}亭北,东南入雒。[《太平御览·地部十九》引戴延之《西征记》曰:梓泽去洛阳城二十里,泽在金谷之中。——夹注])

湖沟、(《谷水注》:河南王城西北,谷水之右,有石碛,南出为死谷,北出为湖沟。魏太和四年[旧作七年,则为后魏之太和矣,兹从赵一清校本改。——原注],暴水流高三丈,此地下渟流,以成湖渚,造沟以通水,东西十里,决湖以注瀍水。)

离山水、(《涧水注》:河南有离山水,西北出离山,东南流,历郏山,于谷城东而南流,注入谷。)

金石涧、(《通鉴》:大宁三年,汉主曜督诸将与石虎战洛阳,屯金谷。夜,军中无故大惊,士卒奔溃,乃退屯渑池。《谷水注》:金谷{水}出太白原[12],东南流,历金谷,谓之金谷水,东南流,入于谷。石季伦《金谷诗集叙》曰:余有别庐在河南界金谷涧中。《方舆纪要》:金谷涧,在今河南府城东北七里。太白原,在城西北六十里,即芒山之别阜云。)

孝水。(谷水在河南城西十馀里。[秋涛按:孝水下有脱文,今据《水注》补正。——夹注][13])

校注:

①《续汉书·郡国志》"河南尹河南县"下:"周公时所城雒邑也,春秋

时谓之王城。”

② 引文脱写一“行”字，据补。

③ 鉴洛城原在“石窟寺”后，夹注云：“鉴洛城，移写伊阙上”，据改。

④ 今《水经注疏》已无“洛城”二字。

⑤ 原稿引文省略一“又”字，据补。

⑥ 此处省略原文有：“《春秋》之阙塞也，昭公二十六年，赵鞅使女宽守阙塞是也。洛有四关，此其一焉。”

⑦《读史方舆纪要》“河南府阙塞山”条云：“在府西南三十里。亦曰龙门山，亦曰伊阙山，一名阙口山，一名钟山，又为龙门龛。”“阙石”应为“阙口”之误。

⑧ 原稿抄作“薄”，误，改。

⑨ 此段为节引，略去原文甚多。《水经注疏》“积年”二字上就有“水”字，并校云：“赵云：按此处有脱文。守敬按：删水字即得。”介生按：石翁引文已删“水”字。

⑩《水经注疏》为“潜”，并注云：“戴改潜为瞀”。石翁所本为“瞀”，今据《水经注疏》改。下同。

⑪ 此处原省略一“书”字，据补。

⑫引文此句脱写一“水”字，据补。

⑬ 介生按：补正之文未见。

河阴（在今河南府孟津县东。）

汉曰平阴，〈县〉曹魏文帝改名[①]。（《括地志》。）

晋因之，太宗并洛阳。正始二年，复[②]。

有方泽、（《高祖纪》：太和十八年二月〈己〉{乙}丑[③]，行幸河阴，规建方泽之所。二十年五月丙〈戍〉{戌}[④]，初营方泽于河阴。）

小平津、（《高祖纪》：太和二十年九月，车驾阅武于小平津。《咸阳王禧传》：世宗幸小平津[景明二年。——原注]。《河水注》：河水又东，径平县故城北，俗谓之小平也。有高祖讲武场[⑤]。《方舆纪要》：在今孟津县西北。[⑥]）

委粟津、（《通鉴》：元嘉七年[神麚三年。——原注]十月乙亥，魏将安颉自委粟津济{河}⑦，攻金墉，〈守将〉杜骥南遁⑧，安颉拔洛阳。《宋书·王懿传》：元嘉三年十月，虏行委粟津，渡河进逼金墉、虎牢、洛阳，诸军相继奔{走}⑨。《垣护之传》：复随张永攻碻磝，先据委粟津。《方舆纪要》：在孟津县西，黄河渡处也。）

灅波津、（《尔朱兆传》：兆与世隆等定谋攻洛⑩，轻兵倍道从河梁西涉渡，{掩袭京邑}。⑪先是，河边人梦神谓己曰："尔朱家欲渡河，用尔作灅波津令，为之缩水脉。"月馀，梦者死。及兆至，有行人自言知水浅处，以草往往表插而导道焉。忽失其所在。兆遂策马涉渡。胡三省曰：灅〈波〉{陂}津在河桥西，亦曰雷波⑫。[《食货志》作"雷波"——夹注。秋涛按：《志》作雷陂。]⑬穆案：《伽蓝记》曰：尔朱兆举兵向京师，自雷陂涉渡⑭。灅波，雷陂，一声之转，其津亦名高渚。《尔朱荣传》"师次河内，庄帝于高渚潜渡以赴之"是也。《伽蓝记》：荣过河内，至高头驿，长乐王从雷陂北渡，赴荣军所⑮。《方舆纪要》：在孟津县西，亦黄河〈渡〉{津济}处。⑯）

硖石津、⑰

马渚、（《尔朱荣传》：荣与颢[北海王元颢。——原注]相持于河上，颢缘河据守。荣既未有舟船，不得即渡⑱。属马渚诸杨云有小船数艘，求为乡导，荣乃令尔朱兆等率精骑夜济，登岸奋击。《尔朱兆传》：元颢之屯于河桥，荣遣兆与贺拔胜等自马渚西夜渡。《元颢传》⑲：庄帝与尔朱荣还师讨颢。自于河梁拒战，王师渡于马渚。《方舆纪要》：在孟津县西，近故洛城北，亦黄河渡处也。）

陶渚、（《孝庄纪》：武泰元年四月庚子，车驾巡河，西至陶渚。胡三省曰：按《尔朱荣传》：淘渚，在河阴西北三里，南北长堤之西⑳。杜佑曰：河南河阳县西南十三里，有古遮马堤，即其处。㉑《河水注》：孟津，亦曰盟津，又曰富平津，又谓之陶河。杜畿试楼船，覆于淘河，谓此也㉒。《方舆纪要》：在孟津县北，大河中渚也。河流经此，有"三渚"之名。㉓）

钩陈垒。（《河水注》：河南有钩陈垒，世传武王伐纣，八百诸侯所会处㉔。紫微有钩陈之宿，主斗讼兵〈陈〉{阵}㉕。故遁甲攻取之法，以所攻神与〈句〉{钩}陈并气㉖，下制所临之辰，则〈決〉{秩}禽敌㉗，是以垒资其名矣。）

校注：

① 原为“县”字，后圈改为“曹”。

② 河阴县，在今本《魏书·地形志中》“洛州河阴郡”下。

③ 引文此句“乙”误写为“己”，据改。

④ 引文此句“戌”误写为“戍”，据改。

⑤ 引文此处有节略。

⑥《读史方舆纪要》卷四八《河南三》“河南府孟津县”下此条作“小平城”。

⑦ 引文此句脱写一“河”字，据补。

⑧ 引文有节略，此句原增“守将”二字，后圈删。

⑨ 引文此句脱写一“走”字，据补。

⑩ 引文此句后有节略。

⑪ 引文有节略，据补。

⑫ 注文出自今本《资治通鉴》卷一五五《梁纪十一》“武帝中大通四年”下，原文及注文均作“瀍陂津”。据改。

⑬ 今本《魏书》卷一一〇《食货志》作“溜陂”，未有相关校勘记。文渊阁“四库全书”本《魏书》作“雷陂”。

⑭ 引文出自《洛阳伽蓝记》卷一“城内永宁寺”下。《洛阳伽蓝记校注》原作“雷波”，改为“雷陂”，并校云：“吴琯本、汉魏本、绿君亭本、真意堂本作‘陵’。《通鉴考异七》引作‘雷波’。案《魏书·尔朱兆传》所言之‘雹波’，当即同地。雹与雷，波与陂，声同相通。”介生按：范氏所见《魏书》与今本不同，故作“雹波”。《校释》也改“雷波”为“雷陂”。

⑮ 引文出自《洛阳伽蓝记》卷一“城内永宁寺”下。

⑯ 原书条目作“高渚”。“渡处”也为“津济处”，据改。

⑰ 此条目为夹注所增，但其下尚未加注文。

⑱ 引文多有节略。

⑲《元颢传》附于今本《魏书·北海王(元)详传》后。

⑳ 注文出自今本《资治通鉴》卷一五二《梁纪八》“武帝大通二年”下，

原书本文作"淘渚"。

㉑ 杜佑所言,又见今本《通典》卷一七七《州郡七》"河南府洛州河阳县"下。

㉒ 引文多有节略。

㉓ 此条目附于"马渚"之后。

㉔ 此处引文有节略。

㉕ 引文此句"阵"误写为"陈",据改。

㉖ 引文此句"钩"简写为"句",据改。

㉗《水经注疏》"决"字为"秩",并校云:"朱《笺》曰:'秩疑误。'赵改'祑',云:'按《集韵》,秩,祭有次也。亦作祑。'戴改'决'。守敬按:明抄本、黄本并作'秩'。"据改。

巩(在今河南府巩县治。)

汉、晋属。(汉、晋故城在今县西南三十里,《洛水注》所谓"巩县故城,东周所居",《收志》注下所出"巩城"皆是也[①]。《元和志》:县本与成皋中分洛水,西则巩,东则成皋,后魏并焉。《御览·州郡部》引《洛阳地图》曰:巩在洛水之间。巩,固也,言四面有山,可以巩固也。)

有孝文离宫、(永乐《河南志》:会善寺,在今巩县南七里,后魏孝文之离宫。正光二年,景陵王建为正觉寺,隋开皇十四年改。)

轘辕山、(《元颢传》:河梁战败,颢率帐下数百骑及南兵勇健者,自轘辕而出,至临〈颖〉{颍}[②],{颢}部骑分散,为{临颍}县卒所斩[③]。《方舆纪要》:山在{巩}县西南七十里。[④]其坂有十二曲,将去复还,故名。)

〈东〉訾城[⑤]、(《洛水注》:洛水又北,径偃师城东[⑥],东北径訾城西,司马彪所谓訾聚也。《通鉴》[⑦]:咸和三年,石勒卷甲〈街〉{衔}枚[⑧],诡道兼行,出于巩、訾之间。《郡国志》:巩县有东訾聚,今名訾城。《方舆纪要》:在{巩}县西南四十里[⑨]。)

九曲渎、(《谷水注》:《河南十二县境薄》云:九曲渎,在河南巩县{西}[⑩],西至洛阳。又{按}傅畅《晋书》云[⑪]:都水使者陈狼凿运渠,从洛口入,注九曲,至东阳门。穆案:千金堨由河南城东而东至洛阳城西,九曲渎由巩城西而西至洛阳城东，谷水则西由千金堨北径洛阳城，屈，东注九曲渎。《水经》文义至为分明，而顾祖禹乃谓“千金堨”亦曰“九曲渎”，舛且混矣⑫。洛东之九曲，即巩县之九曲，犹洛西之千金，即河南之千金，皆一原一委，翼注神京。）

什谷、（《洛水注》：洛水又东北，{流}入于河⑬。谓之洛汭，即什谷也。故张仪说秦曰：下兵三川，塞什〈各〉{谷}之口⑭，谓此{川}也⑮。《史记音义》曰：巩县有鄩谷水者也。穆案：十，古音读若谌，谌、寻同部，故得相转，如汁从十。而《仪礼》古文作“湆”，鍼从咸，而俗书省笔作针也。《{洛水}注》又引京相璠曰⑯：今巩洛渡北，有鄩谷水，东入洛。[《郡国志》作“寻”。——原注]）

五社津、（《水经》：河水又东，过巩县北。《注》⑰：河水于此，有五社渡，为五社津。）

长罗川、（《收志》有。《洛水注》：罗水出方山罗川，西北流⑱，谓之长罗川，亦曰罗中也。于訾城东北入洛⑲。穆案：《方舆纪{要}》云⑳：长罗川，源出嵩县之方山，东北流入县界。《〈诊〉{洛}水注》㉑：罗水自发源以至入洛，皆西北流，安得还出嵩县之方山而东北流乎？《史记·项羽本纪正义》引《括地志》云：“汜水源出洛州汜水县东南三十二里方山。”汜水与巩东西连界，罗水、汜水同导源于斯山矣。）

崟原丘、（《河水注》：{巩}县北有山㉒，临河，谓之崟原丘㉓，其下有穴，谓之巩穴㉔。直穴有渚，谓之鲔渚。《通鉴》：永和十年，故魏降将周成反，自宛袭洛阳。河南太守戴施奔鲔渚㉕。《方舆纪要》：在{巩}县〈东〉{西北}三十里㉖。）

琅邪渚、（《河水注》：洛水于巩县东径洛汭，北对琅邪渚，入于河，谓之洛口矣。）

九山祠、（《收志》有。《洛水注》：九山谿{溪}水出百称山东谷㉗，其山孤峰秀出，嶕峣分立㉘。山际有九山庙，庙前有碑云：九山显灵府君者，太华之元子，阳九列名，号曰九山府君也。南据嵩岳，北带洛澨。晋元康二年九月，太岁〈在戌〉{庚午}㉙，帝遣殿中中郎将关内侯樊广、缑氏令王与、主簿傅演，奉宣诏命，兴立庙殿焉。《寰宇记》：九山，在巩县西南五十五里。)

蒲池水、(《洛水注》:蒲池水出南蒲陂,西北流,合罗水。)

白马谿{溪}水㉚、(《洛水注》:水出〈嵩〉{崧}山北麓㉛,经白马坞东,而北入罗水。)

白桐涧水、(《洛水注》:水出嵩{崧}麓桐溪㉜,北流径九山东,又北,九山谿{溪}水入焉㉝。)

五道泉、(《洛水注》:洛水又东,明乐泉水注之。水出南原下,五泉并导,故世谓之五道泉,即古明谿泉也㉞。明谿泉,见《郡国志》。)

浊水、(《洛水注》:洛水又东,浊水注之,即古湟水也。水出南原。京相璠曰:訾城北三里有黄亭,即此亭也。黄亭、湟水,并见《郡国志》。)

盘谷水。(《洛水注》:洛水又东北,洞水发南谿石泉㉟,世亦名之为石泉{水}也㊱。京相璠曰:巩东地名坎欿,在洞水东,疑即此水也。又径盘谷坞东,世又名之曰盘谷水。)

校注:

① 巩县,在今本《魏书·地形志中》"北豫州成皋郡"下,注文称其县"有巩城"。

② 引文此句"颍"误写为"颖",据改。

③ 引文有节略,据补。

④ 引文出自《读史方舆纪要》卷四八《河南三》"河南府巩县"下,据本志体例,补一"巩"字。

⑤ 此条目前原有一"东"字,后圈删。

⑥ 引文此处有节略。

⑦ 引文出自今本《资治通鉴》卷九四《晋纪十六》"成帝咸和三年"下。

⑧ 引文此句"衔"误写为"街",据改。

⑨ 按本志体例,补一"巩"字。

⑩ 引文此句脱写一"西"字,据补。

⑪ 引文此句脱写一"按"字,据补。

⑫ 顾祖禹之言，出自《读史方舆纪要》卷四八《河南三》“河南府巩县”下“九曲渎”条。

⑬ 引文此句脱写一“流”字，据补。此句后引文有节略。

⑭ 引文此句“谷”误写为“各”，据改。

⑮ 引文此句脱写一“川”字，据补。

⑯ 原稿简写为《注》，即前引《洛水注》，为使意义明确，补。

⑰ 即指《河水注》。

⑱ 引文此处有节略。

⑲ 此段引文多有节略。

⑳ 书名脱写一“要”字，据补。

㉑ 书名“洛”误写为“诊”，改。

㉒ 引文出自《河水注》“又东，过巩县北”条下，据本稿体例，补一“巩”字。

㉓《水经注疏》作“崟崸”，并校云：“戴‘崸’作‘原’。守敬按：《御览》引此作‘崟原邱’，又引《十三道志》作‘岑’，云在巩县西北三十三里。《寰宇记》亦作‘岑’，云在西北三十五里。”介生按：《水经注校证》及文渊阁“四库全书”本《水经注》均作“崟原丘”。

㉔ 此处引文有节略。

㉕ 引文出自今本《资治通鉴》卷九九《晋纪二十一》“穆帝永和十年”下。

㉖ 引文出自《读史方舆纪要》卷四八《河南三》“河南府巩县”下。据本志体例补一“巩”字，又“西北”误写为“东”，据改。

㉗《水经注疏》与《水经注校证》等均作“九山溪水”，谿、溪通假。

㉘ 引文此处有节略。

㉙《水经注疏》作“太岁庚午”并校云：“《笺》曰：谢云：一作太岁在戌。埠按：《世谱》：晋元康二年，太岁在壬子，而用《历经》推之，是年九月乙亥朔，无庚午日也。戴改庚午为在戌。会贞按：《寰宇记》引此，元康作永康。《御览》引《阳城记》同。然考《惠帝纪》，永康二年四月，改为永宁，此言九月，不得仍称永康。且太岁为辛酉，非庚午。而元康二年，太岁为壬子，非庚午，并不合。惟宁康二年为甲戌，与谢云一作‘太岁在戌’合，岂永康、元

康皆宁康之误欤?”据改。

㉚《水经注疏》此条作“白马溪水”。

㉛《水经注疏》作“崧山”,并校云:“戴‘崧’改‘嵩’,与下合。守敬按:黄本作‘崧’,嵩同,郦氏好奇,盖故意错出,不必改也。”据改。

㉜《水经注疏》此句依然作“崧麓”。

㉝《水经注疏》此句作“九山溪水”。

㉞《水经注疏》此句作“明溪泉”。

㉟《水经注疏》此句作“南溪”。

㊱ 引文此句脱写一“水”字,据补。

东垣(在今河南府新安县东。)

宋武帝置。(《收志》“东垣”注:“二汉、晋属河东,后属。”[①]穆案:汉、晋河东郡有垣,无东垣,其故城在今绛州垣曲县西二十里,古王垣也[《史记·魏世家》。——原注]。东垣在今河南府新安县东,与河东之垣,西北东南,中隔大河,百里而遥,援彼证此,何其诬欤?是知魏收作《志》,半皆望文冯臆,〈木〉{未}尝甄校矣[②]。《通鉴》:晋太元十一年,苻丕败奔东垣,谋袭洛阳。冯该自陕邀击,斩之[③]。元熙元年,又有司马道恭,自东垣帅三千人屯城西。[④][夹注:此事见《王镇恶(弟康)传》。][⑤]《注》[⑥]:按魏收《地形书》,洛州新安郡有东垣县,注云:二汉、晋属河东,后属{按:此下当有佚文——原注}[⑦]。〈余〉{参}考汉、晋《志》[⑧],〈可〉{河}东有垣县[⑨],无东垣。孝武太元十一年,冯该击斩〈符〉{苻}丕于东垣[⑩],此时已有东垣之名。宋白曰:宋武入洛,更置东垣、西垣二县。《新唐书》河南府新安县:高祖武德初,析置东垣县,则东垣在新安界。考《通鉴注》引宋白曰:宋武入洛,更置东垣、西垣二县,则此县乃晋〈未〉{末}增置[⑪],非前有所承也。又案:东垣,盖因散关塞垣得名,详见新安县下。)

有周山、(《洛水注》:《皇览》曰:周灵王葬于河南城西南周山上[⑫]。其冢,人〈祀〉{祠}之不绝[⑬]。)

柏亭、(《洛水注》:《皇览》曰:周山在柏亭西〈北〉,{指}谓斯亭也[⑭]。)

清女冢、(《洛水注》:冢在北山上。《耆旧传》云:斯女清贞秀古,迹表来今矣。)

瞻水、谢水、交触水(俱南合惠水)。(《洛水注》:惠水出白石山之阳,东南流,与瞻水合。水东出娄涿之山,而南流,入惠水。惠水又东南。洛水北出瞻诸之山,东南流,又有交触之水,北出廆山,南流,俱合惠水。)

校注:

① 东垣在今本《魏书·地形志中》“洛州新安郡”下。

② 原稿“未”误写为“木”,改。

③ 此段引文出自今本《资治通鉴》卷一百六《晋纪二十八》“孝武帝太元十一年”下。

④ 此段引文出自今本《资治通鉴》卷一一八《晋纪四十》“恭帝元熙元年”下。

⑤《王镇恶传》在今本《宋书》卷四五,《王康传》附于其后。

⑥ 此段注文出自今本《资治通鉴》卷一一八《晋纪四十》“恭帝元熙元年”下。

⑦ 原稿引文并未抄录原注,据补。

⑧ 引文此句“参”误写为“余”,据改。

⑨ 引文此句“河”误写为“可”,据改。

⑩ 引文此句“苻”误写为“符”,据改。

⑪ 原稿此句“末”误写为“未”,改。

⑫ 此处引文有节略。

⑬ 引文此句“祠”误写为“祀”,据改。

⑭《水经注疏》此句作“周山在柏亭西,指谓斯亭也”。校云:“朱‘指’作‘柏’,赵、戴改‘北’。守敬按:《史记·周本纪·集解》引《皇览》曰:灵王冢在河南城西南柏亭西,周山上。盖以灵王生而有髭而神,故谥灵王,其冢,民祀之不绝。《续汉志·注》引《皇览》略同。此《注》因分叙枝渎径周山、柏亭,分为两条引之,本作‘柏亭西’,不作‘西北’。戴、赵改非。盖

‘柏’乃‘指’之误，属下句读。《沔水注》黑水下，引诸葛亮《笺》云：朝发南郑，暮宿黑水，四五十里，指谓斯水也，即是其例，今订。”据改。介生按：《水经注校证》与本稿相同。

新安（在今河南府渑池县东。）

汉属恒农[①]，晋属。

太和十二年，置郡。十九年，复，属[②]。（《隋书·地理志》河南寿安注：后魏置甘棠县。《元和志》：寿安县，本汉宜阳县地，后魏分新安置甘棠{掌}县[③]。何时置，未详，附注于此。《乾隆志》[④]：天平初置阳州，后又分置甘棠县。）

有散关鄣、（《水经》：洛水又东北出散关南。《注》：洛水{自}枝渎[⑤]，又东出关，惠水右注之。{世谓之八关水。}[⑥]戴延之《西征记》谓之八关泽，即《经》所谓散关。障自南山，横洛水，北属于河，皆关塞也，即杨仆家僮所筑矣[⑦]。其城西阻塞垣，东枕惠水。〈灵帝中平元年，以河南尹何进为大将军，率五营士屯都亭，置函谷、广城、伊阙、大谷、轘辕、旋门、大平津、孟津等八关，都尉官治此。函谷为之首，在八关之限，故世人总其统〈日〉{目}[⑧]，有八关之名矣。〉[⑨]《谷水注》：谷水又南，径函谷关西。关高〈险陿〉{崄峡}[⑩]，路出廛郭。汉元鼎三年，楼船将军杨仆，数有大功，耻居关外，请以家仆七百人筑塞，徙关于新安，即此处也。《元和志》：{函谷故}关在{新安}县东一里[⑪]。{按}秦函谷关在灵宝县西南十二里[⑫]。今县城之东，有南、北塞垣，杨仆所筑。《太平御览·州郡部五》引戴延之《西征记》曰：函者，道形如函也。孙卿子曰：秦有松柏之塞是也。[⑬]）

九曲坂、（《洛水注》：洛水东径九曲南，其地十里，有坂九曲。）

八特坂、（《涧水注》：涧水东北流，历函谷东坂东，谓之八特坂。《通鉴》：太宁三年，刘黑大破石虎将石聪于八特坂[⑭]。《方舆纪要》：在{新安}县东。[⑮]）

千秋城、（《谷水注》：谷水又东，径新安县故城南[⑯]。又东，径千秋亭南。其亭累石为垣，世谓之千秋城也[⑰]。又东径雍谷溪，回岫萦纡，石路阻峡,故亦有峡石之称也。《方舆纪要》:硖石堡,在{新安}县西四十里⑱。)

广阳山(惠水出其阳,涧水出其阴)、(《水经》:涧水出新安县南白石山,东南入于洛。《注》:《山海经》曰:白石之山,惠水出于其阳,东南注于洛;涧水出于其阴,北流注于谷。世谓是山曰广阳山,水曰赤岸水,亦曰石子涧。《地理志》:涧水出新安县东南,{东}入洛⑲,是为密矣。《洛水注》:惠水出白石山之阳,东南流,径散关北,又东入于洛。⑳《方舆纪要》:广阳山,在渑池县东北三十里。白石山,在渑池县东北二十三里。[夹注:总数水为一条,全书可俱〈放〉{仿}此例,有参差者,细厘正之。]㉑)

缺门山、(《谷水注》:谷水又东,径缺门山,山阜之不接者一里馀㉒,故得是名矣。二壁争高,斗耸相乱。西瞻双阜,右望如砥。《方舆纪要》:山在{新安}县西三十里,一名扼山。㉓)

密山、(《洛水注》:豪水出新安县密山,南流,历九曲东,而南流,入于洛。)

石墨山、(《洛水注》:洛水之侧有石墨山,山石尽黑,可以书疏〈可以书疏〉㉔,故以石墨名山矣。《丹水注》:今河南新安县有石墨山。《元和志》:石墨山,在福昌县西南,三里广㉕。福昌,故宜阳县也。)

彊山、(《河水注》:畛水出新安县青要山,今谓之彊{疆}山㉖,北流,入于河。河水又东,正回之水入焉。水出騩山,彊{疆}山东阜也,东流,俗谓之彊{疆}川水〈也〉㉗。《太平御览·地部七》引《十道志》曰:青要山,一名强山。《方舆纪要》:青要山,在〈今〉{新安}县治西北三里㉘,一名强山,一名密山,豪水出焉。穆案:顾氏以密山、强山为一山,未知其审,仍分列之。)

石瓜畴川、(《河山注》:彊{疆}川水与石瓜畴川合㉙,水出西北石涧中,东南流,注于彊{疆}〈川〉水㉚。)

白超垒、(《谷水注》:谷水又径白超垒南㉛。{是}垒在缺门东{一}十五里㉜。垒侧旧有坞,故冶官所在。魏晋之日,引谷水为水冶,以经国用,遗迹尚存。《元和志》:垒在{新安}县西北十五里㉝。穆案:此仍沿戴延之之误,中尉早辨之。)

石默溪水、(《谷水注》:水出微山东山麓石默溪,东北流,入于谷。〈穆案:据《注》,南望微山,云峰相乱之文〉微山〈当〉在广阳山之南㉞。)

皂涧水、(《谷水注》:水出新安县,东南流,径函谷关西㉟,又东流,入于谷。《方舆纪要》:〈早〉{皂}涧,在〈渑池〉{新安}县东三里㊱。[夹注:新安县皂涧下三条,俱《山海经》文,更订之。])

纻麻涧、(《谷水注》:白石山〈县〉{西}五十里曰谷山㊲,爽水出焉,世谓之纻麻涧,北流,注于谷。)

百答水、(《谷水注》:波水出娄涿山阴,世谓之百答水,〈址〉{北}注于谷㊳。)

慈涧。(《谷水注》:少水出瞻诸山阴,控引众溪,积以成川,东流注于谷,世谓之慈涧也。《方舆纪要》:慈涧,在〈渑池〉{新安}县东三十里㊴。)

校注:

① 今本《汉书·地理志》、《续汉书·郡国志》均作"弘农郡",石翁避讳改为"恒农郡"。

② 新安县,在今本《魏书·地形志中》"洛州新安郡"下。

③ 今本《元和郡县图志》卷五"校勘记"云:"今按:各本同此,惟戈襄校旧钞本作'甘掌县'。与黄省曾校《水经注》引此同。郦亭云:'《水经注·甘水篇》有世人目其为甘掌焉语,其地正在宜阳石墨山之东,此置为甘掌县,或即取山为名。'但《隋志》作甘棠,明人见此志则是'掌'字。"介生按:此上"郦亭云"不知出自何处。《甘水篇》仅有"世人目其为甘掌焉"之语。另各家所见《元和郡县图志》似均为"甘掌县"。《水经注疏》校语即以"棠"字为讹。

④ 即《乾隆府厅州县图志》。

⑤ 引文此句脱写一"自"字,据补。

⑥ 原稿此条节略,据补。

⑦ 引文此句下有节略。

⑧ 引文此句“目”误写为“日”，据改。

⑨〈〉括号内文字勾出，似有删去之意。

⑩《水经注疏》此句作“崄峡”，并校云：“戴改作‘险陿’。”据改。

⑪ 引文出自《元和郡县图志》卷五“河南府新安县”下“函谷故关”条，按本志体例，补“新安”二字。

⑫ 引文此句前有“按”字，据补。此句下引文有节略。

⑬ 介生按：这段引文出自今本《太平御览》卷一五九《州郡部五》，库本《太平御览》无孙卿子之言，似被删去。

⑭ 引文出自今本《资治通鉴》卷九三《晋纪十五》“明帝太宁三年”下。

⑮ 依本志体例，补“新安”二字。

⑯ 引文此下有节略。

⑰ 引文此下有节略。

⑱ 按本志体例，补“新安”二字。

⑲《水经注疏》作“涧水出新安县东南，东入洛”。并校云：“戴改‘出’作‘在’，删去上‘东’字，以合今本《汉志》。赵同。”据补一“东”字。

⑳ 引文多有节略。

㉑ 夹注中“仿”误写为“放”，改。

㉒《水经注疏》作“里馀”，并校云：“会贞按：《御览》四十二引此作‘一里’。”

㉓ 按本志体例，补“新安”二字。

㉔ 后四字为重复，删去。

㉕ 此条引文疑有误。查今本《元和郡县图志》卷五下：“石墨山在寿安县西南三里，山石如墨，可以书字。”并非在福昌县下。

㉖《水经注疏》作“疆山”，并校云：“朱‘疆’作‘彊’，下同。赵同，戴作‘疆’。守敬按：《大典》本、黄本并作‘疆’。《御览》四十二引此作‘强’，盖传抄之误。《隋志》新安县下亦作‘强山’。亦误。”介生按：杨氏断言似有可商榷之处。《隋志》、《太平御览》的说服力，应远胜《大典》本及黄本。《读史方舆纪要》也作“强山”。“强”为“彊”之简体，已见于古文献中。存考。

㉗ 引文此句衍写一“也”字。据改。

㉘ 引文原无“今”字,依本志体例,补“新安”二字。

㉙《水经注疏》作“疆川水”,校语已见前。

㉚《水经注疏》作“疆水”,并校云:“赵依上文,水上增‘川’字,下同。戴增同。会贞按:《注》叙水名,往往省字,非脱落也,此不必增。”据改。

㉛ 引文有节略。

㉜ 引文省略“是”、“一”二字,据补。

㉝ 依本志体例,补“新安”二字。

㉞〈〉括号内文字,后圈删。

㉟ 引文有节略。

㊱ 引文此句“皂”误写为“早”,据改。此条出处应有误,应在“新安县慈涧”条后附,而非在渑池县下。

㊲ 引文此句下有节略。

㊳ 引文此句“北”误写为“址”,据改。

㊴ 引文出处疑有误,慈涧在《读史方舆纪要》卷四八“河南府新安县”下,而非“渑池县”下。据改。

颍阳(在今河南府登封县西南七十里。)

汉纶氏县,属颍川。(汉〈颖〉{颍}阳亦属颍川[①],故城在今许州西南,《收志》广州襄城郡有颍阳城是也[②]。《方舆纪要》云:在登〈对〉{封}西南八十里[③],误。)晋省。

天安二年,于故纶氏城置,属[④]。(《元和志》谓太和中置,盖涉下堙阳注而误。)

有倚薄山、(《伊水注》:狂水又西,径纶氏县故城南[⑤]。左与倚薄山水合。北出倚薄之山[⑥],南流,注于狂水。《元和志》:倚箔山,望之如立箔,山西北崖下有钟乳,隋时充贡。《寰宇记》:山在{颍阳}县北十五里[⑦]。)

缶高山、(《伊水注》:狂水又西,径缶高山北,西南与湮水合。)

三交水。(《伊水注》:水有三源,各导一谿[⑧],并出山,南流合舍,故世有三交之名也。穆案:《寰宇记》〈颖〉{颍}阳县引《水经注》云[9]:"三交水石上菖蒲,一寸九节,为药最妙,服久化仙。"今《注》本无此文,戴校本据《记》补之。[10])

校注:

① 原稿"颍阳"误写为"颖阳",改。

② 颍阳城,在今本《魏书·地形志中》"广州襄城郡襄城县"下。

③ 原稿此句"封"误写为"对",据改。

④ 今本《魏书·地形志中》"洛州"下有两个颍阳县,一属中川郡,注云:"天安二年置。"一属阳城郡,注云:"二汉属颍川,后属。"此颍阳县应为前者,属中川郡。

⑤ 引文此句下有节略。

⑥ 引文此句下有节略。

⑦ 今本《太平寰宇记》卷五"河南府颍阳县下"也作"倚箔山",据本志体例,补"颍阳"二字。

⑧《水经注疏》此句作"溪"。

⑨ 原稿此句"颍阳"误写为"颖阳",改。

⑩《水经注疏》校云:"三交水在今登封县西。赵云:按《寰宇记》颍阳县下引《水经注》云:三交水石上菖蒲,一寸九节,为药最妙,服久成仙。校勘云:案《水经·伊水注》有三交水,不见石葛蒲事,恐近世《水经》本有脱遗耳。戴据增'石'上以下十六字。"

堙阳(在今登封县西南。堙,《水经注》作"湮"。)

太和十三年分〈颖〉{颍}阳置[1]。(《元和志》:又分〈颖〉{颍}阳置瑶阳{堙阳}[2]。瑶,盖即"堙"之讹。《隋志》云东魏置,亦误[3]。)

有孝文避暑宫、(永乐《河南志》:会善戒坛寺,在登封县西十里。案唐宋旧碑云:后魏孝文帝避暑之宫也。)

崧阳城、(《〈颖〉{颍}水注》[4]:嵩高县,汉武帝置,以奉太室山,俗谓之崧阳城。)

当阶城、(《伊水注》:狂水又西,径湮阳城南,又西,径当阶城南,而西流,注于伊。《方舆纪要》:又有当阶城,在〈湮〉{堙}阳之西⑤,或曰后魏所置。)

康〈亭〉城、(《〈颍〉{颍}水注》⑥:〈颍〉{颍}水又东出阳{城}关⑦,历康〈亭〉城南⑧。魏明帝封尚书右仆射卫臻为康乡侯,此即臻封邑也。《收志》:正光中,复置阳城县,孝昌二年,置阳城郡,又分阳城置康城县⑨。)

阳城关、(《收志》康城有。穆案:即《〈颍〉{颍}水注》所谓阳关也。⑩)

武林亭、湮阳亭、(《伊水注》:湮水出东北湮谷,西南流,径武林亭东北⑪。又西南,径湮阳亭东,盖藉水以名亭也。《方舆纪要》:堙阳,汉乡亭名也⑫。《元和志》:开皇六年,改〈瑶阳〉{堙阳}为武林⑬。)

负黍亭、(《〈颍〉{颍}水注》⑭:〈颍〉{颍}水{中水}导源少室通阜⑮,东南流,径负黍亭东⑯。京相璠曰:负黍在〈颍〉{颍}川阳城县西南二十七里⑰,世谓之黄城也。《郡国志》:阳城有负黍聚⑱。)

箕山、(《收志》康城有⑲。《〈颍〉{颍}水注》⑳:〈颍〉{颍}水径阳城县故城南㉑。县南对箕山,山〈下〉{上}有许由墓{冢}㉒。山下有牵牛墟。侧〈颍〉{颍}水有犊泉㉓,是巢父还牛处也,石上犊迹有焉。)

刑山、(《收志》康城有。)

大訾口(狂水出焉)、(《伊水注》:伊水又北,径当阶城西,{大}狂水入焉㉔。水东出阳城县之大訾〈口〉{山}㉕。)

五渡水、(《〈颍〉{颍}水注》㉖:五渡水导〈室〉{源}{密高县东北}太室东谿㉗,春夏雨泛,水自山顶{而}迭相灌澍㉘,崿流相承为二十八浦{也}㉙。山下大〈泽〉{潭}周数里㉚,{而}清深肃洁㉛。水中有立石,高十余丈,广二十许步,上甚平整。缁素之士,多泛舟升陟,取畅幽情。其〈流〉{水}东南径阳城西㉜,石溜萦委,溯者五涉,故亦谓之五渡水,东南流,入〈颍〉{颍}{水}㉝。《方舆纪要》:亦谓之三交水㉞。穆案:三交水口在纶氏西,西南流,注于狂;五渡水径阳{城}西㉟,东南流,入于〈颍〉{颍}㊱,水不相涉,安得以三交为五渡乎?盖顾氏误以三交之三源,〈为即〉{即为}〈颖〉{颍}水所〈所〉导之三源㊲,未审中尉于三交所导之处,初未质实也。《通鉴》:大通三年㊳,陈庆之结陈东还,尔朱荣自追之。会嵩高水涨,庆之军士死散略尽。《注》:〈颖〉{颍}水出少室山㊴,五渡水出太室山,入于〈颖〉{颍}水㊵。嵩高水涨,指此水也。)

平洛水、(《〈颖〉{颍}水注》㊶:平洛水发玉女台下平洛涧㊷,世谓之平洛水。吕忱所谓勺水出阳城山,盖斯水也,又东南流注于〈颖〉{颍}㊸。)

龙渊、(《〈颖〉{颍}水注》㊹:龙渊水导源于龙渊,东南流径阳城北,又东南入于〈颖〉{颍}㊺。)

许由隐窟、(《收志》阳城有许由墓,康城有许由隐窟㊻。《〈颖〉{颍}水注》㊼:又有许由庙,碑阙尚存,是汉〈颖〉{颍}川太守朱宠所立㊽。)

启母庙、(《收志》阳城有。《元和志》登封县:启母祠,在县东北七里,《汉书》"武帝祀中岳,见夏启母石"是也㊾。《嵩山记》:阳翟妇人,今龛中凿石像,其石,汉安帝延光三年立。)

郑子产庙。(《收志》康城有。《两浙金石志》:《唐子产庙残碑》,向在河南新郑县,久已断裂。于奕正《天下金石志》、黄叔璥《中州金石考》皆载之。此片石乃嘉兴黄{明府}本诚自新郑携归,只存"不〈相〉{霜}京道寂等天宝七载专知判"十三字,隶体在韩择木、梁升卿之间㊿。)

[夹注:堙阳下:崧阳城、当阶城、康{亭}城、阳城关、武林{亭}、湮阳亭、负黍亭、箕山、刑山、大害{口}、五渡{水}、平洛{水}、龙渊、许由隐窟、启母{庙}、{郑}子产{庙}](51)

校注:

① 原稿此句"颍"误写为"颖",据改。堙阳县在今本《魏书·地形志中》"洛州中川郡"下。

② 引文此句"颍"误写为"颖",据改。今本《元和郡县图志》已改为"堙阳",卷五"校勘记"云:"今按:戈襄校旧钞本同此,它本作'瑶阳县'。《考证》云:'《地形志》作堙,《隋书·地理志》同。'"

③ 今本《隋书·地理志》“河南郡嵩阳县”下注云:“后魏置,曰颍阳。东魏分置堙阳。”

④ 书名“颍”误写为“颖”,据改。

⑤ 此条引文出自《读史方舆纪要》卷四八“河南府登封县”下“纶氏城”条之后。此句“湮”原文作“堙”,据改。

⑥ 书名“颍”误写为“颖”,据改。下同。

⑦《水经注疏》作“阳城关”,并校云:“赵删‘城’字,云:《后汉书·光武帝纪·注》:阳阙,聚名。下亦云阳关聚。戴删同。守敬按:《地形志》阳城郡康城县有阳城关,与此同,则‘城’字非衍,不谓赵误以为即阳关聚而删之,致戴为所惑,刻全书者亦沿其讹。在今登封县东南。”据补。

⑧《水经注疏》作“康城”,并校云:“赵‘康’下增‘亭’字。会贞按:明钞本作‘康城’。《寰宇记》:康城,《洛阳记云》:夏少康故邑也。接引此作‘康城’。《名胜志》同。《晋书·石勒载记》:石生陷攻(介生按:应为攻陷)康城。《地形志》阳翟县有康城,至孝昌中,因置康城县,属阳城郡。是康城无称康亭城者,赵臆增,失之。《括地志》:故康城在阳翟县西北三十五里。在今禹州西北三十里。”据改。本条目同。

⑨ 以上各条均出自今本《魏书·地形志中》“洛州阳城郡”下。介生按:张穆所指康城,与熊会贞所指康城似有所不同。张穆所指康城从阳城分出,而熊会贞所指康城从阳翟县分出。

⑩ 引文书名“颍”误写为“颖”,据改。阳关与阳城关之别,已见前引。

⑪ 引文此句下有节略。

⑫ 此条引文出自《读史方舆纪要》卷四八“河南府登封县”下“纶氏城”条之后。

⑬ 今本《元和郡县图志》卷五“河南府颍阳县”下已改为“堙阳县”,校语已见前。

⑭ 书名“颍”误写为“颖”,据改。

⑮ 引文此句“颍”误写为“颖”,据改。《水经注疏》又有“中水”二字,据补。

⑯ 引文此句后有节略。

⑰ 引文此句“颍”误写为“颖”,据改。

⑱ 阳城在今本《续汉书·郡国志》“豫州颍川郡”下。

⑲ 康城在今本《魏书·地形志中》“洛州阳城郡”下。

⑳ 书名“颍”误写为“颖”,据改。

㉑ 引文此句“颍”误写为“颖”,据改。此句后引文有节略。

㉒ 引文此句“上”误写为“下”,据改。《水经注疏》作“许由冢”。引文有节略。

㉓ 引文此句“颍”误写为“颖”,据改。

㉔《水经注疏》作“大狂水”,据改。

㉕《水经注疏》作“大䓞山”,并校云:“朱作‘大苦口’,《笺》曰:当作大䓞山。赵改‘大䓞口’。戴改‘大䓞山’。守敬按:䓞,‘苦’古字。水出今登封县西南山。《一统志》以县东南之大熊山当此山,非也。”据改。

㉖ 篇名“颍”误写为“颖”,据补。

㉗ 引文此句“源”误写为“室”,略去“密高县东北”数字,据改。此句下引文多有节略。

㉘ 引文此句脱写一“而”字,据改。

㉙ 篇名省略一“也”字,据补。此句下引文有节略。

㉚《水经注疏》作“大潭”,并校云:“朱‘潭’作‘泽’,赵同,戴改。守敬按:明钞本作‘潭’,《名胜志》同。《说嵩》十,今沙屯石铺,但细流轧轧。”据改。

㉛ 引文此句略去一“而”字,据补。

㉜ 引文此句“水”误写为“流”,据改。

㉝ 引文此句“颍”误写为“颖”,并略去一“水”字,据补。

㉞ 引文出自《读史方舆纪要》卷四八《河南三》“河南府登封县”下“五渡水”条。

㉟ 原稿此句脱写一“城”字,补。

㊱ 原稿此句“颍”误写为“颖”,据改。

㊲ 原稿此句“即为”误写为“为即”,“颍”误写为“颖”,改;并衍写一“所”字,删。

㊳ 此纪年恐有误,应为“中大通元年”,即公元529年。

㊴ 引文此句“颍”误写为“颖”,据改。

㊵ 引文此句“颍”误写为“颖”，据改。

㊶ 篇名“颍”误写为“颖”，据改。

㊷ 据《水经注疏》，平洛水，又名平洛溪水。

㊸ 引文此句“颍”误写为“颖”，据改。

㊹ 篇名“颍”误写为“颖”，据改。

㊺ 引文此句“颍”误写为“颖”，据改。

㊻ 阳城县与康城县均在今本《魏书·地形志中》“洛州阳城郡”下。

㊼ 篇名“颍”误写为“颖”，据改。

㊽ 引文此句“颍”误写为“颖”，据改。

㊾ 引文此句后有节略。

㊿ 此条引文为作者后增，见《两浙金石志》卷二，略有错漏之处，据改。介生按：石翁或何秋涛此处以《唐子产庙残碑》以证北魏时事，似有可商榷之处。

(51) 此夹注为作者重新排定的辞条顺序，据此重新排定。许多条目均用简称，据补，如康城应为“康亭城”，脱写一“亭”字，补。

治城（在今汝州西十五里。《收志》：孝昌〈二〉{三}年①，置汝北郡，领石台、南汝原、治城、东汝南、梁，五县何时置，未详。穆案：《收志》例于东魏置者必书，此五县无说，则非东魏置也。于增置者，亦分别书之，如孝昌初，置宜阳郡，领宜阳、西新安、东亭②，三县独“西新安”下注“孝昌三年置”，明馀二县为旧有也，则此五县并非孝昌时置矣。）

治霍阳山。（《水{经}注·汝水篇》③：《经》云：汝水径其县北，俗谓之治城，非也，以北有注城故也。今置治城县，治霍阳山。〈以洛阳阳渠石桥注事证之。〉[夹注：郦君卒于孝昌二年，未必及纪其事。]④所谓今者，未必即指孝昌者，若指孝昌，不应于治城言今置，而其馀俱昧没也。梁，本汉、晋旧县，所增置之四县，皆不出梁境，虽不敢决为延昌前置，然必不置于孝昌之时则明甚。既无炳据，则与其无端而去之，无宁循旧而存之，以俟智者之博考焉。《郡国志》：梁有霍阳山⑤。《方舆纪要》：山在汝州东南二十里⑥。）

有白雀寺、(唐裴孝源《贞观公私画史》:魏白雀寺,在汝州,有董伯仁画。)

注城、(《汝水注》:汝水又东南,径注城南。司马彪曰:河南梁县有注城。《史记》"魏文侯三十二年,败秦于注"者也。《史记》《赵世家》、《魏世家》正义引《括地记》云:注城,在汝州梁县西〈南〉{十}五里⑦。注,或作铸也。穆案:按唐梁县,今汝州治也。)

华浮城。(《汝水注》:霍阳山水出南山,东北流,径霍阳聚东,世谓之华浮城⑧。)

校注:

① 引文出自今本《魏书·地形志中》"北荆州汝北郡"下,原文云:"汝北郡,孝昌三年置。"据改。

② 引文出自今本《魏书·地形志中》"阳州宜阳郡"下。

③ 此条引文原在"治城"下,据夹注移置于"霍阳山"下。依例篇名中补一"经"字。

④〈〉括号内文字,后有圈删之意,夹注即释其因。

⑤ 梁县在今本《续汉书·郡国志》"河南郡"下。

⑥ 原书此条作"霍山"。

⑦ 今本《史记》卷四三《赵世家》作"注人",引文"十"误写为"南"字,据改。

⑧《汝水注》下又有"非也"二字,被略去。《水经注疏》校云:"赵云:按章怀《后汉书注》:俗谓之张侯城。会贞按:《通典》与章怀说同。《方舆纪要》:或曰:东汉初,蛮中山贼张满屯此,故有张侯城之名。此华与章形似,当章之讹,盖张、章音同,侯、浮音近,传呼失实耳。"

梁(在今汝州西四十里。)

汉、晋属①。

有阳人城、(《汝水注》:城,古梁之阳〈仁〉{人}聚也②。秦灭东周,徙其君于此③。《收志》:孝昌〈二〉{三}年④,置汝北郡,治阳仁城。《史记·周本纪正义》引《括地志》:阳人故城,在汝州梁县西四十里。)

郻狐聚、(《汝水注》:汝水又〈东〉左合三里水⑤,水北出梁县西北,而东南流,径其县故城西,故郻狐聚也。《地理志》云:秦灭西周,徙其君于此,因乃县之。徐广曰:郻狐{聚与}阳人〈两〉聚相近⑥,在洛阳南百五十里梁、新城之间。《括地志》:汝州外古梁城,即郻狐聚也⑦。《方舆纪要》:在今汝州西北三十里。)

杨志坞、([夹注:南汝南下"杨志坞"移写在广成泽上。]《收志》汝北郡:武定五年陷,[阙]年复,治杨志坞。《伊水注》见大戟水下。《元和志》梁县:高齐于此置汝北郡,以备周寇,故城在今县东,亦名王坞城⑧。穆案:王坞,即杨志坞之转矣。)

广成泽、(《收志》有。《汝水注》:汝水又东,与广成泽水合。水〈北〉出狼皋山北泽中⑨,自泽东南流,径温泉南,与温泉水合。《伊水注》:《河南十二县境薄》曰:广成泽在新城县界黄阜。《元和志》梁县:广成泽,在县西四十里,周回百里⑩。)

温泉、(《出帝纪》:〈水〉{永}熙二年十{有}二月丁巳⑪,车驾狩于嵩阳,己巳,遂幸温〈泉〉{汤}⑫。《汝水注》:温泉〈殷〉{数}源⑬,扬波于川左,泉上华宇连荫,茨甍交拒,方塘石沼,错落其间,〈怡〉{颐}道者多归之⑭。其水东南流,注广成泽{水}⑮。《方舆纪要》引《河南府志》云:梁县西南六十里有温汤,可以熟米。一名皇女汤⑯。)

鲁公陂、(《汝水注》:汝水又东,得鲁公水口⑰。水上承阳人城东鲁公陂,东南流,合于涧水。穆案:此涧水,乃南汝〈源〉{原}之石涧水也。⑱)

大戟水、(《伊水注》:大戟水出梁县西,有二源,北水出广成泽,西南径杨志坞北,与南水合。〈南〉水{源南}出广成〈湾〉{泽}⑲,西流,径陆浑县南⑳。西北流,屈而东,径杨志坞南,又北屈,径其坞东,又径坞北,同注老倒涧。)

界柱。([夹注:界柱移写梁县大戟水后。]㉑《汝水注》:汝水又东,与三屯谷水合。水出南山,北流,径石碣东。柱侧刊云:河南界。又有一碣，题言：洛阳南界。碑柱相〈承〉{对}[22]，既无年月，竟不知何代所表也。）

校注：

① 据《汉书·地理志》、《续汉书·郡国志》、《晋书·地理志》，梁县均属河南郡。梁县在今本《魏书·地形志中》“北荆州汝北郡”下。

② 引文此句原作“阳人聚”，据改。

③ 今本《水经注疏》此句作“徒其君于此”，显误。

④ 今本《魏书·地形志中》作“孝昌三年”，据改。

⑤ 引文此句衍写一“东”字，据删。

⑥ 引文出自今本《史记》卷四《周本纪》下《集解》所引，原文作“嵬狐聚与阳人聚”，据改。

⑦ 引文出自今本《史记》卷四《周本纪》下《正义》所引。

⑧ 引文出自今本《元和郡县图志》卷六《河南道二》“汝州梁县”下“蛮中聚”条后。

⑨ 引文此句衍写一“北”字，据删。此句下引文有节略。

⑩ 此条引文多有节略。

⑪ 引文此条“永”误写为“水”，并脱写一“有”字，据改、补。

⑫ 今本《魏书》此句作“温汤”，据改。

⑬《水经注疏》作“数源”，并校云：“朱‘数’作‘殷’，《笺》曰：一作数。赵云：殷，盛也，字不误。戴作‘数’。守敬按：明抄本作‘数’。《寰宇记》引此同，《名胜志》亦同。赵不知殷为误字，曲为之说，疏矣。《明一统志》：源有九眼。”据改。

⑭ 引文此句“颐”误写为“怡”，据改。

⑮ 引文此句略去一“水”字，据补。

⑯ 引文出自《读史方舆纪要》卷五一《河南六》“汝州广成泽”下。

⑰《水经注疏》此句作“鲁水口”，《水经注校证》及文渊阁“四库全书”本《水经注》与此稿同，存疑待考。

⑱ 据下文，应为“南汝原”，“原”误写为“源”，据改。

⑲《水经注疏》等此句均作“水源南出广成泽”，据改。

⑳《水经注疏》此句无“南”字,并校云:“朱讹作‘西流陆浑’。赵据孙潜校,‘流’下增‘径’字,‘浑’下增‘县南’二字。戴增同。会贞按:孙说亦未尽合。陆浑县在伊水之西,大戟水在伊水之东,西流但径县境耳,不能径其南,只合增‘径’字、‘县’字。”《水经注校证》此句有“南”字,存疑待考。

㉑“界柱”条原在石台县下,今据夹注移置于此。

㉒引文此句“对”误写为“承”,据改。

石台(在今汝州西南四十里。)

有周平城。(《收志》作“平州城”①。《汝水注》:汝水又径周平城南,京相璠〈矣〉{曰}②:霍阳山在周平城东南者也。穆案:平州,即周平之误矣。③)

校注:

① 石台县在今本《魏书·地形志中》“北荆州汝北郡”下。

② 引文此句“曰”误写为“矣”,据改。

③《水经注疏》校云:“会贞按:《地形志》汝北郡石台有‘平州城’,‘州’、‘周’古通,平州、周平各异,疑《地形志》误倒。盖《志》本作‘州平’,后人不知州、周通,以‘州平’为不辞,遂臆乙作‘平州’耳。在今汝州西南。”

东汝南(在今汝州东。)

有石楼山、(《收志》有。〈穆案:《汝水注》有白茅台,不知即石楼之异名不?〉①)

梁雀坞、(《收志》:武定元年,移汝北郡治梁雀坞②。《汝水注》:承休水又东南,径白茅台东,又南,径梁雀乡西③,世谓之期城,非也。按《后汉书》,世祖自〈颖〉{颍}川往梁雀乡④,冯鲂先诣行〈取〉{所}⑤,即是邑也。〈水积为陂,世谓之黄陂。〉⑥《史记·周本纪正义》引《括地志》:周承休城,一名梁雀坞,在汝州梁县东北二十六里。)

黄陂、(《收志》有。《汝水注》:汝水又东,为周公渡,藉承休之徽号,而有周公之嘉称也。汝水又东,黄水注之。水出梁山,东南径周承休县故城东,为承休水⑦。又南径梁雀乡西⑧,水积为陂,世谓之黄陂。《元和志》梁县:黄陂⑨,在县东二十五里,南北七里,东西十里。《方舆纪要》:广成泽,一名黄陂⑩。穆案:泽在梁西四十里,陂在梁东二十里[此梁谓唐梁县,今汝州治。——原注],相距至遥,无由会合为一,故《元和志》特分析箸之,宛溪误矣⑪。)

隔陂。(《收志》有。)

校注:

①〈〉括号内文字后有圈删之意。

② 今本《魏书·地形志中》作"梁崔坞",卷末"校勘记"云:"温校'崔'改'雀',云:今本'雀'讹作'崔'。《史记正义》引《括地志》:周承休城一名'梁雀坞',在梁县东北二十五里[介生按:应为二十六里。]。《水经注》作'梁雀乡'。按《水经注》卷一《汝水篇》朱谋㙔本、戴震本并作'梁瞿乡',赵一清改作'雀'。杨《疏》以为作'瞿'是,赵改非。此志'崔'字必讹,原作'瞿'或'雀'虽难判断,然'崔'字形尤近'雀',这里疑当作'雀'。"

③《水经注疏》等此句均作"梁瞿乡",并校云:"朱《笺》曰:《括地志》:周承休城,一名梁雀坞,在汝州梁县东北二十六里。赵'瞿'改'雀',下同。引《方舆纪要》云:《括地志》周承休城一名梁雀坞,或云:即梁瞿乡也。盖瞿、雀字形相似,道元以世谓之期城为非,期、瞿音相似,然则雀字为正。会贞按:赵说未审。凡俗传之误,多音同字异,或音近字异,惟期、瞿音相似,故瞿误为期,若雀则音不相似矣。《括地志》作'雀',盖传钞之殊。赵氏何以雀为正,而依改邪?又《地形志》汝北郡下作梁崔坞,顾氏引崔作雀,故崔又雀之讹也。《括地志》谓坞即承休城。《注》先叙承休,而后叙乡,知坞特取乡为名,而乡尚在其东南也。在今汝州东南。"介生按:《括地志》传钞为"雀",《魏书·地形志中》又传钞为"崔",熊氏所推论似过于牵强,应以"校勘记"意见为准,不改。

④ 引文此句"颍"误写为"颖",据改。

⑤ 引文此句"所"误写为"取",据改。

⑥〈〉括号内文字后有圈删之意。

⑦ 引文此句后有节略。

⑧《水经注疏》作"梁瞿乡",解说已见上。引文此句后有节略。

⑨ 今本《元和郡县图志》卷六《河南道二》"梁县"下作"黄坡",似误,待考。

⑩ 引文出自《读史方舆纪要》卷五一《河南六》"汝州广成泽"下。

⑪ 介生按:宛溪即指《读史方舆纪要》作者顾祖禹。

南汝原(今〈河南〉汝州治[①]。)

有白泉城、(《汝水注》:汝水又东,径成安县故城北[②],世谓之白泉城,非也,俗谬耳。《史记·韩长孺列传正义》引《括地志》:成安故城,在汝州梁县东二十三里。)

石涧水。(《收志》有。〈《汝水注》:鲁公陂水东南流,合于涧水。水出北山,南流注之,又乱流,注于汝水。〉[③]《伊水注》:又有明水,出梁县西狼皋山,俗谓之石涧水也[④],西北合康水。)

校注:

① "河南"二字后圈删。

② 引文此句有节略。

③〈〉括号内文字后有圈删之意。

④ 引文此处有节略。

新城(在今洛阳县南七十里。)

汉、晋属[①]。(龙门灵岩有大代太和七年新城县功曹孙秋生、新城县功[阙]刘起祖二百人等造石像一区,末行署曰:景明三年岁在子午五月戊子朔廿七日造。盖创始太和,迄景明也。)

有孔城、(《收志》:天平中置新城郡,治孔城。《北史·权景宣传》:

景宣〈以久藏非计,乃为作周文书,〉[2]招募得五百馀人,保据宜阳[3]。东魏将段琛等率众至九曲,景宣〈迎〉{恐}琛审其虚实[4],乃将腹心自随,诈云迎军,因得西〈道〉{遁}[5]。与仪同李延孙相会,攻拔孔城。洛阳以南,寻亦来附。《通典》:孔城防,伊阙县东南故城是[6]。《括地志》:新城,今洛州伊阙县也[7]。)

麻解城、(《汝水注》:汝水自狼皋山东出峡,谓之汝阨也。东历麻解城北,故鄤{乡}城也[8],谓之蛮中[9]。杜预曰:城在河南新城县之东南[10]。俗以为麻解城,非也,盖蛮、麻[11]读{声}近故也[12]。穆案:麻,古读若微,与支、佳韵近,寒、桓韵远,不得援歌戈之番单字为例,蛮、麻,盖双声俗转耳。《汉{书}·地理志》新成有蛮中[13],《郡国志》新城有鄤聚。《方舆纪要》:蛮城,在汝州西南。)

狼皋山、(《汝水注》见上。《伊水注》见南汝原"石涧水"下。《新唐书·地〈里〉{理}志》[14]:临汝县鸣皋山,南控汝水,睨广成泽[15]。《元和志》:明皋山,在{陆浑}县东北十五里[16]。穆案:《山海经》作放皋,放、很、明同音,鸣皋则俗读明若,鸣之讹变耳。本《志》东益州洛〈丛〉{聚}郡明水县[17],《元和志》作鸣水,亦此类也。)

马怀桥、(《伊水注》:马怀桥长水出新城西山,东径《晋使持节征南将军宗均碑》南[18]。又东流,入于伊。)

杨亮垒、(《伊水注》:明水西北流,径杨亮垒南。)

范坞、(《伊水注》:康水东北流,径范坞北,与明水合。)

老倒涧、(《伊水注》:老倒涧水西流,入于伊。互见梁县"大戟水"下。)

吴涧。(《伊水注》:伊水又北,径新城东,与吴涧水会。水出县之西山,东流,南屈,径其县故城西,又东转,径其县南[19],东北流,注于伊水。)

校注:

① 今本《魏书·地形志》中有多个新城县,此县应为《魏书·地形志中》"北荆州新城郡"下之新城县。《汉书·地理志》作"新成",属河南郡。

《续汉书·郡国志》与《晋书·地理志》作“新城”,属河南郡。

②〈〉括号内文字后有圈删之意。

③ 引文此句下有节略。

④ 引文此句“恐”误写为“迎”,据改。

⑤ 今本《北史·权景宣传》作“西遁”,卷末“校勘记”云:“诸本‘遁’讹作‘道’,据《周书》卷二八、《通志》卷一五六《权景宣传》改。”据改。

⑥ 引文出自今本《通典》卷一七一《州郡部》“序目上”。

⑦ 引文出自《〈史记·周本纪〉正义》所引,又见《括地志辑校》卷三“洛州伊阙县”下。

⑧ 引文此句脱写一“乡”字,据补。

⑨ 引文此句下有节略。

⑩ 引文此句下有节略。

⑪ 原稿此处空阙一字,疑即后脱写之“声”字。

⑫ 引文此句脱写一“声”字,据补。

⑬ 依例补一“书”字。

⑭ 篇名“理”误写为“里”,据改。

⑮ 介生按:此段引文有误,乃作者重新编辑合成之文。《新唐书·地理志》“汝州临汝郡”下“临汝县”下云:“有清暑宫,在鸣皋山南,贞观中置。”《新唐书》卷一百《阎让传》云:“太宗幸洛阳,诏立德(阎让字立德)按爽垲建离宫清暑,乃度地汝州西山,控汝水,睨广成泽,号襄城宫。”可见,汝州西山即鸣皋山。

⑯ 明皋山在今本《元和郡县图志》卷五《河南道一》“河南府陆浑县”下,据补“陆浑”二字。

⑰ 查本《志》目录,东益州下为“洛聚郡”,此句“聚”误写为“丛”,据改。

⑱《水经注疏》此句作“宋均碑”,并校云:“戴改‘宋’作‘宗’。守敬按:后汉宗敬,字叔庠,南阳安众人。《后汉书》讹‘宗’为‘宋’,辨见惠栋《后汉书补注》。又有注《纬书》之宋均,《隋志》称为博士。此为河南新城人,与后汉初之宗均,时代、籍贯不同,而与注《纬书》之宋均时代相近。或在魏为博士,至晋为征南将军乎?戴氏何所据而改为宗均耶?”介生按:文

渊阁"四库全书"本《水经注》作"宗敬碑",并校云:"案:宗,近刻讹作'宋'。"《水经注校证》也作"宗均碑",并转引了《水经注疏》的校语,存疑待考。

⑲ 引文此句下有节略。

〈北〉陆浑①(在今河南府嵩县东北五十里。)

{故陆浑}汉属恒农②,晋属。(本《志》陆浑有南、北〈而〉{之}别③,东魏所分置也。武〈完〉{定}以前④,盖仍汉、晋之旧,今后魏。⑤穆案:龙门灵岩有〈世宗时〉巨鹿魏灵藏、河东薛法昭造释迦像⑥,末行署曰:陆浑县功曹魏灵藏,无年月。《寰宇访碑录叙》在宣武初年孝文皇帝造〈像〉后⑦,〈云字体似杨大眼记。钱竹汀詹事定为世宗时。〉⑧维无确据,要必在迁邺前,则断然也。藏,《访碑录》误作"庄"。穆于诸城刘燕庭喜海处见龙门造像拓本,凡八百馀种。)

有崖口坞、(《伊水注》:伊水历崖口,山峡也。翼崖深高,壁立若阙。崖上有坞,伊水径其下,历峡北流,即古三涂山也。杜预{《释地》}曰⑨:山在县南。阚骃{《十三州志》}云⑩:山在东南,今是山在陆浑故城东南八十许里。)[夹注:崖口坞,"太和城"下。]⑪

慎望陂。(《伊水注》:禅渚水上承陆浑县东禅渚,渚在原上,陂方十里,佳饶鱼苇⑫,世谓此泽为慎望陂。)[夹注:慎望陂,"侯涧水"下。]

校注:

① 此条"北"字后圈删。

② 此句"故陆浑"三字后圈删。今本《汉书·地理志》作"弘农郡"。

③ 原稿此句"之"误写为"而",改。

④ 原稿此句"定"误写为"完",改。

⑤ 原稿此条为夹注所增,似未完整。

⑥ 此句中"世宗时"三字后圈删。

⑦ 此句中"像"字后圈删。

⑧〈〉括号内文字后有圈删之意。

⑨ 原稿引文略去书名《释地》，据补。

⑩ 原稿引文略去书名《十三州志》，据补。

⑪ 介生按：崖口坞与慎望陂下均有夹注，似应移于“南陆浑”之下，但移置之后，陆浑县下空阙，为保留原貌，特采取两处并存之法。

⑫ 引文此句后有节略。

〈南陆浑（在今嵩县东北三十里。）

分故陆浑置[①]。（穆案：隋、唐陆浑县皆治此也。）〉[②]

有〈太和城、（《汝水注》：汝水东北流，径太和城西，又东流，径其城北。左右深松列植，筠柏交荫。《方舆纪要》：城在今伊阳县西南，后魏时筑。又太和山，在县西南。汝水经其下，山有太和谷，北魏置太和城，盖以山名。）〉[③]

崖口坞、（《伊水注》：伊水历崖口，山峡也，崖深高，壁立若阙，崖上有坞，伊水径其下，历峡北流，即古三涂山也。杜预曰：山在县南。阚骃云：山在东南，今是山在陆浑故城东南八十许里。）[④]

伏流岭、（《收志》：武定二年置伊阳郡[⑤]，治伏流城。《伊水注》：伊水又东北，径伏流岭东，岭上有昆仑祠，民犹祈焉。刘澄之《永初记》称：陆浑县西有伏流坂者也。今山在县南崖口北三十里许，西则非也。《元和志》{陆浑县}[⑥]：伏流城，即今县理城，东魏{孝静帝}武定二年所筑[⑦]，以城北焦涧水伏流地下，西有伏流坂，因以为名。）

伏睹岭、（《伊水注》：伊水又东北，径伏睹岭。）

孤山、（《伊水注》：其山介立丰上，单秀孤峙，故世谓之方山，即刘中书澄之所谓县有孤山者也。）

王母涧、（《伊水注》：《山海经》曰：滽滽之水，出于厘山，南流，注于伊水。今山出陆浑县{之}西南王母涧[⑧]，涧北山上有王母祠，故世因以名谿[⑨]，东流，注于伊水，即滽滽之水也。）

焦涧〈水〉[⑩]、（《伊水注》：焦涧水西出鹿髆〈鹘〉山[⑪]，东流，注于伊水[⑫]。）

〈狐白川(《汝水注》:汝水历蒙柏谷⑬,津流不已,北历长白沙口,狐白谿水注之⑭,夹岸沙涨若雪,因以取名。其水南出狐白川,北流注汝水。)〉⑮

涓水、(《伊水注》:涓水出陆浑西山,有二源〈修〉{俱}导⑯,而东〈径〉{注}虢〈峪〉{略}⑰,在陆浑县西九十里者也⑱。〈北〉{涓}水东径陆浑县故城北⑲,东南流,左合南水。水出西山七谷,亦谓之七谷水。〈祖〉{阻}涧东逝⑳,历其县南。又东南,左会北水,乱流,左合禅渚{水}㉑,又东南,注于伊水㉒。)

侯涧水、(《伊水注》:侯涧水出西北侯谿㉓,东南流,注于涓水。)

慎望陂、(《伊水注》:禅渚水上承陆浑县东禅渚,渚在原上陂,陂方十里,佳饶鱼苇,世谓此泽为慎望陂。)㉔

孝文避暑宫。(永乐《河南志》:嵩岳寺在嵩县东南九里,后魏孝文帝避暑宫。孝明正光元年建为西闲居寺,后易为观。隋仁寿二年,改为嵩岳寺。唐大帝复改避暑宫㉕,后再为寺。〈《志》又曰:大帝武后尝避暑焉。〉㉖)

校注:

① 南陆浑在今本《魏书·地形志中》"北荆州伊阳郡"下,但无注文。

② "南陆浑县"条后似有圈删之意。

③ "太和城"与"太和山"条后有圈删之意。

④ 此条注文已见"陆浑县"下。

⑤ 伊阳郡在今本《魏书·地形志中》"北荆州"下。

⑥ 此条引文出自今本《元和郡县图志》卷五《河南道一》"河南府陆浑县"下,依例补"陆浑县"三字。

⑦ 引文此句略去"孝静帝"三字,据补。

⑧ 引文引句脱写一"之"字,据补。

⑨《水经注疏》"谿"作"溪"。

⑩ 此条"水"字后被圈删。

⑪ 今本《水经注疏》作“鹿鹘山”，并校云：“朱‘髆（应为鹘——介生注）’讹作‘髆’，赵、戴改。守敬按：今曰樊水，出嵩县北六十里之露宝山，露宝与鹿髆音近。”介生按：依校语之义，应以“鹿髆山”为是，然本文却写作“鹿鹘山”，应是今本校订之疏。存考。

⑫ 此段引文多有节略。

⑬ 引文此句后有节略。

⑭《水经注疏》此句“谿”作“溪”。

⑮ 此条后有圈删之意。

⑯ 引文此句“俱”误写为“修”，据改。

⑰ 引文此句“注”误写为“径”，“略”误写为“峈”，据改。

⑱ 引文此句后有节略。

⑲ 引文此句“涓”误写为“北”，据改。

⑳《水经注疏》此句作“阻”，并校云：“朱‘阻’作‘祖’，全、赵、戴改。”据改。

㉑ 引文此句脱写一“水”字，据补。

㉒ 此段引文多有节略。

㉓《水经注疏》此句“谿”作“溪”。

㉔ 此条注文已见陆浑县下。

㉕ 引文此句“大帝”应指唐高宗李治。

㉖ 此条引文后被圈删。

《魏延昌地形志》卷之二

司州中

荥阳郡

汉县[①]，魏邵陵厉公正始三年置〈郡〉[②]。(《济水注》:魏正始三年，岁在甲子，被癸丑诏书，割河南郡县[③]，自巩、阙以东，创建荥阳郡，{并户二万五千}[④]。以南乡筑阳乡亭侯李胜{字公昭}为郡守[⑤]。洪氏《补三国疆{畺}域志》白{曰}[⑥]:《曹真传》注:李胜为荥阳太守。又傅嘏为荥阳守，亦在正始时，则《水经注》之言信也。又《孙礼传》:太祖时，迁荥阳都尉。盖河南郡，大汉末已别建都尉，至正始三年乃升作郡耳。《沈志》[⑦]、《晋{书}·地理志》皆以为泰{太}始元年[穆案:《晋志》作"二年"。——原注]置[⑧]，岂魏末暂废，晋复立邪?[⑨]《贾思伯碑》:召拜荥阳太守。《吊比干文》碑阴有"尚书郎中臣荥阳郡郑长游"。《孝昌二年荥阳太守元宁造像记》皆借"荥"为"荥"[⑩]。)

晋因之[⑪]。魏移治大栅城[⑫]。(《济水注》:索水又北，径大栅城东。晋荥阳民张卓、董迈等遭荒，鸠聚流杂保固，名为大栅坞。至太平真君阙年⑬,〈颖〉{豫}州刺史崔白自虎牢移州治此⑭,又{东}开广旧城⑮,创制改筑焉,太和十七年,迁都洛邑,省州置郡。《{太平}寰宇记》:后魏太和中,移县理于大索城,即〈是〉{今}荥阳县是也⑯。穆案:《郦注》云:"旃然水北径小索亭西,又为索水。索水又北,径大栅城东,又北屈,{东}径大索城南⑰。"据之则大索、大栅,截然两地,乐氏改"大栅"为"大索",误。《括地志》:今荥阳县{即}大索城⑱。则乐氏盖衍《括地志》之误,《元和志》合"大索"、"大栅"为一地,尤非。)

领县九⑲

校注:

① 据《汉书·地理志》,荥阳县属河南郡。

② 原有"郡"字,后被圈删。

③《水经注疏》此句下校云:"赵、戴'郡'下增'县'字。会贞按:非也。盖诏割河南郡下巩阙以东为句,隐有县在其中,若增县字,是泛言割河南之郡县矣,反失其意。"存考。

④《水经注疏》卷七《济水注》在"创建荥阳郡"下有"并户二万五千",此稿略去。据补。

⑤ 原稿此句脱写"字公昭"。三字,据补。

⑥ 洪亮吉之书全名为《补三国疆(疆)域志补注》。又原稿误写为"白",应为"曰",改。

⑦ 今本《宋书》卷三六《州郡志二》"司州"下注:"(荥阳郡)晋武帝泰始元年,分河南立。"

⑧ 今本《补三国疆域志补注》作"太始"。

⑨ 此下为作者夹注中所补内容。

⑩ 介生按:此句前后两个"荥"字相同,应有笔误。

⑪ 今本《晋书》卷一四《地理志》"司州"下云:"晋仍居魏都,乃以三辅还属雍州,分河南立荥阳,分雍州之京兆立上洛,废东郡,立顿丘,遂定名司州,以司隶校尉统之。"下辖"荥阳郡"下云:"泰始二年置,统县八,户三万四千。"

⑫ 荥阳郡在今本《魏书·地形志中》“北豫州”下。

⑬《水经注疏》“阙”字作“八”，并校云：“朱无‘八’字，‘豫’作‘颍’。赵氏引全氏曰：《地形志》：太平真君八年，荥阳省并属县，由移治或在是年，但是豫州，非颍州。戴增‘八’字，改‘颍’作‘豫’”。

⑭ 原稿“颍”误写为“颖”，应改为“豫”，说见前。

⑮ 原稿脱写一“东”字，今补。

⑯ 引文见今本《太平寰宇记》卷九“荥州荥泽县”下：“秦立三川郡，自洛阳曾移理于此，晋于此置荥阳郡，后魏太和中，移县理于大索城，即今荥阳县是也。”原稿“今”误写为“是”，据改。

⑰ 引文此句脱写一“东”字，据补。

⑱ 原稿此句引文脱写一“即”字，据补。

⑲ 今本《魏书·地形志中》“荥阳郡”下领五县：荥阳、成皋、京、密、卷。

荥阳（今开封府荥阳县治。）

汉属河南，晋属[①]。（汉、晋故城，在今荥泽县西南十七里，去今治五十里。《收志》有荥阳城，谓此城也。）

魏因之。郡治[②]。

有石门城、（《收志》有。《通鉴》{咸和三年}[③]：石勒命石堪、石聪及豫州刺史桃豹等各统见众会荥阳，中山公虎进据石门［《注》引《{济}水注》。——原注］[④]。《济水注》：汉灵帝建宁四年，于敖城西北垒石为门，以遏渠口，谓之石门，故世亦谓之石门水。门广十馀丈，西去河三里。《石铭》云：建宁四年十一月黄场石也。而主吏姓名磨灭不可复识。魏太和中，又更修之，撤故增新，石字沦落，无复在者。水北有石门亭，戴延之所云“新筑城，城周三百步[⑤]，荥阳太守所镇”者也。〈石门〉水南带三皇水，即皇室山，亦谓之为三室山也。《{太平}寰宇记》：古者，济{水}〈在〉{出}河北，截河南流而为荥泽。自王莽末，济{水}但入河，不复过河南。荥渎水受河水，有石门，谓之荥口石门也[⑥]。《金石录》跋尾载后魏《郑羲碑》云：归{葬}于荥阳石门东{南}十三里三皇山之阳[⑦]。《山左金石志》：《〈荧〉{荥}阳郑文公碑》：公讳羲，字〈动〉{幼}骥[⑧]，司州〈荧〉{荥}阳开封人也。……归葬于〈荧〉{荥}阳石门{东}南十二里三皇山之阳,碑以永……[9]《方舆纪要》:石门渠,在郑州河阴县西二十里,荥渎受河之处,即《禹贡》导荥水之道[10]。穆案:明河阴县,在今荥泽县西少北十五里[11]。)

广武城、(《收志》有。司马彪《{续汉书}·郡国志》有[12]。《{太平}御览》卷六十九引《西征记》曰:三皇山上有二涧{城}[13],谓东、西广武,涧{城}相去二百馀步[14],随{隋}河水从中东南流[15]。今无水。今城东有高坛,即项羽坐太公于上以示汉军处。《济水注》:济水又东,径西广武城北。城在山上,山下有水,北流入济,世谓之柳泉[16]。济水又东,径东广武城北。楚项羽城之,汉破曹咎,羽还广武,为高〈坛〉{俎}[17],置太公其上。今名其坛曰项羽堆。夹城之间,有绝涧断山,谓之广武涧。《元和志》:广武山,在荥泽县西二十里,一名三皇山。东广武、西广武二城,各在一山头,相去二百馀步[18]。)

敖仓城、(《收志》有。《济水注》:济水又东,径敖山北。《诗》所谓"薄狩于敖"者也。其山上有城,即殷帝仲丁之所迁也[19]。秦置仓于其中,故亦曰敖仓城也。《元和志》:敖山,在荥泽县西十五里。宋武{帝}《北征记》曰[20]:"敖山,秦时筑仓于山上,汉高祖亦因敖仓,傍山筑甬道,下汴水。"即此山也。)

平桃城、(《高祖纪》:太和十九年五月甲戌,行幸滑台。丙子,次于石济。庚辰,皇太子朝于平桃城[21]。《济水注》:索水又东,径虢亭南。应劭曰:荥阳,故虢〈公〉国也[22],今虢亭是矣。司马彪《郡国志》曰:县有虢亭,俗谓之平桃{咷}城[23]。城内有大〈冢〉{冢}[24],名管叔冢,或亦谓之为号咷城,非也。盖号、虢字相类,字转失实也。《收志》有管叔冢。《方舆纪要》:平桃城,在今荥阳县东北二十里{马渊}[25]。)

〈垂陇〉都尉城[26]、(《济水注》:有垂陇城,济渎出其北。《春秋》文公二年"晋士縠盟于垂陇"者也。京相璠曰:垂陇,郑地,今荥阳东二十里有故垂陇城[27],即此是也,世谓之都尉城,盖荥阳典农都尉治,故〈更〉{变}垂陇之名矣[28]。)

荥阳山、(《收志》有。不知即三皇山不?)

荥泽、(《收志》有。《济水注》:济水又东,径荥泽北,故荥水所都也。

{京相璠曰:}荥泽在荥阳县东南,与济隧合……{故}世亦或谓其故道为十字沟[29]。)

船塘、(《济水注》:黄水又东北,至荥泽南,分为二水,一水北入荥泽,下为船塘,俗谓之郏城陂,东西四十里,南北二十里[30]。一水东北流,即黄雀沟矣。)

砾石涧、(《济水注》:砾石溪水出荥阳城西南李泽。泽中有水,即古冯池也。《地理志》{曰}[31]:荥阳县"冯池在西南"是也[32]。池水{又}东北[33],径荥阳县北断山,东北注于济,世谓之砾石涧,即《经》所谓砾溪矣。《鲒埼亭集》[34]:蔡九峰吟砾溪口之谬[35],东樵娓娓纠之〈不已〉是[36],已而东樵之说砾溪,其谬尤甚于九峰,{足下亦知之乎?}[37]夫砾溪未尝有南、北二涧也。东樵既读误本《水经》而不知正,又为读破句,〈其〉{以}成其妄[38],则九峰{当日}尚不至此[39]。《水经》本曰:济水东过成皋县北,又东过荥阳县北,又东北至砾溪南。无所谓"北砾溪"也。善长则以济水不自东北而出溪南,故非之,别为注曰:济水东径二广武城北,又东径敖山北,又东合荥渎,又东径荥阳县北,{又}东南则砾溪北注之[40]。是特即《经》所言之水,改正其道,而未尝别有所谓"南砾溪"也。误本《水经》忽颠倒其文曰:又东至北砾溪南。于是东樵以为有北必有南,而误本又以《注》中广武城而下六条俱列于《经》。东樵不知其非{也}[41],而就其文而更定其句曰:济水又东〈句〉[42],南砾溪注之,则俨然二砾溪并见于《经》,而善长纠《经》之说,明在《注》中,而莫之思矣[43]。夫砾溪非它,即《汉志》所谓冯池也。古不闻有二冯池,亦安得有二砾溪乎?)

周苛、纪信冢、(《收志》有。《济水注》:索水又东,径荥阳县故城南。纪信冢在城西北三里,其城跨倚冈原,居山之阳。索水又东,径周苛冢北[44]。)

李君祠、(《济水注》:李胜,字公昭,为郡守,{故原武典农校尉}[45]。政有遗惠,民为立祠于城北五里,号曰李君祠。庙前有石蹠,蹠上有石的。石的铭具存。其略{铭}曰[46]:百族欣载,咸推厥诚。今犹祀祷焉。)

五龙坞。(《河水注》:河水又东,径五龙坞北,{坞}临长河[47],〈坞〉有五龙祠[48]。应劭云:昆仑山庙,在河南荥阳县。疑即此祠,所{在}

未详㊾。)

校注:

① 据《晋书·地理志》,荥阳县属荥阳郡。

② 据今本《魏书·地形志中》,荥阳县仍为荥阳郡首县。“北豫州荥阳郡荥阳县”下:“二汉属河南,晋属。有荥阳山、荥阳城、敖仓、广武城、石门城、管叔冢、周苛、纪信冢、荥泽。”

③ 引文见今本《资治通鉴》卷九四《晋纪十六》“成帝咸和三年”,据例补纪年。

④ 原稿注文空阙一“济”字,据补。

⑤《水经注疏》作“新筑城周三百步”,并校云:“全、赵、戴‘周城’乙作‘城周’。”存考。

⑥ 引文见今本《太平寰宇记》卷九“郑州荥泽县”下,有按语与正文之别。“按古者,济水出河北,截河南流,而为荥泽。自王莽末,济水但入河,不复过河南”,为按语,其中“济”下脱一“水”字,“在”为“出”字之误。后又脱写一“水”字,据补、改。“荥渎水受河水云云”为正文。原稿未分出按语与正文。

⑦《金石录》下为夹注后补内容。《郑羲碑》即《荧阳郑文公之碑》,引文“归”字下脱一“葬”字,“东”字下脱一“南”字,今据拓文补。

⑧“荧”字为“荥”字之世俗别字。原稿“幼”字误写为“动”,据改。

⑨ 原稿纸本有磨灭之处,“南”字上脱写一“东”字,据补。

⑩ 引文出《读史方舆纪要》卷四七《河南二》“郑州河阴县”下。

⑪ 明代河阴县治,在今河南荥阳县东北。

⑫ 广武城在今本《续汉书·郡国志》“河南尹荥阳县”下,注文云:“《西征记》曰:有三皇山,或谓三室山。山上有二城,东者曰东广武,西者曰西广武,各在山一头,相去二百馀步。其间隔深涧,汉祖与项籍语处。”

⑬ 今本及库本《太平御览》均作“二城”,而非“二涧”,然此条引文在“涧”字条下,石翁或有别本,存考。

⑭ 今本及库本此句为“城”字,存考。

⑮ 今本及库本此句作“隋”,存考。

⑯ 此段引文多有节略。

⑰《水经注疏》此句作“高俎”,并校云:“朱讹作‘祖’,《笺》曰:宋本作‘俎’。全、赵改‘俎’。戴改‘坛’。守敬按:《大典》本、明钞本作‘坛’。考《史》、《汉》作‘俎’。观如淳、李奇之《注》,皆明释‘俎’字,则当本作‘俎’。其作‘坛’者,仍后人因下有今名其坛之文而臆改,非也。戴不察耳。”据改。

⑱ 引文出今本《元和郡县图志》卷八“郑州荥泽县”下。

⑲ 引文此句后有节略。

⑳ 引文此句脱写一“帝”字,据补。

㉑ 引文出今本《魏书·高祖纪下》。

㉒《水经注疏》此句无“公”字,并校云:“朱‘国’上有‘之’字,《笺》曰:‘虢’下脱‘公’字。全、赵增‘公’字,删‘之’字。戴增‘公’字、‘之’字。会贞按:《汉志注》作‘故虢国’。《文选·曹大家〈东征赋〉注》引同,则此衍‘之’字耳,非脱‘公’字,今订。”存考。

㉓《水经注疏》此句作“平咷城”,并校云:“全云:按平咷,六朝时曰平桃,见《魏书》(按:《孝文帝纪》——原注)。盖虢脱其半为乎,乎又变而为平,而咷又转而为桃也。赵据黄省曾本改‘平’作‘乎’。守敬按:全说是也。黄作‘乎’,亦‘乎’之变文。”存考。

㉔ 原稿引文“冢”误写为“家”,据改。

㉕ 原稿后省略“马渊”二字,据补。

㉖ 原为“垂陇城”,后圈删,改为“都尉城”。

㉗《水经注疏》此句无“垂”字,并校云:“全、赵、戴‘陇’上增‘垂’字。会贞按:杜氏《释例》郑地内称:荥阳县东有垂陇城。然是年《注》作有‘陇城’,又《续汉志》,荥阳有陇城,皆称陇城,与此合,足征垂陇城亦有称陇城,京说本无垂字,不当增。在今荥阳县南。”

㉘《水经注疏》及库本《水经注》均为“变”,盖本稿误,据改。

㉙ 引文省略较多,略为补阙。

㉚ 引文此句后有节略。

㉛ 引文此句脱写一“曰”字,据补。

㉜ 引文此处有节略。

㉝ 引文此句略写一“又”字，据补。

㉞ 引文出自《鲒埼亭集》卷三四《简帖》“《水经》‘砾溪’帖子柬慎甫”。

㉟ 蔡九峰，即指宋代学者蔡沈。

㊱ 引文此句衍写“不已”二字，据删。

㊲ 原稿引文省略末一句，据补。

㊳ 引文此句“以”误写为“其”，据改。

㊴ 引文此句脱写“当日”二字，据补。

㊵ 引文此句脱写一“又”字，据补。

㊶ 引文此句略去一“也”字，据补。

㊷ 引文此处“句”字即句读之“句”，非正文，或为作者特别标注。

㊸ 引文此句后有节略。

㊹ 引文省略较多。

㊺ 引文此句省略，据补。

㊻《水经注疏》此句作“其铭曰”，《水经注校证》与本稿同，存考。

㊼《水经注疏》此句有“坞”字，并校云：“朱‘坞’字在‘河’字下，赵同，戴移。”据补。

㊽ 介生按：据此可知，石翁多用戴校本《水经注》，说见前。

㊾ 原稿此句脱写一“在”字，补。

成皋（在今开封府汜水县西北。）

汉、晋属河南①，后属②。

有虎牢镇、（河南四镇之一。吴卓信《〈汉书·地理志〉补注》：按虎牢在今开封府汜水县西二里，本周穆王养虎之地③。战国时，韩献于秦，十九年而遂亡。今自荥阳而东，皆坦夷，{西}入县境④，地渐高，城中突起一山，如万斛囷出。西郭则乱岭纠纷〈一道行典[四字有讹。——原注]其间〉⑤，断而复续。使一夫荷戈而立，百人自废。然自东都以后言形势者，〈鲜及焉〉{及之鲜矣}⑥，盖人事既改，则地之轻重，亦有时移{而}也⑦。）

东中府治、(《收志》:北豫州,泰常中置,治虎牢,太和十九年罢,置东中府[8]。)

黄马关、(《河水注》:河水〈又〉{右}径黄马坂北[9],谓之黄马关。《通鉴》{咸和三年}[10]:赵主曜闻勒已济河,始议增荥阳戍,杜黄马关。[《注》引《{河}水注》曰:黄马关,在成皋县。——原注][11]《方舆纪要》:黄马关,在汜水县西十五里。)

旋门坂、(《河水注》:河水又东,径旋门坂北,今成皋西大坂者也。升陟此坂,而东趣成皋{也}[12]。《元和志》:旋门关,在汜水县西南十里[13]。《方舆纪要》:即旋门坂,汉灵帝八关之一[14]。)

成皋城、(《收志》有[15]。《河水注》:成皋县之故城在伾上[大伾,山也。——原注],萦带伾阜,绝岸峻周,高四十许丈,城张翕崄,崎而不平[16]。城西北隅有小城,周三里,北面列观,临河,苕苕孤上。景明中,言之寿春,路〈直〉{值}兹邑[17],升眺清远,势尽川陆。〈羁途游至,有伤深情。〉[18]《方舆纪要》:汜水县{西}北有故成皋城[19]。)

大伾山、(《水经·禹贡山水泽地所在》:大伾地,在河南成皋县北。《注》:《尔雅》{曰}[20]:山一成谓之伾。然则大伾,山名,非地之名也。《河水注》:河水又东,径成皋大伾山下[21]。《尚书·禹贡》曰:过洛汭,至大邳{者也}[22]。郑康{成}曰[23]:地〈喉〉{肱}也[24],沇出伾际矣,在河内修武、武德之界,〈沸〉{济}沇之水与荥播泽出入自此[25],然则大邳即是山矣。老友俞君理初曰:大伾山当在修武、武德界,《水经注》言在成皋县北。《史记》所谓禹载河于高地,张晏亦谓大邳在成皋,刘昭、张揖之徒皆以为然,说与《史记》合,大邳定在今河南府[穆案:当言在今巩、汜水二县之间。——原注]。禹河自此循太行而北,过漳水趋钜鹿。沈括《笔谈》尚见边太行北山崖间,往往衔螺蚌壳及石子如鸟卵,横亘石壁如带,谓是昔日河滨。周定王五年河徙。《春秋》鲁宣公七年:晋、鲁、宋、卫、郑、曹会于黑壤之岁也,河始由今卫辉浚滑,其地亦有一成之邳。臣瓒、魏王泰执以当禹时大邳,胡朏明依之,可谓尺有所短。边韶《荥口石门碑》:伊、洛合注大河,南则缘山东过大伾,回流北岸。其势郁懞涛怒,湍急激疾,一有决溢,弥原淹野[26]。孙星衍曰:足证汉人所言大伾在成皋,不如臣瓒以黎阳山当之也。)

石城山、(《河水注》:汜水又北,〈又〉{右}合石城水[27]。水出石城山,其山复涧重岭,欹叠若城,山顶泉流,瀑布悬泻,下有滥泉,〈流泄〉{东流}泄注[28],边有数十石畦,畦有{数}野蔬[29],岩侧石窟数口,隐迹存焉,而不知谁所经始也。)

汜水(出方山)、(《收志》有汜水。《河水注》:汜水南出浮戏〈之〉山[30],世谓之{曰}方山也[31]。《方舆纪要》:方山,在汜水县南四十里。穆案:《洧水注》又有绥水出方山绥谿{溪}[32]。)

{汉高祖坛}[33]、(《收志》"{西}成皋"下又有"汉高祖坛"[34]。案:《河水注》〈又〉曰[35]:汜水又北,径虎牢城东[36]。{又按}郭缘生《述征记》、刘澄之《永初记》并言高祖即帝位于是水之阳[37],今不复知旧坛所在。卢湛、崔云亦言是矣[38]。余按:高皇帝受天命于定陶汜水,{又}不在此也[39],于是求坛,故无髣髴矣。)

玉门土穴、(《河水注》:河水南对玉门,昔汉祖与{滕公潜出济于是处也,门东对临河}[40],侧岸有土穴[41]。魏攻北{宋}司州刺史毛德祖于虎牢[42],战经二百日,不克。城惟一井,井深四十丈,山势峻峭,不容防捍,潜作地道取井。余顷因公至彼,故往寻之,其穴处犹存。《收志》"{西}成皋"下有厄井[43]。穆案:盖即《郦注》此井。《寰宇记》[44]:厄井,在汜水县东北七十里。《风俗通》谓:汉高祖与项羽战于京、索,遁入蒲井,鸠止鸣其上,追者以为无人,遂得脱,因名厄井。又《九州〈禹〉{要}记》云[45]:丁公抱石,欲填{之,是}此井[46]。《郡国志》云:尧井在县东十五{里}[47],即厄井也。未〈名〉{明}孰是[48]。案:《风俗通》说,中尉已于济水平桃城下采之,谬悠之谈,皆不足据。)

板城渚口。(《河水注》:河水又东,径板城北,有津,谓之坂城渚口。《方舆纪要》:板渚,津名也,在汜水县东四十里。)

校注:

① 据《汉书·地理志》和《晋书·地理志》,成皋县均属于河南郡。

② 介生按:今本《魏书·地形志中》"北豫州荥阳郡"下有成皋县,又"成皋郡"下有"西成皋县",此县应为后者。

③ 引文此句后有节略。

④ 引文此句脱写一"西"字,据补。

⑤ 引文此句后有圈删之意。介生按:据道光刻本,"行典"二字应为"纡曲"之误。

⑥ 引文有臆改之处,据改。

⑦ 引文此句脱写一"而"字,据补。

⑧ 引文省略较多。今本《魏书·地形志中》"北豫州"下云:"后汉治谯,魏治汝南安城,晋治项,司马德宗置司州,泰常中复治虎牢,太和十九年罢,置东中府。天平初罢,改复。"

⑨ 库本《水经注》案语云:"案此八字,原本及近刻并讹作《经》,近刻'右'讹作'又'。"《水经注疏》校云:"朱此八字讹作《经》,'右'作'又'。戴改《注》,改'右',全、赵改《注》同,全改'右',赵仍'又'。守敬按:《书钞》一百五十七引潘尼《恶道赋》:若其长坂则成皋黄马。《类聚》亦引。《初学记八》引戴延之《西征记》:次至黄马坂,去计素渚十里,'十'上当有脱文。"据改。

⑩ 引文见今本《资治通鉴》卷九四《晋纪十六》"成帝咸和三年",依例补纪年。

⑪ 介生按:"胡注"写为"水经",本稿改为"水注",应为《河水注》。

⑫ 原稿脱写一"也"字,今据补。

⑬ 引文见今本《元和郡县图志》卷六"河南府汜水县"下:"旋门关,在县西南十里,即八关之一。"

⑭ 引文省略较多,原文见《读史方舆纪要》卷四七"郑州汜水县"下:旋门关,在(汜水)县西南十里,即旋门坂,曹大家《西征赋》"陟伊、洛之交流,看成皋之旋门"是也。汉灵帝时河南八关之一,自旋门而东至板城渚口,皆成皋关之道。

⑮ 见今本《魏书·地形志中》"北豫州成皋郡西成皋县"下。

⑯ 引文此句后有节略。

⑰ 引文此句"值"误写为"直",据改。

⑱ 〈〉括号内文字后有圈删之意。

⑲ 据《读史方舆纪要》,成皋城在汜水县西北,据补"西"字。

⑳ 引文见《水经注疏》卷四十，本稿脱写一“曰”字，据补。

㉑ 引文此句后有节略。

㉒ 引文此句脱写“者也”二字，据补。

㉓ 引文此句脱写一“成”字，据补。

㉔《水经注疏》此句作“地肱也”，并校云：“朱‘肱’讹作‘喉’。赵、戴同。会贞按：《古微书》称《河图绛象》云：东流至大伾山，名地肱。此‘喉’为‘肱’之误。今订。”据改。

㉕ 介生按：诸本此句皆作“济”，“泲”与“济”相通。

㉖ 即《汉荥渎石门碑》，见《东汉文纪》卷一二。

㉗ 引文此句“右”误写为“又”，据改。

㉘ 原稿原有“流泄”二字，后圈删。脱写“东流”二字，据补。

㉙《水经注疏》此句有“数”字，并校云：“朱‘数’讹作‘声’，《笺》曰：宋本作‘数’。戴改‘数’。沈炳巽校：衍‘声’字。赵删同。会贞按：《大典》本、明抄本并有‘数’字，盖系石畦，故野蔬不多也。”据补。

㉚ 引文此句衍写一“之”字，据删。

㉛ 引文此句脱写一“曰”字，据补。

㉜ 引文此句“谿”又作“溪”，二字相通。

㉝ 介生按：原稿脱写“汉高祖坛”条目，今据文意补。

㉞ 今本《魏书·地形志中》“成皋郡西成皋县”下有“汉高祖坛”，据补一“西”字。

㉟ 原稿本有一“又”字，后圈删。

㊱ 引文此句后有节略。

㊲ 原稿引文脱写“又按”二字，据补。

㊳《水经注疏》卷五“校记”云：“按杨氏《要删》云：崔云疑崔豹之讹。待考。”

㊴《水经注疏》此句增一“又”字，并校云：“戴删‘又’字。会贞按：‘又’字对上言，谓周襄所居之祀，既不在此，汉高即位之汜，亦不在此也，不当删。”据补。

㊵ 原稿此处有空阙之文，今据补。

㊶《水经注校证》及库本《水经注》此句与本稿同，作“侧岸”，今本《水

经注疏》作“泽岸”,应有误。

㊷《水经注疏》此句作“宋司州”,并校云:“朱‘宋司州’讹作‘此同州’,《笺》曰:此,宋本作‘宋’。赵改‘此同’为‘北司’,云:《宋书·州郡志》:武帝北平关、洛,河南底定,置司州刺史,治虎牢。少帝景平初,司州复没北虏。文帝永嘉末,侨立于汝南,寻亦省废云云。是当时以治虎牢者为北司州,而侨置汝南者为南司州,《地形志》以宋明帝于南豫州之义阳郡复设之司州为南司州,故道元以刘武王所置治虎牢者为北司州也。若朱氏以此为宋,殆未审‘北’字之义耳。且又不释‘同州’之讹,何居?戴改‘北司州’同。守敬按:宋本‘此’作‘宋’,是也。盖上云‘魏攻’,若下云‘北司州’,则不知何指矣。且有宋言,可称‘北司州’,自魏言不得称北司州。况虎牢之陷,在少帝景平中,其时汝南之司州未立,并不得称北司。《元和志》:魏使奚斤攻宋司州刺史毛德祖,亦此作‘宋司州’之证。赵驳朱《笺》,未审。德祖,《宋书》无传,附《晋书·毛安之传》。”然而,《水经注校证》及库本《水经注》与本稿同,存考。

㊸ 今本《魏书·地形志中》“西成皋县”下有“厄井”,据补“西”字。

㊹ 引文出自今本《太平寰宇记》卷五二《河北道一》“孟州汜水县”下。

㊺ 引文此句“要”误写为“禹”,据改。

㊻ 引文此句有脱文,据补。

㊼ 引文此句脱写一“里”字,据补。

㊽ 引文此句“明”误写为“名”,据改。

京(在今荥阳县东南二十一里。)

汉属河南①,晋属②。

有高阳城、(《收志》有③。《济水注》:黄水又北,径高阳亭{东}④,又北至故市县,重泉水注之。水出京城西南少{小}陉山⑤,东北流,又北流,径高阳亭西,东北流,注于黄水。)

管城、(《收志》有。《渠水注》:不家沟水自梅山北溪,东北流,径管城西,故管国也。周武王以封管叔矣⑥。《左传》宣公十二年:晋师救郑,楚次管以待之。杜预曰:京县东北有管城者是也。《通鉴注》⑦:据《载记》:石虔袭破振仲于溦水。振仲退保管城[8]。管城当在溦水北。《收志》中牟县亦有管城[9]。穆案:斯城盖界在二县之间也,“中牟”下今不复出。)

小索城、(《济水注》:索水北径小索亭西。京相璠曰:京有小索亭,《世语》以为本索氏兄弟居此,故号小索者也。《元和志》:小索城,在荥阳县北[“北”当作“南”。——原注]四里[10],宋南平王铄遣王阳儿据小索破魏,即此城也。)

索水(出嵩渚山)、(《收志》有索水。《济水注》:索水出京县西南嵩渚山。〈在荥阳〉[11],{与京关}水同源分流[12],即〈京〉{古}旃然水也[13]。《方舆纪要》:嵩渚山,在荥阳县东南二十五里。)

京水(出黄堆山)、(《济水注》:黄水发源京县黄堆山,东南流,名祝龙泉,泉势沸涌,状若巨鼎扬汤,西南流,谓之龙项口,世谓之京水也。穆案:京、索二水,水出一山,《郦注》截然分明。顾祖禹曰:嵩渚山,一名少陉山。《水经注》以为黄堆山也,京、索二水出焉。不知所据何本。少陉山乃器难水,所出与嵩渚亦非一山[14]。)

梧桐谷、(《济水注》:索水又屈而西流,与梧桐涧水合,水出西南梧桐谷,东北流,注入索。斯水亦时有通塞,而不常流也。)

柰榆沟、车轮渊、(《济水注》:须水近出京城东北二里榆子沟,亦曰柰榆沟也。又或谓之为小索水,东北流,木蓼沟水注之。水上承京城南渊,世谓之车轮渊。渊水东北流,谓之木蓼沟,又东北,入于须水。《方舆纪要》:须水城,在荥阳县东三十里。唐初置须水县,属管州[15]。贞观初并入郑州管城县,宋曰须水镇。)

金亭、(《济水注》:器难水北流,径金亭,又北,径京县故城西,入于旃然之水。)

檀山冈、(《济水注》:京城北有檀山冈{罡}[16],《赵〈氏〉{世}家》[17]:成侯二十年,魏献荥阳,因以为檀台冈{罡}[案:此“冈”字当作“是”。——原注]也[18]。沈氏炳巽曰[19]:《史记》:魏献荣椽,赵因以为檀台。荣椽,木材,非地也;檀台是屋,非冈也,善长不知何以有此误。考檀台在襄国,见于《续汉志》,而荥阳乃韩地,后之为《荥阳图经》者因造为檀山,以相附会,益更缪矣。穆案:荣椽、荥阳,字形相涉,中尉盖据误本《史记》,其以赵事证韩地,亦《注》所时有,不足怪,惟必京县实有所〈为〉{谓}檀山者⑳,而后附会之说起焉,此则当袪其实而存其名者矣。)

梅山、(《渠水注》:不家沟水出京县东南梅山北溪。《春秋》襄公十八年:楚芳子冯、公子格率锐师侵费,右回梅山。杜预曰:在密东北,即是山也。又曰:白沟水有二〈沅〉{源}㉑。北水出密之梅山东南,而东径靖城南,与南水合。《元和志》:梅山,在管城县[今郑州治。——原注]西南三十里。)

樊哙冢。(《收志》有。)

校注:

① 据《汉书·地理志》,河南郡下有京县。

② 据《晋书·地理志》,荥阳郡下有京县。

③ 今本《魏书·地形志中》"荥阳郡京县"下云:二汉属河南,晋属。有万尹山祠、高阳城、管城、索水、京水、樊哙冢。

④ 引文此句脱写一"东"字,据补。介生按:《水经注疏》与《水经注校证》均谓"高阳亭",本稿直以"高阳城"当之,石翁似应有所说明。

⑤《水经注疏》此句作"小陉山",并校云:"朱《笺》曰:小,宋本作'少',全、赵、戴改'少陉山',详前。会贞按:今须河之西有一水,东北流来会,盖即重泉水,但出故京城东南,不出西南,或上游有湮塞矣。"存考。

⑥ 引文此句下有节略。

⑦ 注文出自今本《资治通鉴》卷一〇四《晋纪二十六》"孝武帝太元六年"下。

⑧ 引文此句下有节略。

⑨ 中牟县在今本《魏书·地形志中》"北豫州广武郡"下。

⑩ 今本《元和郡县图志》卷八《河南道四》"郑州荥阳县"下依然作"北四里",并无校勘记。

⑪ "在荥阳"三字后被涂删。

⑫ 引文此句脱写"与京关"三字,据补。

⑬ 引文此句"古"误写为"京","京"字后被圈删,但"古"字未补。今据补。

⑭《水经注疏》在"(索)水出京县西南嵩渚山"下释云:"会贞按:《一统志》称《旧志》云:《水经注》:索水出京县西南嵩渚山,器难水出小陉山,本二山二水。《元和志》:索水出荥阳县南三十五里小陉山。是合器难、索水为一水。《寰宇记》:嵩渚山,一名小陉山,俗名周山,在县南三十五里。是并合嵩渚、小陉为一山矣。《明一统志》:大周山在县南三十五里,嵩渚山在县东南二十五里,一名小陉山,又与《寰宇记》不同。今据《舆图》,荥阳县山势绵延,峰峦错列,皆在城南一带,分之则名目众异,合之亦未始不可相通。故《水经注》、《元和志》、《寰宇记》、《明一统志》所载各殊。按如《元和志》则以小陉当嵩渚,如《寰宇记》则嵩渚、小陉混而不分,而复有周山之称。如《明一统志》则另标大周之目,又移嵩渚、小陉之号于东北,殊为歧出。而《方舆纪要》云:嵩渚山在县东南二十五里,一名小陉山,俗亦名周山,《水经注》以为黄堆山也。所云嵩渚、小陉、周山之名,与《寰宇记》同,所指嵩渚、小陉之地,则与《明一统志》近,而更牵入《注》之黄堆,则益纷乱矣。考《注》诸山,方位有定,名称毫不相假。今县南大周山即嵩渚山,与此山者,东为索水,西为东关水。山之东则器难水所出之少陉山也,又东则黄水所出之黄堆山也。"介生按:此疏证或可释解石翁之疑。

⑮ 引文此句后有节略。

⑯《水经注疏》此句作"坛山罡",并校云:"全、赵、戴作'冈',下同。会贞按:《一统志》:檀山冈在荥阳县东十里,山多檀木,绵亘三十馀里。《水经注》之檀山冈,即此。《一统志》加变'坛'为'檀',然可谓《注》所指之地。"介生按:《水经注校证》及库本《水经注》均仍作"坛山冈",存考。

⑰ 引文此句"世"误写为"氏",据改。

⑱《水经注疏》此句作"坛台冈",并校云:"赵云:沈氏曰:《史记》:魏献荥椽,赵因以为檀台。荥椽,木材,非地也;檀台是屋,非冈也。道元不知何以有误?考檀台在襄国,见于《续汉志》,而荥阳乃韩地,后之为《荥阳图经》者,因造檀山相附会,益更缪矣。会贞按:《史记·赵世家索隐》引刘氏曰:荥椽盖地名,其中有一高处,可以为台。说与此《注》颇合,而小司马驳之。守敬按:以'坛台'为冈,犹有说,以'荥椽'为'荥阳',则大惑不解矣。"

介生按:《史记·赵世家》及沈氏原书均作“荣椽”,赵一清氏及此疏证引沈炳巽作“荥椽”,应有误,说见下。

⑲ 此段引文见沈炳巽所撰《水经注集释订讹》卷七,原文为:“按:《史记·赵世家》:成侯二十年,魏献荣椽,因以为檀台。原文如此,并不云‘魏献荥阳’,‘檀’亦不作‘坛’,且无‘罡’字,不知道元何据引此?况《索隐》注云:刘氏曰:‘荣椽,地名,其中有高处,可以为台。’非也。按:荣椽是良材,可为椽,〈登〉[应为‘斲’。——介生注]饰有光荣,所以魏献之,故赵因[用——介生补]之以为檀台。又《正义》曰:荣,屋翼也,《说文》云:‘椽,榱也。屋梠之两头起者为荣也。’据此则为‘荣椽’无疑,然作‘椽’解又与上下文所引不类,不知何故?岂北魏时古本作‘荥阳’不作‘荣椽’也?!”

⑳ 此句“谓”误写为“为”,改。

㉑ 原稿引文“源”简写为“沅”,据改。

密(在今开封府密县东南三十里。)

汉属河南[①],晋属[②]。

治密城[③]。(今本《地形志》作“容城”,误[④]。穆案:自汉至魏,密无异治,收所以特著此语者,《寰宇记》云:高齐文宣移理于今县东四十里故密县城{为理}[⑤]。《收志》作于北齐,恐人误以齐治为魏治,故著之也[隋大业十二年,又移密县治古法桥堡城,即今治也。——原注]。)

有郐城、(《洧水注》:洧水又东南,径郐城南[⑥]。徐广曰:郐在密县,妘姓矣。杜预曰:郐城在密县东北[⑦]。《方舆纪要》{密县}[⑧]:在县东北五十里。)

马领山、(《水经》:洧水出河南密县西南马领山。《注》:水出山下,亦言出〈颖〉{颍}川阳城山[赵一清曰:此班固说。——原注][⑨]。山在阳城县之东北,盖马领之统目焉。《元和志》:马〈领〉{岭}山[⑩],在密县南十五里。)

承云山、(《收志》有。《洧水注》:洧水又东南流,与承云二水合,俱出承云山,二源双导,东南流,注于洧,世谓之东、西承云水。《溍水注》:溍水又南，左会承云山水[11]，水出西北[郑县——原注]承云山，东南历浑子冈东注，世谓冈峡为五鸣口，东南流，注于潧。《方舆纪要》{密县}：云珑山，在密县北三十里，一名侵云山，其西南又有承云山。)

青烟谷、(《收志》有。)

开阳山、(《收志》有。)

大騩山、(《收志》作"大龟山"。穆案：即大騩山也，古音龟、騩同部，音转。《溟水注》：大騩即具茨山也[12]。溟水出其阿，流而为陂，俗谓之玉女池。《通鉴》梁大同四年：东魏大行台侯景攻广州，未拔，闻魏救兵至[13]。行洛州事卢勇请进，观形势，乃率百骑至大騩{隗}山[14]。《元和志》：大騩山，在密县东南五十里。)

阳子台、(《洧水注》：洧水东南流，径一故台南，俗谓之阳子台，又东径马岭坞北，坞在山上。)

武定冈、皇台冈、零鸟坞、(《洧水注》：洧水又东合武定水。水北出武定冈，西南流，又屈而东南流，径零鸟坞西，侧坞东南流。坞侧有水，悬流赴壑，一匹有馀，直注涧下，沦积成渊。嬉游者瞩望，奇为佳观，俗人睹此水挂于坞侧，遂目之为零鸟水。东南流，入于洧[15]。洧水又东南，赤涧水注之。水出武定冈，东南流，径皇台冈下，又历冈东，东南流，注于洧。)

虎牍谿、(《洧水注》：洧水又东，与虎牍山水合。水发南山虎牍谿{溪}，东北流，入洧。)

参辰口、(《洧水注》：洧水又东，径阴坂北，水有梁焉，俗谓是济为参辰口。)

鸡络坞、(《潧水注》：潧水出郐城西北鸡络坞下。)

襄荷水、沥滴泉、(《洧水注》：襄荷水出北山子节谿{溪}，亦谓之子节水，东南流，注于洧。沥滴泉水出深溪之侧，泉流丈馀，悬水散注，故世士以沥滴称[16]，南流，入洧水也。)

柳泉水、(《潧水注》：潧水又东南流，历下田川，径郐城西，谓之为柳泉水也[17]。)

子产墓、(《溟水注》：溟水东径陉山北[18]，山上有郑祭仲冢。冢西有子产墓,〈叠〉{累}石为方坟[19],坟东有庙,并东北向郑城。杜元凯曰不忘本[20]。际庙旧有一枯柏树,其尘根故株之上,多生稚柏{成林}[21],列秀青青,望之,{其}奇可嘉矣[22]。《收志》"苑陵"下有"子产祠"[23],不知即此庙否?《晋书·杜预传》:吾往为台〈邸〉{郎}[24],尝以公事使过密县之邢山。山上有冢,问耕〈夫〉{父}[25],云是郑大夫祭仲,或云子产之冢也。遂〈帅〉{率}从者祭而观焉[26]。其造冢居山之顶,四望周达,连山体南北之正而邪东北,向新郑城,意不忘本也。其隧道惟塞其后而空其前,不填之,示藏无珍宝,不取于重深也。山多美石不用,必集洧水自然之石为〈家〉{冢}藏[27],贵不劳工巧,而此石不入世用也。)

卓茂祠、(《洧水注》:洧水又东,径密县故城南[28]。今县城东门南侧,有汉密令卓茂祠,享祀不辍{矣}[29]。《寰宇记》:密县,后汉卓茂理此,今县东南三十里古密城,即汉理所,兼有{卓}茂祠尚存[30]。)

张伯雅墓。(《洧水注》:绥水东南流,径汉宏农太守张伯雅墓,茔域四周,叠石为垣,隅阿相降,列于绥水之阴,庚门表二石阙,夹对石兽于阙下。冢前有石庙,列植三碑。碑云:德字伯雅,河南密人也。碑侧树两石人,有数石柱及诸石兽矣。旧引绥水南入茔域,而为池沼,沼在丑地,皆蟾蜍{蜍}吐水[31],石隍承溜。池之南又建石楼。石庙前又翼列诸兽。但物谢时沦,凋毁殆尽〈矣〉[32]。)

校注:

① 据《汉书·地理志》,河南郡下有密县。又据《续汉书·郡国志》,河南尹下有密县。

② 据《晋书·地理志》,荥阳郡下有密县。

③ 今本《魏书·地形志中》"北豫州荥阳郡密县"下注云:"二汉属河南,晋属。治密城。有承云山、青烟谷、开阳山、大龟山、子产墓、卓茂冢、祠。"

④ 今本《魏书·地形志中》卷末"校勘记"云:"诸本'密'作'容'。《延昌志》卷二'荥阳郡密县'下改'密',云'今本《地形志》作容,误'。杨校:'《志》例:县已移治者,于故城则曰有某城;未移治则云治某城。容与

密形近,其为密之误无疑。'温径改'密',无说。按杨说是,今改正。"

⑤ 引文此句脱写"为理"二字,据补。

⑥ 引文此句下有节略。

⑦ 介生按:杜预之言见《春秋左传注疏》卷十六,并非《水经注》所引。

⑧ 引文出自《读史方舆纪要》卷四七《河南二》"禹州密县"下,依例补县名。下同。

⑨ 引文此句"颍"误写为"颖",据改。

⑩ 今本《元和郡县图志》卷五《河南一》"河南府密县"下作"马岭山",据改。

⑪《水经注疏》此句作"右会",并校云:"朱作'左会',戴、赵同。会贞按:当作'右'。承云山见《洧水篇》,据彼篇出承云山之东、西。承云水入洧后,又有武定水、赤涧水,东南入洧,而后溍水注洧。而承云水在溍水之西,此承云山水出承云山注洧,自在溍水之右,则作'左会',误也。今订。"然查《水经注校证》与库本《水经注》均作"左会",与本稿同,存考。

⑫ 此段引文多有节略。

⑬ 引文此句后有节略。

⑭ 今本《资治通鉴》卷一五八《梁纪十四》作"大隗山"。骢与隗相通假。

⑮ 引文此句后有节略。

⑯ 今本《水经注疏》误乙为"滴沥",且有校语云:"守敬按:《寰宇记》引此,无'士'字。"应有误。

⑰《水经注疏》此句为"抑泉水",有误。《水经注校证》与库本《水经注》均为"柳泉水",与本稿同。

⑱ 引文此句后有节略。

⑲ 引文此句"累"误写为"叠",据改。

⑳ 杜元凯,即晋朝学者杜预。

㉑ 库本《水经注》此句下注云:"案:近刻脱此'二字(即成林)'。"《水经注疏》此句无此二字,并有校语云:"戴柏下增'成林'二字,守敬按:尘根故株之上,乃成林耶? 戴增大缪。《御览》九百五十四引,亦无此二字,可证。"存考。

㉒《水经注疏》此句增写一"其"字,无校语。《水经注校证》及库本《水经注》均无"其"字,与本稿同。

㉓ 苑陵县在今本《魏书·地形志中》"北豫州广武郡"下。

㉔ 引文此句"郎"误写为"邸",据改。

㉕ 今本《晋书》作"耕父",据改。

㉖ 引文此句"率"改写为"帅",据改。

㉗ 引文此句"冢"误写为"家",据改。

㉘ 引文此句后多有节略。

㉙ 引文此句脱写一"矣"字,据补。

㉚ 引文此句脱写一"卓"字,据补。

㉛《水经注疏》此句作"蟾蠩",并校云:"守敬按:《城塚记》作蟾蜍。《集韵》:蜍或作蠩。"

㉜ 引文此句衍写一"矣"字,据删。

卷(在今怀庆府原武县西北七里。)

汉属河南[①],晋属[②]。

真君八年省,太和十一年复[③]。

有卷城、(〈穆案:《寰宇记》:卷县,高齐天保七年废,故收著之。〉[④]《河南通志》:卷城,在原武县北七里,即今圈厢城也[⑤]。)

土楼、(《宋书·索虏传》:永初三年十月,嗣自率众至方城,遣达奚斤、公孙表、滑稽领步骑二万馀人[⑥],于滑台西南东燕县界石济南渡,辎重弱累自随。滑台戍主王景度驰告司州刺史毛德祖,戍虎牢,遣司马翟广率参军庞谘、{刘谈之}等步骑三千拒之[⑦]。军次卷县土楼,虏徙营滑台城东二里。又虏乘胜遂至虎牢,德祖出步骑欲击之,虏退屯土楼,又退还滑台。《通鉴》:魏奚斤进击翟广{等}于土楼[⑧],破之。《注》:土楼在虎牢东。《九域志》:澶州临河县有土楼镇。穆案:宋临河县在今开州西六十里,与故卷县相去绝远,以事实揆之,魏已渡石济而西,宋始出兵相拒。岂能反据魏之上游,军次其东北哉?观下退屯土楼,退还滑台之文,则土楼在虎牢东,滑台西,其事甚明。《九域志》不足据也。身之《注》又尝云[⑨]:《九域志》于大梁注及滑州注,其道理远近自有微差者。今案:檀州临河正与滑州接壤,身之之说,信矣,然临河亦何妨有镇名土楼?要不当援为卷县证耳!〈[温公删"卷县"字,故身之不察也。——原注]〉⑩此则身之之误引矣。

扈亭、(《河水注》:河水又东北,径卷之扈亭北。《春秋左传》曰:文公七年,晋赵盾与诸侯盟于扈。《竹书纪年》:晋出公十二年,河决于扈。即于是也。杜注:郑地,在荥阳卷县西北⑪。又《后汉志》卷县有扈城亭。《方舆纪要》:扈亭,在〈今〉原武县西北⑫。春秋诸侯往往会盟于此,盖其地在四方道里中也。)

八激堤、(《河水注》:河水又东,径八激堤北。汉安帝永初七年,令谒者太山于岑于石门东积石八所,皆如小山,以捍冲波,谓之八激堤。"石门"见前"荥阳"下。)

赤岸固、(《河水注》:河水又东,径卷县北⑬。又东北径赤岸固北,而东北注。)

武修亭、(《济水注》:北济自荥泽东径荥阳卷县之武修亭南。《春秋左传》成公十年:郑子然盟于修泽者也,郑地矣。杜预曰:卷东有武修亭。《方舆纪要》:原武县又有〈武〉{城}修亭⑭,或以为修鱼也。《秦纪》⑮:惠文〈王〉{君}后七年,韩、{赵、}魏、燕、齐〈率〉{帅}匈奴共攻秦,秦使〈樗里〉{庶长}疾与战〈于〉修鱼⑯。赵一清曰:今本《左传注》:在修武。误也。穆案:江氏《春秋地理考实》因今本《杜注》之误,并改《水注》作"修武亭",尤误。)

垣雍城、(《阴沟水注》:左渎{又}东绝长城⑰,径垣雍城南。昔晋文公战胜于楚,周襄王劳之于此。故《春秋》书⑱:甲午至于衡雍,作王宫践土。《吕氏春秋》曰:尊天子衡〈雍〉{雝}者也⑲。《郡国志》曰:卷县有垣雝城,即《史记》所谓{记}"韩献秦垣雝"是也⑳。《方舆纪要》:垣雍城,在〈今〉原武县西北五里㉑。)

开光亭、清阳亭。(《阴沟水注》:左渎径垣雍城南,又东径开光亭南,又东径清阳亭南,又东合右渎。《方舆纪要》中牟县:清池废县,在县西。《寰宇记》:中牟有清阳亭,唐初置清池县,属管州。贞观初废[今本《寰宇记》无此文。——原注]。)

[夹注:二亭江入“中牟清阳亭”下。]

校注:

① 据《汉书·地理志》,河南郡下有卷县。据《续汉书·郡国志》,河南尹下有卷县。

② 据《晋书·地理志》,荥阳郡下有卷县。

③ 今本《魏书·地形志中》“荥阳郡卷县”下云:“二汉属河南,晋属。真君八年省,太和十一年复。有卷城。”

④ 原稿案语,后有圈删之意。

⑤ 引文见雍正《河南通志》卷五一“怀庆府”下。

⑥ 介生按:此段引文中北魏各将官位名称多省略,不再注。

⑦ 据补“刘谈之”三字。

⑧ 引文此句脱写一“等”字,据补。

⑨ 胡三省,字身之。

⑩ 原注后有圈删之意。

⑪ 注文见《春秋左传注疏》卷十八。

⑫ 引文此句衍写一“今”字,据删。引文多有节略。

⑬ 引文此句下有节略。

⑭ 原稿引文有误,《读史方舆纪要》卷一七《河南一》“河南府卷县”下作“城修亭”,据改。

⑮ 介生按:《秦纪》即指《史记》卷五《秦本纪》。《读史方舆纪要》作“《秦记》”,应有误。

⑯ 此段引文多有臆改、臆增之处,据改。

⑰ 引文此句脱写一“又”字,据补。

⑱《水经注校证》此句校证云:“《注疏》本杨守敬疏:‘守敬按:《左传》僖二十八年文。《故春秋书》四字,当作《左传》二字。段熙仲《校记》:按《左氏传》盛行后,前人往往简称《春秋传》。此不必改,但增一‘传’字即可。”存考。

⑲《水经注疏》及库本《水经注》此句作“垣雝”,雝,同雍,可通假。

⑳《水经注疏》"所"字下作"记",并校云:"赵作'谓'。"

㉑ 引文此句衍写一"今"字,据删。

阳武(《寰宇记》:按《郡国县道记》:阳武县所理,晋废,后魏孝昌中复置[1]。穆案:晋废者,废其城不治,非废其县也。观真君八年以"中牟"并入"阳武",则阳武之不废可知。又原武、阳武,《收志》并属广武郡。"原武"注云:"晋罢,孝昌中复。"而"阳武"注但曰:"晋属荥阳,天平初属。"则天平以前之仍属荥阳也,又可知矣,惟自晋废汉故城不治后,其孝昌以前,移理何所,今不可考耳。)

汉属河南[2],(故城在今怀庆府阳武县东南二十八里。)晋属[3]。

有阳武城、({《收志》有。}[4]穆案:此谓汉故城也。高齐天保七年,移理汴水南一里故城,故收著之。)

黄雀沟、(《收志》有。《济水注》:黄水{又}东北至荥泽南[5],分为二水,一水北入荥泽[6],一水东北流,即黄雀沟矣。《渠水注》:管水[即不家{沟}水。——原注]又东北[7],分为二水,一水东北流注黄雀沟,谓之黄渊,渊周{一}百步[8]。)

十字沟、(《渠水注》:又有一渎,自酸枣〈更〉{受}河[9],导自濮渎,历酸枣,径阳武县南出,世谓之十字沟,而属于渠,或谓是渎为梁惠之年所开,而不能详也。)

白马渊、(《济水注》:济水又东北流[10],径阳武县故城南,又东为白马渊。渊东西二里,南〈步〉{北}{一}百五十步[11],渊流,名为白马沟[12]。)

博浪泽、(《渠水注》:清沟水又东北,径沈清亭,疑即博浪亭也。服虔曰:博浪,阳武南地名也。今有亭,所未详也。历博浪泽,昔张良为韩报仇于秦,以金椎击秦始皇,不中,中其副车于此。《寰宇记》:博浪沙亭,在阳武县东南五里。)

官渡台、(《渠水注》:渠水又左,径阳武县故城南,东〈径阳武县故城南东〉为官渡水[13],又径曹太祖〈叠〉{垒}北[14],有高台,谓之官渡台。渡在中牟,故世又谓之中牟台。建安五年,太祖营官渡,袁绍保阳武。绍连营稍前,依沙堆为屯,东西数十里〈公亦分营相御,合战不利,绍〉进临官渡⑮,起土山、地道以逼垒。公亦起高台以捍之,即中牟台也。今台北土山犹在,山之东悉绍旧营,遗基并存。《元和志》:官渡台,在中牟县东北{一}十二里⑯。《方舆纪要》引裴松之《北征记》:中牟台下临汴水,是为官渡。)

田丰祠。(《渠水注》:渠水又东,径田丰祠北。袁本初惭不纳其言,害之。时人嘉其诚谋,无辜见戮,故立祠于是,用表袁氏覆灭之宜矣。)

校注:

① 引文见今本《太平寰宇记》卷二"开封府阳武县"下。

② 据《汉书·地理志》,河南郡下有阳武县。

③ 据《晋书·地理志》,荥阳郡下有阳武县。

④ 今本《魏书·地形志中》"北豫州广武郡阳武县"下注云:"二汉属河南,晋属荥阳,天平初属。有阳武城、黄雀沟。"依例补"《收志》有"三字。

⑤ 引文此句脱写一"又"字,据补。

⑥ 引文此句下有节略。

⑦ 原注文脱写一"沟"字,据补。

⑧《水经注疏》此句增写"一"字,而《水经注校证》及库本《水经注》则与本稿同,存考。

⑨ 引文此句"受"误写为"更",据改。

⑩ 此段引文多有节略。

⑪ 引文此句"北"误写为"步",据改。又《水经注疏》此句增写"一"字,存考。

⑫ 库本《水经注》此句下注云:"案:近刻'渊'作'泉',脱'马'字。"《水经注疏》此句无"马"字,并校云:"赵'白'下增'马'字,云:当作'白马沟',落'马'字。全、戴增同。会贞按:增'马'字似是,但考《地形志》封丘有白沟,即此。又《新唐{书}·地理志》:开封,载初元年,引汴注白沟。《金{史}·地理志》:阳武有白沟河。足证此本无'马'字。"《水经注校证》及库本《水经注》均与本稿同,存考。

⑬ 原稿有重写之句,据删。

⑭ 原稿此句“垒”误写为“叠”，据改。

⑮ 引文后有圈删之处。

⑯ 引文有节略，此句脱写一“一”字，据补。

中牟（在开封府中牟县东六里。）

汉属河南[①]，晋属[②]。（《渠水注》：中牟县故城有层台。）

真君八年，并阳武。景明元年复[③]。

有中阳{汤}城、（《收志》有[④]。《渠水注》：承水又东北，入黄瓮涧，北径中阳城西。城内有旧台，甚秀。台侧有陂池，池水清深。涧水又东，屈径其城北。《竹书纪年》：梁惠成王十七年，郑釐侯来朝中阳者也。）

圃田泽、（《渠水注》：渠水自河与济{泲}乱流[⑤]，东径荥泽北，东南分济{泲}，历中牟县之圃田泽北，与阳武分水。泽多麻黄草，故《述征记》曰：践县境，便睹斯卉，{穷}则知逾界[⑥]，今虽不能，然谅亦非谬。《诗》所谓东有圃草也[⑦]。泽在中牟县西，西限长城，东极官渡，北佩渠水。东西四十许里，南北二〈百〉{十}许里[《元和志》作“东西五十里，南北二十六里”。戴校作“南北二十许里”。——原注][⑧]，中有沙冈，上下二十四浦，津流径通，渊谭相接，水有名焉。有大斩{渐}、小斩{渐}[⑨]、大灰、小灰、义鲁、练秋、大白杨、小白杨、散吓、禺中、羊圈、大鹄、小鹄、龙泽、密罗、大哀、小哀、大长、小长、大缩、小缩、伯丘、大盖、牛眠等浦[⑩]，水盛则北注，渠溢则南播，故《竹书纪年》梁惠成王十年，入河水于甫田，又为大沟而引甫水者也。《元和志》：圃田泽，在中牟县西北七里。）

仆射陂、（《元和志》管城县[今郑州治。——原注]：李氏陂，县东四里。后魏孝文帝以此陂赐仆射李冲，故俗呼为仆射陂，周回十八里。）

五池乡、（《渠水注》：渠水右合五池沟，{沟}上承泽水[⑪]，下流入{注}渠[⑫]，谓之五池口。魏嘉平三年，司马懿帅中军讨太尉王凌于寿春，自彼而还。帝使侍中韦诞劳军于五池者也。今其地为五池乡矣。《方舆纪要》：五池沟，在中牟县西，亦曰五池口，今涸。）

清阳亭、（《渠水注》：渠水又东，清池水注之。水出清阳亭西南平地，东北流，径清阳亭南，东流，即故清人城也，《诗》所谓清人在彭，彭为高克邑〈水〉{也}⑬。故杜预《春秋释地》云：中牟县西有清阳亭是也。）

紫光涧、（《渠水注》：紫光沟水出华阳城东北，而东流，俗名曰紫光涧，又东北，注华水。《方舆纪要》：华城，在新郑县东南三十里，亦曰华阳亭，古华国。史伯谓郑桓公：华，君之土也⑭。《括地志》：华阳城，在郑州管城县南四十里。）

〈棐城〉北林亭⑮、（《渠水注》：华水又东，径棐城北，即北林亭也。《春秋》文公与郑伯宴于棐林，子家赋《鸿雁》者也。《春秋》宣公元年：诸侯会于棐林以伐郑，楚救郑，遇于北林。服虔曰：北林，郑南地也。京相璠曰：今荥阳苑陵县有故林乡，在新郑北，故曰北林也。余按：林乡故城，在新郑东〈北〉如北七十许里⑯，苑陵故城东南五十许里，不得在新郑北也。考京、服之说并为疏矣。杜预云：荥阳中牟县西南有林亭，在郑北。今是亭南去新郑县故城四十许里，盖以南有林乡亭，故杜预据是为北林，最为密矣。《方舆纪要》：林乡城，在新郑县东二十五里。）

鲁恭祠、（《渠水注》：清水乱流，东径中牟宰鲁恭祠南⑰。遗爱自古，祠飨来今矣。《寰宇记》：鲁恭墓，在中牟县城内。）

酱魁城、（《渠水注》：役水又东北，径中牟泽，东流，北屈，注渠〈水〉⑱。《续述征记》所谓"自酱魁城至酢沟十里"者也。）

尧祠。（《收志》有。）

校注：

① 据《汉书·地理志》，河南郡下有中牟县。据《续汉书·郡国志》，河南尹下有中牟县。

② 据《晋书·地理志》，荥阳郡下有中牟县。

③ 今本《魏书·地形志中》"北豫州广武郡中牟县"下云："二汉属河南，晋属荥阳。真君八年并阳武，景明元年复，天平初属。有中阳城、管城、尧祠。"

④ 诸本作"中汤城"。今本《魏书·地形志中》卷末"校勘记"云："《延昌志》'汤'字改'阳'，引《水经渠水篇》（卷二二）'承水又东北入黄瓮涧，

北径中阳城西,(中略)《竹书纪年》:梁惠成王十七年,郑釐侯来朝中阳者也。"《杨疏》于上引条下亦云《地形志》"汤"为"阳"之讹。

⑤《水经注疏》此句"济"作"泲",并校云:"朱'泲'讹作'沛',下同。《笺》曰:当作'泲'。赵改'泲',戴改'济'。"济与泲可相通假。下同。

⑥ 引文此句空阙一"穷"字,据补。

⑦ 引文此句后有节略。

⑧ 库本《水经注》此句作"东西四十许里,南北二十许里",并注云:"案:'二十'近刻讹作'二百'。"《水经注疏》此句同库本,又校云:"朱作'二百',赵同,全改'一百',戴改'二十'。会贞按:黄本作'二百',明抄本作'二十'。阎若璩曰:中牟县西七里,有圃田泽。范守己据《穆天子传》,以为自洧川之北,直抵中牟之西,东连尉氏,西接新郑,周回三百馀里,总谓之圃田。中牟得其地什之四,洧川、尉氏各什之三,是也。据此似《注》'二百'字不误。然自来称此泽,惟范氏广言之耳。考《元和志》、《寰宇记》文与此略同,并言'东西五十里,南北二十六里'刘伯庄叙述更详(见下)。亦言'东西五十里,南北二十六里'。足证明此'二百'当作'二十',故《御览》七十二引此作'二十',至全作'二百',则无据也。"据改。

⑨ 库本《水经注》此句作"大渐、小渐",并注云:"案:近刻二'渐'字皆讹作'斩'。"《水经注疏》此句也作"大渐、小渐",并校云:"朱'渐'作'斩',《笺》曰:《御览》引此文,作'大渐'、'小渐'。赵云:按今《御览》正作'斩'字,全、戴改'渐'。守敬按:《元和志》作'斩',《寰宇记》作'渐',《名胜志》同。"存考。

⑩ 库本《水经注》此句作"牛眼",并注云:"案:近刻讹作'眠'。"《水经注疏》此句与本稿同,并后注云:"朱《笺》曰:《御览》'眠'作'眼'。戴改。守敬按:引见《御览》七十二,南海李氏刻本,作'大斩、小斩','密罗'作'罜罣',与《笺》不相应,盖又校者依郦书改。《春秋地名考略》引刘伯庄有云:西限长城,东极官渡,高者可田,洼者成汇,上承管城县曹家陂,又溢而北流,为二十四陂,今为泽者八,若东泽、西泽之类为陂者二(《方舆纪要》作'三')十六,若大灰、小灰之类,其实一圃田泽耳。与《注》有异同,盖郦氏后之变迁矣。"介生按:刘伯庄,为唐代学者,著有《史记要义》、《史记地名》等书。

⑪ 库本《水经注》此句增一“沟”字,并注云:“案:近刻脱‘沟’字。”《水经注疏》与库本同,又注云:“朱脱‘沟’字,赵同,戴增。”据增。

⑫ 库本《水经注》此句作“下流注渠”,并注云:“案:近刻脱‘注’字。”《水经注疏》此句作“下注渠”,并校云:“朱作‘中流渠’,《笺》曰:中,宋本作‘下’。戴、赵改‘下’。赵‘流’下增‘入’字,戴增‘注’字。会贞按:当改‘流’为‘注’较合。沟在今中牟县西,已涸。”存考。

⑬ 引文此句“也”误写为“水”,据改。

⑭ 引文此句后有节略。

⑮ “渠城”二字后被圈删。

⑯ 库本《水经注》此句下注云:“案:近刻‘郑’下衍‘北’字。”《水经注疏》亦校云:“朱‘东’上衍‘北’字,赵乙,戴删。会贞按:戴删是也。东如北,北如东,《注》有此释例,《滱水篇》尤屡见,赵不察耳。”据删。

⑰ 此段引文多有节略。

⑱ 原稿引文此句衍写一“水”字,据删。此段引文多有节略。

苑陵(在今开封新郑县东北。《寰宇记》:苑陵故城,在新郑县东北三十里,汉县,晋末省。后魏于故城东北五里改置苑陵县{城}[①]。)

汉属河南[②],晋属[③]。

有新郑城、({《收志》有}[④]。汉新郑县,属河南,晋省。故城在今新郑县北,魏盖并其地入苑陵也,故收著之。)

苑陵城、(《收志》有,谓汉、晋故城也。《渠水注》:长明沟水出苑陵县故城西北,县有二城,此则西城也。)

焦城、山氏城、(《渠水注》:役水东北流,径苑陵县故城北,东北流,径焦城东[⑤]。《竹书纪年》:梁惠成王十六年,秦公孙壮率师伐郑,围焦城,不克。即此城也。俗谓之驿城,非也。役水又[“又”字臆增。——原注]东流,径山氏城北。《竹书纪年》:梁惠成王十六年,秦公孙壮率师城上枳、安陵山氏者也。)

隟候{候}亭[⑥]、(《渠水注》:役水出苑陵县西隟候亭[⑦],世谓此亭为郄｛郤｝城[8]，非也，盖隟、郄｛郤｝声近耳。沈氏炳巽曰[9]：《左传》："襄公十一年，诸侯之师次于琐。"杜注：苑陵县西有琐〈候〉｛侯｝亭[10]。《续志》苑陵县有琐〈候〉｛侯｝亭[11]。若"隟"是"隙"，字不与"琐"通，考字书，"璅"与"琐"通，或是"璅"字之误文。穆案：沈氏之言是也。然中尉谓"隟"、"郄"相近，若仍是"琐"字，其声与"隙"殊不近也。案"郄"者，"〈郄〉郤"之俗[12]，从邑，希声，通借作"隙"，古音在脂部。而"隟者"，隙之俗，从阜，㝣声，古音在鱼模部，二字之声类亦远隔。《姓氏通》就分郄、郗为二姓，云：郄，《左传》作郤，出自唐舛，晋诸郤及晋郄说皆是也。郗，赵郗疵之后，汉郗鉴、晋郗鉴皆是也。而吾州郗氏之族最繁，其音皆读若隙。〈《洧水注》：七里沟水出隟候｛侯｝亭东南平地[13]。穆案：七沟，又即隟候之俗讹。益证《水注》之"隟"，不当从《左｛传｝》改作"琐"也〉[14]。然则魏世谓此亭为"郄城"者，乃"琐"既讹"隟"之后之俗称也［由琐而璅，由璅而隟。——原注］。中尉沿俗仍定其字为"隟"，故不引《左传》及杜注为证也。《方舆纪要》：琐〈候〉｛侯｝亭[15]，在苑陵城西，亦曰琐泽。《左传》成十二年："公会晋侯、卫侯于琐泽。"又襄十一年："诸侯伐郑，会于北林，师于向右，还次于琐"是也。穆案：成十二年经琐泽。杜注地阙。顾氏以为又即成十二年《传》之琐泽，非也。说见江氏《春秋地理考实》。江氏永曰：按《公羊》作沙泽。定七年，盟于沙。《传》作琐，《公羊》亦作沙泽，与此年同，则琐泽即沙也。杜"定七年"注曰：阳平、元城县东北有沙亭。又曰：琐即沙也。案：晋《地道记》：元城县有琐阳城。《春秋传说汇纂》：晋太和五年，秦王｛坚｝围邺[16]，慕容｛桓｝自沙亭屯内黄是也[17]，在今元城县东。）

林乡城、（注见"中牟县北林亭"下。《方舆纪要》：林乡城，在今新郑县东二十五里。）

积粟台、黄水、（《洧水注》：黄水出太山〈经〉｛南｝黄泉[18]，即《春秋》之所谓黄崖也［襄二十八年《传》。——原注］，故杜预云：苑陵县西有黄水者是也。又东南流，水侧有二台，谓之积粟台。《方舆纪要》：黄水，在〈今〉新郑县东南二十里[19]。）

烛城、（《洧水注》：七里沟水出隟候｛侯｝亭东南平地[20]，东注，又屈而南流，径升城东，又南历烛城西，即郑大夫烛之武邑也。）

郑庄公庙、(《收志》有。)

子产祠、(《收志》有。《寰宇记》新郑县:子产{庙}㉑,郑大夫,今有{犹}庙在陉山上㉒。穆案:然则即《潩水注》之子产庙也,详见“密县”下。)

高榆渊、酢沟、(《渠水注》:役水自阳邱亭东流,径山氏城北,为高榆渊㉓。又东北为酢沟。)

长明沟水、(《渠水注》:长明沟水出苑陵县故城西。)

龙渊泉。(《渠水注》:苑陵故城西北平地出泉,谓之龙渊泉。)

校注:

① 引文见今本《太平寰宇记》卷九“郑州新郑县”下,今本增一“城”字,校勘记云:“‘县城’,底本无‘城’字,万本、库本同。据宋版本及《嘉庆重修一统志》卷一八七开封府引本书补。”据补。

② 据《汉书·地理志》,河南郡下有苑陵县。据《续汉书·郡国志》,河南尹下有菀陵县。

③ 据《晋书·地理志》,荥阳郡下有苑陵县。

④ 今本《魏书·地形志中》“北豫州广武郡苑陵县”下注云:“二汉属河南,晋属汝阳,天平初属。有新郑城、郑庄公庙、子产祠、苑陵城。”依例补“《收志》有”三字。

⑤ 此段引文多有节略。

⑥ 候,同“候”,即隟候亭。介生按:石翁此稿好写古字、奇字。

⑦《水经注疏》此句作“隟侯亭”,并注云:“戴‘隟’作‘隙’”。《水经注校证》及库本《水经注》均作“隙候亭”,与本稿同。存考。

⑧《水经注疏》此句作“卻城”并校云:“赵‘卻’改‘郄’,下同。”存考。

⑨ 引文出自《水经注集释订讹》注文。

⑩ 原书作“琐侯亭”,本稿误写为“琐候亭”,据改。

⑪ 今本《续汉书·郡国志》作“琐侯亭”,本稿“候”字有误,据改。

⑫ 原稿“卻”误写为“郄”,后圈改。

⑬《水经注疏》此句作“隟侯亭”,《水经注校证》与库本《水经注》均作“隙候亭”,存考。

⑭ 此句脱写一“传”字,据补。〈〉括号内文字为夹注所增。

⑮ 今本《方舆纪要》此条作“琐侯亭”,据改。

⑯ 原稿此句空阙一“坚”字,据补。

⑰ 原稿此句脱写一“桓”字,据补。

⑱ 引文此句“南”误写为“经”,据改。引文此句后有节略。

⑲ 引文此句衍写一“今”字,据删。

⑳《水经注疏》此句作“隟侯亭”,存考。

㉑ 引文此句脱写一“庙”字,据补。

㉒ 今本《太平寰宇记》此句作“今犹庙在陉山上”,卷末“校勘记”云:“底本作‘犹存庙在陉山上’,宋版作‘今犹庙在陉山上’,傅校改‘犹’于‘庙’下;万本、库本作‘今有庙在陉山上’,今据宋版改。”存考。

㉓ 此段引文有节略。

开封(在今开封府祥符县西十五里。《寰宇记》开封县①:今县〈西一十五〉{南五十}里开封古{故}城②,是汉理所。《方舆纪要》:开封废县,在开封府南五十里。李氏《韵编》因之,疑误。《北道刊误志》:开封,本汉县,今县南五十里开封故城,即汉治所。)

汉属河南③,晋属④。

真君八年,并苑陵,景明元年,复⑤。

有开封城、({《收志》有⑥。}〈穆案:《寰宇记》:后魏天平元年于此置开封郡,高齐天保七年郡与县俱废,故收著之。〉⑦)

陈留城、(《收志》有。《元和志》:长垣故城,一名仓垣城,在开封县北二十里,汉陈留太守所理。《汳水注》:汳水东径仓垣城南,即大梁之仓垣亭也⑧,城临〈汲〉{汳}水⑨。穆案:孝昌中既复置陈留郡,则《收志》开封下不啻复列陈留城云,因此,必孝昌以前绾籍未经删汰,收不察而误载也。然足为鄙说陈留属县并入东郡之证。《收志》“开封县”下列陈留城,“小黄”下列蔡邑诸冢,明汉、晋陈留县地,魏割隶二县也。)

孔侯城、(《收志》有。穆案:空、孔,古字通,孔侯,即空侯也。《寰宇记》中牟县:箜篌城,在县东南二十里。昔师延在此造箜篌,以悦灵公。)

睢水、涣水、(《渠水注》:渠水又东南流,径开封县,睢、涣二水出焉。)

鲁沟水、(《渠水注》:逢池上承役水于苑陵县,别为鲁沟水,东南流,径开封县故城北⑩。南际富城,东南入百尺陂,即古之逢泽也。《元和志》:〈蓬〉{逢}泽⑪,〈又〉{在}开封县东北十四里⑫。)

牛建城、(《渠水注》:新沟又东北流,径牛首乡北,谓之牛建城。)

野兔陂、(《渠水注》:百尺陂水自陂南径开封城东三里冈,左屈而西流南转⑬,〈入〉{注}八里沟⑭。又南,得野兔水口。水上承西南兔氏亭北野兔陂,郑地也。《春秋传》云:郑伯劳屈生于兔氏者也。)

赤城、(《渠水注》:渠水东南径{西}赤城北⑮。《方舆纪要》{祥符县}⑯:赤城,即赤冈也,在开封府东北十二里,今名霍赤冈。)

蒲关泽、乞活台、(《渠水注》:《陈留风俗传》曰:县有仓颉、师旷城,上有列仙之吹台,北有牧泽,泽中出兰蒲⑰,土{上}多俊髦衿带⑱。牧泽方{一}十五里⑲,俗谓之蒲关泽,即谓此矣。梁王增筑以为吹台,城隍夷灭,略存故迹。今层台孤立于牧泽之右矣。其台方{一}百许步⑳。晋世丧乱,乞活凭居,削隳{堕}故基㉑,遂成二层,上基犹方四五十步,高一丈馀,世谓之乞活台,又谓之繁{婆}台城㉒。《通鉴》{隆安三年}㉓:初,秦王登之弟广帅众三千依南燕王德,德以为冠军将军,处之乞活堡。《注》:乞活堡,晋惠帝时诸贼保聚之地。又[元熙元年。——原注]有司马文荣者,帅乞活千馀户屯金墉城南。《注》:〈晋〉惠帝时㉔,并州饥荒,其吏民随东燕王腾东下,号曰"乞活",是后流徙〈凉〉{逐粮}者亦曰乞活㉕。《元和志》:梁王吹台,在开封县东南六里,俗号繁台。)

浚水、汳水。

校注:

① 引文见今本《太平寰宇记》卷一"河南府开封县"下。

② 今本《太平寰宇记》此句作"今县南五十里开封故城","校勘记"

云:"'南五十',底本作'西十五',万本同,宋版、中大本作'南五十'。《旧唐书》卷三八《地理志一》汴州开封县:'汉县,在今县南五十里。'则此'西十五'为'南五十'之误。又本书下文:'开封故城,在县西十五里',宋版、万本皆同,'西十五'亦为'南五十'之误,并据宋版改。"介生按:库本《太平寰宇记》亦作"古城",存考。

③ 据《汉书·地理志》,河南郡下有开封县。据《续汉书·郡国志》,河南尹下有开封县。

④ 据《晋书·地理志》,荥阳郡下有开封县。

⑤ 今本《魏书·地形志中》"梁州开封郡开封县"下云:"二汉属河南,晋属荥阳。真君八年,并苑陵,景明元年,复。孝昌中属陈留。有开封城、陈留城、孔侯城。"

⑥ 依例补"《收志》有"三字。

⑦ 原稿案语后有圈删之意。

⑧ 库本《水经注》此句注云:"案:'浚仪'近刻讹作'大梁'"。《水经注疏》此句与本稿同,并校云:"朱'梁'下有'县'字。赵虽未改'大梁'为'浚仪',但云:按《汉志》浚仪县下云:故大梁。《续志》亦云:浚仪本大梁,是未尝以大梁名县也。全、戴改'浚仪'通。守敬按:删'县'字即得(下略)。"

⑨ 引文此句"派"误写为"汲",据改。

⑩ 此段引文多有节略。

⑪ 今本《元和郡县图志》卷七"汴州开封县"下此条作"逢泽",卷末"校勘记"云:"《考证》:'蓬',《地理志》作'逢',与《左传》同,《水经注》亦作'逢'。今按:陈树华钞本、通经楼钞本作'逢泽',它本与此同。逢,博大之意,'蓬'字误,今据改。"据改。

⑫ 引文此作"在"误写为"又",据改。

⑬《水经注校证》与库本《水经注》此句均为"西流南转",与本稿同。《水经注疏》此句作"西南流转",应有误。

⑭ 引文此句"注"误写为"入",据改。

⑮ 库本《水经注》此句下注云:"案:近刻脱'渠'字,'径'下衍'西'字。"然《水经注疏》此句增一"西"字,并校云:"朱脱'渠'字。赵据孙潜校增,删'西'字。戴增、删同。会贞按:增'渠'字是,删'西'字非也。考《寰

宇记》,赤城在浚仪县西南一十五里,引《水经注》'蒗荡渠东南径赤城,至浚仪'。《方舆纪要》:赤冈,在开封东北十二里。《水经注》:渠水东南径赤城北,即赤冈也。虽并指为此《注》之赤城,而顾氏所言在开封之东北,乐氏所言在开封之西,实为两地。据下文戴延之误以为西北之大梁亭,则此赤城确在古浚仪之西北。因知在开封东北者,为《济水篇》之赤亭,在开封西者,为此篇之赤城。以在赤亭西,故称'西赤城'也。(《注》例:亭、城通称。)若谓此即彼篇之赤亭,则渠水当径其南,何能径其北邪?"存考。

⑯ 引文出自《读史方舆纪要》卷四七"开封府祥符县"下,依例补县名。

⑰ 库本《水经注》此句下注云:"案:近刻脱一'泽'字。"《水经注疏》删一"泽"字,并注云:"戴中增'泽'字。"

⑱《水经注疏》此句下注云:"赵'上'改'土',全改同。会贞按:《御览》一百八十三引《郡国志》汴州下有'士多髦俊'之文,此似当作'士',然句与上下词意不贯,疑尚有脱误。"今本《水经注疏》卷二十二"校记"云:"按:影宋本《御览》'士'仍作'土',则赵改'上'作'土'是也。熊氏按语可删。今校所用南京图书馆藏善本,朱《笺》本亦作'土',不误。"介生按:《水经注校证》与库本《水经注》此句仍作"上",存考。

⑲《水经注疏》此句增写一"一"字。

⑳《水经注疏》此句增写一"一"字。此句引文有节略。

㉑ 诸本此句皆作"堕",《水经注疏》注云:"赵作'隳'。"

㉒ 库本《水经注》此句下注云:"案:'繁'近刻讹作'婆'。"《水经注疏》作"婆台城",并校云:"戴以'婆'为讹,改作'繁'。赵云:按《文昌杂录》,繁台,梁孝王按歌吹之台,后有繁氏居其侧,里人呼为繁台。繁、婆音相近,即婆台也。《日知录》:建昭三年七月戊辰,卫尉李延寿为御史大夫,一姓繁。师古曰:繁,音蒲元反。《陈汤传》:御史大夫繁延寿。师古曰:繁,音蒲胡反。《萧望之传》:师古音婆。《谷永传》:师古音蒲何反。蒲元则音盘,蒲胡则音蒲,蒲河则音婆,三音互见,并未归一。然繁字似有婆音。《左传》定四年:殷民七族。繁氏音步何反。《仪礼·乡射礼注》:今文皮树为繁竖,皮古音婆。《史记·张丞相列传》:丞相司直繁君。《索隐》曰:繁音婆。《文选》:繁休伯,吕音步何反。则繁之音婆,久矣。会贞按:《通鉴》:唐中和四年,后汉天福十二年,并称繁台。《元和志》、《寰宇记》及各书同。

此作‘婆台’,盖郦氏好奇,因繁、婆音同,变文书之,乃戴以‘婆’字为讹,未达郦意。”介生按:沈炳巽《水经注集释订讹》、赵一清《水经注释》此句均作“婆台”。《水经注校证》作“繁台”,与本稿同,存考。

㉓ 引文出自今本《资治通鉴》卷一百十一《晋纪三十三》“安帝隆安三年”,依例补纪年。

㉔ 引文此句衍写一“晋”字,据删。

㉕ 引文此句“凉”字为误,应为“逐粮”,据改。

〈颖〉{颍}川郡[①]

秦灭韩,以其地置,治阳翟。

汉因之。(高帝五年,为韩国,六年,复故。今开封府禹州治,汉故城也。)

魏{移}治许昌[②],晋因之。(故城在今许州东北。)

魏移治长社[③]。(《洧水注》:洧水又东径长社县故城北,郑之长葛邑也。[④]后社树暴长,故曰长社,魏〈颖〉{颍}川郡治也。余以景明中出宰兹郡,于南城西侧修立{客}馆[⑤]。版筑既兴,于土下得一树根,甚壮大,疑是故社怪长暴茂者也。)

领县六[⑥]

校注:

① 原稿误写为“颖”,改。本稿中多处“颍”误抄为“颖”,据改,不再出注。

② “移”字后有圈删字迹。

③ 此“魏”指后魏或北魏。介生按:今本《魏书·地形志中》有两个颍川郡,一在郑州下,一在豫州下,此颍川郡应为前者。

④ 引文有省略,中略文云:“《春秋·隐公五年》‘宋人伐郑,围长葛’是也。”

⑤ 原稿“客”字空阙,据补。

⑥ 据今本《魏书·地形志中》,“郑州颍川郡”下领三县:长社、临颍、颍阴。

长社(在今许州长葛县西。)

汉、晋属[①]。

有长葛城、(《收志》有。《春秋》:隐公五年,宋人伐郑,围长葛。杜注:〈颖〉{颍}川长社县北有长葛城。《北史·自叙》:茂弟辅太和中除镇远将军、颍川太守,带长社戍[②],绥怀招集,甚得边和。《元和志》长葛县:长葛故城,在县北十三里。)

长平城、(《收志》有。《汉志》:长平属汝南郡。《寰宇记》:长葛县,古郑邑也。《春秋》谓“宋人伐郑,围长葛”,俗亦呼为长平城。[原注:穆案:据此则长葛、长平乃一城也,恐非。]《方舆纪要》:长箱城,即今长葛县城。《十六国春秋》:东魏武定五年,清河王岳率众围西魏将王思政于〈颖〉{颍}川[③],筑此。初以车箱为楼,因名长箱城,俗亦呼长平城。[原注:穆案:长平,汉县,不待附会东魏长箱之名,疑亦误。]《洧水注》:洧水又东南径辰亭东,俗谓之田城。[④]今此城在长平城西北,长平城在东南。)

鸡鸣城、(《收志》有。《溵水注》:皇陂水出西北皇台七女冈北,{皇陂}即古长社县之浊泽也[⑤]。其陂北对鸡鸣城,即长社县〈西北〉{之浊}城也。[⑥])

龙渊水、(《洧水注》:洧水又东南,与龙渊水〈减〉{合}[⑦],水出长社县西北。有故沟,上承洧水,水盛则通注龙渊,水减则津渠〈辄〉{辍}流[⑧]。其渎中濛泉南注,东转为渊。〈绿〉{渌}水平潭[⑨],清洁澄深,俯视游鱼,〈严〉{类}若乘空矣[⑩]。所谓渊无潜鳞也。[⑪]稽之故说,县无龙渊水名,盖出近世矣。京相璠《春秋土地名》曰:长社北界有禀水,但是水导于隍堑之中,非北界之所谓。又按京、杜地名,并云:长社县北有长葛乡,斯乃县徙于南矣。然则是水即禀水也。)

望马台、(《收志》有。)

白雁陂、(《收志》有。《渠水注》:龙渊水又东南径凡阳亭西,而南入白雁陂,陂在长社县东南,东西七里,南北十里。)

染〈工〉{泽}陂[12]、(《渠水注》:白雁陂又引渎南流,谓之长明沟,东转北屈。又东径向城北[13]。又东右迤为染〈工〉{泽}陂,而东注于蔡泽陂。)

[夹注:染工陂当入"中牟"下。][14]

钟皓墓。(《收志》有。皓,字季明,长社人,《后汉书》有传[15]。)

校注:

① 据《汉书·地理志》、《续汉书·郡国志》和《晋书·地理志》,颍川郡下均有长社县。

② 此条为夹注所增,"长社戍"三字下带圈点。介生按:长葛城与长社戍显然有差别,石翁对此也特别斟酌推敲。

③ 原稿"颍"字误抄为"颖",改。

④ 此处引文有省略。

⑤ 原稿引文省"皇陂"二字,据补。此处引文有节略。

⑥ 此处引文有误,据改。

⑦ 此处涂掉一"减"字,脱写一"合"字,据补。

⑧ 原稿"辍"字误写为"辄",据改。

⑨ 原稿写作"绿",《水经注疏》为"渌",并释云:"戴改'渌'为'绿'。会贞按:《名胜志》引此作'渌'。"据改。

⑩ 原稿"类"写作"严",或为"俨"字之误,据改。

⑪ 此处引文有省略。

⑫ 原稿"染泽陂"作"染工陂",《水经注疏》为"染泽陂",并校云:"朱'染泽'作'染二',《笺》曰:'疑作染工'。宋本作'染泽'。赵改'染工'。戴作'染泽'。会贞按:明抄本作'然泽',虽误'然',足证'泽'字是。作'二',作'工'皆非。"介生按:《水经注校证》与库本《水经注》均作"染泽陂"。据改。

⑬ 此处引文有省略。

⑭ 据作者夹注之意,染工陂应移于"中牟县"下,为保持原稿原貌,今

两存以对校。

⑮《钟皓传》在今本《后汉书》卷六二。

许昌(在今许州东北。)

汉曰许。魏改,晋因之[①]。

治许昌城。(《收志》{有}[②]。《洧水注》:许昌县,故许男国也。汉章帝建初四年,封马光为侯国[③]。及魏承汉历,{遂}改名许昌{也}[④]。城内有景福殿基,魏明〈年〉{帝}[原注:秋涛依《水{经}注》校改。][⑤]太和中造,准价八百馀万。《元和志》:许昌宫,在许昌故城中,杨修作《许昌宫赋》,即此〈城〉{宫}也[⑥]。又景福殿,基址今在许昌故城内西南隅。《太平御览》卷一百九十二引孟粤《北征记》曰:许昌,在洛水之〈城〉西[原注:疑当作"许昌城在洛水之西"。][⑦]。方圆二十里,有三重。城南北东西土门金城,西南员实,中台高六丈馀,方元{圆}二亩[⑧],上有庙,城门有铁镬。)

{有}曲强城[⑨]、(《溴水注》:溴水又南,分为二水,一水南出,径胡城东,故〈颖〉{颍}阴县之狐人亭也。又[原注:"又"字臆增。]其水南〈绕〉{结}为陂[⑩],谓之胡城陂。溴水自枝渠东径曲强城东,皇陂水注之。又胡城陂水上承皇陂水,而东南流,注于黄水,谓之合作口,而东径曲强城北,东流入溴水。《收志》有"西梁城"。穆案:即此曲梁城也,西,曲字之讹,梁,强声之转耳。)

诫桥、(《通鉴》:谢尚、姚襄共攻张遇于许昌,秦主健遣东海王雄、平昌王菁救之,战于颍水之诫桥[⑪]。《注》:据《晋纪》:诫桥,在许昌。)

洧水邸阁、(《洧水注》:洧水又东,入汶仓城内,俗以是水为汶水,故有汶仓之名,非也,盖洧水之邸阁耳。《明史·地理志》:许州东有故许昌城,又有洧仓故城[⑫]。)

东西武亭、(《溴水注》:溴水又径东、西二武亭间,两城相对[⑬]。徐广曰:〈颖〉{颍}阴有岸亭[⑭]。《方舆纪要》:岸亭,在许州东北二十八里,亦曰岸门,今名长武亭。)

宣梁陂。(《溴水注》:溴水又南,径〈颖〉{颍}阴县故城西,又东

〈南〉径许昌城南⑮。又东南,与宣梁陂水合。陂水上承狼陂,于〈颖〉{颍}阴城西南。东南入许昌县,径巨陵城北。又东,积而为陂,谓之宣梁陂也。〈陂南北二十里,东西十里。《春秋左传》曰:楚子伐郑师于狼渊是也。〉⑯穆案:宣梁,即狼之切音,盖一陂而南北异称也。其地在今长葛县东。《寰宇记》曰:即狼沟也。)

校注:

①《晋书·地理志》"豫州颍川郡许昌县"下注云:"汉献帝都许。魏禅,徙都洛阳,许宫室、武库存焉,改为许昌。"

② 原稿此处原缺一"有"字,照例补。

③ 此文引文有节略。

④ 引文有略字,据补。

⑤ 何秋涛原注文称《水注》,脱写一"经"字,据补。

⑥ 原稿"宫"误写为"城",据改。

⑦ 经查,今本及库本《太平御览》均无"城"字,疑石翁所见版本有误。

⑧ 引文此句"圆"误写为"元",据改。

⑨ 原稿此句脱写一"有"字,据例补。

⑩ 引文中"颍"误抄为"颖","结"误抄为"绕",据改。

⑪ 此处引文有节略。

⑫ 介生按:今本《明史·地理志》"许州"下无相关内容。石翁应据《读史方舆纪要》相关内容而定。

⑬ 此处引文有节略。略文云:"疑是古之岸门,史迁所谓走犀首于岸门者也。"

⑭ 此处引文有节略,"颖"字为"颍"字之误,据改。

⑮"颍"字误抄为"颖",据改。原有一"南"字,后圈删。引文有较多节略。

⑯ 括号〈〉内引文原在"狼陂"后。

阳翟(今开封府禹州治。《方舆纪要》"禹州"下云:后魏又尝置〈颖〉

{颍}州于此。{下注:}[1]景明三年,鲁阳蛮鲁北燕{等}起兵〈颖〉{颍}州[2]。即此。)

汉属[3]。晋属河南,魏属[4]。(东魏兴和中属阳翟,以晋制推之,兴和前当仍属河南。案:《灵征志》:正始二年,〈颖〉{颍}川阳翟{县}上言木连理[5]。九月,司州上言:〈颖〉{颍}川阳翟{县}木连理[6]。是宣武时,魏制如汉制也,据属。)

有阳翟城、(《收志》有。)

康城、(《收志》有。《〈颖〉{颍}水注》:〈颖〉{颍}水又东出阳{城}关[7],历康〈亭〉城南[8],魏明帝封尚书右仆射卫臻为康乡侯,此即臻封邑也。《通鉴》:晋太宁二年,石生攻郭诵于阳翟,诵大破之,{生}退守康城[9]。《寰宇记》引《洛阳记》云:康城,夏少康〈封〉{故}邑也[10]。《方舆纪要》:康城,在禹州西北三十里[11]。今为安康里。)

重岭山、(《汝水注》:汝水又东南,左合蓝水,水出阳翟县重岭山,东南流,径纪氏城西[12]。又东南流,径黄阜东,而南入汝水。穆案:黄阜,即《收志》之黄台冈也[13]。)

黄台冈、(《收志》"黄台"下有。《寰宇记》阳翟县:黄台,在县东北四里。东魏天平二年,曾于此置黄台县,属阳翟郡,隋废。)

阳关聚、(《〈颖〉{颍}水注》:〈颖〉{颍}水东南流径阳关〈巨〉{聚},〈巨〉{聚}夹水相对[14],俗谓之东、西二土城也。)

上棘城、(《〈颖〉{颍}水注》:〈颖〉{颍}水又径上棘城西,又屈径其城南。《春秋左传·襄公十八年》:楚师伐郑城上棘以涉〈颖〉{颍}者也。《方舆纪要》:上棘城,在今禹州南。)

钧台陂、(《〈颖〉{颍}水注》:县[阳翟——原注]{西}有故堰[15],堰石崩褫,颓基尚存。{旧}遏〈颖〉{颍}水枝流所出也[16]。其故渎东南径三封山北,今无水。渠中又有泉{流}出焉[17],时人谓之嵎水,东径三封山东,东南历大陵西连山,亦{《归藏易》}曰:启筮亭,启享神于大陵之上,即钧台也[18]。其水又东南流,水积为陂,陂方十里,俗谓之钧台陂,盖{陂}指台取名也[19]。《左传》昭{公}四年杜注[20]:阳翟县南有钧台陂。《方舆纪要》:三峰山，在禹州西南二十里，上有三峰，亦曰三封岭。钧台，在今禹州城北门外。）

九崖岩、（《术艺殷绍传》：成公兴{时}将臣南到阳翟九崖岩{沙门释昙影间}[21]。穆案：疑即"收注"之九山也。）

九山祠、（《收志》有。《〈颖〉{颍}水注》：阳翟县城西有郭奉孝碑，水侧{侧水}有《九山祠碑》[22]，丛柏犹茂，北枕川流也。）

禹山祠、（《收志》有。《明史·地理志》：禹州北有禹山，其下有禹庙[23]。《方舆纪要》：禹山，在禹州城北，〈颖〉{颍}水之南。）

赤沙涧、（《收志》有。）

葛沟水、（《收志》"黄台"下有。穆案：《水注》有"白沟水"。葛、白双声，未知即一水否？《汝水注》：蓝水东南流径黄阜东，而南入汝水。汝水又东南流，与白沟水合，水出夏亭城西，又南径龙城西[24]，又南入于汝水。）

吕不韦墓。（《收志》有。）

校注：

① 以下为原书注文。

② 引文此句脱写一"等"字，据补。

③ 据《汉书·地理志》与《续汉书·郡国志》，颍川郡下均有阳翟县。

④ 阳翟县在今本《魏书·地形志中》"郑州阳翟郡"下。

⑤ 此条出处有误，应系于"正始三年七月"。原稿又脱写一"县"字，据补。

⑥ 引文此句脱写一"县"字，据补。

⑦ 原稿为"阳关"，《水经注疏》为"阳城关"，并释云："赵删'城'字，云：《后汉书·光武帝纪·注》：阳关，聚名。下亦云'阳关聚'。戴删同。守敬按：《地形志》阳城郡康城县有阳城聚，与此同，则'城'字非衍，不谓赵误以为即阳关聚而删之，致戴为所惑，刻全书者亦沿其讹，在今登封县东南。"介生按：库本《水经注》案语云："案：'阳'下近刻衍'城'字。"《水经注校证》亦作"阳关"，存考。

⑧《水经注疏》此句作“康城”，并校云：“赵‘康’下增‘亭’字。会贞按：明钞本作‘康城’。《寰宇记》：康城，《洛阳记》云：夏少康故邑也。按引此作‘康城’。《名胜志》同。《晋书·石勒载记》：石生陷康城。《地形志》：阳翟县有康城，至孝昌中，因置康城县，属阳城郡。是康城无称康亭城者，赵臆增，失之。”据删。

⑨ 引文此脱写一“生”字，据补。

⑩ 引文出自今本《太平寰宇记》卷七“许州阳翟县”下，“故”误写为“封”，据改。

⑪ 引文多有节略。

⑫ 引文有节略。

⑬ 介生按：黄台冈在今本《魏书·地形志中》“郑州阳翟郡黄台县”下。

⑭ 引文两个“聚”字均误写为“巨”，据改。

⑮ 引文此句脱写一“西”字，据补。

⑯ 引文此句空阙一“旧”字，据补。

⑰ 引文此句脱写一“流”字，据补。

⑱《水经注疏》此句作“《归藏易》曰：启筮享神于大陵之上，即钧台也。”并校云：“朱‘归藏易’作‘连山亦’，‘筮’下有‘亭’字，‘享’作‘亭’。《笺》曰：‘亭’下脱一‘启’字。戴、赵依增‘启’字，改‘亭’为‘亭’。守敬按：《书钞》八十二、《初学记》二十四、《御览》八十二并引《归藏易》曰：夏后启筮享神于大陵，而上钧台。孙诒让《札迻》据之，谓此‘连山亦’当作‘归藏易’，‘亭’字涉‘享’而衍。其记甚审，并足见戴、赵增非而改是，今订。”《水经注校证》与本稿同，卷二二“校证”云：“《札迻》卷三孙诒让云：案此文‘连山亦曰启筮亭’七字有误。考《御览》八十二引《归藏易》云：‘昔夏后启筮享神于大陵而上钧台，枚占皋陶曰不吉。’（《初学记》二十二亦引其略）此文疑当作‘连山易曰：启筮享神于大陵之上’，盖连山、归藏两《易》皆有此文，抑或本出《归藏》，郦氏误忆为《连山》，皆未可知。今本‘连山亦’，‘亦’即‘易’之误（易、亦音相近），‘启筮亭’三字又涉下‘启筮享’三字而衍（亭、享形相近），文字传讹，虚构成实，遂若此地自有山名连，亭名启筮者。不知郦意但引《连山易》以释大陵耳，安得陵之外，别有山与亭乎？”存考。此句下引文有节略。

⑲《水经注疏》此句增一“陂”字，并校云：“朱《笺》曰：旧本无‘陂’字。赵删。”据补。

⑳ 原稿书名省略一“公”字，据补。

㉑ 引文此句多有省略，据补。

㉒《水经注疏》此句作“侧水”，并校云：“朱《笺》曰：‘侧水’当作‘水侧’。赵云：按‘侧水’谓临侧水际也，字不误。（下略）”存考。

㉓ 今本及库本《明史·地理志》“禹州”下并无“其上有禹庙”云云，疑出处有误或另有所本。

㉔ 此处引文有节略，据补。

鄢陵（在开封府鄢陵县治。）

汉、晋属[①]。

有鄢陵城、（{《收志》有。}[②]《括地志》：鄢陵故城，在〈今〉{许州}鄢陵县西北十五里[③]。《方舆纪要》{鄢陵县}[④]：旧城，在今{县}西南四十里[⑤]。穆案：《元和志》又云[⑥]：高齐文宣帝废鄢陵，以其地入许昌县。故收著之。）

马领城、（《收志》有。）

向城、（《收志》有。穆案：古向城有三：《春秋》隐公二年杜注：谯国龙亢县东南有向城，一也；宣{公}四年杜注[⑦]：东海承县东南有向城，二也；《寰宇记》：莒〈州〉{县}南七十{五}里有向城[⑧]，三也。三地皆与鄢陵不比，向城盖匡城之讹耳。《渠水注》：蔡泽陂水东径匡城北，城在新汲县之东北，即扶沟之匡亭也。亭在匡城乡。《春秋·文公元年》：诸侯朝晋，卫成公不朝，使孔达侵郑，伐绵訾及匡，即此邑也，今陈留、长垣县南有匡城，即平丘{邱}之匡亭也[⑨]。襄邑又有承匡城，然匡居陈、卫之间，亦往往有异邑矣。穆案：中尉之辨匡城，哲矣，然以文{公}元年《传》之匡，证为今扶沟西之匡城，则仍沿《杜注》之误[原注：文{公}元年《传》杜注：匡在〈颖〉{颍}川新汲县东北。《春秋传说汇纂》：今扶沟县西有匡城。]。江氏《春秋地理考实》曰：以《传》考之，此年之匡，非扶沟之匡也。八年，晋侯使解杨归匡戚之田于卫。《注》谓：匡本卫邑，中属。郑孔达伐不能克，今晋令郑还,及取戚田,皆见元年。按此则匡与戚相近之邑也。《一统志》:大名府开州长垣县西南十五里有匡城,即《论语》子畏于匡之地。隋尝改长垣为匡城。今长垣在开州南一百五十里。开州之帝丘,当时卫所都,而戚城即在开州城北七里,故匡与戚本皆卫邑。八年,晋归戚田,并令郑归匡田耳。若扶沟之匡,去卫远,卫不能有其地。《杜注》误。扶沟之匡为郑邑。[见定{公}六年。——原注]定{公}六年《传》:公侵郑取匡。江氏曰:今案此匡为郑邑,当是陈州府扶沟县之匡城[注见文{公}元年。——原注]。)

张杨城、(《收志》有。[夹注:汉大司马张〈相〉{杨}为将杨丑所害,眭固杀丑,屯射〈人〉{犬},欲北合袁绍。更考张杨事。][10]张杨,字稚叔,云中人也。《三国志·魏书》有传。)

桐丘城、(《洧水注》:洧水自鄢陵东径桐丘{邱}南[11],俗谓之天井陵,又曰冈,非也。洧水又屈而南流,水上有梁,谓之桐门桥,盖藉桐丘{邱}以取称,亦言取桐门亭而著目焉,然不知亭之所在,未之详也。洧水又东南径桐丘{邱}城。《春秋左传·庄公二十八年》:楚伐郑,郑人将奔桐丘{邱},即此城也。杜预《春秋释地》曰:颍川许昌〈城〉{县}东北{有桐丘城}[12],京相璠曰:郑地也,今〈国〉{图}[《永乐大典》作"图"。——原注]无[13],而城见存,西南去许昌故城可三十五里,俗名之曰堤,其城南即长堤,固洧水之北防也。西面桐〈乡〉{邱}[14],其城邪长而不方,盖凭丘{邱}之称,即城之名矣。《方舆纪要》:桐丘亭,在今扶沟县西二十里。)

蔡泽陂、(《渠水注》:沙水南与蔡泽陂水合[15]。陂东西五里,〈唐〉南北十里[16]。)

深陂、三门陂、(《收志》有。)

唐且冢。(《收志》有。《洧水注》:洧水又东,径鄢陵县故城南。李奇曰:六国为安陵也。昔秦〈救〉{求}易地[17],唐且{受}使于此[18]。穆案:范睢、唐睢,古字盖本作"且",后人习以"且"为语助,乃加"隹"以别之。魏收、郦亭皆作"唐且",知晋魏间尚仍古读也。〈今本《地形志》或论作"旦",亦由不知古义而误。〉[19][夹注:此说似钱〈宫詹〉{詹事}已言之[20],检得录入。]钱詹事《跋武梁祠堂范且画像》云[21]:战国、秦、汉人多以且为名,读子余切,如穰且、豫且、夏无且、龙且,皆且旁,或加隹,如范睢、唐睢,文殊而音不殊也。胡身之注《通鉴》辄音“范睢”之“睢”为“虽”，是误〈仞〉{以}为目旁矣㉒，据此碑可证《胡注》之误。）

校注：

① 据《续汉书·郡国志》与《晋书·地理志》，颍川郡下均有鄢陵县，今本《汉书·地理志》作“傿陵县”。鄢陵县在今本《魏书·地形志中》“郑州许昌郡”下。

② 今本《魏书·地形志中》“郑州许昌郡鄢陵县”下注文有“鄢陵城”，依例补。

③ 引文“今”应为“许州”，据改。

④ 原稿无注县名，依例补。

⑤ 原稿引文此句脱写一“县”字，据补。

⑥ 引文出自今本《元和郡县图志》卷八《河南道四》“许州鄢陵县”下。

⑦ 原稿略去“公”字，例补，不再出注。

⑧ 引文此句“县”误写为“州”，又脱写一“五”字，据改、补。

⑨《水经注疏》此句作“平邱”。

⑩ 夹注内容出自今本《三国志》卷一《魏书·武帝纪》，中有误字，据改。

⑪《水经注疏》引文均作“桐邱”。下同。

⑫ 杜预《春秋释例》卷五《土地名第四十四之一》作“颍川许昌县东北有桐丘城。”《水经注》引文改县为城，又脱写“有桐丘城”四字。《水经注疏》此句下校云：“会贞按：杜氏《释例》作‘许昌县’，是年《注》同。此‘城’为‘县’之误。”据改、补。

⑬《水经注疏》此句下校云：“朱《笺》曰：克家云：疑作‘国’。赵改‘国’。会贞按：‘国’字无著，作‘图’是，观此足知郦氏皆据图以为书也。”据改。

⑭ 引文此句“邱”误写为“乡”，据改。

⑮ 引文有节略。

⑯ 引文此句衍写一“唐”字，据删。

⑰ 引文此句“求”误写为“救”，据改。

⑱ 引文此句空阙一“受”字，据补。

⑲〈〉括号内文字后有圈删之意。

⑳ 原稿此句“詹事”误写为“宫詹”，改。

㉑ 引文见《潜研堂金石文跋尾》(《金石萃编》卷二十引)。

㉒ 引文此句“以”误写为“仞”，据改。

新汲(在今陈州府扶沟县西南二十里。)

汉、晋属[①]。

有新汲城、(《收志》有[②]。《洧水注》:洧水又东径新汲县故城北。汉宣帝神爵〈雀〉二{三}年置于许之汲乡曲洧城[③]，以河内有汲{县}[④]，故加新也。《寰宇记》扶沟县:新汲故城，汉县名，今在{县}西[⑤]。《左传》云:公会尹{武}公、单襄公及诸侯伐郑[⑥]，自戏〈同〉{童}至于曲洧[⑦]。《杜注》:今新汲县治曲洧城。)

〈长合城〉临春城[⑧]、平侯城、(《收志》有。穆案:《洧水注》:新汲县又有洧阳城、思乡城。与此二城不知孰为同异也。)

[夹注:临春、平侯二城写在“长舍”后。][⑨]

〈濩陂〉长舍城[⑩]、(舍，今本《收志》作“合”，误[⑪]。《洧水注》:濩陂水上承洧水于新汲县，南径新汲县故城东，又南，积而为陂，陂之西北即长舍城。全氏祖望曰:长社即长舍之{变}[⑫]。穆案:非也，长社、新汲，东西相去，中间尚隔许昌一县，况濩陂在新汲之东南，此城在濩陂之西北，是仍在新汲之东，且以地望诊之，尤不应也。《永乐大典》本亦作“舍”，戴校本改作“社”，谬[⑬]。)

濩陂、(《洧水注》:洧水又东径新汲县故城北[⑭]，又东，{洧水}右迆为濩陂[⑮]。互见“长舍城”、“茅冈”。)

鸭子陂、({《收志》有。}[⑯]《洧水注》:洧水又径匡城南，又东，{洧水}左迆为鸭子陂[⑰]，谓之大穴口也[⑱]。陂广一十五里。)

茅冈。(《洧水注》:濩陂水东翼洧堤，西面茅邑，自城北门列筑堤道,迄于此冈,世尚谓之茅冈,即《经》所谓茅城邑也。)

校注:

① 据《汉书·地理志》、《续汉书·郡国志》与《晋书·地理志》,颍川郡下均有新汲县。

② 新汲县在今本《魏书·地形志中》"郑州许昌郡"下。

③《水经注疏》在此句下校云:"会贞按:《汉志》颜注引阚骃云:本汲乡也,宣帝神爵三年置,以河内云云。《左传·成(公——介生补)十七年》杜注:县治曲洧城。此兼采之,三年,与此二年异。(下略)"介生按:今本《水经注疏》、《水经注校证》以及库本《水经注》引文均作"神雀二年",汉宣帝并无"神雀"年号,且据熊会贞按语,"神爵"年号并无舛误,故不解何故,各本并无校语,大为不解,存考。

④ 引文此句脱写一"县"字,据补。

⑤ 库本《太平寰宇记》此句与本稿同,而今本《太平寰宇记》此句有"县"字,据补。

⑥ 引文出自"成公十七年"下,此句脱写一"武"字,据补。

⑦ 引文此句"童"误写为"同",据改。

⑧ 原稿此处"长合城"后被圈删。

⑨ 介生按:为保持原稿原貌,出注但不作移写。

⑩ 原稿此处"濩陂"二字被圈删。

⑪ 今本《魏书·地形志中》卷末"校勘记"云:"《杨校》:'《水经·洧水注》(卷二二):濩陂水南径新汲县故城东。又南,积而为陂。陂之西北即长舍城。全祖望谓:长舍即长社之变,则此合为舍,误。'《延昌志》亦据《洧水篇》谓'合'为'舍'之讹,但以'长舍'非即'长社',中隔许昌一县,驳全说。按:若'长舍'非即'长社',则不能谓《洧水篇》作'舍'必是,此《志》作'合'必误。"

⑫ 此句空阙一"变"字,据《水经注释》补。

⑬《水经注疏》校云:"全云:'长舍'即'长社'之变。戴以'舍'为讹,改作'社'。会贞按:《地形志》新汲县有'长合城','舍'与'合'形近致误。

然足证此《注》本作‘舍’,不作‘社’,戴改失之。在今扶沟县西南。”

⑭ 引文多有节略。

⑮ 引文此句略写“洧水”二字,据补。

⑯ 今本《魏书·地形志中》“郑州许昌郡新汲县”下注有“鸭子陂”,据例补。

⑰ 引文此句略写“洧水”二字,据补。

⑱ 引文多有节略。

临颍(《颍水注》:颍水又东,径临〈颖〉{颍}城北,城临水〈关〉{阙}南面①。在今许州临颍县西北十五里。)

汉、晋属②。

真君七年并颍阴,属③。

有溵强城、(《收志》有“殷汤城”④。穆案:即《水注》之“溵强城”也,声近讹转耳。《水经》:〈颖〉{颍}水又东南过临〈颖〉{颍}县南,又东南过汝南溵强县北。《注》:临颍,{旧}县也⑤。颍水又东南,径睾{泽}城北⑥。又东径溵阳城南⑦。溵强城在东北,颍水不得径其北也。《溵水注》:溵水又东径溵阳城北,又东径溵强县故城南。《方舆纪要》:溵强{疆}城⑧,在今许州西南。又临颍县下引《城冢记》云:“县东北有商城,商高宗时巡狩所筑。”穆案:盖由“溵强”讹为“殷汤”,又由“殷汤”而讹为“商”矣。)

睾城、(《〈颖〉{颍}水注》:颍水又东南,径睾{泽}城北⑨,即古皋城{城皋}亭矣⑩。《春秋经书》:公及诸侯盟于皋鼬者也。皐、睾{睪,泽},字相似⑪,名与字{乖}耳⑫!《元和志》{临颍县}⑬:临颍皋,东西长五十里,即龙脾冈也。嵩高山[原注:《寰宇记》引作《嵩高山记》。]东南三百里有龙脾,其地沃壤可居,即此冈也。今临〈颖〉{颍}县理在冈上。隋大业四年,自故城移于今理⑭。)

繁昌台、(《颍水注》:颍水又东径繁昌故县北,曲蠡之繁阳亭也。《魏书·国志》曰:文帝以汉献帝延康元年,行至曲蠡,登坛受禅于是地,改元黄初。其年,以颍阳之繁阳亭为繁昌县城,内有三台,时人谓之繁昌台〈坛〉⑮。《元和志》临颍县:繁昌故城,在县西北三十里。《寰宇记》临颍县有白台,云:按《水经注》{云}⑯:繁昌城内有三台,此其一也。)

青陵陂、(《颍水注》:颍水又东南流,径青陵亭城北。北对青陵陂,陂纵广二十里,颍水径其北,枝入为陂。陂西则滶水注之。水出襄城县之邑城下,东流,注于陂。陂水又东,入临颍县之狼陂。[原注:狼陂,见"许昌宣梁陂"下。])

陶枢陂、(《㶏水注》:㶏水又东径㶏强县故城南⑰,东为陶枢陂。)

狼陂、(《溵水注》:宣梁陂水上承狼陂于颍阴城西南,陂南北二十里,东西十里。《春秋{左}传》曰⑱:楚子伐郑,师于狼渊是也。)

胡泉城、(《溵水注》:皇陂水东南流,径胡泉城北,故颍阴县之狐宗乡也。)

巨陵城。(《溵水注》:狼陂水东南入许昌县,径巨陵城北,郑地也。《春秋左氏传》庄公十四年:郑厉公获傅{瑕}于大陵⑲。京相璠曰:颍川临颍县东北二十五里,有故巨陵亭,古大陵也。赵一清曰:《名胜志》引《水经注》曰:颍水又东,径豢龙城北,即古豢龙氏之邑也。城西有拒陵冈。今本无之。按《寰宇记》云:豢龙城,在临颍县西四十里⑳。《方舆纪要》"许州临颍县"有大陵城[在县北三十里。——原注]㉑,引《注》文正同。)

校注:

① 引文此句"阙"误写为"关",据改。

② 据《汉书·地理志》、《续汉书·郡国志》与《晋书·地理志》,颍川郡下均有临颍县。

③ 临颍县在今本《魏书·地形志中》"郑州颍川郡"下。

④ 今本《魏书·地形志中》卷末"校勘记"云:"《水经注》卷二二《颍水篇》云:颍水又东径㶏阳城南。《竹书纪年》曰:孙何取㶏阳。《杨疏》以《地形志》'殷汤城'即㶏阳,云:'溵'与'㶏'同,'殷'为'溵'之省,'汤'为'阳'之误。"存考。

⑤ 引文此句空阙一"旧"字,据补。此句下有节略。

⑥《水经注疏》此句作“泽城”,《水经注校证》与本稿同,作‘皋城’,存考。

⑦ 此处引文有节略。

⑧《读史方舆纪要》此条作“滬疆城”,存考。

⑨《水经注疏》此句作“泽城”,并校云:“赵改‘泽’为‘睪’,下‘泽’字改同。戴改此‘泽’作‘臯’。守敬按:皋,大白也。古以为‘泽’字。段氏云:‘泽’当作‘臯’。桂氏亦云:‘泽’当作‘皋’,隶体‘皋’作‘臯’,故误为‘泽’。《史记·封禅书》‘泽山’,《集解》:徐广曰:泽,一作‘臯’。梁玉绳《志疑》曰:‘泽’与‘皋’古通。《诗》‘九皋’《传》:皋,泽也。《列女传》:皋陶之‘皋’作‘睪’。《颜氏家训·书证篇》所云皋分泽片耳,或以‘泽’为‘皋’之误,不然也。观郦氏字似名乖之说,则不以泽为是矣。皋,一作‘睪’。《列子·天瑞篇》‘睪如’,《释文》音‘皋’。故全、赵改‘睪’。《正字通》谓‘睪’讹从血,犹皋从半,凡经传子史作睪、作臯,皆讹文也。”《水经注校证》与本稿同,作‘皋城’,存考。

⑩《水经注疏》此句作“城皋亭”,并校云:“戴乙‘城皋’作‘皋城’,赵乙同。守敬按:非也。《春秋》杜《注》:繁昌县东南有城皋亭,是郦所本。赵氏此条无考证,必仍原文。自戴氏因上称‘皋城’,乙此作‘皋城’,则刻赵书者从之,此赵身后袭戴之确证。《续汉书》刘《注》以‘城皋亭’系于襄城下,误。在今临颍县南。”《水经注校证》作“皋城”,与本稿同,存考。

⑪《水经注疏》“睾”作“泽”,并校云:“全、赵作‘睪’。”存考。介生按:原稿误写为“睾”,据改为“睪”。存考。

⑫ 原稿引文此句空阙一“乖”字,据补。

⑬ 引文出自今本《元和郡县图志》卷八《河南道四》“许州临颍县”下,据例补。

⑭ 末句为石翁据相关记载所增,非此条原文。

⑮《水经注校证》与库本《水经注》此句与本稿同,作“繁昌台”,而《水经注疏》作“繁昌坛”,并无校语,应有误。

⑯ 引文此句脱写一“云”字,据补。

⑰ 此处引文有节略。

⑱ 原稿引文书名脱写一“左”字,据补。

⑲ 原稿引文此句空阙一“瑕”字，据补。

⑳ 此段引文出自《水经注释》卷二十二注文。

㉑ 介生按：实为“大陵城”条下之“豢龙城”条所引文。

汲郡

晋武帝〈泰始二年〉置①，治汲〈头〉②。（《水经〈注〉》③：清水又东，过汲县北。《注》：县故汲郡治，晋{太}康中立④。《晋{书}·地理志》：汲郡，泰始二年置⑤。说与《注》异。《寰宇记》：后魏孝静帝移汲郡理枋头城。有校云：原本脱孝静二字，据《通鉴》补入。《方舆纪要》亦云：朝歌，后魏属汲郡，东魏为汲郡治⑥。）

魏移治枋头。（今本《收志》讹作城头[枋头镇移朝歌下，仍以汲为本郡治。——夹注]。《淇水注》：淇水又南，历枋堰⑦，淇水口也。汉建安九年，魏武王于水口，下大枋木以成堰，遏淇水，东入白沟，以通漕运，时人号其处为枋头。是以卢谌《征艰赋》曰：后背洪枋巨堰，深渠高堤者也。自后遂废，魏熙平中复通之。《太宗纪》：泰常八年九月，诏昌平侯娥清、交址侯周几等镇枋头。《世祖纪》：太平真君十一年七月，义隆宁朔将军王玄谟西攻滑台。诏枋头镇将、平南将军、南康公杜道儁助守兖州。九月辛亥，车驾南伐。十月癸亥，车驾止枋头，诏殿中尚书长孙真率骑五千自石济渡，备玄{谟}遁走⑧。乙丑，车驾济〈可〉{河}⑨，玄谟大惧，弃军而走。《叔孙建传》：刘裕伐姚泓，令其部将王仲德为前锋，仲德遂入滑台。太宗诏建自河内向滑台，以观其势。《元和志》卫县：枋头故城，在县东一里，后魏尝移汲郡理此。《方舆纪要》：枋头城，在浚县[今属卫辉府。——原注]西南七十里⑩，即今之淇门渡。）

领县七⑪

校注：

① 原稿有“泰始二年”，后圈删。

② 原稿有一“头”字，后圈删。

③ 原稿为《水经注》，衍写一“注”字，删。

④ 原稿脱写一"太"字,据补。

⑤ 原稿脱写一"书"字,据补。

⑥《读史方舆纪要》"卫辉府淇县"下有"朝歌城",但查不到相关记载。

⑦ 此处引文有节略。

⑧ 原稿空阙一"谟"字,据补。

⑨ 原稿"河"误写为"可",据改。

⑩《读史方舆纪要》"浚县"属北直大名府。

⑪ 今本《魏书·地形志上》"司州汲郡"下领六县:北修武、南修武、汲、朝歌、山阳、获嘉。

朝歌(在今卫辉府淇县东北。)

汉属河内,晋属。

有朝歌城、(《收志》有。《寰宇记》:朝歌故城,在卫县西二十二里。纣{之}所都,汉以为县,后魏移朝歌于今卫县东{之}一里,此城因废。①)

崔方城、(《收志》有。崔方城,疑《淇{水}注》之元甫城,考之——夹注②。)

新城、(《收志》有。《方舆纪要》有新镇,在浚县西南六十里,接{河南}汲县界,为戍守处。又有新镇水驿,在县西六十里。穆案:或即《收志》之新城欤?)

苑{菀}城、(《收志》有。注见下③。)

天井沟、(《收志》有。)

蓼沟、(《淇水注》:苑{菀}水上承淇水于元甫城西北,自石堰东、苑{菀}城西,屈径其城南,又东南流,历〈五〉{土}军东北④,得{旧}⑤石〈逗〉{洰}⑥,故五水分流,世号五穴口,今惟通并为二{水}⑦,一水西注淇水,谓之天井沟。一水径〈五〉{土}军东⑧,分为蓼沟,东入白祀陂,又南分,东入同山陂,溉田七十馀顷。二陂所结,即台阴野矣。)

白沟{水}、(《收志》有⑨。《水经》:淇水东过内黄县,南为白沟

[细核《淇水注》录云。——原注]。)

白祀陂、同山陂、(注见上。《方舆纪要》:同山,在浚县西南四十五里。相传武王伐纣,诸侯会同于此,因名。亦曰童山,山无草木也⑩。其麓绵亘四十馀里,形若游龙,高处{如龙脊}⑪,曰龙脊冈。冈西有山,相辅而行,西属太行,曰达西冈。《志》云:龙脊之左有山,曰白祀,淇水所径,多溢为陂,又南入同山陂。)

美沟、(《淇水注》:〈淇水又东与左水合,谓之马沟水。水出朝歌城北,东流,南〈曲〉{屈}⑫,径其城东,又东{流}〈与〉美沟{水}〈合〉⑬。水出朝歌西北大岭下,东〈出〉{流}⑭径骆驼谷,于中逶迤九十曲,故俗有美沟之目矣。历十二崿,崿流相承,泉响不断,返水捍注,卷复深隍,隍间积石千通,水穴万{变}⑮,观者若思不周赏,情乏图状矣。)

雍城里、(《集古录目》⑯:后魏造《五级浮图碑》,不著书撰人名氏。后魏汲郡朝歌雍城里人张丑和等共造五级浮图,以正光二年刻石。)

枉人山、(《淇水注》:〈白沟〉{淇水}东北⑰,径枉人山东。《方舆纪要》:善化山,在浚县西北三十五里,去内黄县西南六十里⑱。俗传纣杀比干于此,亦名枉人山。后魏主〈容〉{弘}云⑲:邺西有枉人山。谓此也,山高六十馀〈又〉{丈}⑳,周三十里,其南〈山〉{北}连跨巨冈㉑,左右溪涧,不啻百数。)

大方山、(《收志》有。《清水注》:方山在卫县西㉒。)

伏羲祠、(《收志》有。)

累{黑}山、冷泉。(《收志》林{虑}郡魏德县有㉓。天平二年,分朝歌置魏德。)

校注:

① 原稿脱写两个"之"字,据补。

② 原稿《淇水注》省略一"水"字,据补。

③ 原稿"苑",《水经注疏》均作"菀",并注云:"朱'菀'作'宛',全同。赵改云:《寰宇记》作菀口,下菀水,下菀水、菀城并同。全氏曰:即《博物

志》之澳水,澳、菀声近也。守敬按:《书钞》一百五十八引此作菀水。《一统志》:菀水在浚县西南。”介生按:库本《水经注》与《水经注校证》亦作“菀水”,然今本《魏书·地形志上》作“苑城”,与本稿同,存考。

④ 库本《水经注》作“土军”,并校云:“按‘土军’原本及近刻并讹作‘五军’。考‘土军’《汉书·地理志》属西河郡,北魏立吐京郡,吐京即‘土军’音声之转,魏讨九原、西河、吐京诸叛部,出配郡县,置吐京民于此。但《魏书》作‘吐京’,道元犹用‘土军’字耳。”据改。

⑤ 原稿此处空阙一“旧“字,据补。

⑥ 原稿为“逗”,《水经注疏》作“洹”,并释云:“朱‘洹’作‘沮’,赵改云:‘当作洹,与逗同。《谷水注》枝流入石逗是也,义与石窦同。’全改同,戴改逗。守敬按:《书钞》引作‘窦’,《寰宇记》引作‘洹’。”据改。

⑦ 原稿脱写一“水”字,《水经注疏》补,并释云:“朱脱‘水’字,赵同,全、戴增。守敬按:《书钞》引此有‘水’字。”据补。

⑧ 原稿“土”误为“五”,注释见上,据改。

⑨ 今本《魏书·地形志上》“朝歌”下注有“白沟水”,据补。

⑩ 此段引文多有节略。

⑪ 此处引文有脱文,据补。

⑫ 原稿“屈”误作“曲”,据改。

⑬ 括号内引文后圈删。脱写“流”、“水”二字,据补。

⑭ 原稿作“东出”,《水经注疏》作“东流”,并释云:“朱‘东流’作‘更出’,全、赵、戴改‘更’为‘东’,戴并改‘出’为‘流’。”据改。

⑮ 引文此处脱写一“变”字,据补。

⑯ 此段引文出自陈思编辑《宝刻丛编》卷六。

⑰ 原稿“淇水”误写为“白沟”,据改。

⑱ 此处引文有节略。

⑲ 原稿疑因避讳,改“弘”为“容”,据改。

⑳ 原稿“丈”误写为“又”,据改。

㉑ 原稿“北”误写为“山”,据改。

㉒ 诸本《水经·清水注》下无“方山在卫县”之句。《水经注疏》“(仓)水出西北方山西仓谷”下释云:“守敬按:《名胜志》作方山西,与赵说不应。

隋始改朝歌为卫县，郦氏安得有方山在卫县之说，乐史盖谓方山在卫县境耳。”

㉓ 原稿空阙一“虑”字，据补。又今本《魏书·地形志上》卷末“校勘记”云：“杨校：‘《水经·荡水注》（卷九）：长沙沟水导源黑山，东流径晋鄙故垒北，名之为魏将城。魏将城即此魏德，是黑山近魏德，累山当作黑山矣。’按《元和志》卷一六卫州卫县称‘黑山在县北五十五里’。杨说是。”存考。

汲（在今卫辉府汲县西南二十五里。）

汉属河内，晋属。（《水经》：清水又东过汲县北。《注》：县故汲郡治，晋太康中立。《晋{书}·地理志》[①]：汲郡，泰始二年置。说与《注》异。）

郡治，后罢，太和十二年，复治汲城。

有陈城、（《收志》有。[《收志》义州，寄治汲郡陈城。——夹注]。《通鉴注》引宋白曰：卫州城，隋〈以〉{已}前谓之〈陈〉{阵}城。《郡国县道记》云：武王伐纣，于此列〈陈〉{阵}，〈故名陈〉{因名}[②]。俗作阵。）

比干墓、（《收志》有。《高祖纪》：太和十八年十一月丁丑，车驾幸邺。甲申，经比〈千〉{干}之墓[③]，伤其忠而获戾，亲为吊文，树碑而刊之。《清水注》：殷大夫比干冢前有石铭，题〈颖〉{隶}云[④]：殷大夫比干之墓。所记唯此，今已中折，不知谁所志也。太和中，高祖孝文皇帝南巡，亲幸其坟而加吊焉。刊石树碑，列于墓隧矣。《刘芳传》：高祖迁洛，路由朝歌，见殷比干墓，怆然〈动〉{悼}怀[⑤]，为文以吊之，芳为注解。《南齐书·魏虏传》：宏{知}谈义[⑥]，解属文，{轻果有远略。}[⑦]游河北，至比干墓，作《吊比干文》云：“脱非武发，封墓谁因？呜呼介士，胡不我臣！”[《吊比干全文》仍录入。——夹注][⑧]《括地志》：比干墓，在{卫州}汲县北十里二百五十步[⑨]。吴氏玉搢《金石存》：《后魏孝文皇帝吊比干文》，在卫辉府比干庙大门内阶西，倚北壁。李氏补案曰：碑原石久泐，宋元祐五年，吴处厚重刊。《金石萃编》引《隐〈缘〉{绿}轩题识》谓[⑩]：《吊比干文》为崔浩书。穆案：浩，太武时诛，何由书太和之碑？真呓语，不足〈办〉{辨}[⑪]。）

[夹注：五城郡隰城，有凤凰台、安郎神、皇侯神。补入“汲”下。]

太公庙、(《收志》有。《清水注》：汲城西北，有石夹水，飞湍浚急，{世}人亦谓之磻溪⑫，言太公常钓于此也。城东门北侧有太公庙⑬。城北三十里有太公泉，泉上又有太公庙，庙侧高林秀木，翘楚竞茂，相传云太公之故居也。《元和志》：太公庙，在汲县西北二十五里⑭。)

老子祠。(《寰宇记》：汲县有老子祠，《后魏书》{云}⑮：镇西将军廉侯事道于汲县置，立堂宇，镌石为老子像{而}祠{祀}之⑯。[此事更核。——原注])

〈新中乡(《清水注》：清水又东，周新乐城，城在获嘉县故城东北，即汲之新中乡也。《元和志》：新乡县，本汉获嘉、汲县二县地，隋开皇六年，于两县地新乐城中置新乡县，属卫州。)〉⑰

校注：

① 原稿脱写一“书”字，据补。

② 今本《资治通鉴》卷一八七所引“胡注”文字与石翁所见有所不同，据改。

③ 原稿误写“干”为“千”，据改。

④ 原稿误写“隶”为“颖”，据改。

⑤ 原稿误写“悼”为“动”，据改。

⑥ 原稿空阙一“知”字，据补。

⑦ 此处引文有脱略，据补。

⑧ 介生按：据石翁夹注之意，此处应录入《吊比干文》全文，但因其文字古奥，较难得善本注释，在此不录，俟后再补。

⑨ 引文此句略写“卫州”二字，据补。

⑩ 引文见《金石编萃》卷二十七，“缘”似应为“绿”之误，据改。

⑪ 原稿此句“办”似应为“辨”或“辩”字之误，存考。

⑫ 原稿无“世”字，《水经注疏》补入，并释云：“朱讹作‘也’，赵同，戴删。守敬按：《名胜志》引此作‘世’，属下句，是也，今订。”据补。

⑬ 此处引文有节略。

⑭ 此处引文有节略,后又有云:"太公,即河内汲人也。"今本《太平寰宇记》卷五六"汲县"下云:"太公庙,在县西南二十五里。""西南"与"西北",不知孰对,待考。

⑮ 原稿引文脱写一"云"字,据补。

⑯ 原稿引文脱写"而"、"祀"二字,据补。

⑰ 原稿有"新中乡"一段,后圈删。

获嘉(在今卫辉府获嘉县西南二十里。)

汉属河内[①],晋属,后省。

太和二十三年复[②]。

治新乐城。(乐,《收志》作洛[③]。《清水注》:清水又东,周新乐城,城在获嘉县故城东北,即汲之新中乡也。《通鉴》:燕卫大将军、乐安王臧城新乐,破秦兵于石门。《注》:石门在荥阳;新乐亦当在荥阳界。宋白曰:卫州新乡县治古新乐城。新乐城,十六国时,燕将乐安王臧所筑。《元和志》:新乡县,本汉获嘉县、汲县二县地,隋开皇六年,于两县地{古}新乐城中置新乡县[④],属卫州。)

有获嘉城、(《收志》有。穆案:谓汉、晋故城也。)

赵越冢。(《清水注》:〈获嘉〉{县}故城西有汉桂阳太守赵越墓[⑤],冢北有碑。越字彦善,县人也,累迁至桂阳郡、五官将、尚书仆射,遭忧服阕,守河南尹。建宁中卒。碑东又有一碑,碑北有石柱,石牛、羊、虎,俱碎,沦毁莫记。)

校注:

① 据《汉书·地理志》、《续汉书·郡国志》,河内郡下均有获嘉县。

② 获嘉县在今本《魏书·地形志上》"司州汲郡"下。

③ 今本《魏书·地形志上》卷末"校勘记"云:"温校:'洛'当作'乐'。《水经注》(卷九):'清水又东,周新乐城,城在获嘉县故城东北。'按当时地名常通用同音或音近字,'乐'作'洛'者屡见,非讹字,今后凡此类并不再出校记。"

④ 原稿引文脱写一"古"字,据补。

⑤引文此句本作"县故城",据改。

修武(今卫辉府获嘉县治。)

汉属河南,晋属。

有吴城、(《收志》有①。《清水注》:长明沟水又东,径修武县之吴亭北,东入吴陂。《修武志》:县东五里京里村,其东有废城旧址,正在吴泽陂之南岸,疑即吴城。土人以村居城内,故名。)

宜阳城、(《收志》有②。《修武县志》案:宜阳恐系宣阳之讹。《旧志》引魏河内太守阮德如《答嵇康诗》有云:"夕宿宣阳城。"今县东南十八里宣阳驿尚有废城址。)

皮垣、兰丘、敕丘、(《清水注》:吴陂水之北,际泽侧有隤城③。京相璠曰:河内修武县北有故隤城,实中,今世俗谓之皮垣,方四百步,{实中,}④高八丈。一丘际陂北⑤,隔水十五里,俗所谓兰丘也,方二百步。西{一}十里⑥,又有一丘际〈山〉{陂}⑦,世谓之敕丘,方五百步,形状相类,疑即古攒茅也。杜预曰:二邑在修武县北,所未详也。《修武县志》:《春秋》隤城,在县〈东〉{北}二十三里⑧。{案}杨生敏《书》⑨:近于县北二十五里梳风寺莲座石柱上,得金大定十七年陆真散人赵真义所撰《张陆村重修功德记》,云:"修武之北二十馀里,〈亦〉{六}真之东⑩,俯临古城,名曰溃城,号曰吴泽镇。"计其道里、地形,{皆}与《水经注》合⑪,然则古之〈溃〉{隤}城⑫,在金为张陆村,即今之寨村也。)

吴泽陂、(《清水注》:《魏土地记》曰:修武城西北二十里有吴泽水,〈阪〉{陂}南北二十许里⑬,东西三十里。《晋书》{卷五一《束皙传》}⑭:〈武帝领〉{时欲}广农⑮,〈束〉皙上议曰⑯:汲郡之吴泽,良田数千顷,〈贮〉{泞}水停洿⑰,人不垦植,〈问〉{闻}其国人⑱,皆谓通泄之功不足为难,舄卤成原,其利甚重。而豪强大族,〈习〉{惜}其鱼捕之饶⑲,构说官长,终于不破。《修武县志》:吴泽陂,在县北十里隤城寨东南,浊鹿城南。东过陂桥,与获嘉县接,县境泉水皆会于此。蟹舍、渔庄、藕池、稻田,相连数十里。)

覆釜山、(《收志》有[20]。《清水注》:次陆真阜之东北,得覆釜堆。《修武志》:云台山,旧名覆釜山,即天门之西峰也,山势雄壮,下皆峭壁,由寺头邨西北有云梯可升。陆真阜见"山阳县"下。《修武志》:案《魏书》有覆釜山,旧志以为即茱萸峰,俗名小北顶,在云台山北偏西五里,云台寺在其上,实云台之北峰也。{今读}唐钱起《游覆釜山》诸诗[21],虽未明言修武,然即其"将寻洞中药,复爱〈谷〉{湖}外嶂[22]"。"应嗤嵇叔夜,林〈认〉{卧}方沈湎"云云[23]。{案之}今小北顶有药王洞[24],嵇叔夜尝隐居山阳,其诗当即指此。〈又《水经注·{清水篇}》云:次陆真阜之东北,得覆釜堆。堆南有三泉,相去四五里,参差合次,南经于陂,则确指古汉山而言,盖言堆,则非高山可知。且六真阜与小北顶隔山数重,相去几五十里,则一为覆釜山,一为覆釜堆,皆在修武境,固不得混而为一矣。〉[25]又,《修武志》云:古汉山,即《水经注》覆釜堆,在县北三十五里。〈秋〈水〉{日}登临,北挹山光,南俯泉〈洗〉{流},霜叶红鲜,竹林翠晚,四〈周〉{围}村落,一一入画。〉[26]山之西数十步,有汉献帝陵。陆真山,在县西北二十五里。以其山周回九里,俗名九里山。冈阜连属,山势平衍。又案县境惟古汉、陆真二山不在太行山中,然相去二三十里,石骨荦确,土脉逶迤,观其形势,皆太行〈山〉之落星也[27]。)

[夹注:覆釜山,亦入"山阳"下。]

安阳城、(《收志》:戒安阳城[28]。《修武志》:《春秋》南阳城,在县北三十里,又名安阳城。)

天门山、天井固、(《清水注》:焦泉发于天门之左,天井固右。天门山石自空,状若门〈马〉{焉}[29]。广三丈,高两匹,深丈馀,更无所出,世谓之天门也。东五百馀步,中有石穴西向,裁得容人,〈平行〉{自平地}东南入[30],径至天井,直上三匹有馀,扳蹑而升,至上平,东西二百步,南北七百步,四面险绝,无由升陟矣,上有比丘{释}僧训精舍[31]。寺有十馀僧,给养难周,多出下平,有志者居之。寺左右杂树疎挺,有一石泉,方丈馀,清水湛然,常无增减,山居者资以给饮。北有石室二〈口〉{间}[32],{旧}是{隐}者念一之所[33],今无人矣。泉发于北阜,南流成溪,世谓之焦泉也。)

清阳泉、(《收志》有[34]。[穆案:浊鹿城,一名清阳城,则清阳泉即浊

鹿泉也。——夹注]）

熨斗泉、（《收志》有[35]。）

焦泉、（今本《收志》作“马泉”，涉下马鸣泉而误，注见上。[马泉，乃焦泉之误。——夹注][36]元至正十年《五里源崇明寺碑》：负太行而揖嵩少，东连乎苏门百泉之幽胜，西接〈呼〉{乎}济水盘谷之清雅[37]。明嘉靖十三年《重修五里源崇明寺碑》：修武县北二十里有屯，曰五里院，盖怀庆卫军士屯种之所也[38]。寺北负太行，东连百泉，西去海蟾宫里许。宫之前，有泉涌出，下流寺侧，盖宁城之胜地也。）

[夹注：重泉入“共”下，马鸣入“山阳”下。]

五里泉、（《收志》有[39]。《寰宇记》“修武县”引《水经〈注〉》[40]：五里泉，在修武乡。今《注》无此文。）

七里熨、（《收志》有[41]。七里熨，熨字，疑亦泉字之误，《修武志》：七里泉，在陆真乡。）

丁公神、（《收志》有。《清水注》：有丁公泉，发于焦泉之右。〈神或亦泉字之误〉[42]）

长清河、（《收志》有育河，育即清之误，如北淯郡之误作北清也[43]。《清水注》：白屋水又东南流，径隤城北，又东南，历泽，注于陂。陂水东流，谓之八光沟，而东流注于清水，谓之长清河，而东周永丰坞。）

陶河、（《收〈注〉{志}》有[44]。《清水注》：焦泉发于天门[二字臆增。——原注]北阜[45]，次东得鱼鲍泉，次东得张波泉，次〈泉〉{东}得三渊泉[46]。{是四川}在重门城西[47]，并单川南注也。城南有安阳陂。次东，{又}得〈车〉{卓}水陂[48]，次东，有百门陂。{其水}三川南合[49]，谓之清川。又西南与前四水总为一渎，又谓之陶水，南流，注于清水。）

[夹注：“陶河”亦当入“共”下。]

浊鹿城。（《收志》：北修武，治清阳城。[“浊鹿”入“山阳”下。——夹注]《清水注》：覆釜堆南有三泉，相去四五里，参差次合{合次}[50]，南注吴陂，泉{陂}在浊鹿城西[51]。建安二十五年，魏封汉献帝为山阳公，浊鹿城，即是公所居也。《方舆纪{要}》[52]：浊鹿城，今武陟县治。

《后汉书·{孝}献帝纪》:〈黄初〉{延康}元年[53],冬十月,魏王丕〈即帝位〉{称天子}[54],奉帝为山阳公,都山阳之浊鹿城。章怀注:山阳,县名,{属河内郡},{故城}在{今怀州}修武{县}西北[55]。浊鹿,一名浊城,亦名清阳城,在{怀州}修武{县}东北。修武廪生杨敏书曰[56]:《{续汉书}·礼仪志》刘昭注引《帝王世纪》云:献帝禅陵,在{河南}山阳之浊城西北,{去浊城}直行十一里,斜行七里,去山阳〈城〉五十里[57]。今{案}县治北二十五里[58],有古汉山,禅陵在焉。其东南约十里,有城,俗名李固。此城距禅陵,正符"直行十一里,斜行七里"之数。而城之西七里许大陆村,有浊鹿泉。〈或以泉名城,或以城名泉〉{或以城名泉,或以泉名城}[59],正不甚相远,故此城确乎即浊鹿城〈也〉[60]。)

校注:

① 今本《魏书·地形志上》"司州汲郡"下有北修武、南修武二县,吴城在南修武县。

② 宜阳城在今本《魏书·地形志上》"汲郡南修武县"下,卷末"校勘记"云:"按'宜阳城'不应在修武。《清水篇》云:吴陂水'上承吴陂于修武县故城西北。修武,故宁也,亦曰南阳矣。(中略)故应劭《地理风俗记》云:河内,殷国也,周名之为南阳。又曰:晋始启南阳,今南阳城是也,秦始皇改曰修武。'则南阳城即修武故城。又据《清水篇》,修武故城(南阳城)西北有吴陂,下又见'吴亭',傍吴陂西。'吴亭'也即此注下之'吴城'。地望密合。此'宜阳城'疑是'南阳城'之讹。"存考。

③ 此处引文有节略。

④ 此处引文有脱略,据补。

⑤《水经注疏》此句无"一丘"两字,并无注解。

⑥ 此处引文脱写一"一"字,据补。

⑦ 原稿引文误写"陂"为"山",据改。

⑧ 原稿引文此句"北"误写为"东",据改。

⑨ 引文此句脱写一"案"字,据补。

⑩ 原稿引文此句"六"误写为"亦",据改。

⑪ 引文此句脱写一“皆”字,据补。

⑫ 原稿引文此句“隤”误写为“溃”,据改。

⑬ 原稿此句引文“阪”字疑为“陂”字之笔误,改。《水经注疏》删“水”字,并释云:“朱讹作‘吴沟水’,以‘陂’字下属。戴、赵惟改‘沟’作‘泽’。守敬按:《大典》本、明抄本作‘泽’,戴、赵似是,然犹未尽。《名胜志》引作‘泽’,无‘水’字,以‘陂’字断句,为长。今据订。《寰宇记》:吴泽陂,在获嘉县西北十五里。《获嘉县志》:即县西北三桥陂,亦名太白陂。按《图》,但有小丹河之下流,径获嘉县境。《水道提纲》亦不言有陂,盖近今不常钟水矣。”介生按:《水经注校证》及库本《水经注》与本稿同,存考。

⑭ 此段引文为夹注后增,原稿仅云《晋书》,据补卷数、篇名。

⑮ 引文此句有臆改及错抄之处,据改。

⑯ 此句原书无“东”字,为意增。

⑰ 引文此句“泞”误写为“贮”,据改。

⑱ 引文此句“闻”误写为“问”,据改。

⑲ 引文此句“惜”误写为“习”,据改。

⑳ 覆釜山在今本《魏书·地形志上》“北修武”下。《水经注疏》释云:“会贞按:《地形志》北修武有覆釜山。《一统志》:山在修武县北。”

㉑ 引文此句脱写“今读”二字,据补。

㉒ 此诗句出钱起《独往覆釜山寄郎士元》一诗,原稿误抄“湖”字为“谷”,据改。

㉓ 此诗句出钱起《仲春晚寻覆釜山》一诗,原稿“卧”误抄为“认”,据改。

㉔ 引文此句脱写“案之”二字,据补。

㉕〈〉括号内引文后有圈删之意。

㉖〈〉括号内引文后有圈删之意。其中错讹之处,据改。

㉗ 引文此句衍写一“山”字,据删。

㉘ 今本《魏书·地形志上》“北修武县”下有“郡戒、安阳城”,卷末“校勘记”云:“按‘郡戒’不可解,《水经注·清水篇》邓城西北有重泉,此注‘郡戒’上即‘重泉’,疑‘郡戒’乃‘邓城’之讹。”存考。

㉙ 原稿引文误抄“焉”为“马”,据改。

㉚ 原稿引文作"平行",《水经注疏》改为"自平地",并释云:"朱'自平地'作'平得',《笺》曰:'二字疑误,孙云,或作平行。'赵改平行,戴删二字。守敬按:皆非也。据《御览》(见下)引《水经注》'自平地东南入'之文,'平得'是'平地'之误。上当有'自'字。"据改。

㉛ 原稿引文空阙一"释"字,据补。

㉜ 原稿作"口",《水经注疏》改为"间",并释云:"朱《笺》曰:古本作'二口',吴改作'二间'。守敬按:《名胜志》引此作'间'。"据改。

㉝ 原稿空阙"旧"与"隐"二字,不知何意,据补。

㉞ 今本《魏书·地形志上》"北修武县"下有"清阳泉"。

㉟ 今本《魏书·地形志上》"北修武县"下有"熨斗泉"。

㊱ 今本《魏书·地形志上》"北修武县"下有"马泉",卷末"校勘记"云:"《延昌志》卷二汲郡修武下作'焦泉',云:'《收志》作马泉,涉下马鸣泉而误。'按张说据《水经注》卷九《清水篇》,有'丁公泉发于焦泉之右'云云,地望相合。此注'焦泉'下即举'丁公神',可证。"

㊲ 引文有漫漶不清之处,"呼"应为"乎"字之误,改。

㊳ 引文出自民国《修武县志》卷十三《金石篇》,其中有节略。

㊴ 今本《魏书·地形志上》"北修武县"下有"五里泉"。今本《太平寰宇记》校勘记云:"《水经·清水注》:'覆釜堆南有三泉,相去四五里,参差合次,南注于陂泉。'杨守敬《水经注疏》:'{会贞按:}今修武县北有一泉,名五里泉,东南注灵泉,盖后人因郦氏言堆南有三泉,相去四五里,按其地望正在此,故即以五里名泉。'则郦书无'五里泉'之名,后人以释郦书以名之。"

㊵ 今本《太平寰宇记》卷五十三《河北道二》引《水经》,此句衍写一"注"字,据删。

㊶ 今本《魏书·地形志上》"北修武县"下有"七里熨"。

㊷ 〈〉括号内文字后圈删。注见㊱。

㊸ 今本《魏书·地形志上》"北修武县"下有"育河"。

㊹ 今本《魏书·地形志上》"北修武县"下有"陶河"。原稿误抄"志"为"注",据改。

㊺ 原稿此处引文有节略。

㊻ 此处引文误抄“东”为“泉”，据改。

㊼ 此处引文有节略，据补“是四川”数字。

㊽ 原稿引文误抄“卓”为“车”，据改。引文有节略。

㊾ 此处引文多有节略，据补“其水”二字。

㊿《水经注疏》“次合”作“合次”，并释云：“戴乙作‘次合’。守敬按：《注》每言几原合舍，合次即合舍也。”存考。

51 原稿此处引文为“南注吴陂，泉在浊鹿城西”。《水经注疏》作“南注于陂泉，陂在浊鹿城西”。无注解。《水经注校证》作“南注于陂，泉在浊鹿城西”，也无疏解。

52 此处书名脱写一“要”字，据补。

53 原稿引文作“黄初”，误，应为“延康”，改。

54 此处引文有节略臆改之处，据改。

55 此处引文有节略，据补。

56 介生按：据民国《修武县志》卷二《舆地篇》，杨敏文章名为《三城考辨》。

57 此处引文有节略，据补。

58 引文此句脱写一“案”字，据补。

59 前二句秩序有颠倒，据改。

60 引文此句衍写一“也”，据删。

共（今卫辉府辉县治。）

汉属河内，晋属。①

有邓城、（《收志》有“星城”，〈未详，疑即《郦注》之邓城，以音近相转也〉②。［星城另一条。——夹注］《方舆纪要》：辉县西南有邓城，南北朝时所置城也。注互见“重泉”下。）

凡城、（《收志》有。《清水注》：司马彪、袁〈三〉｛山｝松《郡国志》曰③：共县有凡亭。周凡伯国，《春秋·隐公七年经书》“王使凡伯来聘”是也。杜预曰：汲郡共县东南有凡城，今在西南。《寰宇记》：故凡城，在今共城县西南二十二里。）

重门城、(《清水注》:重门城,昔齐王芳为司马师废之,宫于此,即《魏志》所谓"送齐王芳于河内重门"者也。城在共县故城西北二十里。《高祖纪》:太和元年十一月丁亥,怀州民伊祁苟初自称{尧}后应王④,〈巨〉{聚}众于重山⑤。洛州刺史冯熙讨灭之。《通鉴注》:重山,即河内重门之山,在共县北。)

白鹿山、(〈《清水注》〉{《水经》}⑥:清水出河内修武县之北黑山。《注》:黑山在县北,白鹿山东,清水所出也。《通鉴》:翟钊将妻子,收〈遣〉{遗}众北济河⑦,登白鹿山,凭险自守。《寰宇记》:白鹿山,在共城县西北五十三里,西与太行〈接连〉{连接}⑧,上有天门谷、百家岩。〈芦〉{卢}思道《西征记》⑨:孤岩秀出,上有石,自然为鹿形,远视皎然独立,厥状明净,有类人工,故此山以白鹿为称。《修武县志》:白鹿山,在天门谷下,百家岩上。今辉县西,驮佛岭之北老龙口,为清水,悬瀑下注,是清水所出,即黑山也。其西为修武之清口,自天门迤东诸山,与黑山势若相连,而中隔清沟,为辉与修武之分界,即为黑山与白鹿山之分界。沟东为黑山,沟西为白鹿山也。唐咸通五年《百家岩寺记》:其山势连白鹿,西枕太行。《通鉴地〈里〉{理}通释》⑩:白鹿〈山〉⑪,在卫州共城县西五十四里。乐史言西北,误。)

担山、(《收志》有⑫。《寰宇记》有尖山,担、尖音同,未知即一山否?)

百门山、(《收志》"百"作"柏"。《方舆纪要》:苏门山,在辉县西北七里,一名百门山。)

百门陂、(《清水注》:百门陂,方五百步,在共县故城西。《元和志》:百门陂,在县西北五里,方五百许步,百姓引以溉稻田,此米〈名〉{明}白香洁⑬,异于他稻,魏、齐以来,尝以荐御。陂南通漳水。)

长泉⑭、(《修武志》:长泉,即百家岩之明月泉也。水出寺内客堂后岩壁之下,西穿竹径,由佛殿西屈曲南流,漱老檀之根〈之根〉而下⑮,治山砌石为渠,导之南流,以资东山灌溉,出山至石河即伏。《修武志》杨敏书曰:长泉,即百家岩之明月泉也。袁俊曰:明月泉出天门之东南。其流,旱,河无减,出山至石河即伏。若水大发,即会寺西瀑布之水,流注于山阳镇之邓城。以道里计之,恰十三里。)

卓水陂、(《收志》有。注见陶河下。)

重泉、(《收志》在北修武下,以地望诊之,疑误。《清水注》:长泉水流出白鹿山,东南伏流,径十三里,重源浚发于邓城西北,世亦谓之重泉水也⑯。又南,径邓城东,名之为邓渎,又谓之为白屋水也。昔司马懿征公孙渊,还达白屋,即于此也。《金{史}·地理志》⑰:兴定四年,以修武县重泉村为山阳县,隶辉州。)

陶河、("陶河注"从上修武县下移录于此。)

七贤祠、嵇康故居、(《清水注》:长泉水又径七贤祠东,左右筠篁列植,冬夏不变贞萋。魏步兵校尉陈留阮籍、中散大夫谯国嵇康、晋司徒河内山涛、司徒琅邪王戎、黄门郎河内向秀、建威参军沛国刘伶、始平太守阮咸等,同居山阳,结自得之游,时人号之为竹林七贤。向子期所谓山阳旧居也。后人立庙于其处,庙南又有一泉,东〈西〉{南}流注于长泉水⑱。郭缘生《述征记》所云:白鹿山东南二十五里,有嵇公故居,以居时有遗竹焉。盖谓此也。《修武志》:七贤乡,在县东北。旧志:山阳县东北有嵇叔夜园宅,后悉为墟,父老犹称嵇公竹林。)

大清水。(《收志》:柏门水南流,名大{太}清水⑲。穆案:百门水者,泉通百道,《卫风》所咏"泉源在左"者也。《收志》与中尉"上承诸陂散泉"云云,盖同。《清水注》:黑山,清水所出也,上承诸陂散泉,积而成川,〈西〉南流,〈屈曲〉{西南曲}⑳,瀑布〈垂〉{乘}崖㉑,悬河注壑,二十馀丈,雷赴之声,震动山谷。左右石壁层深,兽迹不交,隍〈水〉{中}散水雾合㉒,视不见底。南峰北岭,多结禅栖之士;东岩西谷,又是刹灵之图。竹柏之怀,与神心妙远;仁智之性,共山水效深,更为胜处也,其水历涧飞流{流飞}㉓,清泠洞观,谓之清水矣。)

校注:

① 今本《魏书·地形志上》"司州林虑郡"下领共县。

② 〈〉括号内文字后有圈删之意。

③ 原稿引文误抄"山"为"三",据改。

④ 原稿引文空阙一“尧”字，据补。

⑤ 原稿误写“聚”为“巨”，据改。

⑥ 此句引文应出自《水经》，据改。

⑦ 原稿引文误写“遗”为“遣”，据改。

⑧ 原稿引文误写“连接”为“接连”，据改。

⑨ 原稿引文误写“卢”为“芦”，据改。

⑩ 原稿误写“理”为“里”，据改。

⑪ 原书此条无“山”字，据删。

⑫ 今本及库本《魏书·地形志上》“林虑郡共县”下有“檐山”，非“擔担山”，未有校勘，或转抄之误，待考。

⑬ 此处引文误写“明”为“名”，据改。

⑭ 此条为后来夹注插入。

⑮ 原稿引文此处衍写“之根”二字，据删。

⑯ 引文此句后有节略。

⑰ 原稿空阙一“史”字，据补。

⑱ 原稿引文误抄“南”为“西”，据改。

⑲ 今本《魏书·地形志上》作“桓门水，南流名太清水。”卷末“校勘记”云：“温校：‘桓’当作‘柏’。《水经注》（卷九《清水篇》）作‘北门陂，陂方五百步，在共县故城西’，‘其水三川南合，谓之清川’。按《水经注》戴校本‘北门陂’作‘百门陂’。《元和郡县志》卷一六卫州共城县有‘百门陂’。‘柏’、‘百’同音通用，‘桓’字讹，温说是。”介生按：石翁所据《魏书》版本与今本不同，存考。

⑳ 原稿此句作“西南流，屈曲”。《水经注疏》此句作“南流，西南曲”。并释云：“朱《笺》曰：《御览》引此作‘南流屈曲’。赵云：今本《御览》引作‘西南流屈曲’，因据改。全改同。守敬按：宋本《御览》六十三引作‘南流西南屈曲’，而《寰宇记》亦引作‘南流西南曲’，《名胜志》同。则朱不误，故戴从之。”据改。

㉑ 原稿作“瀑布垂崖”，《水经注疏》作“瀑布乘崖”，并释云：“朱‘乘’作‘垂’，全、赵同，戴作‘乘’。守敬按：《御览》、《寰宇记》、《名胜志》引作‘垂’，而黄省曾本为‘乘’，钟、谭本载朱无易引《汉书》‘乘城’、《淮南子》

'乘襄而流'为证,谓不应改'垂'。今考《漶水注》亦有'南出乘崖'之文,是其词例。""水经注疏校记"云:"《名胜志》引作'垂'。按:《名胜志》河南省卷六引正作'乘',杨《疏》误,以南京图书馆藏本校。"据改。

㉒ 原稿误抄"中"为"水",据改。

㉓ 库本《水经注》此句下校云:"按'飞流'近刻讹作'流飞'。"《水经注疏》此句作"流飞",并校云:"赵云:流飞,《御览》作'飞流'。守敬按:宋本《御览》作'流飞'。"存考。

山阳(在今怀庆府修武县西北三十五里。《修武志》:山阳故城,在今治西北三十五里墙南村。)

汉、晋属河内,魏属。

有沁阳城、(《收志》有。《水经》:沁水又东过怀县之北。《注》:县北有沁阳城,沁水径其南而东注也。)

东西二武阳城、(《收志》有,又曰:孝昌二年置郡,初治其{共}城[①],后移治山阳城,寻罢。)

浊鹿城、([浊鹿城由前修武下移录于此。——夹注])

陆真阜、覆釜堆、(《清水注》:山阳县东北二十五〈山〉{里}[②],有陆真阜。[③]次陆真阜之东北,得覆釜堆。《收志》"北修武"下有覆釜山。)

苟泉、吴渎、(《清水注》:苟泉水出山阳县故修武城西南,同源分派,裂为二水,南为苟泉,北则吴渎,二渎双导,俱东入陂[吴陂也。——原注]。至元二十七年《新甃龙泉池记》:邑之西偏五十里,土壤肥润,有里曰苟泉村,亦云苟泉陂,里之右,有水源出平地,号曰龙泉。[山阳县有故修武城,未详。——夹注] 至元二十七年《新甃龙泉池记》:邑之西偏五十里,土壤肥润。有里曰苟泉村,亦云:苟泉陂。里之右有水,源出平地,号曰龙泉。《修武志》:案《府志》引沈守荣昌《志稿》云:苟泉陂,耆老云:数十年前利田最{广}[④],厥今久淹塞,获益无几,然犹可复兴也。)

皇母泉、马鸣泉。(《清水注》:陆真阜南有皇母、马鸣二泉,东南合注于吴陂也。〈《方舆纪要》:又新河,在修武县西北二十里。自六真山

[即《注》之陆真阜。——原注]下合黄母诸泉水,南流,入{于}吴泽陂[⑤]。又引旧志云:黄母泉在县西北十五里黄母村。又有王烈、巧妇、马鸣等泉,皆汇于新河。〉[⑥]《收志》北修武下有马鸣泉。《修武志》:杨双李《修武泉源考》:陆真阜南八里为皇母村,村南石坎礌砢嶙峋,罅隙泻水如喷沫,皇母泉也。其东北里许,芦丛荟蔚,中瀑布流泉,土人呼苇院者,马鸣泉也。又东九十步,有大朴泉。又东九十步,有小朴泉,{名皆未见《图经》。}[⑦]〈泊泊〉{汩汩}寒流[⑧],其源甚盛,与皇母、马鸣皆南注。折东,汇为马道村河,南出七里桥,入新河。)

校注:

① 今本《魏书·地形志上》作"初治共城",无校勘记。而同卷"林虑郡共县"下无相关记载。库本《魏书》亦作"初治其城",似应以"其"字为是,存考。

② 原稿误抄"里"为"山",据改。

③ 此处引文有节略。

④ 此处引文脱写一"广"字,据补。

⑤ 此处引文脱写一"于"字,据补。

⑥〈〉括号内引文后圈删。

⑦ 此处引文有脱漏,据补。

⑧ 原稿引文"汩汩"误写为"泊泊",据改。

林虑(今彰德府林县治。)

汉属河内,(本名隆虑,避殇帝讳改。)晋属。[①]

真君六年,并邺。太和二十一年,复[②]。

有三罗城、(《淇水注》:淇水又径南罗川,又历三罗城北。)

[三罗、石城、淇阳。——夹注][③]

石城、石楼、(《淇水注》:淇水又东北,历淇阳川,径石城西北。城在原上,带涧枕淇。{淇水}又东北[④],西流水注之。水出东大岭下,西流,径石楼南，在北陵石上，练垂桀立，亭亭极峻，其水西流〈也〉，{径注于淇}⑤。《括地志》：石城，在相州林虑县西南九十里。疑"相州石城"是⑥。）

淇阳城、（《淇水注》：淇水又东径冯都垒南，世谓之淇阳城，在林虑［二字臆增。——原注］西北三十里⑦。《方舆纪要》{林县}⑧：或曰：石赵时，置县于此。）

大号山（淇水出焉）、（《水经》：淇水出河内隆虑县西大号山。《注》：水出山侧，颓波〈崩〉{湍}注⑨，冲击横山，山上合下开，可减六七十步，巨石磥砢，交积隍〈间〉{涧}⑩，倾澜〈奔〉{济}荡⑪，势同雷转，激水散氛，暖若雾合。）

峤岭、抱犊固、（［《浊漳{水}注五》。——夹注］⑫）

黄华水、（《洹水注》：林虑县有黄〈华〉水⑬，出于神囷之山黄华谷北崖，〈上〉{山}高十七里⑭，水出木门带，带即山之第三级也，去地七里，〈县〉{悬}水东南注壑⑮，直泻岩下，状若鸡翘，故谓之鸡翘洪，盖亦天台、赤城之流也。其水东流至谷口，潜入地下，东北十里复出，名柳渚。渚周四五里，是黄华水重源再发也。东流，苇泉水注之。水出林虑山北泽中，东南流，与双泉合。水出鲁般门东，下流，入苇泉水。苇泉水又东南流，注黄〈华〉水⑯，谓之陵阳水，又东，入于洹水也。《收志》：有陵阳河，东流为洹。《寰宇记》{林虑县}⑰：〈林〉{隆}虑山⑱，在县西二十里。山有三峰：南第一峰名仙人楼，高五十丈，下有黄花谷。北岩〈山〉{出}瀑布⑲，水下注成池。黄花谷西北有洞穴，去地千仞，下有小山孤耸{竦}⑳，谓之玉女楼；其南第二峰，谓之玉女台，高九百丈；其山北第三峰，名鲁般门。《水经注》云："仓谷溪东北径过鲁般门西，双{其门立}阙昂藏㉑，石壁霞举。其北有偏桥，即林虑之峤岭抱犊固也。"南接太行，北连恒岳。）

圣人穴。（《北堂书钞》引《水经注》〈曰〉㉒：黄花谷内西洪边，有一洞，深数丈，去地千馀仞，俗谓之圣人穴㉓。《寰宇记》{林虑县}引《水经注》〈云〉㉔："黄华谷西北有洞穴，谓之圣水窟。"今《注》皆无此文。）

［夹注："圣人穴"条，并入黄华水下《收志》后。更检注。］

校注：

① 据《汉书·地理志》，隆虑县属河内郡。据《续汉书·郡国志》，林虑县属河内郡。据《晋书·地理志》，林虑县属汲郡。

② 林虑县在今本《魏书·地形志上》“司州林虑郡”下。

③ 原稿条目次序为“淇阳城、石城、石楼、三罗城”，今据夹注重排。

④ 原稿引文此句略写“淇水”二字，据补。

⑤ 原稿引文为“其水西流也”，《水经注疏》作“其水西流，径注于淇”，并释云：“朱讹作‘西流水也’，全、赵、戴同。守敬按：当作‘西流，注于淇’。今订。”《水经注校证》与本稿同，存考。

⑥ 介生按：末句为石翁所增。

⑦《水经注疏》注释云：“会贞按：上言淇水径垒南，则此当作在北，‘西’字衍。”介生按：今本《水经注疏》与《水经注校证》均无“林虑”二字，显然为石翁所增。

⑧ 引文出自《读史方舆纪要》卷四九《河南四》“彰德府林县”下“淇阳城”条，据例补。

⑨ 原稿引文“渊”误写为“崩”，据改。

⑩《水经注疏》此句作“隍涧”，并校云：“赵作‘间’。会贞按：《御览》引作‘涧’，《名胜志》引同。”据改。

⑪《水经注疏》此句作“倾澜潆荡”，并校云：“朱‘澜’讹作‘涧’，‘漭’作‘潆’，《笺》曰：《御览》引此作‘倾澜莽荡’，戴、赵改‘澜’，戴又改‘潆’作‘漭’。守敬按：明抄本作‘澜潆’，字不误，戴改非也。”原稿此句“潆”误写为“奔”，据改。《水经注校证》此句作“倾澜漭荡”，存考。

⑫ 此条为夹注所增，注文省略。

⑬《水经注疏》此句作“黄水”，无“华”字，并校云：“赵‘黄’下增‘华’字，云：《御览》、《玉海》引《隋图经》，并作‘黄华水’。下两‘黄水’亦增。戴增同。守敬按：《山海经》(《北山经》)：神囷之山，黄水出焉。本无‘华’字，盖古只称黄水，后人因水出黄华谷，亦名为黄华水。故虽《隋图经》及《寰宇记》并作‘黄华水’，不能以律此《注》。”《水经注校证》作“黄华水”，

然卷末“校证”云:“嘉靖《彰德府志》卷一《地理志第一》之‘安阳县’引《水经注》、乾隆《林县志》卷四《山水志》下‘黄水’引《水经注》均作‘黄水’。”存考。

⑭《水经注疏》此句后校云:“赵改‘山’作‘上’,属上句,云:《隋图经》作‘上’。”介生按:《水经注校证》作“北崖上”,然下又增一“山”字,存考。

⑮ 原稿引文此句“悬”误写为“县”,据改。

⑯《水经注疏》此句作“黄水”,说已见上。

⑰ 引文出自今本《太平寰宇记》卷五五《河北道四》“相州林虑县”下,依例补。

⑱ 原书此条为“隆虑山”,据改。引文有节略。

⑲ 引文此句“出”误写为“山”,据改。

⑳ 库本《太平寰宇记》此句作“孤耸”,与本稿同,今本《太平寰宇记》作“孤竦”,竦,为“耸”之通假字,存考。

㉑ 今本《太平寰宇记》卷五五此句作“仓谷溪东北径鲁般门,其门立阙昂藏”。卷末“校勘记”云:“万本据《水经·浊漳水注》改写:仓谷溪东北径鲁般门西,双阙昂藏。按‘鲁般门’之‘般’,《水经·浊漳水注》作‘班’。”存考。

㉒ 原稿此句“曰”字后被圈删。

㉓ 引文出自库本《北堂书钞》卷一五八《地理部二》“穴”条下。

㉔ 原稿此句“云”字后被圈删。依例补“林虑县”三字。又今本及库本《太平寰宇记》此句均作《水经》,存考。

〈顿丘(《韵编》以此县与顿丘郡之顿丘为一地,云:在今清丰县西南二十五里。穆案:非也。此县太和中属汲,孝昌中属黎阳,永安元年分入内黄。〈魏无内黄,汉、晋之〉内黄故城[①],在今内黄县西北二十里,则此县殆今之内黄县治,故永安中得以分入,而隋复立内黄,即仍顿丘治,属汲郡也。若汉、晋顿丘,距黎阳近,距汲郡远,鞭长莫及,遥领非情矣。)

汉属东郡[②],晋属顿丘[③]。(穆案:此既非汉、晋故治,而上溯二代者,顿丘郡顿丘景[④],收不加别白,率依册籍录之,殊为不瞭,幸此县下有

"永安中分入内黄"事[5],顿丘{郡}顿丘下"有颛顼{冢}、帝喾冢"[6],可据以定其治所焉。)

太和十八年,属。〉

[夹注:此县议删,此县不确,更细核之。][7]

校注:

① 〈〉括号内文字后被圈删。

② 据《汉书·地理志》与《续汉书·郡国志》,东郡下均有顿丘县。

③ 据《晋书·地理志》,顿丘郡下有顿丘县。

④ 此句下似有脱文。

⑤ 介生按:今本《魏书·地形志》中有多个顿丘县,此顿丘县应在今本《地形志上》"司阳黎阳郡"下。

⑥ 原稿此句有脱略,据补。

⑦ 介生按:据夹注之意,此县应删,为保持原貌,存此待考。

东郡

秦置,晋改为濮阳,后复。

天兴中,置兖州。太和十八年,并陈留郡改置。(《寰宇记》:汉东郡,晋初为陈留、濮阳二国。十六国慕容德徙都此,为燕。宋武帝平河南,于此置兖州,仍置东郡,以为边镇,宋末属后魏。孝文迁都于洛,废兖州,以东郡属司州[1]。穆案:迁洛以后,高祖、世宗两朝有东郡,无陈留郡也。本《志》东郡注:天兴中置兖州,太和十八年改。陈留郡注:汉武帝置,太和十八年罢。其改其罢,乃一时事。阳夏郡注明云:分东郡、陈留置,而所领五县皆旧属陈留。又小黄本属陈留,而《孝感传》云:东郡小黄县人董吐〈辉〉{浑}、〈凡〉{兄}养[2],事亲至孝〈三世同居〉[3]。知陈留既罢,即并入东郡矣。盖太和时陈留所领,止扶沟、阳夏、雍丘、济阳、尉氏、小黄六县,合陈郡所领东燕、白马、凉城三县,凡九县。迨景明之际,东郡既复,置长垣,旧陈留之圉、襄邑、封丘亦复置,领县过多,势嫌畸重,故孝昌中遂分阳夏、陈留二郡。东郡既分,又嫌畸轻,故武泰初又分凉城置长乐也。又案:

《元和志》：酸枣县，本秦旧县，属陈留郡。后魏并入小黄。宣武帝复置，改属东郡。夫以陈留旧县而改属东郡，则其时并陈留入东郡明甚，此亦一证也。又案：孝昌以前，司州无陈留郡，而相州、南兖州则皆置陈留郡。《列传》：世宗时，李神为陈留太守，带〈获〉{狄}丘戍主④。崔高容⑤，景明初，出为〈相〉{扬}州开府掾⑥，带陈留太守。此相州之陈留也。刘模于正始元年出为陈留太守，其下文曰：时年七十馀矣，而饰老隐年，昧禁自效，遂家于南颍川，不复归其旧乡{矣}⑦。南颍川属豫州，豫州与南兖接壤，盖传近以定居也。〈此疑为南兖州之陈留矣。〉[此条可入"南兖陈留"下。——夹注]⑧又魏祖汉制，畿内之地不以封〈固〉{国}⑨。太和十八年，将迁洛，〈徒〉{徙}封河南王干为赵郡王⑩，颍川王雍为高阳王，山阳郡公〈游明根〉{尉元}子为博陵郡公⑪。而当时有陈留王祚，祚子景皓，陈留侯李崇。益知孝昌以前，司州必无是郡矣。[后二条可删。——夹注]）

治滑台城。（《河水注》：河水又东，右径滑台城北。城有三重，中小城谓之滑台城。旧传滑台人自修筑此城，因以名焉。城即故郑廪延邑也⑫，故东郡治。《太宗纪》：〈秦〉{泰}常元年九月⑬，司马德宗相刘裕，溯河伐姚泓，遣其部将王仲德为前锋，从陆道至梁城。兖州刺史尉建畏懦，弃州北渡，王仲德遂入滑台。诏将军叔孙建等渡河，〈曜〉{耀}威滑台⑭，斩尉建于城下。《世祖纪》：神䴥三年八月，刘义隆将到彦之自清水入河，溯流西行。帝以河南兵少，诏摄四镇。乃治兵，将西讨。十一月辛丑，冠军将军安颉率诸军攻滑台。四年正月丙申，刘义隆将檀道济、王仲德从清水救滑台，丹阳王叔孙建、汝阴公长孙道生拒之，道济等不{敢}近⑮。二月辛酉，安颉、司马楚之平滑台。〈《宋书·索虏传》：太祖践阼，有志北略。元嘉七年，遣殿中将军田奇告焘："河南旧是宋土，中为{彼}所侵⑯，今当修复旧境，不关河北。"焘大怒，谓奇曰："我生头发〈永〉{未}燥⑰，便闻河南是我家地，此岂可得河南。必进军，今权当{敛}戍相避⑱，须冬行地净，河冰合，自更取之。"彦之进军，虏悉{敛}河南诸戍归河北⑲。十一月，虏大众南渡河，彦之败退，洛阳、滑台、虎牢诸城并为虏所没。〉⑳《寰宇记》白马县引《述征记》云：登滑台城，西北望太〈门〉{行}山㉑，白鹿岩，王莽岭冠于众山表也。《通鉴注》：滑台城在白马县西〈南〉[《鉴注》查。——夹注]）㉒。晋太元九年,{谢}〈元〉{玄}北伐[23],遣别将郭满据滑台,滑台之名始此。

领县十三[24]

校注:

① 此段引文出今本《太平寰宇记》卷九"河南道滑州"下,有节略。

② 此处引误抄"浑"为"辉","兄"为"凡",据改。

③〈〉括号内引文后圈删。

④ 此处引文出今本《魏书·李神传》,误抄"狄"为"获",据改。

⑤ 今本《魏书·裴叔业传》"崔高客",恐有误。《钦定四库全书考证》卷六五云:"(《天中记》卷三一上)'鬻官定价'条,北地梁佑、清河崔高容,刊本'北'讹'者','容'讹'客',并据《北史》改。"查《北史》卷四五为"崔高容"。今本此条无校勘记。

⑥ 原稿引文误抄"扬"为"相",据改。

⑦ 此处引文出今本《魏书·高允传》后,脱写一"矣"字,据补。

⑧ 此条即指〈〉括号内文字。

⑨ 原稿误写"国"为"固",改。

⑩ 原稿误抄"徙"为"徒",改。

⑪ 原稿"游明根"应为"尉元"之误,据改。

⑫ 引文此处有节略。

⑬ 原稿误抄"泰"为"秦",据改。

⑭ 原稿误抄"耀"为"曜",据改。

⑮ 此处引文空阙一"敢"字,据补。

⑯ 此处引文空阙一"彼"字,据补。

⑰ 此处引文误抄"未"为"永",据改。

⑱ 此处引文空阙一"敛"字,据补。

⑲ 此段引文有节略。原稿引文空阙一"敛"字,据补。今本《宋书》卷九五《索虏传》作"虏悉敛河南一戍归河北"。卷末"校勘记"云:"孙彪《宋书考论》云:'一当作诸。'"

⑳〈〉括号内文字后有圈删之意。

㉑ 原稿引文误抄“行”为“门”，据改。

㉒ 经查，胡三省此注出今本《资治通鉴》卷一〇七《晋纪二十九》“晋武帝太元十三年”下：“滑台城在白马县西，《春秋》郑廪延邑也，唐为滑州。”无“南”字。据删。

㉓ 原稿空阙一“谢”字，补。又避讳改“玄”为“元”，改。

㉔ 今本《魏书·地形志上》“司州东郡”下领七县：东燕、平昌、白马、凉城、酸枣、长垣、长乐。

白马（故城在今卫辉府滑县东二十里。）

汉属，晋属濮阳[①]。后属。

有滑台宫、（《高祖纪》：太和十七年十月乙酉，〈行〉幸豫州[②]。癸巳，次于石济。乙未，设坛于滑台城东，告行庙以迁都之意。大赦天下。起滑台宫。）

山阳城、（《寰宇记》白马县：有山阳{故}城[③]，魏兖州刺史山阳公所筑，城因人以立名〈也〉。[④]）

樊城、凡豪城、（《收志》有。今本作“白马樊城”，未详，疑白马下脱“津”字也。[⑤]）

鹿鸣城、（《河水注》：〈黎阳〉天桥津东岸有故城[⑥]，险带长河。戴延之谓之逯明垒，周二十里。言逯明，石勒十八骑中之一，城因名焉。郭缘生曰：城，袁绍时筑。皆非也。余按：《竹书纪年》梁惠成王十〈一〉{三}年[⑦]，郑釐侯使许息来致地平丘、户牖、首垣诸邑及郑驰道[⑧]，我取积道与郑鹿，{即}是{城}也[⑨]。今城内有故台，尚谓之鹿鸣台，又谓鹿鸣城。王〈元〉{玄}谟自滑台走鹿鸣者也[⑩]。济取名焉，故亦曰鹿鸣津，又曰白马济。津之东南，有白马城，卫文公东徙渡河，都之，故济取名焉。《通鉴》：晋太元十一年，黎阳太守滕恬之南攻鹿鸣城。《注》：黎阳在河北，鹿鸣城在河南。《方舆纪要》：鹿鸣城，在滑县东北六明镇，在胡良渡口。胡良渡在县东北，接开〈县〉{州}境[⑪]。或以为即故鹿鸣城，〈讹〉{误}为六明〈也〉{云}[⑫]。）

韦城、（《济水注》：濮渠又东径韦城南，即白马县之韦乡也。《史迁记》曰：夏伯豕韦之故国矣。城西出而不方。城中有六大井，皆隧道下，俗谓之江井也。有驰道，自城属于长垣。《河水注》：白马〈县〉有韦乡、韦城[13]，故津亦有韦津之称。《史记》所谓"下修武，渡韦津"者也。[《曹相国世家》作围津。——原注]《方舆纪要》：韦城废县，在滑县东南五十里。）

孙就栅、（《通鉴》：刘牢之攻燕黎阳太守刘抚于孙就栅。《注》：孙就，人姓名，盖立栅于黎阳界，刘抚因屯焉。）

朝平沟、（《收志》有[14]。《济水注》：濮渠又东北，径燕城南[15]。东为阳清湖陂〈亦曰燕城湖〉[16]。径桃城南，即《战国策》所谓"酸枣，虚、桃者"也。而东注于濮，俗谓之朝平沟。[17]）

黎阳津、（《河水注》：今黎山之东北故城，盖黎阳县{之}故城也[18]。山在城西，{城}凭石为基[19]，东阻于河。昔慕容〈元〉{玄}明自邺率众南徙滑台[20]，既无舟楫，将保黎阳，昏而流澌冰合，于夜中济讫，旦而冰泮，燕民谓是处为天桥津。《元和志》：黎阳津，一名〈一名〉白马津[21]，在县北三十里鹿鸣城之西南隅。）

太学。（《崔〈暹〉{挺}传》：{纂}从弟游为{河}东〈郡〉太守。太学旧在城内，游移置城南闲敞{之}处，亲自说经。当时学者{莫}不劝勉，号为良守。[22]）。

校注：

① 据《汉书 · 地理志》和《续汉书 · 郡国志》，东郡下均有白马县。据《晋书 · 地理志》，白马县属濮阳国。

② 原书引文无"行"字，据改。

③ 此处引文脱写一"故"字，据补。

④ 此处引文衍写一"也"字，据改。

⑤ 关于"凡豪城"，今本《魏书 · 地形志上》卷末"校勘记"云："按《水经注》卷八《济水篇》：'酸渎水又东北径燕城北，又东径滑台城南，又东南径瓦亭南。《春秋》定公八年，公会晋师于瓦。'杨守敬《水经注疏》(下简称《杨疏》)，此条下熊会贞曰：《地形志》白马有'凡豪城'，'凡豪'乃'瓦亭'之误，在今滑县南。"

⑥ 此处引文原有“黎阳”二字,后圈删。

⑦ 原稿此处引文作“梁惠成王十一年”,《水经注疏》作“梁惠成王十三年”,并释云:“赵改‘三’为‘一’云:‘《竹书》是十一年,改三为一。’戴改同。守敬按:今本《竹书》是周显王十一年,正当梁惠成王十三年,《通鉴》晋太元十一年《注》、《地理通释》引此,并作十三年,则《注》文不误。”据改。

⑧ 原稿引文此处作“郑驰道”,《水经注疏》作“郑驰地”,并释云:“赵‘地’改‘道’,云:《竹书》作‘驰道’,《通鉴地理通释》同。戴改同。守敬按:各本《竹书》皆作‘驰地’,《地理通释》亦作‘驰地’,不知赵氏此条先后何以皆与原书相反? 戴亦未校原书,故为所误。”据改。

⑨ 此处引文脱写“即”、“城”二字,据补。

⑩ 此处引文避讳改“玄”为“元”,据改。

⑪ 此处引文误抄“州”为“县”,据改。

⑫ 此条引文有节略,误抄“误”为“讹”,“云”为“也”,据改。

⑬《水经注疏》无“县”字,并注云:“赵‘马’下增‘县’字。”

⑭ 今本《魏书·地形志上》“东郡白马县”下有“朝沟”,非“朝平沟”。存考。

⑮ 此处引文有节略。

⑯〈〉括号内引文后圈删。此处引文亦有节略。

⑰《水经注疏》此处注云:“会贞按:《地形志》白马县(县见《河水注》)有朝沟。”

⑱ 此处引文脱写一“之”字,据补。

⑲ 此处引文脱写一“城”字,据补。

⑳ 此处引文避讳改“玄”为“元”,据改。

㉑ 原稿此处重写“一名”二字,后圈删。

㉒ 此段引文有误。引文应出自今本《魏书·崔挺传》,而非《崔暹传》。崔游曾为“河东太守”,而非“东郡太守”。引文亦有多处阙漏,据改、补。

凉城(在今滑县东北。《收志》:武泰〈和〉{初}①,分凉城置长乐县。《元和志》云“孝文置”,疑误。②)

魏置。

治神马亭。(《河水注》:河水又东北,径白马县之凉城北。《耆旧传》云:东郡白马县之神马亭,实中层峙,南北二百步,东西五十许步,状丘斩城也。自外耕耘垦斫,削落平尽。正南有躔陛陟上,方轨是由。西南侧城有神马寺,树木修整,西去白马津可二十许里,东南距白马县故城可五十里,疑即《开山图》之所谓"白马山"也。山〈下〉{上}常有白马群行③,悲鸣则河决,驰走则山崩。亭上旧〈治〉{置}凉城县④,治此。《收志》⑤:有凉城。《御览·州郡志六》"滑州"引《西征记》曰:古有神〈台〉{白}马⑥,因以名县。《御鉴》七十一引《述征记》曰:凉城至长寿津六十里,河之故渎〈存〉{在}焉。⑦)

有南中城、(〈《收志》有。〉⑧)

西王母祠、(《收志》有。)

般祠。(《收志》长乐县:"武泰初,分凉城置,有盘{祠}⑨。"脱"祠"字。《河水注》:河水自津东北,径凉城县,河北有般祠⑩。《孟氏记》云:祠在河中,积石为基,河水涨盛,恒与水齐。戴氏《西征记》云:今见祠在东岸临河,累石为壁,其屋宇容身而已,殊似无灵,不如孟氏所记,将恐言之过也。)

校注:

① 原稿引文误抄"初"为"和",据改。

② 引文见今本《元和郡县图志》卷十六《河北道一》"相州洹水县"下。

③ 原稿引文作"山下",《水经注疏》作"山下",并释云:"朱作'山下',赵、戴同。守敬按:黄本作'山上'。《元和志》、《御览》四十二、七十一、《寰宇记》、《通鉴》周赧王四年《注》引《开山图》,并同。则'下'为'上'之误无疑,今订。"据改。

④ 原稿引文误抄"置"为"治",据改。

⑤ 引文见今本《魏书·地形志上》"司州东郡凉城"下注文。

⑥ 引文此句"白"误写为"台",据改。库本《太平御览》无此条引文。

⑦ 后三条引文均为后增夹注。此句"在"误写为"存",据改。

⑧〈〉括号内文字后有圈删之意,然今本《魏书·地形志上》"凉城"下注有南中城,不应删。

⑨ 今本《魏书·地形志上》卷末"校勘记"云:"《杨校》:'盘'字有脱文。按《水经·河水注》(卷五):河水东北径凉城县,河北有盘祠。则此脱'祠'字。"据补。

⑩《水经注疏》此句下校云:"守敬按:《地形志》长乐县:'武泰初,分凉城置。有盘。'盘、般通,下脱'祠'字。般祠本属凉城,故《注》于河水径凉城下叙之,至后分属长乐,则郦氏所不及知也。"存考。

东燕(在今卫辉府延津县东三十五里。)

汉南燕,后汉〈省南字〉曰燕[①],属。晋废。(穆案:《收志》注曰"二汉属",不加别白,已觉不瞭,曰"晋属濮阳",尤误。晋濮阳国领濮阳、廪丘、白马、鄄城,凡四县也。[②])

慕容德改〈曰〉置〈东〉燕[③],(《元和志》:汉{为}南燕县,{其后}慕容德都之,〈改曰〉{复号}东燕。[④])

魏因之。(《通鉴》:赵将桃豹遁,屯东燕城。《注》:即汉东郡燕县也。后魏置东燕县,属陈留郡。穆案:桃豹所屯者,即此东燕也。魏仍属东郡,其属陈留者,乃南兖州陈留郡之东燕县,魏收《志》亦不误,身之误合为一[⑤]。)

有燕城、(《收志》有。《〈河〉{济}水注》[⑥]:濮渠又东北,径燕城南,故南燕,姞姓之国也,有北燕,故以南氏县。)

石济津、(《宋书·垣护之传》:玄谟攻滑台,护之百舸为前锋,进据石济。石济在滑台西南百二十里。《注》互见"卷县土楼"下[⑦]。《河水注》:河水又径东燕县故城北,则有济水自北来注之{又东,过燕县北,淇水自北来注之}。[⑧]河水于是有棘津之名,亦谓之石济津,故南津也。[⑨]宋元嘉中,遣辅国将军萧斌{率}宁朔将军王玄谟北入[⑩],宣威将军垣护之以水军守石济,即此处也。《初学记》"河南道滑州"引《述征记》曰:河有一积石,谓之石济。《元和志》汲县:黄河{西}自新安〈县〉{乡}流入[⑪],经〈岁〉{县}

南⑫，{去县}七里⑬，谓之棘津，亦谓之石济津。[《元和志》更核。——夹注]）

高祖行宫、（《高间传》：〈帝〉{车驾}还幸石济⑭，闾朝于行宫。）

燕城湖、（《济水注》：濮渠又东北，径燕城南⑮。东为阳清湖陂，南北五里，东西三十里，亦{曰}燕城湖⑯。）

尧祠、（《收志》有。）

伍子胥庙。（《收志》有⑰。《河水注》亦有伍子胥庙，云"在北岸顿丘界"，则与东燕之庙无涉也。盖魏齐之交，子胥之庙所在多有，如江东之祀蒋侯矣。隋〈书〉高劢〈传曰〉拜楚州刺史⑱。{先是}⑲，城北有伍子胥庙，其俗敬鬼，祈祷者必以牛酒，至破产业。劢叹曰："子胥贤者，岂宜损百姓乎？"乃告谕所部，自此遂止，百姓赖之。）

校注：

① 据《汉书·地理志》，东郡下有南燕县。据《续汉书·郡国志》，燕县属东郡。〈〉括号内文字后圈删。

② 原注出自今本《魏书·地形志上》"东郡东燕县"下。介生按：石翁说是，今本《魏书·地形志》无校勘记，不知何故。

③〈〉括号内文字后圈删。介生按：据下引文，"东"字似应保留，圈改有误。

④ 引文出今本《元和郡县图志》卷八《河南道四》"滑州胙城县"下，内容有脱、衍之处，据改。

⑤ 介生按：即指《胡注》，胡三省，字身之。

⑥ 此段引文出处有误，应出自《水经·济水注》，据改。

⑦ 卷县在本稿卷二"荥阳郡"下。

⑧ 原稿引文与《水经注疏》内容有较大出入，《水经注疏》释文云："朱讹作'河水又东，燕县故城北，则有济水自北来注之'。全、赵、戴并以此处为《注》，东下燕上增径字，戴又删则有以下九字。守敬按：皆非也。盖此二句本是《经》，惟有衍文、脱文耳。何以知之？即以《注》文知之。济水在河南，不在河北，且此地无济水入河，济是误字无疑。然既有此句，则必确

指一水。考前汉之南燕县,后汉、魏曰燕县。燕县之北[燕城详《济水注》。——原注],正当淇水自北来注河之处,则知《经》本作'又东,过燕县北,淇水自北来注之'。下《注》文'河水又东,淇水入焉',正应《经》'淇水自北来'之说。正证此条是《经》,非《注》也。自传抄缪乱,《通鉴》宋元嘉二十七年胡《注》所引,已是误本。全、赵、戴见上句与《经》不合,遂改《经》作《注》,戴并臆删下句,今为订正,顿见庐山真面,亦一快也。"据改。

⑨ 此处引文有节略。

⑩ 原稿引文脱写一"率"字,据补。

⑪ 此段引文出今本《元和郡县图志》河北道卫州汲县下。引文脱写一"西"字,据补。"新安县"应为"新安乡"之误,今本《元和郡县图志》卷十六校勘记云:"今按:各本作'新字县',误。"据改。

⑫ 此句引文误抄"县"为"岁",据改。

⑬ 此句引文脱写"去县"二字,或是版本之异,据补。

⑭ 此句引文误抄"车驾"为"帝",据改。

⑮ 此处引文有节略。

⑯ 此句引文脱写一"曰"字,据补。

⑰ 今本《魏书·地形志上》"东燕县"下有"伍子胥祠"。

⑱ 原稿引文有"书"及"传曰",后圈删。

⑲ 原稿引文有"先是",后圈删。

酸枣(在今延津县北十五里。)

汉、晋属陈留①。

魏初〈太和十八年〉②,并小黄。

宣武帝复置,属。(《元和志》酸枣{县}③:,本秦旧县,属陈留郡。后魏并入小黄。宣武帝复置,改属东郡。《寰宇记》:废酸枣县,在酸枣县北十五里,后魏孝文太和十八年废。废,万刻作"置",误④。)

有酸枣城、(《收志》有。《济水注》:濮渠又东北,径酸枣县故城南。⑤《汉官仪》曰:旧河堤谒者居之。《寰宇记》酸枣县:古酸枣城,在县西南十五里。按《韩世家》:"哀侯即位,灭郑,遂都酸枣。"旧宫馀址犹存。又废酸枣县,在县北十五里,后魏孝文帝太和十八年置。穆案:《元和志》谓宣武复〈属〉{置}⑥,《寰宇记》谓孝文已置,二说未知孰是。以迁洛后并置全规揆之,疑乐氏之言或未核也。)

望气台、(《收志》有。《济水注》:酸枣城西有韩王望气台。孙子荆《故台赋》叙曰:酸枣〈寺〉{县}门外⑦,夹道左右有两故台,访之故老云:韩王听讼观台,高十五仞,虽楼榭泯灭,然广基似于山岳。召公大贤,犹舍甘棠,区区小国,而台观隆崇,骄淫于世,以鉴来〈兹〉今⑧,故作赋曰:蔑丘陵之逦迤,亚五岳之嵯峨,言壮观也。《寰宇记》酸枣县:韩王台二,并在县南一十六里。按孙楚《韩王台赋》云:酸枣县[《注》作寺。——原注]门外,左右有两故台,访故老云:韩王听政[《注》作讼。——原注]之观也⑨。又望气台在县西南十五里。《舆地志》云:酸枣县西有韩王望气台。穆案:《郦注》似合"望气"、"听讼"为一地。据乐氏《记》,知不同也。)

肺山、白沙渊、五马渊、(俱见《收志》。)

灵昌津、(《河水注》:河水东至酸枣西⑩。又东北,通谓之延津。石勒之袭刘曜,途出于此,以河冰泮为神灵之助,号是处为灵昌津。《元和志》:延津,即灵昌津也,在〈酸枣县〉{灵昌县}东北二十二里⑪。)

同池陂。(《济水注》:濮渠又东北,径酸枣县故城南⑫。{濮水}北积成陂⑬,陂方五里,号曰同池陂。)

校注:

① 据《汉书·地理志》与《续汉书·郡国志》,陈留郡下均有酸枣县。

② 原稿此句有"太和十八年",后圈删。

③ 原稿此句略写一"县"字,据补,引文有节略。

④ 今本《太平寰宇记》卷二《河南道二》"开封府酸枣县"下亦为"置",无相关校勘记。库本《太平寰宇记》亦作"置",石翁说是。

⑤ 此处引文有节略。

⑥ 原稿引文误抄"置"为"属",据改。

⑦ 原稿引文作"酸枣寺",《水经注疏》作"酸枣县",并释云:"朱'县'讹作'寺',全、赵、戴同,守敬以《寰宇记》引改。"据改。

⑧ 原稿引文此句衍写一"兹"字，据删。

⑨ 引文原注所云《注》，即《济水注》。

⑩ 此处引文有节略。

⑪ 原稿此处引文有误。这段引文应出自今本《云和郡县图志》卷八"滑州灵昌县"下，故延津（灵昌津）应在灵昌县东北二十二里，而非"酸枣县"。据改。

⑫ 此处引文有节略。

⑬ 此句引文脱写"濮水"二字，据补。

长垣（在今大名府长垣县东北十里。）

汉、晋属陈留，后属[①]。

真君八年，并外黄。景明三年，复。

有平丘城、（《收志》有。《寰宇记》陈留县：平丘城，在县北九十里。《陈留风俗传》云：{平}丘城[②]，卫灵公邑。《春秋》昭公十三年：〈晋会诸侯于平丘〉{公会刘子、晋侯等于平丘}[③]。杜预注云：平丘，在{陈留}长垣县西南。[④]）

长垣城、（《收志》有。《济水注》：濮渠东绝驰道，东径长垣县故城北，卫地也，故首垣矣。秦更从今名。[⑤]《陈留风俗传》曰：县有防垣，故县氏之。）

漆城、（《济水注》：濮渠之侧有漆城。《竹书纪年》{曰}[⑥]：梁惠成王十六年，邯郸伐卫，取漆、富丘城之者也，或亦谓之宛〈濮〉亭[⑦]。《春秋》：宁武子与卫人盟于宛濮。杜预曰：长垣西南，近濮水也。《寰宇记》：漆城，在长垣县西二十里。）

祭城、（《济水注》：长垣县有祭城，濮渠径其北，郑大夫祭仲之邑也。杜预曰：陈留长垣县东北有祭城者也。《一统志》[⑧]：祭城，在长垣县东北。《{后汉书}·郡国志》[⑨]：长垣有祭城[⑩]。《县志》：今县东北有祭城村。按：杜《注》以此城为郑祭封人{仲}邑[⑪]。今考此乃卫地，不应为郑臣采邑。）

匡城、（《收志》有。《寰宇记》襄邑县：古匡城，在县西三十里。《地理志》云：秦以承匡之地卑湿，故徙县于襄陵，其城遂废。昔仲尼游此城，匡人误围夫子，夫子由城东南空角{角空}而出⑫，其迹犹存。《渠水注》：今陈留长垣县南有匡城，即平丘{邱}之匡亭也⑬。穆案：孝昌中已复置陈留郡，故郦君云陈留长垣也。然《收志》不云长垣孝昌中仍属陈留，是其踈也⑭。《长垣志》：今县西南有司家坡，即古匡城也。）

龙城、（《收志》有。《寰宇记》：龙城，在长垣县东南二十里，昔夏桀臣龙逢所居，{因}以为名⑮。〈今城东有关龙逢墓，墓侧有祠。〉⑯《长垣志》：龙城，在县南，今名龙相村。）

蒲城、子路祠、（《收志》有。《济水注》：濮渠又东，径蒲城北，故卫之蒲邑，孔子将之卫，〈子〉路出〈迎〉于蒲者也⑰。《寰宇记》：蒲城，在长垣县东北十里。《春秋》{云}⑱：齐侯、卫侯胥命于蒲。杜预{注}云⑲：蒲，卫地，在陈留长垣县西南。《家语》云："子路治蒲三年，孔子过之，三称仲由之善。"即此也。今城内有子路祠。《一统志》⑳：长垣县〈志〉{治}㉑，故蒲城也，明洪武初迁县于此。）

卫灵公祠、（《收志》有。《寰宇记》：卫灵公祠，在长垣县东北二十七里{长垣城内}㉒。）

长罗泽、（《济水注》：圈称又言长垣县有罗亭，故长罗县也，后汉省并长垣。有长罗泽，即吴季英牧猪处也。《明一统志》㉓：长罗城，在旧长垣县西南三十里。）

蘧伯冈。（《济水注》：又有蘧伯玉冈，《陈留风俗传》曰：长垣县有蘧伯乡，一名新乡，有蘧亭、伯玉祠、伯玉冢。曹大家《东征赋》曰：到长垣之境界兮，察农野之居民。睹蒲城之丘{邱}墟兮，生荆棘之蓁蓁。蘧氏在城之东南兮，民亦〈㵊〉{向}其丘{邱}坟㉔。《寰宇记》：蘧伯玉祠，在长垣县东七里，祠在墓侧。《长垣志》：县东南有伯玉村。）

校注：

① 据《汉书 · 地理志》和《续汉书 · 郡国志》，陈留郡下均有长垣县。据《晋书 · 地理志》，长垣县属陈留国。

② 引文此句脱写一"平"字，据补。

③ 原稿此处引文与库本《太平寰宇记》相同，与今本原文有较大出入，据改。

④ 引文此句脱写“陈留”二字，据补。

⑤ 此处引文有节略。

⑥ 此句引文脱写一“曰”字，据补。

⑦《水经注疏》“宛濮亭”作“宛亭”，并释云：“朱‘宛’作‘菀’，下同，又上有‘濮’字。全、赵、戴改‘宛’，乙作‘宛濮’。会贞按：按杜预说，当止作‘宛亭’，不当有‘濮’字，今删。”据改。

⑧ 此《一统志》应为文渊阁“四库全书”本乾隆《大清一统志》。

⑨ 原稿此句引文脱写“后汉书”三字，据补。今通称《续汉书·郡国志》。

⑩ 此处引文有节略。

⑪《一统志》引文脱写一“仲”字，据补。

⑫ 今本《太平寰宇记》“空角”作“角空”，与金陵书局刊本同，然查文渊阁“四库全书”本也为“空角”，石翁所据版本应与今本不同，未知孰是。存考。

⑬《水经注疏》撰著者将陈留、长垣断开，并释云：“此匡城见《济水二》濮水下。长垣县，两汉、魏、晋属陈留，后魏属东郡，此今字当衍，或又字之误。二语本《续汉志》为说，南字亦当衍，如参以僖十五年杜《注》则当作西南。《续汉志》长垣有匡城，又平邱有匡，证以此《注》，下脱亭字。故刘昭云匡人之亭。盖长垣、平邱地相接，匡在两县间，故司马彪分为二，郦氏合为一也。”又介生按：原稿常以“丘”替代“邱”，二字通假。

⑭ 介生按：石翁观点显然与《水经注疏》撰著者不同，但郦道元死于孝昌年间，而《水经注》完成应早于孝昌，这种观点似可商榷。

⑮ 引文此句脱写一“因”字，据补。

⑯〈〉括号内文字后圈删。

⑰《水经注疏》此句作“路出于蒲者也”，并释云：“朱‘路’上衍‘子’字，全、赵、戴同。全、赵于出下增‘迎’字。守敬按：此乃《家语》（《入官》）孔子适卫出于蒲之路，浅人以下有子路事，妄添‘子’字。全、赵、戴均不检察，全、赵又臆添‘迎’字，大误。”据改。

⑱ 引文此句脱写一“云”字，据补。

⑲ 原稿引文此句脱写一“注”字，据补。

⑳ 此条引文出自文渊阁“四库全书”本乾隆《大清一统志》卷二二《大名府》“故蒲城”条下。

㉑ 此句引文误抄“治”为“志”，据改。

㉒ 引文此句脱写“长垣城内”四字，据补。

㉓ 此条引文出自明人李贤等撰《明一统志》卷四大名府古迹“长罗城”下。

㉔《水经注疏》此句下校云：“朱‘嚮’讹作‘飨’，戴改，赵同。会贞按：残宋本、《大典》本作‘向’，向、嚮同。《文选》作‘尚’。孙老祖《考异》谓向字之误。”据改。

小黄（在今开封府陈留县东北。）

汉、晋属陈留。①

真君八年，并外黄。太和中，复，属②。

有小黄城、（《收志》有。《寰宇记》陈留县：小黄城，汉县名，故城在今县东北三十三里，亦曰小黄园。）

高阳故亭、（《睢水注》：睢水又东，径高阳故亭北，俗谓之陈留北城，非也。苏林曰：高阳者，陈留北县也。按在留，故乡〈巨〉{聚}名也③，有《汉广野君庙碑》。延熹六年十二月，雍丘{邱}令董生，仰馀徽于千载，〈迈〉{遵}茂美于绝代④，命县人〈苌〉{长}照为文⑤，用〈彰〉{章}不朽之德⑥。今故宇无闻，而单碑介立矣。）

鉼乡亭、（《汳水注》：汳水又东，径陈留县之鉼乡亭北。《陈留风俗传》所谓县有鉼乡亭、即斯亭也。《睢水注》：陈留县有鉼亭，鉼乡。）

黄沟、（《泗水注》：黄水出小黄县黄乡黄沟。《国语》曰：吴子会诸侯于黄池者也。

[先沟后陂。——夹注]⑦）

大荠陂、（《泗水注》：黄沟又东，注大泽，蒹葭、〈萑〉{莞}苇生焉⑧，即世所谓“大荠陂”也。)

昭灵后冢、(《收志》有。《寰宇记》:昭灵夫人陵庙,在陈留〈庙〉{县}北三十七里⑨。)

陈冢、(《收志》有。《寰宇记》:陈陵,在陈留县北二十里。按《城冢记》云:大梁城东三十里、汴水北五里有黄柏山,陈元方祖父〈坟〉{墓}二十区⑩,有碑存。)

蔡邕冢。(《收志》有。《寰宇记》开封县:蔡伯喈墓,在县东北四十五里⑪。穆案:已上三冢,收所以特志之者,明旧陈留县东北境,魏并入小黄也。[互见“开封陈留城”下。——原注])

校注:

① 据《汉书·地理志》和《续汉书·郡国志》,陈留郡下均有小黄县。据《晋书·地理志》,小黄县属陈留国。

② 小黄县在今本《魏书·地形志中》“梁州陈留郡”下。

③ 原稿引文误抄“聚”为“巨”,盖时俗字,据改。

④ 原稿引文误抄“遵”为“迈”,据改。

⑤《水经注疏》“苌照”为“长照”,并校云:“朱‘长’作‘苌’,赵同,戴改。会贞按:黄本作‘苌’,明抄本作‘长’。”据改。

⑥《水经注疏》“彰”作“章”,或是误抄,或是版本不同。又此处引文有节略。

⑦ 原稿将“大荠陂”置于“黄沟”之前,根据夹注改。

⑧《水经注疏》“萑苇”为“莞苇”,并释云:“戴改‘莞’为‘萑’。”据改。

⑨ 原稿引文误抄“县”为“庙”,据改。

⑩ 原稿引文误抄“墓”为“坟”,据改。

⑪ 此处引文有节略。蔡邕,字伯喈。

封丘(今卫辉府封丘县治。)

汉、晋属陈留①。

真君九年,并酸枣。景明二年,复[②]。

治封丘城。

有封丘台、(《收志》有。《寰宇记》:封丘台,在封丘县东五里。按《世本》:"东郡〈齐〉{燕}国侯伯儵子卒[③],葬此,遂于城内作地道{向子墓,亦名向子台}[④]。)

白沟。(《收志》有。注见"汲郡朝歌"下。)

校注:

① 据《汉书·地理志》与《续汉书·郡国志》,陈留郡下均有封丘县。据《晋书·地理志》,封丘县属陈留国。

② 封丘县在今本《魏书·地形志中》"梁州陈留郡"下。

③ 原稿引文误抄"燕国侯"为"齐国侯",据改。

④ 今本《太平寰宇记》卷一"封丘县"下此条又续有"向子墓,亦名向子台。"校勘记云:"底本'向'上空阙一格,万本、库本同,不可解,宋版无空阙,据改。"

济阳(在今开封府兰仪县北。)

汉、晋属陈留[①]。(汉故城,在今兰仪县北五十里。晋故城,在今兰仪县东北二十里。)

延和二年,置徐州。(《刁雍传》:延和二年,立徐州于外黄城,置谯、梁、彭、沛四郡九县。)皇兴初罢[②]。

有济阳城、(《收志》有。)

外黄城、(《收志》有。汉、晋外黄故城,在今开封府杞县东六十里。)

东昏城、(《收志》有。汉东昏故城,在今兰仪县东北二十里。今本《收志》作"东缗",误。汉东缗县属山阳郡,故城在今济宁州金乡县东北二十里,与济阳相距远,无由并入也[③]。)

莠仓城、大齐城、小齐城、科城。(《汳水注》:汳水又〈东〉径外黄县南[4],又东径莠仓城北。《续述征记》曰:莠仓城去大游墓二十里。又东径大齐城南。《陈留风俗传》曰:外黄县有大齐亭。又东径科城北。《陈留风俗传》曰:县有科禀亭。是则科禀亭也。〈汲〉{汳}水又东[5],径小齐城南。)

校注:

① 据《汉书·地理志》与《续汉书·郡国志》,陈留郡下均有济阳县。据《晋书·地理志》,济阳县属陈留国。

② 在今本《魏书·地形志中》有多个济阳县,此济阳县应在“梁州阳夏郡”下。

③ 查今本及库本《魏书·地形志中》此条均作“东缗城”,与“东昏城”差异较大,均无校勘记。

④ 此处引文衍写一“东”字,据删。

⑤ 原稿引文误抄“汳水”为“汲水”,据改。

尉氏(今开封府尉氏县治。)

汉、晋属陈留。[1]

兴安初,并苑陵。太安二年,复[2]。

治尉氏城。(《收志》有。《渠水注》:长明沟水又东,径尉氏县故城南。圈称云:尉氏,郑国之东鄙。弊狱官名也。郑大夫尉氏之邑。)

有陵树亭、(《收志》有。今本作“有陵有亭。”谬[3]。《渠水注》:康沟东径平陆县故城北[4]。建武元年,以户不满三千罢为尉氏县之陵树乡。又有陵树亭,汉建安中,封尚书荀攸为陵树乡侯。故《陈留风俗传》曰:陵树乡,故平陆县也。赵一清曰:按《汉志》陈留郡无平陆县{也}[5]。刘昭《续志补注》于尉氏县下引《陈留志》云:有陵树乡。则东京废省之说有如郦言,抑或班固之失记耳。《方舆纪要》:陵树亭,在尉氏县东北三十五里。)

少曲亭、(《渠水注》:康沟水又东径少曲亭。《陈留风俗传》曰:尉氏县有少曲亭,俗谓之为小城也。《方舆纪要》:少曲亭,在尉氏县东[6],此河南之少曲也。)

波亭、鸿沟亭、(《渠水注》:尉氏县有波乡、波亭、鸿沟乡、鸿沟亭,皆藉水以立称也。)

长乐厩。(《渠水注》:尉氏北有大泽,名长乐厩。赵一清曰:按刘昭《补注》尉氏县下引《陈留志》曰:北有大泽,泽有天子苑,{有}长乐厩[⑦],汉诸帝以驯养猛兽,然则厩非泽名,善长误矣[⑧]。)

校注:

① 据《汉书·地理志》和《续汉书·郡国志》,陈留郡下均有尉氏县。据《晋书·地理志》,尉氏县属陈留国。

② 尉氏县在今本《魏书·地形志中》"梁州开封郡"下。

③ 今本《魏书》校勘者同意石翁的意见,该条"校勘记"云:"《延昌志》卷二东郡尉氏下作'陵树亭',云:'今本作有陵有亭,谬。《渠水注》(《水经注》卷二二):康沟东径平陆县故城北。建武元年,以户不满三千罢为尉氏县之陵树乡。又有陵树亭,汉建安中封尚书荀攸为陵树乡侯,故《陈留风俗传》曰:陵树乡,故平陵县也。'《渠水篇》此条下杨《疏》亦以为《地形志》'有树(应为陵——介生注)有亭'下'有'字为'树'之讹。"

④ 引文此处有节略。

⑤ 引文出自《水经注释》卷二十二注文,此句脱写一"也"字。

⑥ 引文此处有节略。

⑦ 引文此句脱写一"有"字,据补。

⑧ 关于此条注释,《水经注疏》又释云:"会贞按:善长何至以厩为泽,此有误字,作'泽有长乐厩',则无疑矣。"介生按:今本《水经注释》卷二十二注文有"有"字,与熊会贞所见版本不同。

扶沟(在今陈州府扶沟县东北五十里。)

汉属淮阳[①],后汉、晋属陈留。[②]

真君八年,并长平,属。(穆案:长平后复属扬州北陈郡,盖世宗时制也。)③

有白亭城、(《收志》有。《渠水注》:康沟水又东,径扶沟县之白亭北。《陈留风俗传》曰:扶沟县有帛乡、帛亭,名在七乡十二亭中。④)

大扶城、小扶城、(《渠水注》:沙水又南,径小扶城西,而东南流{也}⑤。城即扶沟县之平周亭⑥。沙水又东南径大扶城西,城即扶乐故城也。城北二里有《袁良{梁}碑》⑦,云:良{梁},陈国扶乐人⑧。《阴沟水注》:〈过〉{濄}水径大扶城西⑨,城之东北,悉诸袁旧墓,碑宇倾{低}⑩,羊、虎碎折,唯司徒滂、蜀郡太守腾、博平令光,碑字所存唯此,自馀殆不可寻。)

[夹注:大、小扶城入"阳夏大小扶沟"下。]⑪

蔡水、(《收志》有⑫。穆案:即《渠水注》之沙水也。《乾隆府厅州县{图}志》扶沟县⑬:蔡水,一名小黄河,亦名惠民河。自开封府尉氏县流入县东,又南径西华县,又东径府城南,合于颍,即沙水也。沙、蔡音同,与淮宁县沙河别。按五代周显德六年,引河入蔡,以通陈、颍之漕。宋时导闵水入于蔡,是为惠民河。陈、蔡之粟,自此入汴,元时为河水所夺,贾鲁治之,故自朱仙镇以上通名贾鲁河,自镇以下,昔由通许流入扶沟,今则近尉氏而远于通许,于《水经》及《元和志》故道不能尽合,然大略可〈知〉{考}矣⑭。)

扶沟水、(《收志》有⑮。穆案:《渠水注》:沙水南径扶沟县故城东,县即〈颖〉{颍}川之谷平乡也⑯。有扶亭,又有洧水沟,故县有扶沟之名焉。然则,扶沟即洧水也。《乾隆府厅州{图}县志》扶沟县:洧水自开封府鄢陵县东流,至县北,注蔡,亦名双洎河。班固云:洧水东南至长平,入〈颖〉{颍}⑰。按洧水本入颍,宋时导之,〈至〉{自}扶沟入蔡⑱。今有史家河在西华县西南,即洧之馀流也。)

康沟水、(《收志》有。《渠水注》:康沟水首受洧水于长社县东,东北径向冈西⑲,后人遏其上口,今水盛则北注,水耗则〈輙〉{辍}流⑳。又曰:长明沟水又东径尉氏{县}故城南㉑。沟渎自是三分,北分为康沟,东径平陆县故城北㉒。又东径扶沟县之白亭北㉓,又东径少曲亭㉔,又东南径扶沟县故城东,而东南注沙水。穆案:康即长明之合音。)

龙州{洲}陂、(《收志》有㉕。)

召陵冈。(《收志》有。今本作"刀陵{冈}",误㉖。《渠水注》:八里沟水又南径〈召陵亭〉{邵亭}西㉗,东入沙水。又曰:沙水又南,会南水,其水南流,又分为二水,一水南径关亭东,又东南流,与左水合。其水自枝渎南径召陵亭西,疑即扶沟之亭也㉘,而东南合右水。)

校注:

① 据《汉书·地理志》,淮阳国下有扶沟县。

② 此处恐有误。据《续汉书·郡国志》,扶沟县属陈留郡,而据《晋书·地理志》,陈留国下领十县,其中并无扶沟县,存考。

③ 扶沟县在今本《魏书·地形志中》"郑州许昌郡"下。

④《水经注疏》此条下释云:"《寰宇记》亦引,帛、白音同。"

⑤《水经注疏》此句作"东南流也",并释云:"朱作'而流也',赵'而'改'南',戴'而'下增'东南'二字。"据补一"也"字。

⑥ 此处引文有节略。

⑦《水经注疏》作《袁梁碑》,并注云:"戴改'梁'作'良',下同。"存考。

⑧《水经注疏》此条下释云:"赵云:洪氏适曰:碑在开封之扶沟。袁君名良,历郎中、谒者、将作大匠、丞相令史、广陵太守、议郎、符节令,国三老、梁相,以顺帝永建六年卒,其孙卫尉滂立此石。滂以光和年为相,其作九乡,当在灵帝之初。《水经》云,扶沟有《袁梁碑》者,误也。一清按:袁君名良,碑字足据,无可疑者。郦《注》作'梁',良、梁音同互用。《左传》季梁,《溳水注》作季良,亦其类也。"

⑨ 原稿引文作"过水",《水经注疏》作"濄水",据改。

⑩ 原稿引文此处脱写一"低"字,据补。

⑪ 介生按:依夹注之意,应移于"阳夏县"下,但为保持遗稿原貌,特取两存其文。

⑫ 介生按:今本《魏书·地形志中》"扶沟县"下有"蔡河"。

⑬ 介生按:书名略写一"图"字,据补。下同。

⑭ 引文此句"考"误写为"知",据改。

⑮ 介生按:此处疑有误,今本《魏书·地形志中》"扶沟县"下并没有"扶沟水"条目。

⑯ 原稿引文误抄"颍"为"颖",据改。

⑰ 原稿引文误抄"颍"为"颖",据改。

⑱ 引文此句"自"误写为"至",据改。

⑲ 引文此处有节略。

⑳ 原稿误抄"辍"为"輟",据改。

㉑ 原稿引文脱写一"县"字,据补。引文此处有节略。

㉒ 引文此处有节略。

㉓ 引文此处有节略。

㉔ 引文此处有节略。

㉕ 今本《魏书·地形志中》"许昌郡扶沟县"下有"龙洲陂"。存考。

㉖ 原稿引文脱写一"冈"字,据补。

㉗《水经注疏》此句引文作"邵亭",并释云:"赵'邵'改'召',下增'陵'字。戴改增同。守敬按:此邵亭自在扶沟,与后之召陵亭非一地,盖此亭于八里沟水叙之,彼亭于康沟南水叙之,其中为康沟水,不言径此亭,亦不言径彼亭,知两亭相去颇远也。"据改。

㉘《水经注疏》此条下释云:"会贞按:上文作'邵亭',此作'召陵亭',郦氏所见图籍,盖两文错出,而邵读曰召,浑若一亭,故疑之。此亭当在今尉氏县东南。"据改。

阳夏(今陈州府太康县治。)

汉属淮阳①,后汉属陈国②。晋初并梁③,惠帝复。

真君七年,并扶沟。太和十二年,复④。

治阳夏城。(《元和志》太康县:县理城,即汉阳夏县城,夏后太康所筑。)

有车牛城、(《渠水注》:沙水又东南,径牛首乡东南,鲁〈沟〉{渠}水出焉⑤。又东南至阳夏县故城西⑥,{又}南入涡⑦,今无水也。沙水又东南,径斗城西⑧。又东南径牛首亭东。《左传·桓公十四年》"宋人与诸侯伐郑东郊，取牛首”者也，俗谓之车牛城矣。《寰宇记》太康县：牛头城，在县西五十里。按隋《淮阳郡图》云：牛头城在扶乐西二十里[原注：《记》又云：扶乐故城在县西北四十里。]，《水经注》云“沙水又东南经牛首亭[原注：一作城]”是也⑨。穆案：〈以《水注》核之，疑乐氏之言大乖。阳夏、太康既古今一地，不应中尉言在东南之城，宜黄时突在西北⑩，窃疑〉⑪《隋图经》所谓牛头城者，非沙水所径之牛首乡，亦谓之牛建城也，地在阳夏亭西北，疑即《收志》〈围〉{圉}城之沙城矣⑫。乐氏语未分析，或城字即乡字误，乐氏欲融二为一，而未诊里到，遽事合并，〈故有斯谬矣。〉⑬）

邈城、（《阴沟水注》：過水又东南，径阳夏县西，又东径邈城北，城实中而西有〈隙〉{璅}郭。⑭）

大小扶沟、（《收志》有。穆案：即《渠水注》之大、小扶城也，《注》曰云云。）

大扶城、小扶城。（《渠水注》：沙水又南，径小扶城西，而东南流。城即扶沟县之平周亭。沙水又东南径大扶城西，城即扶乐故城也。城北二里有袁良碑，云：良，陈国扶乐人。《阴沟水注》：过水径大扶城西，城之东北，尽诸袁旧墓，碑宇倾，羊、虎碎折，唯司徒滂、蜀郡太守腾、博平令光碑字，所存唯此，自馀殆不可寻。⑮）

校注：

① 据《汉书·地理志》，淮阳国下有阳夏县。

② 据《续汉书·郡国志》，陈国下有阳夏县。

③ 据《晋书·地理志》，梁国下有阳夏县。

④ 阳夏县在今本《魏书·地形志中》“梁州阳夏郡”下。

⑤《水经注疏》此条作“鲁渠”，并释云：“戴以‘渠’为讹，改作‘沟’。守敬按：《汉书》陈留县载鲁渠水，是郦所本，下乃变称鲁沟耳。戴依下改‘渠’作‘沟’，失考。”据改。又引文此处有节略。

⑥ 引文此处有节略。

⑦ 引文此句脱写一“又”字，据补。

⑧ 引文此处有节略。

⑨ 今本《太平寰宇记》"开封府太康县"下此条作"牛首亭",卷末"校勘记"云:"一作城,宋版、万本皆无此三字,盖非乐史原文。"存考。

⑩ 介生按:乐史为抚州宜黄县人,故石翁以"宜黄"称之。

⑪〈〉括号内文字后圈删。

⑫ 原稿误抄"圉"为"围",改。

⑬〈〉括号内文字后圈删。

⑭《水经注疏》此条作"璅郭",并释云:"戴改'璅'作'隙'。守敬按:当作'琐','璅'与'琐'通。"

⑮ 介生按:此条目遵照作者之意移写于此,供比照,中间脱误之处见"扶沟县"下,不再重复注释。

雍丘(今开封府杞县治。)

汉、晋属陈留[①]。

有〈祀〉{杞}城[②]、(今本《收志》"杞"讹作"抱"[③]。《郡县志》雍丘:本杞国。刘昭《补注》:城本名杞城[④]。《元和志》雍丘县:雍丘故城,今县城是也。春秋时杞国城也。{杞为宋灭,}[⑤]城北临汴河。)

广陵城、(《收志》有。穆案:《睢水注》引圈称曰:雍丘县有五陵之名{丘}[⑥],故以氏县矣。《太康志》:五陵者,桃〈楼〉{陵}[⑦]、青陵、翟陵、石陵、武陵,皆土阜也,今多涌滤。厥陵殆其类欤?)

高阳城、(《收志》有。《元和志》雍丘县:高阳故城,在县西南二十九里,颛顼高阳氏佐少昊有功,受封此邑。高祖攻昌邑,西过高阳。又郦食其墓在此[⑧]。)

少姜城、(《收志》有。穆案:疑即戴延之所谓"妇姑城"也。《寰宇记》[⑨]:妇姑城,在雍丘县东十里。按戴延之《西征记》云:"梁东百里,古有妇人寡居,养姑孝谨,乡人义之,为筑此城,故名妇姑城。"后人音讹为"负固城"。)

华城、(《收志》有。《渠水注》:沙水又东南,径东华城西。)

阳乐城、(《汳水注》:汳水又东,径雍丘县故城北,{径}阳乐城南[⑩]。《西征记》:城在汳北一里,周五里,雍丘县界。《方舆纪要》杞县:阳乐城,在县东北四十里。盖符秦时所置[11]。)

白杨陂、(《收志》有。《睢水注》:睢水又东径雍丘县故城北[12]。又东,水积成湖,俗谓之白羊陂,陂方四十里,东合洛架口。《方舆纪要》杞县:白杨陂,在县东,今涸。)

董生涉{决}[13]、洛架口。(《汳水注》:汳水又东,有故渠出焉。南通睢水,谓之董生涉{决}[14]。或言:董氏作乱,引水南通睢水,故斯水受名焉。今无水。汳水又东,枝津出焉,俗名之为洛架口。《西征记》曰:洛架,水名也。《续述征记》曰:在董生涉{决}下二里[15]。)

校注:

① 据《汉书・地理志》与《续汉书・郡国志》,陈留郡下均有雍丘县。据《晋书・地理志》,陈留国下有雍丘县。今本《魏书・地形志中》记载有四个雍丘县:一在"梁州阳夏郡"下;二在"北扬州陈留郡"下;三在"颍州北陈留颍川二郡"下;四在"扬州陈留郡"下。此雍丘县属梁州阳夏郡。

② 原稿此句"杞"误写为"祀",据下文意改。

③ 今本《魏书・地形志中》卷末"校勘记"云:"《延昌志》卷二'东郡阳夏县(应为雍丘县——介生注)'下作'杞城',云:今本《收志》'杞'讹作'抱'。《元和志》(卷七汴州)雍丘县:'雍丘故城,今县城是也,春秋时杞国城也。'"但未作改正,存考。

④ 注文出自曹植《禹庙赞》,有节略。

⑤ 引文有节略,据补。

⑥《水经注疏》此句作"五陵之丘",并校云:"朱'丘'作'名',戴、赵同。会贞按:作'县有五陵之名',无'丘'字,与下句不贯。考《书钞》一百五十七引《陈留风俗传》:雍丘县西(字疑误)有五陵之丘。《御览》五十三引云:县有五陵之丘,故以名县。则此'名'为'丘'之误无疑。今订。《名胜志》:桃陵在杞县东南十里,又二十五里为青陵,翟陵在县西南五十里,又十里为石陵,武陵在县东北二十里,即《风俗传》所谓五陵也。"《水经注校证》则无改,与本稿同,存考。

⑦ 原稿引文此句"陵"误写为"楼",据改。

⑧ 今本《元和郡县图志》卷七“校勘记”云:“今按:《史记·郦生陆贾列传正义》引《括地志》:‘郦食其墓,在雍丘县西南二十八里。’”

⑨ 引文出自今本《太平寰宇记》卷一“开封府雍丘县”下。

⑩ 引文此句脱写一“径”字,据补。

⑪ 引文有节略,末句应出自《述征记》。

⑫ 引文此句下有节略。

⑬ “浃”为“决”之古字,据此也可印证石翁行文用字好古之旨趣。

⑭《水经注疏》此句作“决”,据改。

⑮《水经注疏》此句作“决”,据改。

圉城(在今杞县南五十里。)

汉、晋曰“圉”。(《渠水注》:县苦楚难,修其干戈,以圉其患,故曰圉也。或曰边陲之号矣。)汉属淮阳[①],后汉、晋属陈留[②],后罢。景明元年,复,属。后增“城”字[③]。

有沙城、(《收志》有。穆案:以地望诊之,疑即《渠水注》之牛建城矣。《注》曰:逢泽水东北流,为新沟。新沟又东北流,径牛首乡北,谓之牛建城。又东北注渠,即沙水也。音蔡,许慎正作沙音,言水散石也。从水、少,水少沙见矣。楚东有沙水,谓此水也。)

〈有〉万人散[④]。(《渠水注》:鲁沟水又东南,径圉县故城北[⑤]。历万人散。王莽之篡也,东郡太守翟义兴兵讨莽,莽遣奋威将军孙建击之于圉北,义师大败,尸积万数,血流溢道,号其处为万人散,百姓哀而祠之。《郡国志》圉:刘昭《补注》引《陈留志》云:“有万人聚,王邑破翟义积尸处。”〈今高阳,文颖曰:高阳,聚邑名。〉[⑥])

校注:

① 据《汉书·地理志》,淮阳国下有圉县。

② 据《续汉书·郡国志》,陈留郡下有圉县。

③ 今本《魏书·地形志中》有两个圉城县,一在“梁州阳夏郡”下,一是

"颍州北陈留颍川二郡"下。此圉城县应为前者。

④ 原稿此处衍写一"有"字,据删。

⑤ 今本《水经注疏》此句"圉县"误写为"围县",应校改。引文有节略。

⑥〈〉括号内文字后有圈删之意。

〈襄邑(在今归德府睢州西一里。)

汉、晋属陈留,后罢[①]。

景明元年复,属[②]。

有直阳城、牖乡、牖仓、(《收志》有。)

承匡城、(《渠{水}注》[③]。《元和志》襄邑县:承匡故城,在县西南二十五{三十}里[④]。)

鄫城。(《淮{水注}》十四[⑤]。)

[夹注:县分属南兖州梁郡。《乾隆府州县{图}志》:后魏景明元年复置,属梁郡[原注:此文未注所出,核之本《志》不误。]本《一统志》而误。按东郡,畿内地,不应有分属外郡之县,疑即世宗时止属梁郡,孝昌间立阳夏郡,乃割入也。当并收汴入梁郡襄邑。]〉[⑥]

校注:

① 据《汉书·地理志》与《续汉书·郡国志》,陈留郡下均有襄邑县。据《晋书·地理志》,陈留国下有襄邑县。

② 今本《魏书·地形志中》载有多个襄邑县,此襄邑县应在"梁州阳夏郡"下。

③ 原稿此条略写一"水"字,据补。篇名后并没有具体引文。

④ 今本《元和郡县图志》此句作"三十里",卷末"校勘记"云:"今按:各本俱作'二十五里'。"存考。

⑤ 原稿此条略写"水注"二字,据补。

⑥ 介生按:据夹注之意,襄邑县后有圈删之意,但石翁对夹注也有圈删之意,显然在斟酌之中。

《魏延昌地形志》卷之三

司州下

河内郡

汉高祖置，治怀[①]。

晋移治野王[②]，魏因之。

天安二年，置怀州[③]。太和十八年，罢。（《收志》怀州注[④]。《沁水注》：沁水东径野王县故城北[⑤]。汉高帝元年为殷国，二年为河内郡，魏怀州刺史治，皇都迁洛，省州，复郡。）

领县十一[⑥]

校注：

①《汉书·地理志》"河内郡"下注云："高帝元年为殷国，二年更名。"怀县为郡治所在之县。

② 据《晋书·地理志》，野王县为河内郡治所在之县。

③ 河内郡在今本《魏书·地形志上》"怀州"下。

④ 今本《魏书·地形志上》"怀州"下注云:"天安二年置,太和十八年罢,天平初年复。"

⑤ 引文此句后有节略。

⑥今本《魏书·地形志上》"怀州河内郡"下领四县:野王、沁水、河阳、轵。

野王(今怀庆府河内县治。)

汉、晋属[①]。

有邘城、邘亭、(《沁水注》:邘水南流,〈经〉{径}邘城西[②],故邘国也。城南有邘台。《春秋·僖公二十四年》:王将伐郑,富辰谏曰:邘,武之穆也。京相璠曰:今野王西北三十里有故邘城,邘〈城〉{台}是也[③]。今故城当太行南路,道出其中。又邘水东南径邘亭西。京相璠曰:又有亭在台西南三十里。今是亭在邘城东南七八里,盖京氏之谬耳,或更有之,馀所不详。《方舆纪要》:邘城,在怀庆府城西北三十里,今为邘台村[④]。)

太行山、(《收志》有。《沁水注》:沁水又东,邘水注之。水出太行之阜山,即五行之异名也。《淮南子》曰:武王欲筑宫于五行之山。周公曰:五行险固,德能覆也,内贡回矣,使吾暴乱,则伐我难矣。高诱云:今太行山也,在河内野王县西北上党关[句上下有脱文。——原注]{也}[⑤],诗所谓"徒殆野王道,倾盖上党关",即此山矣[⑥]。〈上党关〉[⑦])

上党关、(《注》见上。《方舆纪要》引《水经注》:邘城当太行南路,道出其中,旧有上党关。)

孔子庙、(《沁水注》:邘水又东南,径孔子庙东,庙庭有碑。魏太和元年,孔〈党〉{灵}度等以旧宇毁落[⑧],上求修复。野王令范众爱、河内太守元真、刺史咸阳公高允表闻,立碑于庙。治中刘明、别驾吕次文、主簿向班虎、荀灵龟,以宣尼大圣,非碑颂所称,宜立记焉,云:仲尼伤道不行,欲北徙赵鞅,闻杀鸣犊[⑨],遂旋车而反{返}[⑩]。及其后也,晋人思之,于太行岭{巅}南为之立庙[⑪],盖往时回辕处也。余按诸子书及史籍之文,并言仲尼临河而叹,曰:〈某〉{丘}之不济[⑫],命也。夫是非太行回辕之言也。碑云:

鲁国孔氏，客于洛阳，因居庙下，以奉〈烝〉{蒸}尝[13]。斯言〈至〉{是}矣[14]。盖孔氏{因}迁山下[15]，追思圣祖，故立庙存飨耳。其犹刘累迁鲁，立尧祠于山矣，非谓回辕于此也。赵明诚《金石录》：《后魏孔宣尼庙记》，在今怀州界〈平〉{中}[16]，太和元年立其额。又有延兴四年太上皇帝祭孔文者，孝文之父献文帝也。）

华岳神、（《收志》有。《沁水注》：沁水东径野王县故城北[17]。水北有华岳庙，庙侧有攒〈栢〉{柏}数百根[18]，对郭临川，负冈荫渚，青青弥望，奇可玩也。怀州刺史、顿丘李洪之之所经构也[19]。庙有碑焉，是河内郡功曹、山阳荀灵龟以和平四年造，天安元年立。）

校注：

① 今本《汉书・地理志》作"埜王"。今本《魏书・地形志上》"怀州河内郡野王县"下注云："二汉、晋属，州、郡治。"

② 引文此句"径"误写为"经"，据改。

③ 引文此句"台"误写为"城"，据改。

④ 此条引文多有节略。

⑤《水经注疏》此句有"也"字，并校云："戴删关下'也'字。守敬按：高《注》原文有'也'字。又《吕览》[《上德》]高注：太行塞在河内野王之北上党关也，同，则'也'字非衍，戴删之，则是以上党关下属，划断高诱注文矣，非也。古籍皆言太行在野王，故《注》叙于此。《地形志》亦谓野王有太行山。《括地志》则云：太行山南属怀州，北属泽州，又东北连亘河北诸州，凡数千里，为天下之脊。据《寰宇记》引《述征记》，太行首始河内，北至幽州。然则野王特太行之首耳。"据补。

⑥《水经注疏》此句下注云："守敬按：不言何人诗，今无考，诗上当有脱字。"

⑦ "上党关"三字后圈删。

⑧ 引文此句"灵"误写为"党"，据改。

⑨《水经注疏》此句也作"鸣犊"，并校云："戴改'犊'为'铎'。守敬按：《史记・孔子世家》作'窦鸣犊'。《集解》：徐广曰：或作鸣铎窦犨，又作

窦鸣犊。《索隐》、《家语》云：窦犨鸣犊，《国语》云鸣铎窦犨，是鸣铎、鸣犊，声转字异，戴必改'犊'作'铎'，失于不考。"介生按：《水经注校证》仍作"鸣铎"。

⑩《水经注疏》此句作"返"，无校语。《水经注校证》作"反"，亦无校语，并存待考。

⑪《水经注校证》同本稿，此句作"岭南"，《水经注疏》作"巅南"，无校语，卷后"校记"云："按：朱《笺》本作'岭'，此当依陈棐引作'巅'改，漏作校记。"存疑待考。

⑫ 引文此句"丘"误写为"某"，据改。

⑬ 引文此句"蒸"误写为"烝"，据改。

⑭《水经注疏》此句作"是"，并校云："朱'是'讹作'至'，赵同，戴改。"据改。

⑮《水经注校证》与本稿同，无"因"字，《水经注疏》有"因"字，并校云："朱无'氏'字，全、赵同，戴改'因'作'氏'。守敬按：陈棐引此作'孔氏因迁山下'，今从之。"并存。

⑯ 引文此句"中"误写为"平"，据改。此句后引文有节略。

⑰ 此条引文多有节略。

⑱ 引文此句"柏"误写为"柗"，据改。

⑲《水经注校证》与本稿同，此句作"顿丘"，而《水经注疏》作"頡邱"，并校云："守敬按：李洪之为怀州刺史，见《魏书》及《北史》本传，俱言洪之恒农人；又《魏书·李神传》：恒农人，父洪之，秦、益二州刺史。"不可解，不改。

怀（在今怀庆府武陟县西南。）

汉、晋属[①]。

有长陵城、（《收志》有。[②]）

怀城、（《收志》有，注见下。）

殷城、（《沁水注》：朱沟自枝渠东南，径州城南，又东径怀城南，又东径殷城北。郭缘生《述征记》曰：河之北岸，河内怀县有殷城。或谓楚、汉之际，殷王卬治之，非也。余按《竹书纪年》云：秦师伐郑，次于怀，城殷，即是城也。然则殷之为名久矣,知非从印始。昔刘曜{琨}以郭默为殷州刺史③,督缘河诸军事,治此。)

射宫、世宗御射碑、(《高聪传》:〈宣武〉{世宗}幸邺④,还于河内怀界,{帝亲}射矢一里五十馀步⑤。侍中高显等奏盛事奇迹,必宜表述,请勒铭射宫,永彰圣艺⑥。遂刊铭射所,聪为之词。《集古录》:《后魏定鼎碑》,景明三年建,在今怀州,流俗谓之《定鼎碑》也⑦。《碑》云:定鼎迁中之十年。按魏孝文帝以太和十七年迁都洛阳,至此景明三年,盖十年矣。《金石录》:《后魏御射碑》,在今怀州⑧。《碑》云:维魏定鼎迁中之十载。又云:皇帝春秋一十有七。据《史》云⑨:宣武以太和七年生,景明三年当年二十,而《碑》言十七,当以《碑》为据。然宣武终于延昌四年,盖寿三十岁,而《史》以为寿三十三者,{亦}误也⑩。《永乐大典》引陈思《宝刻丛编》:《后魏定鼎碑》,不著{书}撰人名氏⑪,后魏镇远将军、通直散骑常侍沈馥书。《广川书跋》:《定鼎碑》在怀州衙署⑫。《魏书》:景明三年九月丁巳,车驾幸邺。戊寅,阅武于邺南。十月庚子,帝亲射,远及一里五十步,群臣勒铭于射所。甲辰,车驾还宫⑬。今碑铭所书年月,与《史》相合,然自戊寅逮庚子,为〈二十〉{廿}一日⑭,则自邺至怀,而还京师,可以考次也。不言幸怀、温等处,自是可略,然既书亲射勒铭,不书其地,乃总文于上,似御射〈堂〉{当}在邺南⑮,然则此不当略也。)

故佛图。(《灵征志》:{高宗}和平三年四月⑯,河内人张超于坏楼所{新}城北故佛图处获玉印以献⑰。{印}方二寸⑱,其文曰:富乐日昌,永保无疆,福禄日臻,长享万年。玉色光润,模制精巧。百僚咸曰:"神明所授,非人为也。"诏天下大酺三日。穆案:坏,疑"怀"之讹,"楼所"二字未详,姑录之怀县下,以俟知者。)

校注:

① 据《汉书·地理志》、《续汉书·郡国志》和《晋书·地理志》,河内郡下均有怀县。

② 怀县在今本《魏书·地形志上》"怀州武德郡"下。

③《水经注校证》此句也作"刘曜",与本稿同,但《水经注疏》改为"刘

琨”,并校云:“朱作‘刘聪’,全、赵谓郭默尝附刘曜,非刘聪,戴改曜。守敬按:《晋书·郭默传》:遣使谒刘琨,琨加河内太守。刘曜围之,默送妻子为质,且请籴,籴毕,设守。《前赵录》亦同。是默未尝附曜,而附刘琨有明文。然亦未尝为殷州刺史,或以河内太守假殷州刺史也,则当作刘琨,今订。”并存待考。

④ 原书此句作“世宗”,据改。

⑤ 引文此句省略“帝亲”二字,据补。

⑥ 此段引文多有节略。

⑦ 此段引文有节略。

⑧ 引文此句后有节略。

⑨ 此《史》应指《魏书》卷八《世宗纪》。

⑩ 引文此句脱写一“亦”字,据补。

⑪ 引文此句脱写一“书”字,据补。

⑫ 引文此句后多有节略。

⑬ 原稿引文多有节略。

⑭ 原文此句“二十”作“廿”,据改。

⑮ 引文此句“当”误写为“堂”,据改。

⑯ 引文此句省略“高宗”二字,据补。

⑰ 今本《魏书·灵征志》卷末“校勘记”云:“《册府》卷二三(九一七页)‘坏楼所城’作‘怀楼新城’。按卷一〇六上《地形志上》河内是怀州属郡,怀州武德郡有怀县,这里‘坏’当是‘怀’之讹,指怀县。《地形志》于怀县下云‘有怀城’,《志》例,已迁治者,称‘有某城’,皆指故城,可知当时怀迁治新城,《册府》作‘新城’当是。但‘楼’字不可解,疑亦字讹。”存考。

⑱ 引文此句略去一“印”字,据补。

州(在今河内县东南四十里。)

汉、晋属[①]。

有雍城、(《收志》有。[②])

中都城、(《收志》有。《沁水注》:沁水又东南流,径成乡城北,又东径中都亭南，左合界沟水。水上承光沟，东南流，长明沟水出焉。又〈东〉{南}径中都亭西南[③]，而南流，注于沁水也。）

金城、（《收志》有。即《沁水注》之金亭，注见下。）

朱管陂。（《水经》：沁水又东过〈州〉{周}县北[④]。《注》：有白马沟水注之。水首受白马湖，湖一名朱管陂，陂上承长明沟。湖水东南流，径金亭西，分为二水，一水东出为蔡沟，一水南流，注于沁{水}也[⑤]。）

校注：

① 据《汉书·地理志》、《续汉书·郡国志》、《晋书·地理志》，河内郡下均有州县。

② 州县在今本《魏书·地形志上》"怀州武德郡"下。

③ 引文此句"南"误写为"东"，据改。

④《水经注疏》作"周县"，并校云："戴改'周'作'州'。守敬按：非也。详下。"又"县故州也"下校语云："朱'州'作'周'。赵云：按《水经》多以州作周，如武周、泉周之类。此是《汉志》河内郡之州县，而《水经》以为周，郦故以'县故州也'释之。后人并《注》之'州'字亦改从周。守敬按：州、周古字通用，如《左传》华周，《汉书·人表》作'华州'。《史记·卫将军骠骑传》：路博德，平州人。《汉志》作'平周'是也。此则从赵说，《经》作'周'，《注》改'州'。乃全改《经》作'州'，仍《注》'周'字，不思《注》所证诸事，各书皆作'州'，谓之故周，则不相应。戴改《注》作'州'，而并改《经》作'州'，则《注》语为赘，亦非也。汉县属河内郡，后汉、魏、晋因。《地形志》：天平初，置武德郡。郦氏时乃属河内，在今河内县东南四十里。"据改。

⑤《水经注校证》此句与本稿同，《水经注疏》增写一"水"字，并校云："朱作'南流于沁'，戴改'流'作'注'，赵据孙潜校，流下增'注'字。"并存待考。

平皋（在今怀庆府温县东二十里。）

汉、晋属[①]。

有平皋城、（《收志》有[②]。《济水注》：李陂又东径平皋城南。应劭曰:〈邢侯自襄国徙此。当齐桓公时,卫人伐邢,邢迁于夷仪。其地属晋,号曰邢丘{邱}③。〉④以其在河之皋,势处{处势}平夷⑤,故曰平皋。〈瓒注《汉书》云:《春秋》:狄人伐邢,邢迁夷仪,不至此也。今襄国西有夷仪城,去襄国{一}百馀里⑥,〈平皋是邢丘〉{邢是丘名}⑦,非国也。〉⑧余按:《春秋·宣公六年》:赤狄伐晋,围邢丘。昔晋侯送女于楚,送之邢丘,即是此处也。〈非无城之言。〉⑨《竹书纪年》{曰}⑩:梁惠成王三年,郑城邢丘。司马彪《后汉{书}·郡国志》云⑪:县有邢丘,故邢国。周公子所封矣。汉高帝七年,封砀郡长项佗为侯国,赐姓刘氏。武帝以为县。《寰宇记》武德县:平皋城,在今县西⑫。)

安昌城、(《收志》有。《沁水注》:朱沟南派,东南径安昌城西。汉成帝河平四年,封丞相张禹为侯国。今城之东南有古冢,时人谓之张禹墓。余按:《汉书》:禹,河内轵人,徙家莲勺{芍}⑬。鸿嘉元年,禹以老乞骸,自治冢茔,起祠堂于平陵之肥牛亭,近延陵。奏请之,诏为徙亭。哀帝建平二年薨,遂葬于彼。此则非也。《元和志》武德县:隋开皇十六年,改州为邢丘县,遥取古邢丘为名也。大业二年,改邢丘为安昌县,取安昌侯张禹国城为名也。武德二年,改为武德县。安昌故城,在县东十三里。全祖望曰:张禹所封,在汝南。《地理志》"汝南郡安昌县"下云:侯国。《恩泽侯表》亦云是汝南。《方舆纪要》:安昌城,在信阳〈县〉{州}西北七十里⑭,汉属汝南郡。亦见《淮水注》⑮。)

平皋陂。(《收志》有。穆案:即是中尉所云"李陂"也。《济水注》:济水故渎,东南合奉沟水。水上承朱沟于野王城西,东南径阳乡城北,又东南〈流〉径李城西⑯。秦攻赵,邯郸且降,传舍吏子李同说平原君胜,分家财飨士,得敢死者三千人,李同与赴秦军,秦军退。{李}同死⑰,封其父为李侯。故徐广曰:河内平皋县有李城,即此城也。于城西南为陂水,淹地百许顷,蒹葭、萑苇生焉,号曰李陂。又径隤{坟}城西⑱,屈而东北流,径其城北,又东径平皋城南⑲,又南注于河也。《元和志》武德县:平皋陂,在县南二十三里,多菱莲蒲苇,百姓资其利,周回二十〈三〉{五}里⑳。)

校注:

① 据《汉书·地理志》与《晋书·地理志》,河内郡下均有平皋县。今

本《续汉书·郡国志》河内郡下作“平睾”。

② 平皋县在今本《魏书·地形志上》“怀州武德郡”下。

③《水经注疏》此句作“邢邱”,《水经注校证》与本稿同,并存。

④〈〉括号内文字后有圈删之意。

⑤《水经注疏》此句作“处势”,并校云:“戴乙‘处势’为‘势处’。”《水经注校证》与本稿同,并存。

⑥《水经注疏》此句增写一“一”字。《水经注校证》与本稿同。并存。

⑦《水经注校证》此句与本稿同,而《水经注疏》此句作“邢是丘名”,并校云:“朱依吴本作‘邢是丘名’,赵从之。《笺》曰:旧本作‘平皋是邢丘’,戴从之。守敬按:邢是丘名,本《汉志》文,旨意明瞭,郦氏自应据之。旧本未惬。瓒谓邢国在襄国与应劭同。其所以驳应劭者,盖以夷仪在邢国,而邢丘不在邢国之境,故言邢丘是名(介生按:应是邢是丘名),非国名。而郦氏又不以瓒说为然,故下文历引故籍,先表其有城,后实指其为国,以明邢丘非国之谬。”介生按:《续汉书·郡国志》“河内郡平睾县”下云:“有邢丘,故邢国,周公子所封。”原注云:“臣瓒曰:丘名也,非国,在襄国西。”杨说为是,据改。

⑧〈〉括号内文字后有圈删之意。

⑨〈〉括号内文字后有圈删之意。

⑩ 引文此句脱写一“曰”字,据补。

⑪ 今通称《续汉书·郡国志》。据补一“书”字。

⑫ 引文出自今本《太平寰宇记》卷五三《河北道二》“怀州武德县”下。

⑬《水经注校证》此句与本稿同,作“莲勺”,《水经注疏》作“莲芍”,并校云:“赵、戴改作‘勺’。会贞按:两《汉志》作‘莲勺’,《晋》及《后魏志》作‘莲芍’。郦氏盖就当时之制书之。《沮水》、《渭水》两《注》并作‘莲芍’,可证。赵于《渭水注》亦改作‘勺’,而戴不改。《沮水注》又皆不改,亦未画一,今仍之。”并存。

⑭ 引文此句“州”误写为“县”,据改。

⑮ 末句为作者所增,非《读史方舆纪要》原文。

⑯ 引文此句衍写一“流”字,据删。

⑰《水经注疏》增一“李”字,并校云:“全、赵、戴删‘李’字。”据补。

⑱ 介生按:库本《水经注》。《水经注校证》与本稿同,此句作"隤城",而《水经注疏》作"坆城",并无校订,盖失检校。存疑。

⑲ 引文此句下多有节略。

⑳ 原书末句在前两句之前,且"五"误写为"三",据改。

温(在今温县西南三十里。)

汉、晋属[①]。

有〈温城、(今本《收志》脱"城"字[②]。《寰宇记》温县:古温城,在县西南三十里[③]。东魏{孝静帝}天平中移县于〈古〉{故}城东北七十里[④]。{隋}大业十三年又移于今理[⑤]。穆案:据乐氏说,则收所谓温城者,汉、晋故城也,天平前无移治之事,则此条当删。)〉[⑥]

[夹注:今本作"温泿水",盖温下脱"城"字耳,案《寰宇记》云云,据之则收以为温城者,即指汉、晋故城,此《志》以延昌为限,曰《{延昌}志》,未移,故删。][⑦]

冶坂戍、河桥、(《于栗磾传》:太宗南幸盟津,谓栗磾曰:"河可桥乎?"栗磾曰:"杜预造桥,遗事可想。"乃编次大船,构桥于冶坂。六军既济,太宗深叹美之。《元袌传》[⑧]:世宗时,为北中郎将,带河内太守。袌以河桥船絙路狭,不便行旅,又秋水泛涨,年常破坏,乃为船路,遂广{募}空车从京出者[⑨],率令输〈在〉{石}一双[⑩],累以为岸。桥阔,来往便利,近桥诸郡,无复劳扰,公私赖之。[《宋书》上增入此条。——原注]《宋书·王康传》[⑪]:索虏野坂戍主、黑矟公游骑{在}芒上[⑫]。《河水注》:郭缘生《述征记》曰:践土,今冶坂城,是名异《春秋》焉,非也,今河北见者,河阳城故县也,在冶坂西北,盖晋之温地,故群儒有温之论矣。《魏土地{记}》曰[⑬]:冶坂城,旧名{汉}祖渡[⑭],城险固,南临孟津河。《寰宇记》河阳县:冶坂城[⑮],在县西北三十五里。)

马场原、(《宇文福传》:太和初,除都牧给事。十七年,车驾南讨[⑯],敕福检行牧马之所,福规石济以西、河内以东,拒黄河南北千里[《通鉴》齐建武〈十〉{元}年[⑰]:"魏主敕后军将军宇文福行牧地。福表石济以西、河

〈南〉{内}以东[18],距河凡十里。"《注》:"牧地,纵则石济以西,河内以东;横则距河十里。按杜佑《通典》卫州汲县:古牧野之地。则其地宜畜牧,有自来矣。"据之,则千里乃十里之讹。——原注]为牧地[19]。事寻施行,今之马场是也。及从代移杂畜于牧所,福善于将养,并无损耗,高祖嘉之。《寰宇记》温县:马场原,俗谓"原"为"坎",盖后魏迁都洛,于此原牧〈高〉{马}[20],故有〈原〉{马}场之名[21]。《通典》[太仆卿。——原注]:太武帝平统万赫连昌,定陇〈古〉{右}秃发、沮渠等[22],河西水草善,乃以为牧地,六畜滋息,马三百馀万匹,驼驼将半之,牛则无数。孝文帝迁洛阳之后,复以河阳为牧场,恒置戎马十万匹,以拟京师军警之备。每岁自河西徙牧于并州,渐南,欲其习水土而无死伤也。而河西之牧滋甚。)

虢公台、(《济水注》:济水南历虢公台西。《皇览》曰:温城南有虢公台,〈墓〉{基}趾尚存[23]。故渎于温城西北,东南出,径温城北,又东径虢公冢北。《皇鉴》曰:虢公冢,在温县郭东,济水南大冢是也。)

孝义里、(《金石萃编·后魏司马昞墓志{铭}》[24]:以正光元年七月〈二十〉廿五日薨于河内城[25],以庚子之年元枵之月廿六日丙申葬于本乡温城西十五都{乡}孝义之里[26]。王昶曰:《晋书·宣帝纪》称:河内温县孝敬里人。此云葬于温城孝义里,孝义想即孝敬,今昔异名也。穆案:非也。据《司马昇志》,则孝敬者,司马〈氏〉之故居[27];孝义者,昞、昇之墓域,截然二地也。昶两录志文而置彼疑此,谬矣。)

孝敬里、(《金石萃编·后魏司马昇墓志{铭}》[28]:河内温县孝敬里人也。)

〈湨〉{溴}水[29]。(今本《收志》作"温湨水"。穆案:盖温下脱"城"字耳。《寰宇记》温县:古温城,在县西南三十里。东魏{孝静帝}天平中移县于〈古〉{故}城东北七十里[30]。大业十三年,又移县于今理。据之则收所谓温城,即指汉、晋故城,此《志》以延昌为限,旧治未移,故不录。《河水注》:河水又东,〈湨〉{溴}水入焉[31]。《山海经》曰:和山,上无草木而多瑶碧,实惟河之九都。是山也五曲,九水出焉,合而北流,注于河。其阳多苍玉,吉神泰逢司之,是〈好居〉于萯山之阳[32],出入有光。《吕氏春秋》曰:夏后氏孔甲田于东阳萯山,遇大风雨,迷惑入于民室。皇甫谧《帝王世纪》以为即东首阳山也，盖是山之殊目矣。今于首阳东山，无水以应之，当是今古世悬，川域改状矣。全祖望曰：按《魏书·地形志》，武德郡温县有〈贝〉{浿}水[33]。予谓善长尚未能详〈贝〉{浿}水之颠末，则《地形志》所言，亦袭旧文书之耳窃，疑是溴梁之溴水，而误为浿字。盖浿水正流入河，支流入济，适当温原之地。善长偶有不照，遽引《山经》之言滑突了之，而云无水以应，川域改状，则不识浿水之为误文也。穆案：溴水原委，具《济水注》。《班志》乐浪郡浿水：〈之〉{水}西至增地入海[34]。《说文》：浿水出乐浪镂方，东入海。一曰出浿水县。《水经》：水出{乐浪}镂方县[35]，东南过临浿县，东入于海。《注》：《十三州志》：浿水县{在}乐浪东北[36]，镂方县在郡东，盖出其{县}南径镂方也[37]。浿水西流。《经》误证耳[38]。）

校注：

① 据《汉书·地理志》、《续汉书·郡国志》与《晋书·地理志》，河内郡下均有温县。

② 温县在今本《魏书·地形志上》"怀州武德郡"下，卷末"校勘记"云："温《校》：今本逸'城'字。《寰宇记》（卷五二孟州）：{古}温城在温县西南三十里。"介生按：校语引文脱写一"古"字，据补。

③ 引文此句后有节略。

④ 引文此句省略"孝静帝"三字，又"故"误写为"古"，据补、改。

⑤ 引文此句省略一"隋"字，据补。

⑥ 正如按语所云，此条目后有圈删之意。

⑦ 介生按：夹注所云，与本文有重复之处，存之以见原貌。

⑧《元苌传》见今本《魏书》卷一四《神元平文诸帝子孙列传》。

⑨ 原稿引文空阙一"募"字。今本《魏书》卷一四末"校勘记"云："诸本及《北史》卷一五'募'字为空格，今据《册府》卷六七八（八一〇〇页）补。"据补。

⑩ 引文此句"石"误写为"在"，据改。

⑪《王康传》在今本《宋书》卷四五《王镇恶传》后。

⑫ 介生按：据此引文，野坂与冶坂相通。今本《宋书·王康传》此句作

"黑诮公游骑在芒上",诮与稍通假,卷末"校勘记"所云已见前。又此句脱一"在"字,据补。

⑬ 引文书名脱写一"记"字,据补。

⑭ 原稿引文此句空阙一"汉"字,据补。

⑮ 今本《太平寰宇记》此条作"板城",卷五十二"校勘记"云:"原校:按板城,莫知为何邑,疑刊字而误。万本据《水经·河水注》改为'冶坂城',校云:按《水经注》引郭缘生《述征记》曰:践土,今治坂城,是名异《春秋》焉,非也,今河北见者,河阳城故县也,在冶坂西北,盖晋之温地,故群儒有温之论矣。《魏土地记》曰:冶坂城,旧名汉祖渡,城险固,南临孟津河。则'坂城'即'冶坂城',盖传写脱,此云'莫知为何邑',当时或未之考也。又'王以易馀邑',万本作'王与郑人争苏忿生之田'。按《左传》隐公十一年:'王取邬、刘、蒍、邘之田于郑,而与郑人苏忿生之田——温、原、絺、樊、隰郕、欑茅、向、盟、州、陉、隤、怀。'诸邑之中,无'板城'或'冶坂城',此当有误。"存考。

⑯ 此段引文多有节略。

⑰ 原稿此句引文"元"误写为"十",据改。

⑱ 原稿此句引文"内"误写为"南",据改。

⑲ 介生按:关于"十里"之误为"千里",今本《魏书》并无校勘与订正。

⑳ 引文此句"马"误写为"高",据改。

㉑ 引文此句"马"误写为"原",据改。

㉒ 引文此句"右"误写为"古",据改。

㉓ 引文此句"基"误写为"墓",据改。又引文此句下有节略。

㉔ 引文篇名脱写一"铭"字,据补。

㉕ 原稿此句引文"二十"改写为"廿"。此段引文多有节略。

㉖ 引文此句脱写一"乡"字,据补。

㉗ 原稿此句"氏"字后被圈删。

㉘ 引文篇名脱写一"铭"字,据补。

㉙ 关于浈水,今本《魏书·地形志上》卷末"校勘记"云:"杨校:《左传》(襄十六年)杜注:湨水出河内轵县。《水经·济水注》(卷七)有'湨水'。《义桥石像碑》'沇、湨双吐'。字从狊,不从贝,此'浈'为'湨'之误。

温校亦引杜注,谓当作'湨'。"据改。

㉚ 引文此句省略"孝静帝"三字,据补。又"故"误写为"古",据改。

㉛《水经注疏》此句作"湨水",并校云:"朱此八字(介生按:即河水又东,湨水入焉)讹作《经》,'湨'讹作'溴'。戴改《注》,改'湨'。全、赵改《注》同,仍'溴'。会贞按:戴改'湨',是也。湨水详《济水注一》,说见下。"据改。

㉜《水经注疏》此句作"是于萯山之阳",并校云:"《山海经》作'是好居于萯山之阳',赵增'好居'二字。"据改。

㉝ 此段引文前两个"溴水"误写为"贝水",据改。

㉞ 引文此句"水"字误抄为"之"字,据改。

㉟ 引文此句省略"乐浪"二字,据补。

㊱ 引文此句脱写一"在"字,据补。

㊲ 引文此句脱写一"县"字,据补。

㊳ 此段引文多有节略。

沁水(在今怀庆府济源县东北。)

汉、晋属[①]。

治沁城[②]。(《沁水注》:沁水又径沁〈水〉县故城北[③],盖藉水以名县矣[④]。{沁水}又东[⑤],径沁水亭北,世谓之小沁城。)

有孔山、(《沁水注》:水西有孔山,山上石穴洞开,穴内石上,有车辙、牛迹。《耆旧传》云:自然成著,非人功所就{也}[⑥]。《寰宇记》济源县:孔山,在县东北四十里。)

〈沁口、〉石门[⑦]、(《沁水注》:沁水南径石门〈口〉[⑧],世谓之沁口。《魏土地记》曰:河内郡野王县西七十里,有沁水,左径沁水城西,附城东南流也。石门是晋安平献王司马孚之为魏野王典农中郎将之所造也[⑨]。夹岸累石,结以为门,用代水门枋,故石门旧有枋口之称矣。溉田顷亩之数,间关岁月之功,事见门侧《石铭》矣。)

沁水、(《收志》有,原委具《沁水注》。《寰宇记》济源县:沁水,在县

〈西北〉{北二十}八里⑩,兼有沁水故城,是〈也〉{此}⑪。《方舆纪要》:沁水城,在济源县东北,汉置沁水县,属河内郡,晋及后魏因之,后齐废。《志》云:县在沁水之南,沁台之西,今呼为王寨城。)

济水。(《收志》有,原委具《济水注》。《元和志》济源县:济水,在县西北三里,平地而出,有二源。其东源周回七百步,深不测;西源周回六百八十五步,深一丈,皆缭之以周墙。源出王屋山。《山海经》云:"王屋之山,𪷶水出焉。"郭璞注云:"𪷶,沇水之源。"《尚书·禹贡》云:"导沇水,东流为济,入于河,溢为荥。"孔安国注云:"济水入河,并流数十里而南截河,又并流数里溢为荥泽。"⑫按⑬:济水因王莽末旱,渠涸,不复截河南过。今东平、济南、淄川、北海界中有水流入于海,谓之清河,实菏泽、汶水合流,亦曰济河,盖因旧名,非本济水也。而《水经》是和帝已后所撰,乃言济水南过荥泽至于乘氏等县,一依《禹贡》旧道,斯不详之甚也。郦{道}元又从而注之⑭,尤为纰缪矣。)

校注:

① 据《汉书·地理志》、《续汉书·郡国志》与《晋书·地理志》,河内郡下均有沁水县。

② 沁水县在今本《魏书·地形志上》"怀州河内郡"下。关于沁城,卷末"校勘记"云:"温校云:当作'沁水城'。《水经注》(卷九《沁水篇》):盖藉水以立名(应为'名县'——介生注)矣。"

③《水经注疏》此句作"沁县",并校云:"戴、赵'沁'下增'水'字。会贞按:两汉、魏、晋、后魏,河内郡并有沁水县,则增'水'字似是。但考《魏书·地形志》,沁水县治沁城,不言治沁水城;又《灵征志》两言河内沁县,足征沁水县,魏时亦省称沁县,故郦氏便文称之,不必定说脱'水'字也。《济源县志》:废城在县东北,今呼王寨城。"并存。

④ 此段引文多有节略。

⑤ 引文此句省略"沁水"二字,据补。

⑥ 引文此句省略一"也"字,据补。

⑦ "沁口"二字后被圈删。

⑧ 原稿引文此句圈删一“口”字。

⑨ 此段引文多有节略。

⑩ 今本《太平寰宇记》此句作“在今县北二十八里”，据改。

⑪ 引文此句“此”误写为“也”，据改。

⑫ 引文此句后有节略。

⑬ 此段按语多有节略。

⑭ 引文此句脱写一“道”字，据补。

轵（在今济源县南十五里。）

汉、晋属[1]。

治轵城[2]。（《寰宇记》济源县：轵县故城，在今县东南〈一〉十三里[3]。高齐拒周，使斛律光筑关于此，以屯戍卒。按《郡国县道记》云：“后魏自此城移县于今县东南二十八里〈皮〉｛波｝城置[4]。大业二年省｛之｝[5]。”《方舆纪要》济〈沅〉｛源｝县[6]：轵城，在县南十三里[7]。今名轵村，旁有深井里，即聂政所居也。）

｛有｝济源城[8]、（《济水注》：今济水重源出轵县｛温城｝西北平地[9]。水有二源，东源出原城东北。昔晋文公伐原，以信而原降，即此城也。俗以济水重源所发，因复谓之济源城。｛其水南径其城东故县之原乡。｝[10]杜预曰：沁水县西北有原城者，是也[11]。《方舆纪要》济〈沅〉｛源｝县[12]：原城[13]，在县西北十五里，今名原乡。）

毋辟城、（《废太子恂传》：高祖幸崧岳，恂留守｛金墉｝[14]，｛于西掖门内｝与左右谋[15]，欲召牧马轻骑奔代[16]。高祖闻之骇惋，还，引恂数罪。〈拘于城西别馆，引见群臣〉[17]废为庶人，置之河阳，以兵守之。〈服食所供，粗免饥寒而已，〉[18]高祖如长安，中尉李彪｛承间｝密表[19]，告恂复与左右谋逆。高祖使中书侍郎邢峦与咸阳王禧，奉诏赍椒酒诣河阳，赐恂死，｛时年十五。｝[20]殓以粗冠常服，瘗于河阳城。《济水注》：〈淇〉｛湨｝水东南[21]，径安国城东，又南，径毋｛无｝辟邑西[22]，世谓之无比城，亦曰马髀城，皆非也。朝廷以居废太子，谓之河阳庶人。《南齐书·索虏传》：宏徙恂无鼻城，在河桥北二里，寻杀之。）

轵关、(《收志》有。《济水注》:漫流水出轵关南,东北流,{又北}注于溴[23],谓之漫流口。《寰宇记》济源县:故轵关,在今县西十一里。)

钟公垒、(《济水注》:溴水又东,径钟繇坞北,世谓之钟公垒。)

白骑隖、(《济水注》:溴水又东南流,右会同水。水出南原下,东北流,径白骑隖[24]南。隖在原上,为{据}二溪之会[25],北带深湟,三面阻{岨}险[26],惟西版筑而已。《方舆纪要》济源县:白骑隖,在县南溴水{北原}上[27]。东汉末,贼将张白骑据此筑隖,因名。宇文泰以权景宣守张白隖,即此[28]。又白骑所筑崤渑间者,非此坞也。)

齐子岭、(注见白水"阳壶城"下。《通鉴注》[29]:河内郡王屋县,旧名长平,有齐子岭,有轵关。杜佑曰:按齐子岭在今王屋县东二十里,周、齐分界处。《方舆纪要》济源县:齐子岭,在县西六十里。)[夹注:齐子岭入"苌平"下。][30]

勋掌谷、(《济水注》:溴水出原城西北原山勋掌谷。《北齐书》[31]:河济二年,斛律光筑勋掌城于轵关{西}[32]。《方舆纪要》济源县:勋掌城,在县西北十二里轵关之东,旁有勋掌谷,因名。)

遮马堤、(《寰宇记》河阳县:遮马堤,在县西南十三里,{即}后魏尔朱荣杀朝士〈一〉千三百馀人于此{堤}[33]。)

北中府{城}[34]、(《河水注》:河水又东,径平县故城北[35]。河北侧岸有二城相对,置北中郎府,徙诸徒隶府户并羽林、虎贲领队防之[汉平县属河南郡,故城在今孟津县东。——原注]。《寰宇记》河阳县:北中府城,《洛阳记》云:"太和二十年造北中府{城}。"[36][夹注:晋杜预建河桥于富平津,河北侧岸有二城相对,魏高祖置北中郎府,徙诸从隶府户,并羽林、虎贲领队防之。宋白曰:北中城,即今河阳城。][37])

湛水、[38]

东丘城、(《济水注》:济{沇}水潜行地下[39],至共山南,复出于东丘,今原城东北有东丘城。)

阳城、(《济水注》:溴水又东南,径阳城东[40]。阳亦樊也,一曰阳樊。《方舆纪要》济〈沅〉{源}县[41]:曲阳城,在县西南十五里,亦曰阳城,古阳樊也。杜预曰:即河雍矣[42]。)

波城、(《济水注》:溴水又东{北}[43],径波县故城北[44]。《班志》河内郡波:孟康曰:今绨城是也{今有绨城,晋文公所得赐者}[45]。故波城,在今济源县东南二十里[46]。)

向城、(《济水注》:天浆涧水出轵南皋{睾}[47],向城北。城在皋{睾}上[48],俗谓之韩王城,非也[49]。汲郡《竹书纪年》曰:郑侯使韩辰归晋阳及向。二月,城阳、向,更名阳为河雍,向为高平,即是城也。《括地志》:高平故城,在怀州河阳县西{北}四十里。《纪年》云:魏哀{襄}王改向曰高平也[50]。《方舆纪要》济源县:向城,在县西南。)

天浆溪、(《济水注》:天浆涧水出轵南皋{睾}向城北[51]。其水有二源俱导,〈水〉{各}出一溪[52],东北流,合为一川,名曰天浆溪。又东北径一故城,俗谓之冶城,水亦曰冶水。又东流,注于溴。《方舆纪要》济源县:天浆溪,在县南二十里。《九州记》谓之玉浆涧。[53])

漯陂津。(《通鉴注》[54]:漯陂津在河桥西,亦曰雷陂{波}[55],即尔朱兆犯〈后〉{洛}帅骑踏浅涉渡之处[56]。穆按:《伽蓝记》作"当陂"[57]。漯陂,即雷陂之转。)

[夹注:轵,治轵城。有东丘城、济源城、阳城、向城、毋辟城、北中府城(酌——原注)、轵关、钟公垒、白骑隖、勋掌谷、天浆溪、遮马堤、湛水。][58]

校注:

① 据《汉书·地理志》、《续汉书·郡国志》与《晋书·地理志》,河内郡下均有轵县。轵县在今本《魏书·地形志上》"怀州河内郡"下,注云:"后汉、晋属,治轵城。"不可解,"后"应为"二"之误,或为衍写。

② 介生按:依本稿例,此处应注:《收志》有。

③ 引文此句衍写一"一"字,据删。此段引文多有节略。

④ 引文此句"波"误写为"皮",据改。

⑤ 引文此句略写一"之"字,据补。

⑥ 原稿"源"简写为"沅",据改。

⑦ 此段引文多有节略。

⑧ 原稿脱写一“有”字，据补。原稿所附“夹注”重新排定了秩序，但是为了保存原貌，不作调整。

⑨《水经注疏》此句作“温城”，并校云：“戴改‘温城’作‘轵县’。守敬按：《水经》言：东至温县西北为济水。《郡国志》：温，济水出。《书·孔传》：泉源为沇，流去为济，在温西北平地。《孔传》虽伪书，此语必有所受。郦氏据图为书，所见与孔、马相合，故本以释《经》，且加以‘今’字，知为目见。《初学记》六、《御览》六十一、《通鉴》周赧王二十八年《注》引《水经注》，并作‘温’。郦氏于下文言乡不在轵西北也。详下。《括地志》：沇水至济源县西北二里平地，其源重发。《元和志》：济水在县西北三里平地而出。考唐济源县之地，在汉轵县之北，即汉时之原乡。今济河出济源县西北，谓之济渎。”《水经注校证》此句作“轵县”，并注云：“《注笺》本、项本、《注释》本、张本均作‘温城’，《通鉴》卷四赧王二十八年‘拔新垣、曲阳’胡《注》引《水经注》作‘温’。”并存待考。

⑩ 原稿引文此句省略，据补。

⑪ 介生按：郦氏之本意，是以“原乡”为“原城”，而石翁之意，则是以“济源城”为‘原城’，似有不合，存疑待考。

⑫ 原稿“源”简写为“沅”，据改。

⑬ 此条引文出自《读书方舆纪要》卷四九“怀庆府济源县”下“向城”条后，多有节略。

⑭ 引文此句略去“金墉”二字，据补。

⑮ 引文此句略去“于西掖门内”数字，据补。

⑯ 引文此句后多有节略。

⑰〈〉括号内文字后有圈删之意。

⑱〈〉括号内文字后有圈删之意。

⑲ 引文此句略去“承间”二字，据补。

⑳ 原稿引文此句省略，据补。

㉑ 原稿引文此句“溴”误写为“淇”，据改。

㉒《水经注疏》此句作“无辟邑”，并校云：“朱《笺》曰：‘无’当作‘毋’，戴、赵改。”《水经注校证》此句作“毋辟邑”，并注云：“《大典》本作‘毋辟邑’，《注疏》本、《通鉴》卷一四〇《齐纪六》明帝建武三年‘置于河阳

无鼻城’胡《注》引《水经注》均作‘无辟邑’。”并存。

㉓ 引文此句脱“又北”二字，据补。

㉔《水经注疏》与《水经注校证》均作“白骑坞”。“隝”为“塢(坞)”之古体字。或有版本之别。

㉕《水经注疏》此句为“据”，并校云：“朱‘据’作‘为’，全、赵、戴同。守敬按：《通鉴》梁大同四年《注》引此作‘据’，今订。”《水经注校证》作“为”，并存。

㉖《水经注校证》此句与本稿同，而《水经注疏》作“岨险”，但无校语。

㉗ 原稿引文此句脱“北原”二字，据补。此段引文有节略。

㉘ 介生按：今本《太平寰宇记》卷四九此条下脱写一“即”字，“此”字划入下句，文意不通。

㉙ 引文出自今本《资治通鉴》卷一五九《梁纪十五》“武帝中大同元年”下胡注。

㉚ 为保存原貌，两处并存。

㉛ 引文出自今本《北齐书》卷十七《斛律金传后附斛律光传》。

㉜ 引文此句省略一“西”字，据补。

㉝ 引文此句省略“即”、“堤”二字，据补。又衍写一“一”字，据删。

㉞ 原稿此条无“城”字，据后附夹注补。

㉟ 引文此句后有节略。

㊱ 引文此句脱写一“城”字，据补。

㊲ 夹注内容未注明出处，存此待考。

㊳ 原稿此条下无注文。

㊴ 介生按：据《水经注疏》与《水经注校证》，此句应为“沇水”，《水经注疏》在“即沇水也”下校语云：“赵据《山海经·注》改作‘沇即济也’。”存考。

㊵ 引文此句后有节略。

㊶ 原稿此句“源”简写为“沅”，据改。

㊷ 此条引文多有节略。

㊸ 引文此条脱写一“北”字，据补。

㊹《水经注校证》注云：“孙潜校本作‘汲县’。”

㊺ 原稿引文有节略，据补原书内容。

㊻ 介生按：此条不注出处，库本《水经注》案语云："案：溴水所径，乃今济源县东南二十里波城，不害封汲侯，或波讹作汲耳。"或出于此。

㊼《水经注疏》此句作"南睾"，并校云："朱'睾'讹作'罼'，《笺》曰：宋本作'罼'。全改'罼'，非。赵改'睾'，云：'睾'与'皋'同。戴改'皋'。"《水经注校证》与本稿同，作"南皋"。存考。

㊽ 校语同上条。

㊾ 引文此句后有节略。

㊿ 此条引文出自《史记·赵世家正义》所引《括地志》，据《括地志辑校》注云："《赵世家正义》引'西四十里'当作'西北四十里'，'哀王'当作'襄王'。"据改。

51 校语已见上，此句下引文有节略。

52 引文此句"各"误写为"水"，据改。

53 此条引文出自《读史方舆纪要》卷四九"怀庆府济源县"下"马头溪"条后，有节略。

54 此条引文出自《资治通鉴》卷一五五《梁纪十一》"武帝中大通四年"注文。

55 今本及文渊阁"四库全书"本《资治通鉴》均作"雷波"，存考。

56 引文此句"洛"误写为"后"，据改。

57 介生按：诸本《洛阳伽蓝记》均已改为"雷陂"。

58 介生按：后增夹注为石翁重新排定之文序。"北中府城"下有一"酌"字，证明此条尚有斟酌修订之必要。

白水（今绛州垣曲县治。）

汉垣县地，属河东。（垣故城，在今垣曲县西三十里。）

皇兴四年，置邵上郡[1]，改属。（《方舆纪要》垣曲县[2]：邵城，在县东，亦曰郫邵。《博物记》："垣县东{九十里}有郫邵之阨[3]。"《春秋》文八年"晋贾季迎公子乐于陈，赵孟杀诸郫"，即郫邵也。又襄二十三年[4]："齐侯伐晋，取朝歌，入孟门，登太行，张武军于荧庭，〈戍〉{成}郫邵[5]。"孔颖达曰"垣县有〈邵〉{召}亭"是也⑥。宋白曰:"其地即周、召分陕之所。"今有邵原祠,在垣县东六十里古棠树下,魏邵郡盖因以名。《方舆纪要》垣曲县:{或曰}魏白水县即故垣县也⑦。城东南有白水,西南流,合清水,故改为白水县。⑧)

太和中,罢郡,属。

有阳壶城、(《裴庆孙传》⑨:吐京群胡北连蠡升,南通绛蜀。庆孙从轵关入讨,至齐子岭{东}⑩。〈又〉{乃}深入二百馀里⑪,至阳胡城。朝廷以此地被山带河,衿要之所,肃宗末,遂立邵郡,{因}以庆孙为太守⑫。《河水注》:清水又东南,径阳壶城东,即垣县之壶丘亭,晋迁{宋}五大夫所居也⑬。《通鉴注》⑭:阳胡即阳壶城,在邵郡白水县。{按阳壶}即崤谷之北岸⑮。《方舆纪要》垣曲县:阳胡城,在县东南二十里,近大河。亦曰阳壶⑯。春秋时谓之〈瓠〉{壶}丘⑰,襄元年⑱,晋人以宋五大夫在彭城者归,寘之瓠丘。杜预曰:河东{之}垣县东南有壶丘亭也⑲。)

马头山、(《收志》有。《河水注》:清水又东,合乾枣涧水。水出石人岭下,南流,俗谓之扶苏水。又南历经苗北马头山,亦曰白水原。又教水重〈沅〉{源}⑳又发,南至西马头山东截坡下。又伏流南十馀里复出,又谓之伏流水,南入于河。)

辅山、(《河水注》:教水出垣县北教山,南径辅山,山高三十许里,上有泉源,不测其深。山顶周圆五六里,少草木。《山海经》曰:孟门东南有平山,{平}水出于其上㉑,潜于其下,又是王屋之次,疑即平山也。《寰宇记》沁水县[宋沁水县即今县治。——原注]:东辅山,在县西南九十二里,其山及西辅山与析山相连,〈若有〉{有若}相辅之势㉒。又害水,在县南八十里,出西辅山。《水经注》云:害水在县南八十里[本《注》无此文。——原注],出垣曲县界㉓。)

鼓钟峡、(《河水注》:教水出垣县北教山㉔。南流,历鼓钟上峡,悬洪五丈,飞流注壑,夹岸深高,壁立直上,轻崖秀举,百有馀丈。峰次青松,岩悬赪石,于中历落,有翠柏生焉。丹青绮分,望若图绣矣。水广{一}十许步㉕,南流历鼓钟川,分为二涧。《寰宇记》垣县:鼓钟山,在县东北六十里。)

宜苏山、(《河水注》:河水又东,合庸庸之水。山出河东{南}垣县宜苏山㉖,俗谓之长泉水。《山海经》曰:水多黄贝,伊、洛门也。)

邵公庙。(《高允传》:显祖末年,授使持节、散骑常侍、征西将军、怀州刺史。允秋月巡境,问民疾苦,至邵县,见邵公庙废毁不立,乃曰:"邵公之德,阙而不礼,为善者何望?"乃表闻修葺之。允于时年将九十矣[允以太和十一年卒,年九十八。——原注]。穆案:古无邵县,魏皇兴中立邵上郡,后改为邵郡,亦未尝以邵氏县。据宋白"今有邵原祠"语,疑即"邵原"之讹㉗。)

校注:

① 引文出自今本《魏书·地形志上》"东雍州邵郡"下注:"皇兴四年置邵上郡,太和中并河内,孝昌中改复。"

② 引文出自《读史方舆纪要》卷四一"绛州垣曲县"下。

③ 引文此句省略"九十里"数字,据补。

④ 依《读史方舆纪要》书例,春秋纪元标识通常略去"公"字,如文八年,即文公八年,襄元年,即襄公元年。为保持原貌,遵例不补。

⑤ 引文此句"戍"误写为"戌",据改。

⑥《读史方舆纪要》此句作"召亭",据改。

⑦ 引文此条出自《读史方舆纪要》卷四一"绛州垣曲县"下"垣县城(或作垣曲城)"条。此句省略"或曰"二字,据补。

⑧ 介生按:今本《魏书·地形志》记载有多个白水县,此白水县在今本《魏书·地形志上》"东雍州邵郡"下。

⑨《裴庆孙传》附于《魏书》卷六九《裴延儁传》后。

⑩ 此段引文多有节略,此句脱写一"东"字,据补。

⑪ 引文此句"乃"误写为"又",据改。

⑫ 引文此句脱写一"因"字,据补。

⑬ 引文此句脱写一"宋"字,据补。

⑭ 引文出自《资治通鉴》卷一五六《梁纪十二》"武帝中大通六年"下注文。

⑮ 引文多有节略。此句省略“按阳壶”三字,据补。

⑯ 引文此句后有节略。

⑰ 介生按:《读史方舆纪要》此句作“壶丘”,但下引《春秋》又作“瓠丘”,存考。

⑱ 依原书例,不补“公”字。

⑲ 引文此句脱写一“之”字,据补。

⑳ 引文此句“源”误写为“沅”,据改。

㉑《水经注疏》此句增写一“平”字,《水经注校证》则与本稿同,存考。

㉒ 引文此句“有若”误倒为“若有”,据改。

㉓ 介生按:《读史方舆纪要》此条引文仅有“害水出垣曲县界”,卷后“校勘记”云:“按《水经注》无此文。又汉置垣县,魏晋因之,北魏改置白水县,北周改名亳城县,隋大业初改名垣县,至北宋改名垣曲县,郦书何有垣曲之称? 盖误。”

㉔ 引文此句后有节略。

㉕《水经注疏》此句增写一“一”字,《水经注校证》与本稿同,存考。

㉖《水经注疏》此句作“河南”,并校云:“赵据《汉志》垣县属河东郡,‘南’改‘东’,戴改同。会贞按:作‘河南’不误,惟垣上脱‘东’字。《宋志·司州总叙》言:武帝北平关、洛,河南郡领东垣县。《通鉴》“晋太元十一年”胡《注》:宋武入洛,置东垣县。盖汉与西晋之垣县,在河北,自属河东郡。东晋之东垣县侨置于河南。则属河南郡也。赵、戴知有河东之垣县,而不思庸庸之水在河南。又不考《宋志》河南郡领东垣,凭臆改易,疏矣。东垣在今新安县境。《地形志》新安郡之东垣县,即此也。《山海经》:滽滽水出宜苏山。《寰宇记》:水在河清县西南六十里,今为孟津县境,或指下流言,据《注》出东垣县,则出今新安县境矣。”《水经注校证》与本稿同,存考。

㉗ 介生按:关于“邵县”,今本《魏书》无校勘记。

清廉(在今垣曲县西四十里。)

割闻喜、安邑东界置。① 。(《寰宇记》垣县:古清廉县,在县西北

〈二〉{五}十二里②。后魏割闻喜、安邑东界之人，于清廉山北置县{，隶邵郡}③。《河水注》：清水又东，径清廉城南。)

有清廉山、(《收志》有。注见下。)

〈有〉关{城}④、(《河水注》：清水出清廉山之西岭，世亦谓之清营山。其水东南流出峡。峡左有城，盖古关防也。)

白马山、(《收志》有。《方舆纪要》垣曲县：西北有清廉山，又西北有白马山，与绛县接界⑤。)

倚亳城。(《河水注》：清水东流，径皋落城北⑥。世谓之倚亳城，盖读声近转，{传}因失实也⑦。《春秋左传》所谓"晋侯使太子申生伐东山皋落氏"者也。《寰宇记》垣县：古皋落城，在县西北六十里。)

校注：

① 清廉县在今本《魏书·地形志上》"东雍州邵郡"下。

② 今本《太平寰宇记》此条作"五十二里"，"五"字下又有"一作二"注文，卷末"校勘记"云："'一作二'，宋版无此三字。万本、库本作'县西北二十二里'，与此注同。《嘉庆重修一统志》"绛州"引本书作'在垣县西北六十里'。按'在县西北二十二里'者，当误。"据改。

③ 原稿引文省略"隶邵郡"三字，据补。

④ 原稿此句衍写一"有"字，删。据文意补一"城"字。

⑤ 此条引文出自《读史方舆纪要》卷四一"绛州垣曲县"下"三锥山"条后。

⑥ 引文此句后有节略。

⑦《水经注疏》此句作"盖读声近，传因失实也"，原有校语云："戴'传'改'转'。"今本卷末"校记"云："按《方舆纪要》四十一云：'世谓之倚亳城，盖声相近。'故改'传'作'转'。"《水经注校证》与本稿同，存考。

〈清廉(在今垣曲县{西}四十里。)

割闻喜、安邑东界置。(《寰宇记》垣县：古清廉县，在县西北二十二里，后魏割闻喜、安邑东界之人，于清廉山北置县。《河水注》：清水又东径廉城南。）

有清廉山、（《收志》有。注见下。）

〈有〉关、（《河水注》：河水出清廉山之西岭，世亦谓之清营山，其水东山流，出峡之左，有城，盖古关防也。）

白马山、（《收志》有。《方舆纪要》：垣曲县西北有清廉山，又西北有白马山，与绛县接界。）

倚亳城。（《河水注》：清水东流，径皋落城北，世谓之倚亳城，盖读声近转，因失实也。《春秋左传》所谓"晋侯使太子申生伐东山皋落氏"者也。《寰宇记》垣县：古皋落城，在县西北六十里。）〉①

校注：

① 此篇"清廉县"内容，为夹注后增，与内文前一"清廉县"内容重复，为保持原稿原貌，存此，不再出注。

苌平（在今济源县西八十里。）

献文帝分故垣县置。（《元和志》①。）

有王屋山、（《收志》有。《括地志》：王屋山，在怀州王屋县北十里。《古今地名》云：山方七百里，高万仞，本〈异县〉{冀州}之河阳山也②。唐王屋县在今济源县西八十里③。《方舆纪要》垣曲县：王屋山，在县东北百里，接河南济源县及泽州阳城县界。）

[夹注：关列山前。]④

濝关、（《河水注》：濝水出垣县王屋山西濝溪，夹山东南流，径故城东，即濝关也。汉光武建武二年，遣司空王梁北守濝关、天井关，击赤眉别校⑤，皆降之。献帝自陕，北渡安邑，东出濝关，即是关也。《方舆纪要》垣曲县：箕关，在县东北七十里，亦曰濝关。）

铜官、（《食货志》：延昌二年，崔亮奏：河内郡王屋山矿，计一斗得铜八两，宜开铸⑥。诏从之。《河水注》：教水南流，历鼓钟川，分为二涧⑦。一水历冶官西，世人谓之鼓钟城，城之左右，犹有遗铜及铜钱也。《方舆纪要》垣曲县:鼓钟镇,在县北六十里,亦曰鼓钟城。又三〈堆〉{锥}山[⑧],在县北六十里,旧产铜,其相近者有鼓钟山。又折腰山,在县西北七十里,中低两高,旧有铜矿,凿久摧折{,故名}[⑨]。)

齐子岭[⑩]。(注见白水"阳壶城"下。《通鉴注》[⑪]:河内郡王屋县,旧名长平,有齐子岭,有轵关。杜佑曰:按:齐子岭在今王屋县东二十里,周、齐分界处。《方舆纪要》济源县:齐子岭,在县西六十里。)

校注:

① 此条引文出自今本《元和郡县图志》卷五"河南府王屋县"下,"苌平",原书作"长平"。苌平县,在今本《魏书·地形志上》"东雍州邵郡"下。

② 引文此句"冀州"误写为"异县",据改。

③ 此条应据《读史方舆纪要》卷四九"怀庆府济源县"下"王屋城"条。

④ 夹注为石翁之重新排序,为保持原貌,暂不改。

⑤《水经注疏》此句作"别挍",并有校语云:"会贞按:《王梁传》文。"介生按:今本《后汉书》卷二二《王梁传》亦作"别校",不改。

⑥ 此段引文多有节略。

⑦ 引文此句下有节略。

⑧ 引文此句"锥"误写为"堆",据改。

⑨ 原稿引文省略"故名"二字,据补。

⑩ 此条原在轵县下,按夹注应移置于此,为保持原貌,两处并存。

⑪ 引文出自今本《资治通鉴》卷一五九《梁纪十五》"武帝中大同元年"下注文。

西太平[①](当在今绛州境。)

校注:

① 此西太平县在今本《魏书·地形志上》"东雍州邵郡"下。

建兴郡

慕容永分上党置[①]。

真君九年,省。和平五年,复。(《收志》建州注[②]。)

领县四[③]

校注:

① 今本《元和郡县图志》卷十五《河东道四》“泽州”下云:“汉为上党郡高都县之地也。后魏道武帝置建兴郡。”卷末“校勘记”云:“《考证》:《地形志》曰:‘慕容永分上党置建兴郡,真君九年省。’与此别。”今本《太平寰宇记》卷四四《河东道五》“泽州”下也与《元和郡县图志》相同,石翁未作辨语。

② 今本《魏书·地形志》无建兴郡。

③ 介生按:今本《魏书·地形志上》“建州”领四郡、十县,与建兴郡有较大差别。

阳阿(在今泽州府凤台县西北四十里。)

汉属上党,晋罢。后复,属[①]。(《沁水注》:沁水南径阳阿县故城西。《魏土地记》曰:建兴郡治阳阿县。)

有阳陵城、(《沁水注》:阳泉口水出鹿台山,山〈山〉{上}有水[②],渊而不流。其水东径阳陵城南,即阳阿县之故城也。)

武靳关、(《收志》有。)

午壁亭。(《沁水注》:阳阿水北出阳阿川,南流,径建兴郡西,又东南流,径午壁{亭}东[③],而南入山。《寰宇记》:午壁亭,在晋城县界[④]。)

校注:

① 阳阿县在今本《魏书·地形志上》“建州高都郡”下。

② 引文此句“上”误写为“山”,据改。

③ 引文此句脱写一“亭”字,据补。

④ 今本《太平寰宇记》卷四四《河东道五》“泽州晋城县”下“午壁亭”条云:“《水经注》云:‘午壁在晋城县界。’”卷末“校勘记”云:“《水经·沁

水注》：阳阿水'东南流，径午壁亭东，而南入山。'与此引文别。又晋城县置于唐贞观三年，盖乐史以午壁亭所在，以当时之地释之。"

高都（在今凤台县东北三十里高都村，村在丹水之北也。《一统志》：泽州东北三十里丹水北高都村，即唐所移丹州县也①。吴卓信曰②：《水经注》有高都故城，是后汉所置之县，非汉县。唐于故高都城置晋城{县}③。是后魏复置之县，亦非汉县。《通典》以泽州所理晋城县，为即汉高都县，误{矣}④。）

汉、晋属上党⑤。

有丹谷、太行关、（《沁水注》：丹水出{上党}高都县故城东北阜下⑥，东南流，注于丹谷。《晋书地道记》曰：县有太行关，丹溪，为关之东谷，途自此去，不复由关矣。《寰宇记》谓：天井关，〈即〉{一名}太行关⑦。）

石人山、（《沁水注》：丹水又径二石人北，而〈水〉{各}在{一}山⑧，角倚相望，南为河〈北〉{内}⑨，北曰上党。二郡以之分境。《寰宇记》晋城县：石人山，在县东南八十里，有双石，高〈僄〉{标}类人形⑩。）

天井关。（《收志》上党郡有天井关⑪，盖沿《班志》之文，误，辨见"并州上党郡"下。《元和志》晋城县：天井故关，一名太行关，在县南四十五里太行山上。胡三省曰⑫：关〈内〉{南}有天井泉三所⑬，其深不测。）

校注：

① 引文出自文渊阁"四库全书"本《大清一统志》卷一〇七"泽州府"下"古迹高都故城"条。

② 引文见《汉书·地理志补注》卷七。

③ 引文此句脱写一"县"字，据补。

④ 引文引句脱写一"矣"字，据补。

⑤ 查《汉书·地理志》、《续汉书·郡国志》与《晋书·地理志》，上党郡下均有高都县，又高都县在今本《魏书·地形志上》"建州高都郡"下。

⑥ 引文此句省略"上党"二字，据补。引文此句后多有节略。

⑦ 引文出自今本《太平寰宇记》卷四四《河东道五》"泽州晋城县"下，

据改。

⑧ 引文此句"各"误写为"水",又脱写一"一"字,据改、补。

⑨ 引文此句"内"误写为"北",据改。

⑩ 引文此句"标"误写为"僄",据改。

⑪ 上党郡在今本《魏书·地形志上》"并州"下。

⑫ 引文出自今本《资治通鉴》卷四〇《汉纪二十三》"光武帝建武元年"下注文,有节略。

⑬ 引文此句"南"误写为"内",据改。

玄氏(在今泽州府高平县治。《山西通志》:泫氏故县,在高平县西二十里,俗名王报村①。)

汉、晋属上党。(字作"泫"②。)

有羊头山、(《收志》有。《寰宇记》高平县:〈有〉羊头山③,在县北三十五里。《山海经》云④:"神农尝五谷之所,〈形似〉{山形像}羊头⑤。"穆案:羊头山,亦见《收志》"上党郡长子"注,语本《山经》,与乐氏所引合,盖此山在二县南北之交也。)

都乡城、(《沁水注》:泫水导源泫氏县西北泫谷,东流,径一故城南,俗谓之都乡城。又东南,径泫氏县故城南。)

连理树。(《世祖纪》:太平真君六年二月,{遂}西幸上党⑥,观连理树于〈玄〉{泫}氏⑦。)

校注:

① 引文出自文渊阁"四库全书"本《山西通志》卷五九《古迹三》"泽州府高平县"下,有节略。

② 据《汉书·地理志》、《续汉书·郡国志》与《晋书·地理志》,上党郡下均有"泫氏县"。玄氏县在今本《魏书·地形志上》"建州长平郡"下,注云"永安中置,治玄氏城",卷末"校勘记"云:"按汉、晋、隋《地志》'玄'都作'泫'。《元和志》卷一五泽州高平县下云:'在泫水之上,故以为名,后魏(岱南阁本讹作汉)改为玄氏。'杨守敬《隋书·地形志考证》以为《地形

志》作'玄',乃'泫'字脱烂。其实,当时地名常用同音或音近字,去水去土皆只是书写异文。见于此《志》者,如'乐浪'之作'乐良','渤海'之作'勃海','湖陆'之作'胡陆','湖城'之作'胡城',本非改名,亦非脱烂,此'泫氏'之作'玄氏',也同此类。今后此类,不再出校记。"

③ 依本稿例,引文此句衍写一"有"字。

④ 今本《太平寰宇记》此句无"云"字,但文渊阁"四库全书"本《太平寰宇记》有"云"字,存考。

⑤ 引文此句"山形像"误写为"形似",据改。

⑥ 引文此句省略一"遂"字,据补。

⑦ 今本《魏书》此句作"泫氏",据改。

长平(《沁水注》:长平水出长平县西北小山,东南流,径其县故城,泫氏之长平亭也。穆案:泫氏长平亭,地亦当在今高平县境。县境有长平城,而古未尝以之氐县。魏永安中,始于泫氏置长平郡,其所领之县则曰高平,且置郡事,中尉亦不及知也,若邵郡苌平既距泫氏极远,《元和志》明言"献文分垣县置",其非东魏移建,又断然可知。赵一清于《沁水注》遽引邵郡收注为证,可谓巨谬,窃疑魏初必尝于泫氏长平城置长平县,〈故中尉有是称〉①永安时升县为郡,而改其故县曰高平耳。[《隋志》长平郡高平注:旧曰平高,齐未改焉。则今本之作"高平",乃后人以今名疑古名改也。——原注]谨据《沁水注》补其地在今高平县西北。又案:魏、齐字"长"皆加艸,此县或亦当援邵郡苌平为例。)

有白起台。(《沁水注》:《上党记》曰:长平城在郡之南。[《注》又引《上党记》曰:长平城在郡南山中。刘昭《郡国志补注》引《上党记》曰:白起城在郡南山中百二十里。——原注]秦垒在城西,二军共食流水涧,相去五里。秦坑赵众,收头颅,筑台于垒中,因山为台,崔嵬桀起,今仍号之曰白起台。城之左右,〈缘〉{沿}山亘隰②,南北五十许里,东西二十馀里,悉秦、赵故垒,遗壁旧{犹}存也③。《括地志》:长平故城,在泽〈县〉{州}高平县西〈三〉{二}十一里④。《方舆纪要》高平县:长平城,在县西北二十一里,即{秦}白起破赵处,刘昭曰"泫氏有长平亭"也。头颅山,在县西五里,白起台在其上[⑤]。)

校注:

① 〈〉括号内文字后有圈删之意。

② 引文此句"沿"误写为"缘",据改。

③《水经注校证》此句与本稿同,作"遗壁旧存也"。而《水经注疏》此句作"遗壁犹存也",卷末校记云:"按:《大典》本及全、赵、戴三家校本,'犹'皆作'由'。朱《笺》云:克家曰:疑作'犹',《一统志》引作'犹'。影印本从李克家说,但未出校记。"介生按:石翁与陈桥驿先生所见,必不作"犹"或"由","校记"之言未免失察。存考。

④ 引文此句"州"误写为"县",据改。又《括地志辑校》注云:"按'三'当作'二',依《(史记——介生补)白起王翦列传正义》改,《元和郡县志》亦说长平在高平县二十一里。"据改。

⑤ 此段引文多有节略。

安平郡

太和二十年置。(《收志》"安平郡"无注[①]。《寰宇记》端氏县:安平故城,后魏于此立郡,废城在今县西北三十里[②]。按《郡国县道记》云:今端氏所理,即后魏文帝置安平郡故城之所。穆案:文帝,当作"孝文帝",即下"端氏"注太和二十年事也。)

领县二[③]

校注:

① 安平郡在今本《魏书·地形志上》"建州"下。

② 今本《太平寰宇记》卷四四"校勘记"云:"按本书端氏县序云汉端氏县故城'在今县西北三十里',引《郡国县道记》云今端氏县'即后魏文帝置安平郡故城',则此'废城在今县西北三十里',乃汉端氏县故城,非后魏安平郡城。"

③ 今本《魏书·地形志上》"建州安平郡"下领二县:端氏、濩泽。

端氏(在今泽州府沁水县东北六十里。)

汉属河东[①],晋属平阳〈后属〉[②]。

真君七年,省。太和二十年,复,属[③]。[夹注:北乡、高〈梁〉{凉}皆郡,无注,而出其文于县下,与此例同。][④]

校注:

① 据《汉书·地理志》与《续汉书·郡国志》,河东郡下有端氏县。

② 据《晋书·地理志》,平阳郡下有端氏县。"后属"二字后被圈删。

③ 端氏县在今本《魏书·地形志上》"建州安平郡"下。

④ 北乡郡在今本《魏书·地形志下》"泰州"下。据雍正《山西通志》卷一七九"辨证四",高梁郡实为"高凉郡",据改。高凉郡在今本《魏书·地形志上》"东雍州"下。

濩泽(今泽州府阳城县治。)

汉属河东,晋属平阳[①]。(汉、晋故城,在今阳城县西。《寰宇记》:阳城县,本汉濩泽县地[②]。今县西三十里故城,即汉理。后魏兴安二年,自故城移于今理。)

后属[③]。

有析城山、(《沁水注》:上涧水导源西北辅山,东径铜于崖南,历析城山北,山在濩泽南。《禹贡》所谓"砥柱析城至于王屋"也,山甚高峻,上平坦,下有二泉,东浊西清,左右不生草木,数十步外多细竹。其水自山阴东入濩泽{水}[④]。《括地志》:析城山,在泽州{濩泽县}西南七十里[⑤]。)

嶕峣山、(《沁水注》:鹿台山水历嶕峣山东,下与黑岭水合。《隋志》濩泽[⑥]:有嶕峣山。《寰宇记》阳城县:嶕峣山,在县西三十里。)

白涧岭、(《通鉴》晋义熙十二年[魏泰常元年。——原注]:丁零翟猛雀驱掠吏民,入白涧山为乱,魏内都大官河内张蒲与冀州刺史长孙道生讨之[⑦]。《方舆纪要》阳城县:白涧山,在县西北十六里。)

濩泽。(《沁水注》:濩泽水出濩泽城西白涧岭下,东径濩泽。《墨子》{曰}[⑧]:辞渔濩泽。应劭曰:泽在县西北。又东径濩泽县故城南,盖以泽氏县也。《方舆纪要》阳城县:濩泽,〈在〉县西北十里[⑨]。)

校注:

① 据《汉书·地理志》与《续汉书·郡国志》,河东郡下有濩泽县。据《晋书·地理志》,平阳郡下有濩泽县。

② 此段引文多有节略。

③ 濩泽县在今本《魏书·地形志上》"建州安平郡"下。

④ 引文此句省略一"水"字,据补。

⑤《括地志辑校》此句增"濩泽县"三字,并注云:"《史记·夏本纪》'砥柱析城'《正义》引。按此引脱县名,据《水经·沁水注》'析城山在濩泽南'增'濩泽县'三字。"据补。

⑥ 濩泽县在今本《隋书·地理志中》"长平郡"下。

⑦ 引文见今本《资治通鉴》卷一一七《晋纪三十九》下,胡注云:"白涧山当在河东濩泽县西。《水经注》:濩泽水出濩泽城西白涧岭{下}。东径濩泽。濩泽,唐泽州阳城县即其地。"介生按:胡注引文出自《水经·沁水注》,脱写一"下"字,据补。

⑧ 原稿引文此句脱写一"曰"字,据补。

⑨ 引文此句衍写一"在"字,据删。

平阳郡

魏邵陵厉公正始八年,分河东郡置[①]。(《魏志·齐王芳纪》[②]:正始八年夏五月,分河东之汾北十县〈置〉{为}平阳郡[③]。《晋{书}·地理志》[④]:平阳郡,故属河东,魏分置。〈穆案:《收志》云:晋分河东置,误。〉[⑤])

真君八年,置东雍州。太和十八年,罢州,置郡[⑥]。

治白马城。(穆案:后魏平阳郡盖治杨县白马城,在杨县西南,平阳东北也⑦。《汾水注》引《魏土地记》曰：平阳郡，治杨县，郡西有汾水南流{者，是也}⑧。又曰：汾水南径高梁故城西⑨。又南径白马城西，魏刑白马而筑之，故世谓之白马城，今平阳郡治。汾水又南径平阳县故城东，晋{魏}立平阳郡⑩，治此[晋字误而不误，《收志》亦〈去〉{云}⑪：晋分河东置平阳郡，盖后魏绾藉旧文如此，戴校本辄改晋为魏，非。——原注]。据之，则晋、魏两朝截然朗列，中尉以魏人述魏事，必不误矣。《寰宇记》曰：后魏擒赫连昌，{遂}于白马城置〈禽〉{擒}昌县⑫。盖太武时初制[夹注：禽昌兼有杨、平阳、永安三县地，故白马城亦隶焉。]⑬如此，中尉所述，则太和以后之制也。杨县既复置，还为平阳郡倚郭县矣。李氏《韵编》谓：北魏平阳县即今临汾县治，既误以晋治为魏治，钱詹事《魏书考异》据乐氏说谓"白马城为平阳之禽昌县"语，亦未分析也。《方舆纪要》：白马城，在平阳府东北二十里。⑭)

领县八⑮

校注：

① 邵陵厉公为齐王曹芳的谥号。

②《齐王芳纪》即今本《三国志》卷四《魏书·三少帝纪》之一。

③ 引文此句"为"误写为"置"，据改。

④ 依例补一"书"字。

⑤ 平阳郡在今本《魏书·地形志上》"晋州"下。〈〉括号内文字后有圈删之意。

⑥ 介生按：今本《魏书·地形志上》既有晋州平阳郡，又有东雍州。待考。

⑦ 杨县在今本《魏书·地形志上》"晋州永安郡"下。

⑧ 引文此句有节略，据补。

⑨ 此段引文多有节略。

⑩《水经注疏》此句改"晋"为"魏"，并校云："朱'魏'讹作'晋'，全同。赵亦作'晋'而辨之云：按《三国志·魏书·三少帝纪》：齐王芳正始八年夏五月，分汾(介生按：应为河)东之汾北十县为平阳郡。非始于晋也。

戴改魏。守敬按:《寰宇记》引《晋书地道记》:魏立平阳郡。"又"晋平阳郡,亦治此。"介生按:据石翁原注之意,"晋"字不误,存考。

⑪ 原稿此句"云"误写为"去",改。

⑫ 引文出自今本《太平寰宇记》卷四四《河东道五》"晋州襄陵县"下。脱写一"遂"字,又原书"擒昌县",据补、改。

⑬ 介生按:今本《魏书·地形志上》"晋州平阳郡禽昌县"下云:"神䴥元年,世祖禽赫连昌,仍置禽昌郡。"夹注所谓兼三县之地,应为禽昌郡,而非禽昌县。待考。

⑭ 引文出自今本《太平寰宇记》卷四一《山西三》"平阳府临汾县"下"柴壁城"条后。

⑮ 今本《魏书·地形志上》"晋州平阳郡"下领五县:禽昌、平阳、襄陵、临汾、泰平。

杨(在今平阳府洪洞县东南十五里。)

汉属河东①,魏、晋属②。后罢。

太和二十一年,复。③

治杨城。(《寰宇记》洪洞县:故杨城,在县东南十八里。)

有岳阳山、(《收志》有。《禹贡锥指》④:太岳,在今霍州东三十里。岳阳,凡太岳山南皆是其地,当直抵南河。)

洪洞岭、(《元和志》洪洞县:洪洞故城,在县北六里,后魏镇城也。〈姚最《序行记》曰:周建德五年,从行讨〈秦〉{齐}师⑤,师次洪洞县,百雉相隔,四周重复,控据要险⑥,即此也。〉⑦《通典》:〈洪洞故城〉{故洪洞城}⑧,在晋州洪洞县北〈六里〉⑨,东魏、北齐镇也。四〈固〉{顾}重复⑩,控据险要。《舆地广记》洪洞县:汉杨县,隋义宁二年改曰洪洞,取县北洪洞岭为名。故洪洞城,在今县北,东魏、北齐镇此⑪。)

东明神。(《收志》有。)

校注:

① 据《汉书·地理志》与《续汉书·郡国志》,河东郡下均有杨县。

② 据《晋书·地理志》,平阳郡下有杨县。

③ 杨县在今本《魏书·地形志上》“晋州永安郡”下。

④ 引文出自今本《禹贡锥指》卷二“既修太原,至于岳阳”下释文。

⑤ 引文此句“齐”误写为“秦”,据改。

⑥ 引文此句后有节略。

⑦〈〉括号内文字后有圈删之意。

⑧ 原书此句作“故洪洞城”,据改。

⑨ 引文此句衍写“六里”二字,据删。

⑩ 引文此句“顾”误写为“固”,据改。

⑪ 引文多有节略。

平阳(今平阳府临汾县治。)

汉属河东[1],晋属[2]。(汉、晋故城,在今临汾县西南。)

真君六年,并禽昌。太和十一年,复[3]。

有高梁城、(《收志》有。《括地志》:高梁故城,在晋州临汾县东北二十七里。《水经》:汾水西南过高梁邑西。)

太祖庙、(《世祖纪》:太延元年六月甲午,诏曰:{白}雉三只又集于平阳太祖之庙[4]。)

龙子城、(《收志》有。《元和志》临汾县:龙子祠,在姑射山东平水之源。其地茂林蓊郁,俯枕清流,实晋〈州〉之胜境也[5]。穆案:龙子城,当即在龙子祠左右,姑射山,即《汾水注》所云平阳西壶口山也。辨见《禹贡锥指》。)

平水、(《收志》有晋水。《汾水注》:平{河}水出平阳{县}西壶口山[6],东径狐谷亭北。又东,径平阳城南,东入汾,俗以为晋水,非也。《括地志》:平阳河水,一名晋水也[7]。)

匈奴堡、(《通鉴》{义熙十二年}[8]:并州胡数万落叛秦,入于平阳[9],攻立义将军姚成都于匈奴堡。《注》:此匈奴种落相率保聚之地,因以为名。又《注》:〈……〉{匈奴堡}在平阳[10]。)

尧庙、(《收志》有。《礼志》:太和十六年二月,诏帝尧树则天之功,兴巍巍之治,可祀于平阳。《汾水注》:平阳故城东水侧有尧庙,庙前有碑。《魏土地记》曰:平阳城东十里,汾水东原上,有小台,台上有尧神屋石碑。《元和志》临汾县:尧庙,在县东八里,汾水东。《寰宇记》临汾县:尧庙,在县南十{六}里⑪。《尧碑》云:旧在汾水西,晋元康中,移于汾水东。显庆三年,移就今庙。)

柴壁、蒙坑、(《太祖纪》:天兴五年五月,姚兴遣其弟{安北将军、}义阳公平{率众四万}来侵⑫,平阳乾壁为平所陷。七月戊辰{朔},车驾西讨⑬。八月乙巳,至于柴壁,平固守,进军围之。姚兴悉举其众来救。甲子,帝渡蒙坑,逆击兴军,大破之。《安同传》:从征姚平于柴壁,姚兴悉众救平,太祖乃增筑重围以拒兴。同进计曰:"臣受遣诣绛督〈祖〉{租}⑭,见汾东有蒙坑,东西三百馀里,径路不通。姚兴来,必从汾西,乘高临下,直至柴壁。如此,则寇内外势接,重围难固,不可制也。宜截汾曲为南北浮桥,乘西岸筑围,西围既固,贼至,无所施其智力矣。"从之。兴果视平屠灭而不能救。《元和志》太平县:子奇垒,在县东三十里[姚平字子奇。——原注]⑮。今按:此垒西临汾水,垒侧尚有柴村,子奇〈役〉{投}汾水处⑯,即此{处}也[《方舆纪要》亦曰柴庄。——原注]⑰。{《新五代史·王峻传》}⑱:周太祖因刘〈闵〉{旻}攻晋州⑲,遣王峻将兵讨之。峻{军}出自绛州⑳,前锋报过蒙坑,峻喜,谓其属曰:蒙坑,晋、绛之险也。〈闵〉{旻}不分兵扼之,使吾过〈之〉{此}㉑,可以知其必败也。《方舆纪要》:柴壁城,在平阳府西南六十里{汾水上}㉒。蒙坑,在曲沃县东北五十里。《晋乘蒐略》:今曲沃县乔山以北,自西而东,山蹊斜结,即蒙坑也。)

天渡、(《姚兴传》㉓:太祖知兴气挫,乃南绝蒙坑之口,东杜新坂之隘,守天渡,屯贾山,令平水陆路绝。《李先传》:太祖之讨姚兴于柴壁也,问先曰:"兴屯天渡,平据柴壁,相为表里,今欲殄之,计将安出?"先对曰:"臣闻兵以正合,战以奇胜。如闻姚兴欲屯兵天渡,利其粮道。及其未到之前,遣奇兵先邀天渡,柴壁左右,严设伏兵,备其表里。以陛下神策,观时而动,兴欲进不得,退{住}又乏粮㉔。夫高者为敌所栖,〈卑〉{深}者为敌所囚㉕,兵法所忌而兴居之,可不战而取。"太祖从其计,兴果败归。《通鉴注》[26]:柴壁在汾东。天渡盖汾津之名,在汾水西岸。)

单于台。(《刘渊传》[27]:置单于台于平阳西。)

校注:

① 据《汉书·地理志》与《续汉书·郡国志》,河东郡下均有平阳县。

② 据《晋书·地理志》,平阳郡下有平阳县。

③ 平阳县在今本《魏书·地形志上》"晋州平阳郡"下。

④ 引文此句脱写一"白"字,据补。

⑤ 引文此句衍写一"州"字,据删。

⑥《水经注疏》此句作"平河水",又增写一"县"字,并校云:"朱上句'平河水'作'平阳',全、赵、戴改平水;下句平阳下无县字,全、赵同,戴增。会贞按:《初学记八》引此《注》云:平河水出平阳县西壶口山,盖约注两句为文。《寰宇记》称:汾水又南,与平河水合流,即用《注》文,则上句本作'平河水',下句脱'县'字,今参订。"据补。引文此句下多有节略。

⑦ 引文出自《史记》卷一《五帝本纪》"帝尧者"《正义》所引。今本《括地志辑校》卷二脱写一"也"字。

⑧ 此条为夹注所增,依例补纪年。

⑨ 此段引文有节略。

⑩ 此条《注》文同在今本《资治通鉴》卷一一七《晋纪三十九》"安帝义熙十二年"下,原稿用"……"代表"匈奴堡"三字,据补。

⑪ 今本《太平寰宇记》此句作"六里",并注云:"'一'作'十'。"卷末"校勘记"云:"万本、库本作'在县南十里'。按《元和郡县图志》"晋州"作'在县东八里,汾水东'。《嘉庆重修一统志》'平阳府'引《新志》谓在县南八里。"并存。

⑫ 引文此句有省略,据补。

⑬ 此段引文多有节略。

⑭ 引文此句"租"误写为"祖",据改。

⑮ 此段引文多有节略。

⑯ 引文此句"投"误写为"役",据改。

⑰ 引文此句脱写一“处”字,据改。

⑱ 此条引文为夹注所增,未注明出处,查补。

⑲ 此段引文“旻”均误写为“闵”,据改。下不再出注。

⑳ 引文此句脱写一“军”字,据补。

㉑ 引文此句“此”误写为“之”,据改。

㉒ 引文此句脱写“汾水上”三字,据补。

㉓《姚兴传》在今本《魏书》卷九五《羌姚苌传》后。

㉔ 今本《魏书·李先传》卷末“校勘记”云:“《北史》卷二七‘退’作‘住’,疑是。”存考。

㉕ 引文此句“深”误写为“卑”,据改。

㉖ 引文出自《资治通鉴》卷一一二《晋纪三十四》“安帝元兴元年”下胡注。

㉗ 出处有误,应出自今本《魏书》卷九五《匈奴刘聪传》,或出自《晋书》卷一〇一《刘元海载记》。

禽昌(在今洪洞县东南二十四里。[夹注:此注写在洪洞县东南二十四里下。]①县下《收志》旧有注云②:二汉属河东,晋属,即汉、晋之北屈也③。穆案:汉、晋北屈县,在今吉州东北;魏禽昌县,在今平阳东,洪洞东南,相距绝远,断非一地。且孝文于故北屈{地}置定阳郡[属汾州。——原注]④,领定阳、昌宁诸县,无缘更分其一,远系平阳也。推详致误之由,盖由《汉志》“北屈”下云:《禹贡》壶口山在东南⑤。《续汉志》“北屈”下云:有壶口山[注引《禹贡》曰:壶口治梁及岐〈文〉。——原注]⑥。〈《晋志》“北屈”下云:壶口山在东南。有南屈,故称北。〉[夹注:《晋书》唐修,不当引也。]⑦班{、司马}二书皆确指壶口以定北屈所在⑧,〈《晋志》至故称北,与夹注连写。〉⑨而今平阳之姑射山,魏人亦名之曰壶口。中尉《汾水注》曰:“平{河}水出平阳{县}西壶口山⑩,《尚书》所谓‘壶口治梁及岐’也。”既以此山为《禹贡》之壶口,因即以此地为汉、晋之北屈。魏收、郦{道}元皆沿俗谬,而收又甚焉矣。〈尽删其文,俾读者无惑焉。〉⑪)

神䴥元年,世祖禽赫连昌,析襄陵东北置,兼置禽昌郡领之。

真君二年,省郡。七年,并永安,属。

有乾城、(《收志》有。《太祖纪》:天兴五年,诏并州诸军积谷于平阳之乾壁。《太宗纪》:泰常五年十有一月,诏骁骑将军延普城乾城。《通鉴注》据《姚兴{载}记》⑫:乾壁即乾城。《方舆纪要》襄陵县:乾壁城,在县东南。)

郭城。(《收志》有。《寰宇记》神山县:县城,故郭城也。《〈后〉魏书》禽{擒}昌县有郭城⑬,即此。其城东面高四丈,西、南、北三面绝崖险固,周回五里。《方舆纪要》浮山县:郭城,〈在其〉县南十里⑭。)

校注:

① 下段注文本在"有乾城"之后,遵夹注之意移写于此处。

② 禽昌县在今本《魏书·地形志上》"晋州平阳郡"下。

③ 今本《魏书·地形志上》卷末"校勘记"云:"《延昌志》卷三平阳郡禽昌县下云:'汉、晋北屈县在今吉州东北,魏禽昌在今平阳东,相距绝远,断非一地。'"介生按:今本《魏书》校勘本已用《延昌志》稿本进行校订,此为明证。

④ 原稿此句"地"字后被圈删。定阳郡在今本《魏书·地形志上》"汾州"下。

⑤ 北屈县在《汉书·地理志》"河东郡"下。

⑥ 北屈县在《续汉书·郡国志》"河东郡"下。原注衍写一"文"字,据删。

⑦ 北屈县在《晋书·地理志》"平阳郡"下。依夹注之意,〈〉括号内文字后有圈删之意。

⑧ 原稿此句脱写"司马"二字,据补。

⑨ 依石翁之意,〈〉括号内文字应与《晋志》一同圈删。

⑩ 此句引文校语已见前。

⑪ 〈〉括号内文字后有圈删之意。

⑫ 引文出自《资治通鉴》卷一一二《晋纪三十四》"安帝元兴元年"下

胡注。原稿省略一“载”字,据补。

⑬ 今本《太平寰宇记》无“后”字,“禽”作“擒”,存考。

⑭ 引文此句衍写“在其”二字,据删。

襄陵(在今平阳府襄陵县东南。)

汉属河东,晋属①。

治襄陵城②。(《方舆纪要》襄陵县:襄陵旧城,在县东二十五里。《水经注》“襄陵在平阳东南”是也。穆案:《寰宇记》引《冀州图》:“故城在〈县〉{郡}东南三十二里。”③)

有犨氏乡亭。(《汾水注》:汾水又南历襄陵县故城西,晋大夫郤犨之邑也。故其地有犨氏乡亭矣[今本《汉志》“犨”误作“班”。——原注]④。《方舆纪要》襄陵县:郤犨城,在县东南二十里,其东面圮于水,馀三面尚存遗址。或曰即故襄陵城云。)

校注:

① 据《汉书·地理志》、《续汉书·郡国志》,河东郡下有襄陵县。据《晋书·地理志》,平阳郡下有襄陵县。

② 襄陵县在今本《魏书·地形志上》“晋州平阳郡”下。

③ 据今本《太平寰宇记》,引文有节略,此句误写“郡”为“县”,据改。

④ 今本《汉书·地理志上》“襄陵县”下注云:“有班氏(香)[乡]亭。莽曰幹昌。”卷末“校勘记”云:“景祐、殿本都作‘乡’。朱一新说作‘乡’是。”并未提及“班”字之误。

临汾(在今绛州东北二十五里。)

汉属河东,晋属①。

真君七年,并泰平。太和十一年,复②。

〈有故柏壁镇。〉③

校注：

① 据《汉书·地理志》与《续汉书·郡国志》，河东郡下均有临汾县。据《晋书·地理志》，平阳郡下有临汾县。

② 临汾县在今本《魏书·地形志上》“晋州平阳郡”下。

③ 此条后有圈删之意。

泰平（在今平阳府太平县北二十五里。）

真君七年置①。

有泰平城、（《收志》有。《太祖纪》：天赐元年，擒姚兴{宁北将军、}泰平太守衡谭②。《元和志》太平县：本汉临汾县地，{属河东郡}③。后魏太武于今县东北二十七里太平故关城置泰平县{，属平阳郡}[后周讳泰，改曰太平。——原注]④。《方舆纪要》太平县：太平城，在今县北。《志》云：后魏置泰平县于今县北二十五里太平关，今关亦名故城镇，以此也。隋尝移治于关东北，唐初复还旧治。贞观七年，移县于敬德堡，即今县矣。）

齐城。（《收志》有。）

校注：

① 泰平县在今本《魏书·地形志上》“晋州平阳郡”下。

② 引文此句有节略，据补。介生按：此条似可证明后秦时期已有泰平郡之设。

③ 引文有节略，据补。

④ 引文有节略，据补。今本《元和郡县图志》此条下又有：“周改泰平为太平县，因关名。”此与石翁之意略有矛盾。

北绛（在今平阳府翼城县东南三十五里。）

汉曰绛，后汉、晋曰绛邑。[《收志》云：二汉、晋曰绛。误。——原注]①

汉属河东，晋属。（汉、晋故城，在今平阳府曲沃县东南。）后罢。

太和十二年，改，复[②]。

有障壁城、（《寰宇记》翼城县：障壁城，后魏北绛及〈此〉{北}绛县也[③]。穆案：句有讹〈挽〉{脱}[④]。）

浍水。（有注。[⑤]）

校注：

① 石翁之言为是。据《汉书·地理志》，河东郡下有"绛县"。《续汉书·郡国志》与《晋书·地理志》改为"绛邑"，分别属河东郡与平阳郡。

② 北绛县在今本《魏书·地形志上》"晋州北绛郡"下。介生按：据北绛县下注文，此处似应为"太和十二年复，改属"。存考。

③ 引文此句"北"误写为"此"，据改。

④ 原稿此句"脱"误写为"挽"，据改。

⑤ 即《水经·浍水注》，在《水经注》卷六《汾水注》之后。

永安（在今平阳府赵城县南。《寰宇记》霍邑县［今霍州治。——原注］下云：后魏宣武正始三年［当作二。——原注］又于〈晋〉{今}州赵城县［在今县西南。——原注］东南三里置永安县[①]，魏末复还今理。穆案：此《志》以延昌为限，故据之。）

汉曰彘，属河东[②]。后汉顺帝改，晋属[③]。（汉、晋故城，即今霍州治。）

真君七年，并禽昌。正始二年，复[④]。（《收志》云：治仇池壁，未详。〈据《寰宇记》云：魏末复还旧理，疑亦述东魏时制也。〉[⑤]）

有赵城、（《收志》有。{《汾水注》}[⑥]：汾水又南，径霍城东[⑦]。{又径}赵城西南[⑧]，穆王以封造〈及〉{父}[⑨]，赵氏自此始也。《寰宇记》赵城县：赵城[⑩]，在县南三十五里。）

霍山祠、（《收志》有。《汾水注》：彘水出唐城东北太岳山，《禹贡》所谓岳阳也，即霍太山矣[11]。山有岳庙，庙甚灵，鸟｛乌｝雀不栖其林[12]，猛虎常守其庭。又有灵泉，以供祭祀，鼓动则泉流，声绝则水竭。《元和志》赵城县：霍山庙，在县东南三十里霍山上，甚有灵验。贞观五年，敕令修理。）

观阜、（《汾水注》：彘水又西流，径观阜北，故百邑也。原过之从襄子也，受竹书于王泽，以告襄子。襄子拜受｛三神之｝命[13]，遂灭智氏，祠三神于百邑，使原过主之，世谓其处为观阜也。《寰宇记》霍邑县：观堆祠，在县东南三十里，堆高二里，周四十里。）

霍水。（《汾水注》：霍水出霍太山，发源成潭，涨｛阔｝七十步[14]，而不测其深。西南径赵城南，西流，注于汾水。《寰宇记》洪洞县：霍水，在县北三里。《水经注》：霍水源出赵城县东三十八里广胜寺大郎神，西流至洪洞县[15]。穆案：此必非《水注》语，不知乐氏误摭何书，驾名中尉也。）

校注：

① 文渊阁“四库全书”本《太平寰宇记》与本稿同，但今本《太平寰宇记》此条为：“及宣武正始三年又于今州赵城县东北十五里仇池壁置永安县，又移于赵城县东南三里。”卷末“校勘记”云：“‘三年’，《嘉庆重修一统志》卷一五三霍州引本书作‘二年’，《元和郡县图志》晋州同，此‘三’疑为‘二’之误。”介生按：原稿引文“今”改为“晋”，据改。其馀参差出入之处存考。

② 据《汉书·地理志》，河东郡下有彘县。

③ 据《续汉书·郡国志》，河东郡下有永安县，下有注文云：“故彘，阳嘉二年更名。”介生按：阳嘉为东汉顺帝年号。又据《晋书·地理志》，平阳郡下有永安县。

④ 永安县在今本《魏书·地形志上》“晋州永安郡”下。

⑤ 介生按：《太平寰宇记》实祖述《收志》注文，因石翁所见《太平寰宇记》有脱文，故又疑《收志》正始二年之事。〈〉括号内文字后有圈删之意。

⑥ 原稿此条脱写出处，依例补。

⑦ 引文此句后多有节略。

⑧ 引文此句脱写“又径”二字，据补。

⑨ 引文此句"父"误写为"及",据改。

⑩ 今本《太平寰宇记》卷四三"校勘记"云:"万本、库本同,中大本作'故赵城'。按本书赵城县总序云:唐初置赵城县,'因故赵城为名','县初置在故赵城县内',则作'故赵城'是,此脱'故'字。"

⑪ 引文此句后多有节略。

⑫《水经注校证》与本稿同,作"鸟雀",然《水经注疏》作"乌雀",并无校记,存考。

⑬ 此段引文多有节略。此句省略"三神之"三字,据补。

⑭《水经注校证》与本稿同,作"涨",《水经注疏》改为"阔",并校云:"朱'阔'作'涨',全、赵、戴同。守敬按:《御览》、《寰宇记》引此并作'阔'。今订。"存考。

⑮ 今本《太平寰宇记》卷四三"校勘记"云:"按《水经·汾水注》:'霍水出霍太山,发源成潭,阔七十步,而不测其深。西南径赵城南,西流注于汾水。'与此引《水经注》异,此必有舛误。"存考。

正平郡(今绛州治。)

故南太平,(何时置,未详。《高允传》所列征士有太平太守、平原子雁门李熙士元[①]。不知即此太平?闻尝置郡,抑"太"为它字之讹也。《方舆纪要》闻喜县下曰:"后魏置太平郡于此,后属正平郡。"又案:李熙所守者,必恒州之太平郡。细核之《收志》,亦有太平郡属朔州,乃孝昌后改怀朔镇所置,非熙所守也。《灵征志》:"太安三年,有白狼{一}[②],见于太平郡。"以时代核之,确为李熙所守矣。)

神䴥元年,改为征平。太和十八年,复[③]。(《汾水注》:汾水又西,径魏正平郡南。故东雍州治,太和中,皇都徙洛,罢州立郡矣。)

有故柏壁镇、(《元和志》:柏壁镇,在临汾县西,后魏明元帝置,太武废镇,置东雍州[④]。又柏壁,在正平县西南二十里,高二丈五尺,周回八里[⑤]。)

长修城、华谷城、(《汾水注》:汾水西南径魏正平郡北〈又西径荀城东,古荀国也〉[⑥]。又西南,径长修县故城南。又西,与华水合。水出北山华谷，西南流，径一故城西⑦。按《故汉上谷长史侯相碑》云：侯氏出自仓颉之后⑧。食采华阳，今蒲坂北亭〈地〉⑨，即是城也。《水经》：涑水出河东闻喜县东山黍葭谷。《注》：涑水所出，俗谓之华谷。《方舆纪要》绛州：长修城，在州西北二十一里。华谷城，在州西北二十里。后周天和五年，韦孝宽〈虑齐人将图汾北〉{在勋州}⑩，请于华谷、长秋筑城，以杜其患。宇文护不听。汾北果为齐所据。长秋，长修之讹也，今名长秋镇。华谷，今名华谷村。）

稷山、（《汾水注》：汾水又径稷山北，〈山〉在水南四十许里⑪，山东西二十里，南北三十里，高十三里，西去介山十五里。山上有稷祠，山下{有}稷亭⑫。《春秋·宣公十五年》"秦桓公伐晋，晋侯治兵于稷，以略狄土"是也。《方舆纪要》绛州：稷神山，在县南五十里。山之麓跨万泉、安邑、闻喜、夏县界⑬。）

高祖北巡碑。（《集古录目》：在绛州。右《魏孝文北巡碑》云：太和二十一年，修省方之典，北临旧京。又云：涉西河，出平阳，斜顺唐逵，指游咸栎，路迩龙门，遂纡雕轩。桉{按}后魏《本纪》⑭，是岁正月乙巳，北巡。二月，次太原，至平城。四月，幸龙门，以太牢祭夏禹。遂幸长安，泛渭浮河，乃东归。与此碑所书合也。碑无题首，故依《本纪》为《北巡碑》也⑮。陈思《宝刻丛编》：后魏《孝文巡狩碑》并碑阴，题名不著书撰人名氏。魏孝文帝太和二十一年，北幸代，还自西河、平阳，至河关，望龙门，正平太守陆凯刻石以纪行，从臣彭城王勰等题名碑阴者七十一人。）

又有虒祁宫。故梁三十柱在汾水中。（《汾水注》：汾水又径绛县故城[曲沃县南。——原注]北⑯。又西径虒祁宫北。横水有故梁，截汾水中，凡有三十柱，柱径五尺，裁与水平，盖晋平公之故梁也。物在水，故能持久而不败也。《浍水注》：其宫地背汾面浍，西则两川之交会也。《元和志》正平县：晋虒祁宫，在县南六里，隋〈未〉{末}依宫馀址筑堡⑰，今名修义堡[夹注：《元和志》单行写。]。）

领县二⑱

校注：

① 今本《魏书》卷四八"校勘记"云："《北史》卷三一'平原'作'原

平'。按当时封邑,往往取本郡地名,雁门有原平县,疑作'原平'是。"介生按:文渊阁"四库全书"本《通志》卷一四八也作"原平子"。存考。

② 引文此句脱写一"一"字,据补。

③ 正平郡在今本《魏书·地形志上》"东雍州"下。

④ 此条引文疑有误,今本《元和郡县图志》"晋州临汾县"下无此内容。

⑤ 此条引文有节略。

⑥〈〉括号内文字后有圈删之意。引文此句后多有节略。

⑦ 引文有节略。

⑧ 所引碑文亦有节略。

⑨ 引文此句衍写一"地"字,据删。

⑩ 引文多有节略。此句有衍误,据改。

⑪ 引文此句"山"字后被圈删。

⑫《水经注疏》校云:"守敬按:当作'山下有稷亭'。《释例》:闻喜县西有稷山亭。《续汉志》:闻喜县有稷山亭。刘《注》:在县西五十里。"据补。

⑬ 引文多有节略。

⑭ 引文此句"按"误写为"桉",据改。引文多有节略。

⑮ 引文出自文渊阁"四库全书"本《集古录》卷四。

⑯ 引文有节略。

⑰ 引文此句"末"误写为"未",据改。引文有节略。

⑱ 据今本《魏书·地形志上》,正平郡下辖二县:闻喜、曲沃。

曲沃(在今平阳府曲沃县南。)

太和十一年置[①]。(《元和志》曲沃县:本晋旧都绛县地也,汉以为绛县,属河东郡[②]。晋改属平阳郡。后魏孝文帝于今县东南十里[《寰宇记》句下增"绛县北"三字。——原注]置曲沃县[③],属正平郡,因晋曲沃为名。又绛山,在县南十三里。)

校注:

① 曲沃县在今本《魏书·地形志上》"东雍州正平郡"下。

② 引文有节略。

③《太平寰宇记》引文见今本卷四七《河东道八》“绛州曲沃县”下。

南绛(在今绛州绛县东南。)

太和十八年置[①]。(《元和志》:绛县,本汉闻喜县地,后魏孝文帝置南绛县,其地属焉。因县北绛山为名也,属正平郡。)

有圣泉。(《寰宇记》绛县:圣水,在县西十里。疾者饮辄愈。耆老相传{云}[②]:后魏太和六年[③],土人杨斛因耕,忽有三泉,黯然不流,汲一泉,二泉辄动,如苦县九〈泉〉{井}[④],汲一井而八井〈皆〉{泉}动[⑤],{即此类}也[⑥]。)

校注:

① 南绛县在今本《魏书·地形志上》“晋州南绛郡”下。

② 原稿引文此句无“云”字,据今本《太平寰宇记》补。文渊阁“四库全书”本《太平寰宇记》亦无“云”字。

③ 今本《太平寰宇记》卷四七“校勘记”云:“万本、中大本及《嘉庆重修一统志》绛州引本书同,宋版无‘后魏’二字,‘传’下空一格,‘太’下空一格。”

④ 引文此句“井”误写为“泉”,据改。文渊阁“四库全书”本《太平寰宇记》引文此句“苦县”改作“莒县”,应误。

⑤ 引文此句“泉”改写为“皆”,据今本《太平寰宇记》改。

⑥ 引文此句省略,据补。

河东郡

秦置。汉、晋治安邑[①]。

〈太武帝〉神麚元年[②],移治蒲坂,置雍州。

延和元年,改曰秦{泰}州[③]。太和中,罢州,置[④]。(《杨侃传》[⑤]:河东治在蒲坂,西带河湄,所部之民,多在东境。《河水注》:蒲坂城,魏泰[本皆作"秦",今改。——原注]{秦}州刺史治[⑥],太和迁〈洛〉{都}[⑦],罢州[⑧],置河东郡,郡多流杂,谓之徙民。《寰宇记》蒲州河东县:蒲坂故城,《郡国志》云:"州南二里有蒲坂城,旧地理书相传曰汉蒲坂城,即今郡所理大城,〈则〉后人增筑[⑨],大河在其西,雷首山在其南。后魏太武帝神䴥元年自安邑移郡于此城。又后魏初于河东郡治雍州,延和元年,改雍州为〈泰〉{秦}州[⑩]。后周明帝改泰州为蒲{州}[⑪]。钱詹事《地形志考异》曰[⑫]:考《志》中州名相同者,多加东、西、南、北以别之。太和改洛为司,因以上洛为洛,天平以大梁为梁。其时南郑之梁已失,非同时有两洛州、两梁州也[⑬]。独两秦州并置者六十馀年,何以不议改易?且延和元年改雍州为秦州。其时,赫连定甫平,秦州初入版图,岂有复置秦州之理?予积疑者数载,后读《食货志》称:"并、肆、汾、建、晋、泰、陕、东雍、南汾九州。"《灵征志》:"天平四年,泰州井溢。""太和二年,泰州献五色狗。"《薛辩传》:"赠都督冀、定、泰三州诸军事。"《出帝纪》:"泰州刺史万俟普拨。"又《齐书·莫多娄贷文传》:"仍为汾、陕、东雍、晋、泰五州大都督。"《周书·薛端传》:"高祖谨,泰州刺史。"《侯植传》:"父欣,泰州刺史。"史言"泰州"者多矣,[夹注:《灵征志》"泰州"、"秦州"错见。][⑭]而《地形志》无之,乃悟蒲坂之"秦州",当为"泰州"之讹,字形相涉,读史者不能是正,非一日矣。穆案:《寰宇记》作"泰州",此据之最确者,詹事盖偶未检也[⑮]。)

领县六[⑯]

校注:

① 据《汉书·地理志》、《续汉书·郡国志》与《晋书·地理志》,河东郡首县均为安邑。《续汉书·郡国志》云:"凡县名先书者,郡所治也。"

② "太武帝"三字后被圈删。

③ 据石翁之意,此处应为"泰州",说见下。今本《魏书·地形志下》也改"秦州"为"泰州",卷末"校勘记"云:"诸本'泰'作'秦'。钱氏《考异》卷三〇云:'(上略)延和元年改雍州为秦州。其时,赫连定甫平,秦州初入版图,岂有复置秦州之理?予积疑者数载,后读《食货志》(卷一一〇)称:"并、肆、汾、建、晋、泰、陕、东雍、南汾九州",《灵征志》(卷一一〇[介生按:

应为卷一一二。]）："天平四年，泰州井溢。""太和二年，泰州献五色狗。"《薛辩传》（卷四二）："赠都督冀、定、泰三州诸军事。"《出帝纪》（卷一二[介生按：应为卷一一。]）："泰州刺史万俟普拨。"又《齐书·莫多娄贷文传》（卷一九）："仍为汾、陕、东雍、晋、泰五州大都督。"《周书·薛端传》（卷三五）："高祖谨，泰州刺史。"《侯植传》（卷二九）："父欣，泰州刺史。"史言"泰州"者多矣，而《地形志》无之，乃悟蒲坂之"秦州"，当为"泰州"之讹，字形相涉，读史者不能是正，非一日矣。'温校：'《北史·魏宗室传》（卷一五《常山王遵传》）：赞弟淑，孝文时为河东太守，为之谣曰：泰州河东，杼轴代春。连下所属河东书之，更明。'杨校：'《隋太仆卿元公墓志》：曾祖忠，为相、太二州刺史。太、泰往往通用，亦后魏有泰州之证。'又《墓志集释》有《肃宗充华卢令瑗墓志》（图版三七）称：祖渊，夫人李氏，父孝伯，平西将军、泰州刺史。《集释》卷二跋此《志》以为《魏书·李孝伯传》（卷五三）作'秦州'，《传》误而《志》是。今按：钱氏所引诸条，其中也或有'秦'讹为'泰'的。如《出帝纪》之泰州刺史万俟普拨便是（见卷一一校记[一二]），但结论是可信的。元、卢二《志》，当时石刻，足为坚证。《元志》'泰'作'太'，也见于其他史籍碑刻。本书卷四四《薛野睹传》、《北齐书》卷一七《斛律金传》、卷二〇《薛修义传》、《文馆词林》卷六二二《北齐文宣帝征长安诏》、《山右石刻丛编》卷二六《周故谯郡太守曹□□□碑》，均作'太州'，而观其地望，《征长安诏》和《曹□□□碑》皆确指蒲坂。泰、太同音通用，若本作'秦'，音形皆殊，何以史籍碑志都有'太州'记载？此州应作'泰州'无疑。但《水经注》卷四《河水篇》，郦注于经文'又南过蒲坂西'下云：'魏秦州刺史，太和迁都罢州。'故杨《疏》为郦注解释，以为《志》称延和元年改秦州不误，只是略去改泰州事。关于延和元年是否曾改名秦州，后又改泰州，涉及考证，今不具论。但李孝伯出为泰州刺史，据《本传》在兴安二年（453），薛野睹之为太州刺史，在和平中（460－465），则至迟元濬统治时直到元宏太和十八年（494）迁都，此州都名泰州。至魏末复置，'泰'或'太州'屡见于齐、周《书》及《文馆词林》所载《北齐讨长安诏》。此《志》本以所谓'永熙绾籍'即北魏末年的州郡为准，即使延和元年曾为秦州，按之《志》例，也不应不标'泰州'，而远取百年前久废之故名。则此'秦州'必为'泰州'之讹，非如杨说，《志》与《水经注》都只是略去改泰州事而已。今改正。”介生按：诸家诠解不无道理，然唯独没有提及：既然有如此多“泰州”之明证，作为当时人的魏收及其他作者们岂能全部视而不见，故怀疑此“秦州”为魏收之故意改定。因为其时故秦州已不在东魏之疆域之内，而东魏朝野同样有图谋秦州之想，则魏收顺其意而改“泰州”为“秦州”，而二州实相通，也是那时代人们都已熟知的事情。存考。

④ 河东郡在今本《魏书·地形志下》“泰州”下。

⑤《杨侃传》在今本《魏书》卷五八《杨播传》后。

⑥《水经注疏》与《水经注校证》仍作“秦州”，说见下。

⑦ 原稿此句误抄“都”为“洛”，据改。

⑧《水经注疏》校语云：“按钱氏大昕《考异》谓秦州当为泰州之误，其说甚辨，而未尽合也。盖雍、秦皆关西之州名，魏先于此置雍州，后于此置秦州，此相因而见，无可疑者也。试以《通鉴》征之。宋元嘉五年二月，魏改元神䴥。三月，夏人复取长安。雍州本治长安，是时夏取长安，魏仍欲得之，因于此置雍州。又九年正月，魏改元延和，六月，杨难当以子顺为秦州刺史，守上邽。十三年下云：赫连定之西迁也，[在元嘉八年。——原注]难当遂据上邽，秋，魏讨之。难当惧，摄上邽守兵还仇池。则赫连后，秦州为难当有，此年始入魏，当太延二年，在延和元年后四年。是延和初魏欲得秦州，故于此置秦州。与神䴥初欲得雍州，先于此置雍州同。钱氏乃谓延和元年，秦州初入版图，无复置秦州之理，失考。惟《地形志》‘北华州’下云：太和十五年，置东雍州，其地在此西北，则是时此秦州已变名审矣。盖因得故秦州后，改此为泰州，故史多言泰州也。《隋太仆卿元公墓志》：曾祖忠为相、太二州刺史。太、泰通用。亦魏有泰州之证。《地形志》及此《注》皆略改泰州事，钱氏专据泰州为说，亦未审。”存考。

⑨ 引文此句衍写一“则”字，据删。

⑩ 此段引文出自今本《太平寰宇记》卷四六《河东道七》“蒲州”下，此句“秦”改写为“泰”，误，改。说见下。

⑪ 引文此句略写一“州”字，据补。

⑫ 此条引文出自《廿二史考异》卷三〇《魏书三·地形志下》“秦州”条。

⑬ 引文此句后有节略。

⑭ 夹注为石翁所增补，原书无此内容。

⑮ 介生按：石翁此言有误。查检金陵书局本、文渊阁"四库全书"本及今本《太平寰宇记》"蒲州"条下均作"秦州"，而非"泰州"。

⑯ 据今本《魏书·地形志下》，泰州河东郡下领五县：安定、蒲坂、南解、北解、猗氏。

蒲坂（在今蒲州府永济县东南五里。）

汉、晋属[①]。

有陶城、（《河水注》：河水又南，径陶城西。舜陶河滨。皇甫士安以为定陶，不在此也。然陶城在蒲坂城北，城即舜所都也，南去历山不远，或耕，或陶，所在则可，何必定陶方得为陶也？舜之陶也，斯或一焉[②]。孟津有陶河之称，盖从此始之。《方舆纪要》蒲州：陶邑乡，〈在〉州北三十里[③]。《水经注》：蒲坂西北有陶城，{舜陶于河滨，}即此[④]。《唐志》：河中有陶城府，盖府兵所屯也[⑤]。）

华阳城、（《收志》有。）

蒲津关、（《河水注》：陶城南对蒲津关。〈汲冢《竹书纪年》：魏襄王七年，秦王来见于蒲坂关。〉[⑥]《{通鉴}地理通释》引张说《蒲津桥赞》：河上有三桥，蒲津是其一。隔秦称塞，临晋名关[亦名临晋关。——原注]，关西之要冲，河东之辐辏[⑦]。《元和志》河东县[今永济县治。——原注]：蒲坂关，一名蒲津关，在县西四里。《方舆纪要》蒲州：蒲津关，在州西门外，黄河西岸。今名大庆关，山、陕之喉吭也。）

历观、（《河水注》：河东郡南有历山，谓之历观，舜所耕处{也}[⑧]，有舜井，山上有舜庙[⑨]。《方舆纪要》蒲州：历山，〈在〉州东南百里[⑩]，上有历观。汉成帝元延二年"幸河东，祠后土，因游龙门，登历观"是也[⑪]。）

雷首山、（《收志》有。《河水注》：河水又南，径雷首山西[⑫]。山临大河，北去蒲坂三十里。《尚书》所谓"壶口、雷首"者也，俗亦谓之尧山。山上有故城，世又曰尧城。《括地志》：{蒲州河东县}雷首山[⑬]，一名中条山，亦名历山，亦名首阳山，亦名蒲山，亦名襄山，亦名甘枣山，亦名猪山，亦名独头山⑭,亦名薄山,亦名吴山。此山西起雷首{山}⑮,东至吴坂,凡十一名,随州县分之。《元和志》河东县:雷首山,〈一名中条山〉⑯在县南十五里。)

舜庙、(《河水注》:今蒲坂城中有舜庙。《括地志》:河东县{南}二里故蒲坂城⑰,舜所都也,城中有舜庙,城外有舜宅及二妃坛。)

夷齐墓、([夹注:移后"河北县"下,仍在此附辨收误数语。]《河水注》:涑水出河北县雷首山。县北与蒲坂分山,有夷齐庙。阚骃《十三州志》曰:山一名独头山,夷、齐所隐也。山南有古冢,陵柏蔚然,攒茂〈北〉{丘}阜⑱,俗谓之夷齐墓。其水西南流,亦曰雷水〈也〉⑲。阎征君百诗曰⑳:《史记正义》:首阳山凡五所。王伯厚考曾子书,以为在蒲坂舜都者得之,莫征信于《郦注》,然已两说互存㉑,盖莫能定尔。穆案:《大戴记·曾子制言篇》:昔者,伯夷、叔齐死于沟浍之间,其仁成名于天下。夫二子者居河、济之间,非有土地之厚,贷粟之富也。孔氏补注曰:首阳山,在蒲坂河曲中,其南王屋,济水所出,故云河济[此申厚齐之说也。——原注]。《韩非子》云:古有伯夷、叔齐者,武王让以天下而弗受。又云:二人饿死首阳之陵,以将军葬于首阳之下。俞君理初曰:盖武王厚葬之,韩非见其墓,如战国时将军制,韩地实包首阳,韩非目验之,最可信也。)

风埏、(《河水注》:潼关之直北,隔河有层阜,巍然独秀,孤峙河阳,世谓之风陵。戴延之所谓风埏者也,南则河滨姚氏之营,与晋对岸。《通典》河东县:有风陵堆,与潼关相对。《元和志》河东县:风陵堆{山}㉒,在县南五十{五}里㉓。《宋书·柳元景传》作"封陵自"㉔,注见"恒农宋武七营"下。)

慈水、(《灵征志》:正始元年八月,河〈东〉{南}郡上言㉕:慈水滨木连理。)

盐官。(《长孙稚传》㉖:时有诏废盐池税。稚上表曰:盐池,天资贿货,密迩京畿,惟须宝而护之,均赡以理㉗。臣前仰违严旨,不先讨关贼而解河东者,非是闲长安而急蒲坂。蒲坂一陷,没失盐池,三军口命,济赡理绝。天助大魏,兹计不爽。昔高祖升平之年,无所少乏,犹创置盐官而加典护,非为物而竞利,恐由利而乱俗也。《世宗纪》:景明四年,诏〈收还〉{还收}盐池利以入公[28]。)

校注:

① 据《汉书·地理志》,河东郡下有"蒲反县",《续汉书·郡国志》与《晋书·地理志》改为"蒲坂县",同属河东郡。蒲坂县在今本《魏书·地形志下》"泰州河东郡"下。

② 今本《水经注疏》卷五校记云:"按:出《史记·五帝本纪》张守节《正义》引《括地志》文。"介生按:此校语大谬。北魏郦道元撰《水经注》,怎能远引唐代之《括地志》,只能是《括地志》转录《水经注》文而已。

③ 引文此句衍写一"在"字,据删。

④ 此段引文有节略,据补。

⑤ 引文出自《新唐书》卷三九《地理志三》"河东道河中府"下。

⑥〈〉括号内文字后有圈删之意。

⑦ 文渊阁"四库全书"本《通鉴地理通释》此句作"辐凑",误,应以本稿为是。

⑧《水经注疏》此句有"也"字,并校云:"赵删'也'字。"据补。

⑨ 此段引文多有节略。

⑩ 引文此句衍写一"在"字,据删。

⑪ 此段引文有节略。

⑫《水经注疏》没有"又"字,并校云:"朱此八字(即河水南径雷首山西——介生注)讹作《经》,戴改《注》。全、赵同。朱南下又有'又'字,戴无。守敬按:明抄本、黄本并无'又'字。"文渊阁"四库全书"本《水经注》案语云:"案此八字,原本及近刻并讹作《经》,南上近刻有'又'字。"《水经注校证》又注云:"《禹贡锥指》卷十一引《水经注》:雷首山,一名中条山。"当是此句下佚文。存考。

⑬ 引文出自《史记·五帝本纪》"舜耕历山"《正义》引《括地志》,此句有节略,据补。

⑭ 今本《史记》卷一《五帝本纪正义》所引此句作"狗头山",文渊阁"四库全书"本《史记正义》亦作"狗头山"。而《括地志辑校》改为"独头

山”,与本稿同。介生按:《河水注》引阚骃《十三州志》曰:“(雷首)山一名独头山。”杨《疏》也引《初学记二十二》所引《遁甲开山图》云:“河东有独头山。”则独头山为是,狗头山为误。

⑮ 今本《史记正义》此句有“山”字,而《括地志辑校》则无,与本稿同,存考。

⑯〈〉括号内文字后被圈删。

⑰ 引文出自《史记》卷一《五帝本纪》“舜饬下二女于妫汭”《正义》引《括地志》,此句无“南”字,但《括地志辑校》增一“南”字。存考。

⑱ 引文此句“丘”误写为“北”,据改。

⑲ 引文此句衍写一“也”字,据删。

⑳ 引文出自《四书释地》续二,阎百诗,即阎若璩。

㉑ 此段引文有节略。

㉒ 今本及文渊阁“四库全书”本《太平寰宇记》此句均作“风陵堆山”,据补。

㉓ 今本及文渊阁“四库全书”本《元和郡县图志》此句均作“五十五里”,今本《元和郡县图志》卷十二“校勘记”云:“《考证》:罗苹引作‘五十里’。”据补。

㉔ 文渊阁“四库全书”本《宋书》此句作“封陵自”,与本稿同。今本《宋书》此句已改为“封陵堆”。

㉕ 介生按:石翁此条恐有误。今本《魏书·灵征志》此句作“河南郡”,据改。如此则慈水不在河东郡境。

㉖《长孙稚传》在今本《魏书》卷二五《长孙道生传》后。

㉗ 引文此句后有节略。

㉘ 引文此句“还收”误乙为“收还”,据改。

闻喜(今绛州闻喜县治。)

汉、晋属[①]。(《寰宇记》{闻喜县}[②]:按汉闻喜县在今县西南八里桐乡故城是也,后汉废左邑县,移闻喜县理之。)

太和中,析属河北郡。〈景明初〉后复[③],属。(《收志》:闻喜属正平郡④。穆案:本《书》,裴延儁,河东闻喜人。延儁族人瑗,字珍宝。太和中,析属河北郡。又《灵征志》:〈景明〉{正始}元年七月⑤,河东郡上言:闻喜县木连理。是宣武时仍属河东也,其何时析属正平,《收志》无文,当即在复置东雍州时也。)

有周阳城、(《收志》有。《水经》:涑水出河东闻喜县东山黍葭谷。〈又〉西过周阳邑南⑥。《注》:其城南临涑水,北倚山原。《竹书纪年》:晋献公二十五年正月,翟人伐晋,周阳[《永乐大典》本脱写"阳"字,戴校即据删,大谬!——原注]有白兔舞于市⑦,即是邑也。《括地志》:周阳故城,在绛州闻喜县东二十九里。)

董泽陂、(《涑水注》:涑水西径董泽陂南,即古池{董泽}⑧。东西四里,南北三里。《元和志》闻喜县:董泽,在县东北十四里〈一名董泽陂。〉⑨。)

乾河里、(《河水注》:教水南流,历鼓钟川,分为二涧;一涧西北出,一百六十许里,山岫回〈阻〉{岨}⑩,才通马步。今闻嘉县东北谷口,犹有乾河里故沟存焉。今无复有水。〈赵一清曰⑪:按《续志》闻喜邑,刘昭补注引史记曰:代韩到乾河。郭璞曰:东北有乾河口,但有故沟处,无复水也。而《注》下文又有冬干夏流之称,然则未尝竟枯绝也。〉⑫。《浍水注》:紫谷水西出紫谷,与乾河合,即教水之枝川也。《史记·白起传》称"〈起〉涉河,取韩安邑,东至乾河"是也⑬。《方舆经要》:乾河,在闻喜县东北。)

含口。(《涑水注》:洮水源东出清野山,世人以为清襄山也。其水东径大岭下,西流出,谓之含{唅}口⑭,又西合涑水。《方舆纪要》闻喜县:含口,在县东南,亦曰含山路⑮。唐大顺初,张濬攻河东,为李克用所败,走保晋州,复自含口遁去,逾王屋,从河阳渡河还长安。天复中,朱全忠谋取河中,遣张存敬自汜水渡河,出含山路,袭绛州,绛州出不意,遂降于全忠。)

校注:

① 据《汉书·地理志》、《续汉书·郡国志》与《晋书·地理志》,河东郡下均有闻喜县。

② 依本稿例,补"闻喜县"三字。

③“景明初”三字后被圈删。

④正平郡在今本《魏书·地形志上》“东雍州”下。

⑤此条纪年有误,当为“正始元年”,据改。因同为后魏宣武帝年号,故不影响石翁之推论。

⑥引文此句衍写一“又”字,据删。

⑦《水经注疏》此句有“阳”字,并校云:“朱脱‘阳’字,赵、戴同。守敬按:今本《竹书》作‘周阳’,惟脱‘有’字。在周惠王元年,王如成周之下。惠王元年,即晋献公之元年,与二十五年翟人伐晋无涉,此二十五年以下十字,当只作元年二年为合。”《古本竹书纪年辑证》按语称:“《永乐大典》本、朱谋㙔本皆作‘周’,全祖望、赵一清、戴震校本同。杨守敬《水经注疏》卷六作‘周阳’。案《水经》云:‘西过周阳邑南。’作‘周阳’者是。《存真》、《辑校》皆作‘周阳’。”介生按:《水经注校证》此句无“阳”字,恐袭旧校本之误。

⑧《水经注疏》此句改为“古董泽”,并校云:“朱作‘涑水西径董池陂南即古池’。全、赵、戴同。会贞按:宣十二年《左传》:董泽之蒲。杜《注》:董泽,泽名,河东闻喜县东北有董泽陂。《续汉志》闻喜:有董池陂,古董泽。《元和志》:董泽,一名董池陂。是董泽之名在先,董池陂之名在后。此《注》当作‘涑水西径董池陂南,即古董泽’,今订。又《隋志》闻喜县下称董泽陂,《通典》仍称董泽陂,盖单举其名,则泽、池又不妨通称耳。”《水经注校证》作“古池”,与本稿同,存考。

⑨引文有节略。〈〉括号内文字后有圈删之意。

⑩引文此句“岨”误写为“阻”,据改。

⑪引文出自《水经注释》卷四。

⑫〈〉括号内引文后有圈删之意。

⑬引文此句衍写一“起”字,据删。

⑭《水经注疏》此句作“唅口”,并校云:“董祐诚曰:即烟庄谷口。守敬按:《通鉴》唐大顺元年:张濬、韩建自含口遁去。即此口,胡《注》引作‘含’。顾祖禹引同。今郦书作‘唅’,盖流俗增口旁也。又《宋史·司马池传》作‘唅口’。”介生按:查今本及库本《宋史》卷二九八《司马池传》作“崟口道”,非“唅口”,存考。

⑮ 引文此句后有节略。

安定(在今解州境。)

太和元年,析故解县置[①]。(《方舆纪要》解州[②]:汉解县地,后魏太和初,析置安定县。)

校注:

① 安定县在今本《魏书·地形志下》“泰州河东郡”下。

② 此段引文出自《读史方舆纪要》卷四一《山西三》“平阳府解州”下“故解县”条。

北解(在今蒲州府临晋县东南十八里。)

汉、晋曰解,属[①]。后改[②]。

有桑泉城、(《收志》有。《涑〈河〉{水}注》[③]:《竹书纪年》:晋惠公十有四{五}年[④],秦穆公率师送公子重耳,围令狐,桑泉、臼衰皆降于秦师[⑤]。京相璠《春秋土地名》曰:桑泉、臼衰并在〈县〉{解}东南[⑥],不言解,明不至解可知。《元和志》临晋县:桑泉故城,在县东十三里。《左传》曰“重耳围令狐,入桑泉”,谓此也。)

郇城、(《涑水注》:涑水又西,径郇城。《诗》云:郇伯劳之。盖其故国也。杜元凯《春秋释地》云:今解县西北有郇城。服虔曰:郇国在解县东,郇瑕氏之墟也。余按[⑦]:今解故城东北二十四里有故城,在猗氏故城西北,乡俗名之为郇城。考服虔之说,又与俗符,贤于杜氏单文孤证矣。《元和志》猗氏县:故郇邑,在县西南四里。)

石锥壁、(《杨侃传》[⑧]:侃于宏{弘}农北渡[⑨],据石锥壁。《方舆纪要》解州:石锥山,在州西南五里,即中条山之支峰也。《五代志》:{河东郡}虞乡县有石锥山[⑩]。)

熨头陂。(《寰宇记》解县:熨斗陂,在县西二十里[《元和志》:在解县东北二十五里——原注][⑪]。后魏正〈正〉始三年[⑫],穿以〈以〉停〈停〉

船[13]，今废。陂似熨斗。）

校注：

① 据《汉书·地理志》、《续汉书·郡国志》与《晋书·地理志》，河东郡下均有解县。

② 北解县在今本《魏书·地形志下》"泰州河东郡"下。据石翁考证，本稿之北解，实为《收志》之南解，说见下。南解县也在"泰州河东郡"下。

③ 篇名"水"误写为"河"，据改。

④《水经注疏》作"十五年"，并校云："朱'五'作'四'，沈氏曰：是十四年。赵、戴改。守敬按：此《左氏》之误，辨见《河水注》。"今本卷六校记云："按：沈氏曰：是十四年，戴改，全、赵亦引沈说。朱《笺》本讹作'五'。"《水经注疏·河水注》校语云："全云：沈炳巽曰：晋惠公以十四年卒，无十五年，乃周襄王之十五年。是年，秦纳重耳，次年至河《经》上，则周襄王之十六年也。《涑水篇》误同。守敬按：《春秋经》书，晋里克弑其君卓，在鲁僖公十年正月。晋用夏政，则九年之十一月也。国君逾年改元，则鲁僖公十年，晋惠公之元年。至僖公二十四年冬，{《经》始——介生补}书：晋侯夷吾卒。是晋惠公在位实十五年，故《晋语》亦云：十五年十月，惠公卒。郦氏于《河水》、《涑水》两引《竹书》，并作十五年，而《左传》则系晋惠公卒于僖公二十三年九月，显与《经》背。杜氏以《经》在明年，从赴解之，不知实《左氏》误也。《史记》又沿《左氏》之误。"《古本竹书纪年》此条案语云："永乐大典本、朱谋㙔本皆作'十有五年'，戴震校本改作'十四年'。《存真》作'十四年'，《辑校》作'十五年'。参上条。"上条案语云："永乐大典本、朱谋㙔本皆作'十五年'。赵一清校本引沈氏说：'晋惠公以十四年卒，无十五年，……《涑水篇》误同。'戴震校本仍作'十五年'，《涑水注》所引（见下条）则改作'十四年'。雷学淇《考订竹书纪年》卷五云：'十五年，诸本从《左传》、《史记》文作十四年，甚误。案《春秋》经文：里克弑其君卓，在鲁僖公十年正月，以夏正言之，则九年之十一月也。国君逾年改元，而晋用夏正，则鲁僖公之十年三月，即晋惠公之元年正月矣。至僖公二十四年冬，《经》始书曰：晋侯夷吾卒。通计之，是惠公在位实十五年。《外传·晋语》

亦云：十五年十月，惠公卒。而《水经》《河水》、《涑水》二注引《纪年》亦皆有晋惠公十五年之文。唯《左氏内传》误以惠公之卒系于僖公二十三年，又误以秦纳重耳事系于僖公二十四年春正月，史迁作《世家》、《年表》从其说。而世之为左学谀迁书者遂奉其误而不悟。……今据《春秋》、《国语》及《水经注》文改正。'杨守敬《水经注疏》卷四从雷说，于《河水》、《涑水》二《注》皆作'十五年'。"存考。

⑤ 引文此句下有节略。

⑥ 引文此句"解"误写为"县"，据改。

⑦ 所引按语有节略。

⑧《杨侃传》在今本《魏书》卷五八《杨播传》后。

⑨ 今本《魏书》作"弘农"。

⑩ 引文有节略，据补。

⑪ 今本《元和郡县图志》卷一二"校勘记"云："乐史'东北'作'西'。"

⑫ 引文此句衍写一"正"字，据删。

⑬ 引文此句衍写一"以"字，据删。后一"停"字后被圈删。

南解（在今蒲州府虞乡县西十里。穆案：《收志》南、北二字互讹，今据《水{经}注》及《元和志》改正①。）

太和十一年置②。

有张阳城、（《收志》有③。注见下。《括地志》：张阳故城，一名东张城，在蒲州虞乡县西北四十里。）

晋兴泽、张泽、百梯山。（《水经》：涑水又南，过解县东，又西南，注于张阳池。《注》：涑水{又}西南径瑕城④，又西南，径张阳城东。《竹书纪年》"齐师逐郑太子齿，奔张城、南郑"{者}也⑤。《汉书》之所谓东张矣。高祖二年，曹参假左丞相，别与韩信东攻魏将孙遬军东张，大破之。苏林曰：属河东，即斯城也。涑水又西南属于陂。陂分为二，城南面两陂，左右泽渚，东陂世谓之晋兴泽，东西二十五里，南北八里，南对盐{坛}道山⑥。其西则石壁千〈仞〉{寻}⑦。东则磻溪万仞。方岭云回，奇峰霞举，孤标秀出，罩络群山之表。翠柏荫峰，清泉灌顶。郭景纯云：世所谓奄{盎}浆也⑧。发于上而潜于下矣。厥顶方平,有良药。《神农本草》曰:地有固活、女疏、铜芸、紫菀之族也,是以缁服思〈元〉{玄}之士⑨,鹿裘念一之夫,代往游焉。路出北巘,势多悬绝,来去者咸援萝腾崟,寻葛降深。于东则连木乃陟,百梯方降。岩侧縻锁之迹,仍今存焉,故亦曰百梯山也。水自山北流五里而伏,云潜通泽渚,所未详也。西陂即张泽也。西北去蒲坂一十五里。东西二十里,南北四五里,冬夏积水,亦时有盈耗也。《元和志》虞乡县:坛道山[坛道、盐道,声近相转。——原注]⑩,一名百梯山,在县西南十二里。《寰宇记》解县:[illegible]{盎}浆⑪,在县南一十五里坛道山东岭上。一名钟山水,澄渟为池,呼为天池,上有鸯{盎}浆山⑫。《方舆纪要》解州:檀道山,〈在〉州南五里⑬,与中条山相连,山岭参天,左右壁立,间不容轨,谓之石门。{凡百梯才可上,}亦曰百梯山。东岭出泉,{澄渟为池,}谓之天池,{上有盎泉,}俗名止渴泉⑭。)

校注:

① 原稿此句脱写一“经”字,据补。

② 引文出自今本《魏书·地形志下》“泰州河东郡北解县”下注文。

③ 今本《魏书·地形志》作“张杨城”。

④ 引文此句脱写一“又”字,据补。引文多有节略。

⑤ 引文此句脱写一“者”字,据补。

⑥《水经注疏》此句作“坛道山”,并校云:“朱作‘盐道’。守敬按:‘盐’为‘坛’之误。《山海经·注》作‘坛’,(详下)《御览》五十九引《山海经·注》亦作‘坛’,今订。《一统志》:坛道山在虞乡县西南。”《水经注校证》亦作“盐道”,与本稿同。存考。

⑦ 引文此句“寻”误写为“仞”,据改。

⑧《水经注疏》此句作“盎浆”,并校云:“朱‘盎’作‘鸯’。全、赵、戴同。守敬按:《山海经》(《中次十一》):高前之山,其上有水,甚寒而清,帝台之浆也。郭璞《注》:今河东解县南,坛道山上,有水潜出,停而不流,俗名为盎浆,即此类也。《寰宇记》引亦作盎浆,此鸯字无意义。郭《注》:停而不流,则盎字是。今订。郝懿行反据此文,欲改《山海经·注》盎为鸯,

大非。《虞乡县志》误作‘浆泉’，在县南十二里，方山顶。”《水经注校证》作“鸯浆”，与本稿同，存考。

⑨ 引文此句“玄”改写为“元”，据改。

⑩ 今本《元和郡县图志》卷一二“校勘记”云：“《考证》：官本作‘檀’，误。乐史作‘坛’，云‘其顶方平如坛’。《御览》引《山海经》‘解县南有坛道山’。《九域志》亦作‘坛’。今按：《水经·涑水注》作‘盐道山’。今本《山海经》注作‘檀道山’。《御览》引‘山海经’下脱‘郭注’二字。”

⑪ 今本《太平寰宇记》作“盎浆山”，或石翁据《水经注》所改。存考。

⑫ 说见上条。

⑬ 引文此句衍写一“在”字，据删。

⑭ 此段引文多有节略，据补。

猗氏（在今蒲州府猗氏县南二十里。）

汉、晋属[①]。

有令狐城、（《涑水注》：涑水又西，径猗氏县故城北。《春秋·文公七年》：晋败秦于令孤，至于刳首[②]。阚骃曰：令狐即猗氏也。刳首在西三十里，县南对泽，即猗顿之故居也。《寰宇记》猗氏县：令狐城，在县西十五里。又有刳首梁，在令狐〈城〉西三十里[③]。）

介山塘。（《收志》有。穆案：猗氏之北，为故汾阴县地，《班志》汾阴：介山在南。《续志》汾阴[④]：有介山。《方舆纪要》{万泉县}[⑤]：孤山，在县西南十里，一名介山，以亭然孤峙，不接〈它〉{他}山也[⑥]。山之南麓，接猗氏县界。《唐十道志》：“河东道名山曰介山。”其山高三十里，周七十里。汉武帝用事介山，即此。后周保定初，韦孝宽筑城于玉壁以北。齐人至境上，会夜，韦孝宽使汾水以南傍介山、稷山诸〈顿〉{村}皆纵火[⑦]。齐人{以为军营}收兵[⑧]，自固版筑，遂集所谓介山，亦即此山也。[夹注：《日知录》卷三十一“绵上”一条全载入。][⑨]《日知录》：绵上：《左传》僖二十四年：“晋侯赏从亡者，介之推不言禄，禄亦弗及，遂隐而死。晋侯求之不获，以绵上为之田。”杜氏曰：“西河界休县南有地名绵上。”《水经注》：石桐水即绵水，出介休县之绵山。北流，径石桐寺西，即介子推之祠也。袁崧《郡国志》曰:"界休县有介山,有绵上聚、子推庙。"今其山南跨灵石,东跨沁源,世以为之推所隐。而汉、魏以来,传有焚山之事,太原、上党、西河、雁门之民,至寒食不敢举火。石勒禁之,而雹起西河介山,大如鸡子,平地三尺。前史载之,无异辞也。然考之于《传》,襄公十三年:"晋悼公搜于绵上以治兵,使士匄将中军,让于荀偃。"此必在近国都之地。又定公六年:"赵简子逆宋乐祁,饮之酒于绵上。"自宋如晋,其路岂出于西河界休乎?况文公之时,霍山以北,大抵皆狄地,与晋都远不相及。今翼城县西亦有绵山,俗谓之小绵山,近曲沃,当必是简子逆乐祁之地[原注:襄公二十九年,齐高竖致卢而出奔晋,晋人城绵而寘旃。绵,或即绵山。]今万泉县南二里有介山[原注:今万泉,古汾阴地。]。《汉书·武帝纪》诏曰:"朕用事介山,祭后土,皆有光应。"《地理志》汾阴:"介山在南。"《扬雄传》:其三月,将祭后土,上乃帅群臣横大河,凑汾阴。既祭,行游介山,回安邑,顾龙门,览盐池,登历观,陟西岳,以望八荒。雄作《河东赋》曰:"灵舆安步,周流容与,以览于介山。嗟文公而愍推兮,勤大禹于龙门。"《水经注》亦引此,谓《晋太康记》及《地道记》与《永初记》并言子推隐于是山,而辨之以为非然,可见汉时已有二说矣。)

校注:

① 据《汉书·地理志》、《续汉书·郡国志》和《晋书·地理志》,河东郡下均有猗氏县。猗氏县在今本《魏书·地形志下》"泰州河东郡"下。

② 此处引文有节略。

③ 引文此句衍写一"城"字,据删。

④《续志》即《续汉书·郡国志》。

⑤ 介生按:石翁本稿之例,引文如在同县名之下,则略去县名。为检索、阅读之便,例补县名。而此条引文在万泉县下,据补。

⑥《读史方舆纪要》此句作"他山",据改。

⑦ 引文此句"村"误写为"顿",据改。

⑧ 原稿引文有省略,据补"以为军营"数字。

⑨ 介生按:据夹注之意,转引《日知录》内容于下。

北乡郡

太和十一年置[1]。

领县二[2]

校注：

① 北乡郡在今本《魏书·地形志下》"泰州"下。

② 据今本《魏书·地形志下》,北乡郡下辖二县:北猗氏、汾阴。

汾阴(在今蒲州府荣河县北。)

汉、晋属河东[1],刘渊省。

太和中,复,属。(《元和志》宝鼎县:本汉汾阴县也,属河东郡。刘元海时废汾阴入蒲坂县。后魏孝文帝复置汾阴县。《寰宇记》宝鼎县:后魏太和十一年,复置汾阴县于后土城。穆案:乐氏盖见太和十一年置北猗氏县,臆揣汾阴亦于是时复置。据《食货志》,太和八年,班官禄品第制,有泰[原注:今本亦作"秦"。]州河东之蒲坂、汾阴县。则汾阴之复,在未置北乡郡已前矣,但割隶在十一年尔。)

有北乡城、(《收志》有。《寰宇记》宝鼎县:古北乡城,在县北三十一步。汾阴北乡城,即采桑津也。穆案:采桑津,在今乡宁县西南,乐氏语有脱误。)

薛通城、(《元和志》万泉县:本汉汾阴县地[2]。又薛通城{者}[3],后魏道武帝天赐元年,赫连勃勃僭号夏,侵河外。于时{有}县人薛通,率宗族千馀家[4],西去汉汾阴县城八十里筑城自固,因名之。武德三年,于薛通故城置万泉县。)

后土祠、(《收志》有。《河水注》:河水东际汾阴脽,县故城在脽侧[5]。《魏土地记》曰:河东郡北八十里有汾阴城,北去汾水三里。城西北隅曰脽丘{邱}[6],上有后土祠。《封禅书》曰"元鼎四年,始立后土祠于汾阴脽丘{邱}"是也。《元和志》宝鼎县:后土祠,在县西北{一}十一里[7]。)

瀵魁、(《河水注》:瀵水出汾阴县南四十里,西去河三里。平地开源,濆泉上涌,大几如轮,深则不测,俗呼之为瀵魁。古人壅其流以为陂水,种稻,东西二百步,南北{一}百馀步⑧,与郃阳瀵水夹河。河中渚上,又有一瀵水,皆潜相通,故吕忱曰:《尔雅》:异出同流为瀵水。其水西南流,历蒲坂西,西流,注于河。)

殷汤陵。(《寰宇记》宝鼎县:殷汤陵,在县北四十三里。后魏太和中,有县人张恩破陵求货。{其陵下}先有石弩⑨,以〈洞〉{铜}为镞⑩,盗开埏门,矢发,中三人,皆毙。恩更为他计。〈牟〉{卒}取得墓中物⑪。其物多是钟磬及诸乐器,再得其铭。恩恐人知,以铭投之〈沟〉{汾}水⑫。后事泄,为主司所理,乃于水取得其铭。铭曰:"我死后二千年,终困于〈张〉恩⑬。"由是执事不复深加其罪。刘向云"汤葬地",盖不没{练}其处也⑭。《括地志》:汾阴故城,俗名殷汤城,在蒲州汾阴县北九里。⑮)

校注:

① 据《汉书·地理志》、《续汉书·郡国志》,河东郡下均有汾阴县。今本《晋书·地理志》河东郡下有汾阳县,卷末"校勘记"云:"毕校与方恺《新校晋书地理志》(以后简称方校)均谓'汾阳'当作'汾阴'。"

② 引文有节略。

③ 引文此句脱写一"者"字,据补。

④ 引文此句脱写一"有"字,据补。

⑤ 引文有节略。

⑥《水经注疏》"丘"作"邱"。《水经注校证》作"丘",并存。下一"丘"字同。

⑦ 引文此句脱写一"一"字,据补。

⑧《水经注疏》此句作"一百馀步",存考。

⑨ 引文此句有省略,据今本《太平寰宇记》补。

⑩ 引文此句"铜"误写为"洞",据改。

⑪ 引文此句"卒"误写为"牟",据改。

⑫ 引文此句"汾"误写为"沟",据改。

⑬ 引文此句衍写一“张”字，据今本删。

⑭ 文渊阁“四库全书”本《太平寰宇记》此句与本稿同，而今本《太平寰宇记》此句作：“盖不练其处也。”存考。

⑮ 此段引文出自《史记》卷五《秦本纪》与卷四四《魏世家》“汾阴皮氏”《正义》所引《括地志》，《括地志辑校》改“蒲州”为“泰州”。

北猗氏（今蒲州府猗氏县治。）

太和十一年置[①]。

有解城。（《收志》有。《元和志》临晋县：故解城，本春秋时解梁城，又为汉解县城也，在县东南十八里。）

校注：

① 北猗氏县在今本《魏书·地形志下》“泰州北乡郡”下。

高凉郡

太和十一年置[①]。

领县二[②]

校注：

① 高凉郡在今本《魏书·地形志上》“东雍州”下。

② 据今本《魏书·地形志上》，高凉郡下领二县：高凉、龙门。

高凉（在今绛州稷山县东南。）

太和十一年，分龙门置[①]。

有玉壁、（《通鉴》：大同五年[②]，西魏［原注：大统四年。］东道行台王思政以玉壁险要，请筑城。自恒农徙镇之。《注》：《五代志》：绛〈州〉{郡}稷山〈县〉旧置勋州[③]，勋州即玉壁也。杜佑曰：稷山县南十二里〈有〉{即}玉壁城[④]。穆案：勋州，后周保定初置，以旌韦孝宽之功也。《元和志》稷山县:玉壁故城,在县南十二里⑤。城周回八十里⑥,四面并临深谷。)

高凉城、暗闷、丽姬冢。(俱《收志》有。)

校注:

① 高凉县在今本《魏书·地形志上》"东雍州高凉郡"下。

② 此纪年有误,应为大同四年,与大统四年相符,即公元538年。

③ 引文此句"郡"误写为"州",据改。又衍写一"县"字,据删。

④ 引文此句"即"误写为"有",据改。

⑤ 引文有节略。

⑥ 今本《元和郡县图志》卷十二"校勘记"云:"《考证》:'十'字疑衍,王应麟、顾祖禹并作'八里'。"存考。

龙门(在今绛州河津县西二里。)

故皮氏,汉属河东①,晋属平阳②。(《括地志》:皮氏故城,在绛州{泰州}龙门县西百三十步[原注:一引作"百八十步"。]③。自秦、汉、魏、晋,皮氏皆治〈也〉{此}④。)

真君七年改,后属⑤。

有龙门山、禹庙、(《水注》:河水又南过皮氏县西,又南出龙门口。《注》:昔者,大禹导河积石,疏决梁山,谓斯处也。即《经》所谓龙门矣。《魏土地记》曰:梁山北有龙门山,大禹所凿,通孟津河口,广八十步。岩际镌迹,遗功尚存。岸上并有庙祠,祠前有石碑三所:二碑文字紊灭,不可复识;一碑是〈大〉{太}和中立⑥。《元和志》龙门县:后魏太武帝改皮氏为龙门县,因龙门山为名,属北乡郡。《寰宇记》龙门县:大禹祠,在县西二十五里。《魏〈上〉{土}地{风土}记》曰⑦:梁山北有龙门山,上有禹庙。)

临汾城。(《收志》有。龙门与汾远,与河近,此城未详所起,或"汾"为"阿"字之讹,疑即故耿城也。)

校注:

① 据《汉书·地理志》与《续汉书·郡国志》,河东郡下有皮氏县。

② 据《晋书·地理志》，平阳郡下有皮氏县。

③《括地志辑校》改“绛州”为“泰州”，按语云：“按‘绛’当作‘泰’。唐初泰州领龙门、万泉、汾阴、芮县四县，贞观十八年废泰州及芮县，以龙门、万泉属绛州，汾阴属蒲州。《括地志序略》有泰州，则此三县应称泰州，今改。”存考。

④ 引文出自《史记》卷二九《河渠书》“溉皮氏、汾阴下”《正义》。文渊阁“四库全书”本《史记》此句与本稿同，但今本《史记》与《括地志辑校》均改“也”为“此”。据改。

⑤ 龙门县在今本《魏书·地形志上》“东雍州高凉郡”下。

⑥ 引文此句“太”误写为“大”，据改。

⑦ 引文此句“土”误写为“上”，据改。今本《太平寰宇记》作《魏风土记》，应与《魏土地记》为同一本书。存考。

河北郡

姚秦于故河北县置，〈大〉魏因之[①]。

太和十一年，移治大阳。（《寰宇记》芮城县：今县北五里有魏城，即毕万所封。汉以其地为河北县，属河东郡。姚秦于此置河北郡。后魏太和十一年，自此移郡于大{太}阳城[②]。《河水注》：沙涧乱流径大阳城东，河北郡治也。）

领县四[③]

校注：

①“大”字后被圈删。河北郡在今本《魏书·地形志下》“陕州”下。

② 今本《太平寰宇记》此句作“太阳城”，卷六“校勘记”云：“‘太’，万本作‘大’，库本同。按大阳县，汉置，属河东郡。《汉书》卷二八《地理志上》、《续汉书·郡国志一》、《晋书》卷一四《地理志上》并作‘大阳’，《水经·河水注》：河水又东，径大阳县故城东。又：有小水，西南流注沙涧，乱流径大阳城东，河北郡治也。今本《魏书·地形志下》作‘太阳’。则‘大’、‘太’并是。”

③ 据今本《魏书·地形志下》，河北郡下辖四县：北安邑、南安邑、河北、太阳。

大{太}阳[①]（在今解州平陆县东北。）

汉、晋属河东[②]，（《河水注》引《地理风俗记》曰：城在大河之阳也。）后属。

有〈軨桥（注见下。）〉[③]

虞城、（《收志》有。《河水注》：河水东径大阳县故城南[④]。又东，沙涧水注之。水北出虞山，东南径傅岩，历傅说隐室前，俗名之为圣人窟。傅岩东北十馀里，即巅{颠}軨坂也[⑤]。有东西绝涧，左右幽空。{穷}深地壑[⑥]，中则筑以成道，指南北之路，谓之为軨桥也。桥之东北有虞原，原上道东有虞城。《晋太康记》所谓北虞也。城东有山，世谓之五家冢。冢上有虞公庙。其城北对长坂，二十许里，谓之虞坂。戴延之曰：自上及下，七山相重。《太平御览·地部二十二》引戴延之《西征记》曰：河东盐池东吴坂，登七山原，每登一原，辄峭起五六里，原上{土}平广，不知巨{其}极[⑦]。穆案：虞、吴，古字通。《班志》河东郡大阳：吴山在西，上有吴城。《括地志》：故虞城，在陕州河北县东北五十里虞山之上，古虞国也[⑧]。）

夏阳城、（《收志》有。《春秋》：僖公二年，虞师、晋师灭下阳。《公谷》作"夏阳"[⑨]。杜注：下阳虢邑在河东大阳县。《汇纂》：今大阳废县，在山西平阳府平陆县东北十五里。又三十里为故下阳城。江氏《考实》曰：今按：平陆县，汉为大阳县，东汉置河北县，唐改平陆，今属解州。又按：虢以国都为上阳，故谓河北，稍在下者为下阳，《公谷》作夏阳，音同传讹耳。夏有大义，汉改大阳，汉初尚《公谷》之学也。）

砥柱山、五户祠、（《河水注》：砥柱，山名也。昔禹治洪水，山陵当水者凿之，故破山以通河。河水分流，包山而过，山见水中，若柱然，故曰砥柱也。三穿既决，水流疏分，指状表目，亦谓之三门矣。山在虢城东北，大阳城东也[⑩]。河水翼岸夹山，巍峰〈岐〉{峻}举[⑪]，群山叠秀，重岭干{干}霄[⑫]。郑元{玄}按《地说》[⑬]：河水东流，贯砥柱，触阏流，今世所谓砥柱者,〈盏〉{盖}乃阏流也[14]。砥柱当在西河,未详也。余按:郑〈元〉{玄}所说非是[15]。西河当无山以拟之。自砥柱以下,五户以{已}上[16],其间一百二十里,河中竦石桀出,势连襄陆,盖亦禹凿以通河,疑此阏流也。其山虽辟,尚梗湍流,激石云洄,澴波怒溢,合有一十九滩,水流迅急,势同三峡,破害舟船,自古所患。五户,滩名也,有神祠,通谓之五户将军,亦不知所以也。〈王光禄鸣盛曰[17]:道元此节《注》因〈西〉{卤}河无山可当砥柱,而以郑为非,然郦以底柱〈为〉{即}三门,《元和志》同此说,必相沿已久而〉[18]唐王翰《游三门记》曰:"三门集津,在平陆县东六十里,禹凿山作三门,以通河流。南为鬼门,中为神门,北为人门。鬼门迫窄,水势极峻急。人门水稍平缓,直东可五十步。中流有小山,乃砥{底}柱也[19]。神门最修广,水安妥,隋唐漕运之道。山岩上有阁道,{且}牵〈砌〉{泐}石深〈尺〉{寸}许[20]。"翰盖目验知之,然则砥柱与三门异地,郑之分析,当亦为此,其说确甚。郦以三门为砥柱,五户诸滩为阏流,则非矣。若西河者,郑于《礼记·檀弓注》以西河为龙门至华阴之地,要之,华阴以下,皆得称之。若于华阴以上求砥柱,不但无山可当,而于经文次叙亦不顺,歉何至倒置若此?[夹注:王光禄《尚书〈汉〉{后}案》引明人都穆说与此记相似[21],又云:三门之广,约二十丈,其东百五十步,即砥柱,崇约三丈,周数丈[22]。]唐赵东{冬}曦《三门赋序》曰[23]:砥柱山之六峰者,皆生河之中流,盖夏后氏{之}所开凿[24]。其最北有两柱相对,距崖而立,即所谓三门也。次于其南有孤峰揭起,峰顶平阔,夏禹之庙在焉。西有孤石数丈,圆如削成。复次其南有三峰,东曰金门,中曰三堆,西曰天柱。〈河〉{湍}水从黄老神{祠}前东流[25],湍急,蹙于虾石,折流而南,漱于三门,〈苞〉{包}于庙山[26],乃分为四流,淙于三峰之下,抵{觝}于曲限{限}[27],会流东注,加以两崖夹水,盘纡激射,天下罕比[原注:《禹贡锥指》引。][28]。胡东樵曰:诸峰在当时总为一巨石,禹析之以通河,三门亦砥柱也,后人强生分别耳。穆案:中尉前引《太康地记》曰:虞城东有山,世谓之五家冢,冢上有虞公庙。疑五户即五家之谓,将军殆虞公之神矣。《禹贡锥指》:今陕州东一百六十里,有五户滩,在河中,为湍激之处,自此而东,河流稍为宽衍。)

[夹注:赵东{冬}曦云云,次王翰云云。][29]

軨桥、(注见前"虞城"下。)

鸭桥。(《河水注》:河之右,则峭水注之。水出河南盘峭山,西北流。水上有梁,俗谓之鸭桥也。)

校注:

① 今本《魏书·地形志下》作“太阳县”,说见前引《太平寰宇记》卷六“校勘记”。

② 据《汉书·地理志》、《续汉书·郡国志》与《晋书·地理志》,河东郡下均有大阳县。

③ 此条后被下移。

④ 引文多有节略。

⑤《水经注校证》注云:“《方舆纪要》卷四十一《山西三》‘平阳府蒲州虞山’引《水经注》、《汉书地理志补注》卷五河东郡‘吴山在西’注引《水经注》均作‘颠轸坂’,《春秋地名考略》卷十二虞‘国于夏墟’引《水经注》作‘颠陵坂’。”存考。又引文有节略。

⑥ 原稿此句空阙一“穷”字,据补。

⑦ 文渊阁“四库全书”本《太平御览》此句作“原土”与“其极”。今本《太平御览》点校者亦有意将“巨”改为“其”,存考。

⑧ 引文出自《史记》卷四《周本纪》“虞、芮之人”,《正义》引《括地志》。

⑨《公谷》应为《春秋公孙谷梁传》之简称。

⑩ 引文有节略。

⑪《水经注疏》此句作“峻”,并校云:“朱‘峻’讹作‘岐’,赵同,戴改。会贞按:《大典》本、明抄本并作‘峻’。”据改。

⑫《水经注校证》此句与本稿同,作“干霄”,而《水经注疏》作“千霄”,无校语,存考。

⑬ 原稿此句“郑玄”改为“郑元”,据改。

⑭ 原稿此句“盖”误写为“盏”,据改。

⑮ 原稿此句“郑玄”改为“郑元”,据改。

⑯《水经注疏》此句作“已上”,并校云:“赵‘已’作‘以’。”存考。

⑰ 此段引文出自《尚书后案》卷二《虞夏书》。

⑱ 引文有错讹之处,据改。〈〉括号内文字后有圈删之意。

⑲ 底柱,与“砥柱”相通假。

⑳ 引文多有节略之处。此句阙误甚多,据改。

㉑ 夹注书名“后”误写为“汉”,据改。

㉒ 都穆引文见今本《禹贡锥指》卷十三中之上注引。

㉓ 库本与今本《文苑英华》作“赵冬曦”,据改。

㉔ 引文此句脱写一“之”字,据补。

㉕ 今本《文苑英华》所引与本稿同,作“黄老神”,而文渊阁“四库全书”本《文苑英华》卷三四所引改作“黄老祠”。今本《禹贡锥指》卷十三中之上“校勘记”云:“神,四库本改作‘祠’,是。见《全唐文》卷二九六赵冬曦《三门赋序》。”存考。又“湍水”误写为“河水”,据改。

㉖ 今本及四库本《文苑英华》引文此句“苞”为“包”,据改。

㉗ 今本及四库本《文苑英华》此句作“觝于曲限”,存考。

㉘ 引文见今本《禹贡锥指》卷十三中之上。

㉙ 夹注为石翁重定次序,文字也简略,为保持原貌,未改。

河北(在今解州芮城县东北七里。《韵编》作“一里”,误。《纪要》作“七里”,此从之。)

汉、晋属河东[①],后属。(《河水注》:河北县,故魏国也,后乃县之[②]。在河{之}北[③],故曰河北县也。今城南、西二面,并去大河可二十馀里,北去首山{一}十许里[④],处山河之间,〈上〉{土}地迫隘[⑤],故《魏风》著《十亩》之诗也。)

有芮城、(《收志》有。《河水注》:河水自河北城南,东径芮城,二城之中,有段〈千〉{干}木冢[⑥]。段干木,晋之贤人也,魏文侯过其门,轼其庐,所谓德尊万古,芳越来今矣。汲冢《竹书纪年》曰:晋武公元年,尚一军。芮人乘京,荀人、董伯皆叛。匪直大荔故芮也,此亦有焉。《纪年》又云:晋武公七年,芮伯万之母芮姜逐万,万出奔魏。八年,周师、虢师围魏,取芮伯万而东之。九年,戎人逆芮伯万于郊{郏}[⑦]。斯城亦或伯万之故画也。全祖望曰:按大荔之戎,亦名芮戎,在北地,而芮伯之国在临晋。其后,大荔灭于秦,种落盖有居于临晋者,汉人遂合芮戎、芮伯之国而一之,谓临晋即故大荔,是大缪也。惟善长稍辨之,曰:匪直大荔故芮也,此亦有焉。则二芮了然矣。而读其《注》者鲜知之。《元和志》芮城县:故芮城,在县西二十里。)

襄邑堡、(《通鉴》义熙十三年[原注:魏泰常二年。]:檀道济、沈林子自陕北渡河,拔襄邑堡。《注》:襄邑堡,在河北郡河北县。)

[夹注:《收志》又有立城,不知何字之讹,疑即魏城,不敢决也。监本、汲古本、殿本误作五。]

妫水、(《收志》有。《河水注》:河东郡南有历山,妫、汭二水出焉。南曰妫水,北曰汭水,西径历山下,《尚书》所谓"厘降二水于妫汭"也。孔安国曰:居妫水之内。王肃曰:妫汭,虞地名。皇甫谧曰:纳二女于妫水之汭。马季长曰:水所〈出〉{入}曰汭[8]。然则汭似非水名。而今见有二水,异源同归,浑流西注于河。)

洹水、(《河水注》:河北县有洹水{、洹泽},{其水}南入于河[9],河水故有洹津之名[10]。《{竹书}穆天子传》曰[11]:天子自窴軨,乃次于洹水之阳,俗或谓之偃乡涧水也。)

永乐涧水、(《河水注》:永乐涧水北出{于}薄山[12],南流,径河北县故城西[13]。城内有龙泉,南流出城,又南,断而不流。永乐溪水又南,入于河。《元和志》永乐县[原注:在今永济县东南一百二十里。]:永乐涧水,源出中条山,经县东二里,又南入河。《寰宇记》芮城县:〈罢〉{龙}泉水[14],在县北七里。《水经注》云:"古魏城内有龙泉,南流出城。"源阔五寸,深一寸。陈兰森校云:按《大清一统志》"龙泉"下引《寰宇记》云"源深五丈,深一丈",当依改。[15])

永丰渠、(《河东盐法志》[16]:盐池之北有渠,曰姚暹,即古之永丰渠也。后魏正始二年,都水校尉元清所开,以引治东南诸水,西入黄河。隋大业间,都水监姚暹重开,民赖其利,因号焉。渠源出夏县王峪口,引史家峪诸水,合流而东。自东而北,又合巫咸谷水,折而西流,以入姚暹渠。今自夏县之五里桥,至县西界裴介桥,为桥八处,共渠长二十二里馀,再入安邑东界苦池桥。有苦水河自东北来会,又西至张孝桥,〈大〉{又}西至房子桥⑰,又西至通惠桥,又西过北门桥,即安邑县北郭门也。自北门桥起,至迎渠桥,即运治北门也。又西至安邑西界,为桥九处,共渠长三十六里馀。再入州,绕渠南,即长乐滩。又西至解州西界,为桥九处,共渠长三十四里馀。再自虞乡县东界起,径西南入五星湖,以达黄河,为桥九处,共渠长三十八里馀,通计一百三十一里有奇。)

蓼谷、(《水经》:河水又东,过河北县南。《注》:县与湖县分河,蓼水出襄山蓼谷,西南流注于河。《通鉴》大同三年:魏行台杨白驹与东魏阳州刺史段桀战于蓼坞。《注》引《水{经}注》又曰⑱:〈蓼水出河北县襄山蓼谷。〉⑲当时之人于此{谷}筑坞⑳,因谓之蓼坞。〈《汉书音义》曰:襄山,在潼关北十馀里。〉㉑)

首阳山、(《收志》有。注见前"蒲坂雷首山"下。《寰宇记》芮城县:薄山,在县北十里。又名首阳山,逦迤连延,东至太行,入海。南北狭薄,谓之薄山。)

伯夷叔齐墓、(《收志》有。注从"蒲坂"下移此。《元和志》:伯夷墓㉒,在河东县南三十五里。似以入"蒲坂"为允,而附辨收误。)

段干木墓。(《河水注》:河水自河北城南,东径芮城,二城之中,有段〈千〉{干}木冢。段干木,晋之贤人也,魏文侯过其门,轼其庐,所谓德尊万古,芳越来今矣㉓。《寰宇记》芮城县:段干木墓,在县东北一十五里。)

校注:

① 据《汉书·地理志》、《续汉书·郡国志》与《晋书·地理志》,河东郡下均有河北县。

② 引文多有节略。

③ 引文此句脱写一"之"字,据补。

④《水经注疏》此句有"一"字,《水经注校证》与本稿同,存考。

⑤ 引文此句"土"误写为"上",据改。

⑥ 引文此句"干"误写为"千",据改。

⑦《水经注疏》此句作"郊"作"郏",并校云:"赵云:《左传·文公三

年》：秦伯伐晋，取王官及郊。'郏'字误。守敬按：各本《竹书》并作'郊'，《路史·国名纪·注》作'郏'，与此同。《竹书》上云：周师、虢师取万而东之，东即戎逆万之地也。考《左传·桓七年》：王迁盟向之民于郏。杜注：郏，王城也。昭十二年，原伯绞奔郊。《注》：郊，周邑。是作郊，作郏并通，当两存之。赵以郏为误，非也，而以晋之郊为说，尤非。既云东之，必不复在晋境也。"《古本竹书纪年辑证》从《永乐大典》本，作"郏"。《水经注校证》与本稿同，存考。

⑧《水经注疏》此句改"出"为"入"，并校云："朱入为出，赵、戴同。守敬按：《禹贡》雍州，泾属渭汭。《释文》：马曰：属，入也。《说文》：汭，水相入也。然则马《书·注》当是。属，入也，水所入为汭。《御览》亦引作入。今订。"据改。又引文多有节略。

⑨《水经注疏》此句作"河北县有涅水、涅泽，其水南入于河"。并校云："朱'泽'作'津'，赵同，戴删'涅津其水'四字。守敬按：其水南入于河。《寰宇记》引此同。是今本惟涅津是涅泽之误，无羡文。戴删，非也。水在今芮城县东五十里，一名仪家沟，出中条山麓，南流入河。"《水经注校证》与本稿同，库本《水经注》案语云："案此下近刻衍'涅津其水'四字。"存考。

⑩ 引文此句下多有节略。

⑪ 原稿篇名省略"竹书"二字，据补。

⑫ 原稿此句脱写一"于"字，据补。

⑬ 引文此句下多有节略。

⑭ 引文此句"龙"误写为"罣"，据改。

⑮ 今本《太平寰宇记》卷六"校勘记"云："《嘉庆重修一统志》解州引本书作'源阔五尺，深一丈'，疑是。"

⑯ 介生按：此段引文出处恐有误，《河东盐法志》并无相关文字，这段引文应出自《河东盐法备览》卷四"渠堰"，引文多有节略。

⑰ 原稿引文"又"误写为"大"，据改。

⑱ 原稿篇名脱写一"经"字，据补。

⑲〈〉括号内文字后有圈删之意。

⑳ 引文此句脱写一"谷"字，据补。

㉑〈〉括号内文字后有圈删之意。

㉒ 今本《元和郡县图志》卷十二“校勘记”云:“《考证》:宜作‘夷、齐墓’,《水经注》:雷首山有夷、齐庙,南有夷、齐墓。”

㉓ 此段引文原在芮城条下,夹注云:“写于下文墓下”,为保持原貌,两处并存。“千”字为“干”字之误写,据改。

安邑(在今解州夏县北。案:此《收志》之北安邑也。)

汉、晋属河东[①]。

太和十一年,置郡。十〈一〉{八}年[②],复,属。

有禹庙。(《礼志》:太和十六年二月,诏:夏禹御洪水之灾,建天下之利,可祀于安邑。)

校注:

① 据《汉书 · 地理志》、《续汉书 · 郡国志》与《晋书 · 地理志》,河东郡下均有安邑县。

② 原稿此句“八”误写为“一”。北安邑县在今本《魏书 · 地形志下》“陕州河北郡”下,据注文改。

夏(当即今夏县治。案:此《收志》之南安邑也。)

太和十一年,置南安邑[①]。十八年,改。(《元和志》夏县:本汉安邑县地,属河东郡。后魏孝文帝太和十一年,别置安邑县。十八年,改为夏县,因夏禹所都为名。)

有中条山。(《收志》有。注见前“蒲坂雷首山”下。《元和志》安邑县:雷首山,一名中条山,在县南二十里。)

校注:

① 南安邑县在今本《魏书 · 地形志下》“陕州河北郡”下。

恒农郡

汉置,曰宏农[①],魏以显祖讳改[②]。

太和十一年，置陕州，十八年，罢。（今本〈今本〉《收志》作"八年罢"[③]。钱詹事曰：当〈云十〉云十八年罢[④]，盖迁洛之后，以畿内罢州也。[⑤]）

有铜青谷、苇池谷、鸾帐山、铜官。（《食货志》：延昌二年冬，尚书崔亮奏：恒农郡铜青谷有铜矿，计一斗得铜五两四铢[⑥]。往昔铜官，旧迹见在，并宜开铸。诏从之。鸾帐山，《元和志》作"鸾掌"。伊阳县下云：伊水[⑦]，在县西南，出鸾掌山，东流。）

领县九（[原注：恒农单属西恒农郡，载此郡后。][⑧]）

校注：

① 介生按：今本《汉书·地理志》为"弘农郡"。石翁又避清朝乾隆皇帝名讳，改为"宏农"。

② 北魏显祖献文帝名字为拓跋弘。

③ "今本"二字后被圈删。

④ "云十"二字后被圈删。

⑤ 恒农郡在今本《魏书·地形志下》"陕州"下，卷末"校勘记"同引钱大昕之语（出自《廿二史考异》卷三○）。

⑥ 引文此句后多有节略。

⑦ 今本《元和郡县图志》此条作"伊水路"，卷六"校勘记"云："今按：'路'字疑衍，此条叙水，与路无涉。"

⑧ 据今本《魏书·地形志下》，"陕州恒农郡"下辖三县：陕中、北陕、崤。介生按：据石翁之意，应移置恒农县于西恒农郡下，但原稿未列出西恒农郡，故不改，保持原貌。如加上恒农县，恒农郡下实有十县。

北陕（今陕州治。）

汉、晋曰陕，属[①]。（《元和志》陕县引《西征记》曰："陕县，周、召分职处，南倚山原，北临黄河，悬水百馀仞，临之者皆为悚慄。"陈氏《历代地理沿革〈来〉{表}》曰[②]：魏延昌〈三〉{二}年[③]，析〈芦〉{卢}氏东境库谷、河渠谷以西置北陕县④,属恒农郡。)

有曲沃城、(《收志》有。《河水注》:河水又东,菑水注之。水出常烝之山,西北径曲沃城南,又屈径其城西,西北入河。诸注述者,咸言曲沃在北,皆非也。魏司徒崔浩以为曲沃,地名也。余按:《春秋·文公十三年》:晋侯使詹嘉守桃林之塞,处此以备秦。时以曲沃之官守之,故曲沃之名,遂为积古之传矣。穆案:恒叔所封之曲沃,在今闻喜县。《班志》闻喜:故曲沃〈是也〉⑤。此《志》正平郡曲沃,乃晋景公所迁之新田,孝文始名曲沃而后代因之。《方舆纪要》陕州:曲沃城,在州西南三十二里。)

〈曹阳亭〉七里涧⑥、(《河水注》:河之右,曹水注之。水出南山,北径曹阳亭西⑦。魏氏以为好阳。《晋书地道记》曰:亭在恒{弘}农县东十三里⑧。河水又东,得七里涧。涧在陕〈城〉西七里⑨,故因名焉。其水自南山通河,亦谓之曹阳坈,是以潘岳《西征赋》曰:"行于漫渎之口,憩于曹阳之墟。"袁豹、崔浩亦不非其地矣。《宋书·柳元景传》:〈薛〉安都顿军〈宏〉{弘}农⑩,〈庞〉法起进据潼关,〈庞〉季明率鲁方平、赵难军向陕西七里谷⑪。《元和志》陕县:曹阳墟,俗名七里涧,在县西南七里。《寰宇记》:〈魏武帝〉{曹操}改为好阳涧⑫。)

邓芝祠。(《收志》有。)

校注:

① 据《汉书·地理志》、《续汉书·郡国志》与《晋书·地理志》,弘农郡下均有陕县。

② 原稿书名"表"误写为"来",据改。下简称为《沿革表》。

③ 引文此句"二"误写为"三",据改。

④ 引文此句"卢"误写为"芦",据改。

⑤ 引文此句衍写"是也"二字,据删。

⑥ "曹阳亭"三字后有圈删之意。

⑦ 引文此句后有节略。

⑧ 原稿引文此句"弘农"改写为"恒农",而《水经注疏》与《水经注校证》均未改,存考。此句下引文多有节略。

⑨《水经注疏》此句无“城”字,并校云:“朱《笺》曰:陕县之西。戴‘陕’下增‘城’字。守敬按:《公羊传》:自陕以东,周公主之;自陕以西,召公主之。故有陕东、陕西之称。《宋书·柳元景传》:庞季明率军向陕西七里谷,谓七里涧也。即此《注》称涧在陕西七里之切证。又《北史·魏孝武帝纪》,《旧唐书》《太宗纪》、《肃宗纪》、《回纥传》并称陕西,皆谓陕州之西,详《日知录》。戴增‘城’字,虽通实赘。《元和志》:涧在陕县西南七里。《方舆纪要》好阳{涧后,七里涧}在陕州西南七里(介生按:原书引文有脱略,据补),今名石桥沟,北流入河。”《水经注校证》有“城”字,卷末“校证”云:“注笺本、项本、注释本、张本、《日知录》卷三十一‘陕西’引《水经注》均作‘陕’,无‘城’字。”存考。

⑩ 今本《宋书》此句无“薛”字,为石翁所补。原书作“弘农”,石翁改为“宏农”,据改。

⑪ 原稿引文两“庞”字也为石翁所补,据删。

⑫ 原书作“曹操”,据改。

陕中(在今陕州东南一百十里。《元和志》陕县:本汉县也。历代不改。后魏改为陕中县,西魏去“中”字。《寰宇记》陕县:本汉县,属宏{弘}农郡,后魏初改为陕中县,属宏{弘}农不改①。至太和中,立郡于此②。)

校注:

① 此段引文两个“宏农”,今本《太平寰宇记》为“弘农”,均为石翁避讳所改。

② 陕中县在今本《魏书·地形志下》“陕州恒农郡”下。

崤(在今河南府永宁县北五十里。)

太和十一年,分陕县东界置①。

治冶垆。(《寰宇记》硖石县引《周地图记》:“后魏太和十一年,分陕县东界于冶垆{卢}置崤县,在治{冶}之郊②,属〈宏〉{弘}农{郡}③,取崤山为名。”隋初改为硖石县。硖石县在今陕州东南七十里。)

有三崤山、(《收志》有。《河水注》:河之右则崤水注之。水出河南盘崤山,西北流④。历涧东北流,与石崤水合。水出石崤山,山有二陵,{言}山径委深⑤,峰阜交荫,故可以避风雨也。河水又东,千崤之水注焉。水南导于千崤之山,其水北流,缠络二道。汉建安中,曹公西讨巴、汉,恶南路之险,故更开北道。自后行旅率多从之。今山侧附路有石铭云:"晋太康三年,宏农太守梁柳修复旧道。"太崤以东,西崤以西,明非一崤也。西有二石,又南五六十步,临溪有《恬漠先生翼神碑》,盖隐斯山{也}⑥。其水北流,注于河。顾祖禹云:"崤有盘崤、石崤、千崤。"是谓三崤⑦。穆案:《谷水注》又云:"谷水{又}东⑧,径秦、赵二城南⑨,又东径土崤北,所谓三{二}崤也⑩。"则三崤自有专名,不如顾氏所说。《元和志》永宁县引《西征记》:"崤上不得鸣鼓角,鸣则风雨总至。"自东崤至西崤三十五里。东崤长坂数里,峻阜绝涧,车不得方轨。西崤全是石坂,十二里,险绝不异东崤。汉冯异〈败〉{破}赤眉于崤底⑪,魏庞德破张白骑于两崤间。《方舆纪要》永宁县:崤山,在县北六十里。)

白杨谷。(《收志》有。《班志》〈宏〉{弘}农郡黾池⑫:谷水出谷阳谷,东北至谷成入雒。《水经》:谷水出宏农黾池县南墦冢林、谷阳谷。《注》:今谷水出千崤东马头山谷阳谷。穆案:今谷水出永宁县北七十里,东流,至新安,入涧。以地望诊之,白杨谷殆即谷阳谷,以声近相转也。)

校注:

① 崤县在今本《魏书·地形志下》"陕州恒农郡"下。

② 今本《太平寰宇记》前一句作"卢",后一句作"冶",卷六"校勘记"云:"'卢',万本、库本作'垆'。按'垆'、卢字同。后'冶'字,库本同,万本作'治',义异,疑误。"存考。

③ 今本《太平寰宇记》作"弘农",石翁改为"宏农",据改。

④ 引文此句下多有节略。

⑤ 引文此句脱写一"言"字,据补。

⑥ 引文此句脱写一"也"字,据补。

⑦ 引文出自《读史方舆纪要》卷四六《河南一》"三崤"条下,引号内为

《水经注》之文。

⑧ 原稿此句"又"字后有圈删之意,应保留。

⑨ 此处引文有节略。

⑩《水经注疏》此句作"二崤",并校云:"赵改为'三崤',云:'二'当作'三'。胡渭云:《河水篇》云:河之右则崤水注之。水出河南盘崤山,东北流,与石崤水合。水出石崤山,山有二陵,南陵、北陵也。又云:河水又东,千崤之水注之。水南导于千崤之山,即所谓三崤山也。《史记正义》亦曰:崤,三崤山也,在洛州永宁县西北二十八里。《北史·崔宏传》云:三崤地险,人多寇劫。指谓此也。全亦改'二'作'三',云:二崤曰盘崤,曰石崤,三崤曰土崤。戴改'三'同。会贞按:胡氏以《河水篇》之盘崤、石崤、千崤为三崤,既遗此注之土崤;全氏以盘崤、石崤合土崤为三崤,又遗彼篇之千崤,皆未能圆其说。据《春秋正义》:俗呼为土崤、石崤,其阸道在两崤之间,是此土崤与《河水篇》之石崤为二崤。《元和志》:二崤山又名嵚崟山,在永宁县北二十八里。引《西征记》:自东崤至西崤山三十五里。东崤长坂数里,峻阜绝涧,车不得方轨。西崤全是石坂,十二里,险绝不异东崤。所谓东崤,指土崤,所谓西崤指石崤,不及盘崤、千崤者,盖盘崤、千崤在土、石二崤之间,举二崤可以该之也。《续汉志》:黾池有二崤。《后汉书·梁冀传》:采土筑山,以象二崤。班固《西都赋》:左据函谷、二崤之阻。张载《叙行赋》:陟二崤之重阻。古称二崤,历历可征,为郦氏所本。至《地形志》、《通典》、《新唐志》等书作'三崤',与《北史·崔宏传》、《史记正义》同,乃后世名称歧出。全、赵、戴改作'三',未博考耳。东崤在今永宁县北,西崤在今陕西东南。"介生按:今本《元和郡县图志》"二崤山"条"校勘记"云:"《考证》:'二',王应麟引作'三',自注云:隋大业元年废三崤道,《水经注》云:'又东土崤北,所谓三崤也。'此疑脱。今按:'二崤'非误,《西都赋》'左据函谷、二崤之道',是乃土崤、石崤,王应麟引《水经注》'二崤'误'三'。"然库本《水经注》此句作"三崤",并有案语云:"案:'三'近刻作'二'。"《水经注校证》此句也作"三崤",与本稿同,存考。

⑪ 引文此句"破"误写为"败",据改。

⑫ 今本《汉书·地理志》作"宏农",据改。

恒农(在今陕州灵宝县南四十里。《收志》西恒农郡领县一:恒农①。二汉、晋属恒农,后属。有桃林。案:此郡在第三卷似不当,无据删之。太和中于荆州置东恒农郡,则此郡疑亦太和中置矣。)

汉、晋属②。

有窦门城、(《河水注》:邑川城,即汉封窦门之故邑,川受〈甚〉{其}名③,亦曰窦门城,在函谷关南七里。)

荆山、(《河水注》引《魏土地记》曰:宏农湖县有轩辕黄帝登仙处。黄帝采首山之铜,铸鼎于荆山之下,有龙垂胡于鼎。黄帝登龙,从登者七十人,遂升于天,故名其地为鼎胡{湖}④。荆山在冯翊,首山在蒲坂,与〈胡〉{湖}县相连⑤。《晋书地道记》、《太康记》并言〈湖〉{胡}县也⑥,汉武帝改作湖。俗云:黄帝自此乘龙上天也。《地理志》曰:京兆湖县有周天子祠二所,故曰胡。不言黄帝升龙也。《元和志》湖城县:荆山在{县}南⑦。)

石堤山、(《河〈北〉{水}注》:柏谷水出宏农县南石堤山。山下有石堤祠⑧,铭云:魏甘露四年,散骑常侍、征南将军、豫州刺史、领宏农太守南平公之所经建也。)

鹿蹄山、(《河水注》:田渠{川}水又径鹿蹄山西⑨,山石之上,〈里〉{有}鹿蹄⑩,自然成著,非人功所刊。)

夸父山、桃林塞、(《收志》有"桃林"。《河水注》:湖水出桃林塞之夸父山,广〈员〉{圆}三百仞⑪,武王散牛桃林,即此处⑫。《山海经》曰:夸父之山,其北有林焉,名曰桃林,其中多马,湖水出焉。北流,注于河,故《三秦记》曰:桃林塞,在长安东四百里。若有军马经过,好行则牧华山,休息林下;恶行则〈没〉{决}河漫延⑬,人马不得过矣。《元和志》:桃林塞,自灵宝县以西,至潼关,皆是也。夸父山,在湖城县东南三十五里。《河水注》引《晋太康地记》曰:桃林〈立〉{在}闅{阌}乡南谷中⑭。)

牧马{马牧}泽、(《通鉴》大同三年:窦泰猝闻军至,自风陵度{渡}⑮,丞相泰出〈牧马〉{马牧}泽⑯。《注》引中尉此注曰:〈牧马〉{马牧}泽⑰,盖即此地也。)

湖城、(《河水注》:河水又东,径湖县故城北。昔范叔入关,遇穰侯于此矣。《元和志》湖城县:湖县故城,在县西南二里[原注:在今閿乡县东〈四十里〉][18]。)

王思村、(《北史·孝武帝纪》:永熙三年七月己酉,{高欢遣娄昭及}河南尹元子思领左右侍官追帝[19],请〈还〉{回}驾[20]。高昂率劲骑及帝于陕西。帝鞭马长骛,至湖城,饥渴甚。有王思村人以麦饭壶浆献帝,帝甘之,复一村十年。《方舆纪要》閿{阌}乡县[21]:王思村,在县东[22]。)

白杨岭、(《宋书·柳元景传》:元景去,贼众向关。时军中食尽,元景回据白杨岭。贼定未至,更下山进宏农,入湖关口[23]。又太祖以元景不宜独进,且令班师,元景乃率诸将自湖关度白杨岭,出〈牧〉{于}长洲[24]。

[夹注:此条入峭"白杨谷"下。])

閿乡水、(《柳元景传》:虏蒲坂戍主、沃{泰}州刺史杜道生率众二万至閿{阌}乡水[25],去湖关一百二十里。)

稠桑驿、(《北史·孝武帝纪》:帝至稠桑,潼关大都督毛洪宝迎献食。《通鉴注》:湖城西有稠桑驿[26]。《方舆纪要》〈閿〉{阌}乡县[27]:稠桑驿,在县东三十里。)

盘豆、(《通鉴》大同三年[原注:西魏大〈同〉{统}三年。][28]:魏宇文泰帅李弼等十二将伐东魏,以{北雍州刺史}于谨为前锋[29],攻盘豆,拔之。《注》:恒农湖城、〈閿〉{阌}乡之西有皇天原[30],原西有盘豆城。)

皇天原、(《河水注》:玉涧水南出玉溪,北流径皇天原西。《周固记》:开{阌}山东首上平博[31],方可里馀,三面壁立,高千许仞,汉世祭天于其上,名之为皇天原。上有汉武帝思子台。《一统志》:皇天原,在今閿{阌}乡县西{南四十五里}。又县{旧城}东北二十里,有汉武思子宫城。[32])

黄巷坂、秦函谷关、(《河水注》:河水自潼关东北{北,东}流[33],水侧有长坂,谓之黄巷{卷}坂[34],〈坂〉〈旁〉{傍}绝涧[35],陟{涉}此坂以升潼关[36],所谓泝黄巷以济潼矣。历北出东峭,通谓之函谷关也。邃岸天高,空谷幽深,涧道之峡,车不方轨,号曰天险{崄}。故《西京赋》曰:岩险{崄}周固[37],矜〈布〉{带}易守[38],所谓秦得百二,并吞诸侯也。是以王元说隗嚣曰:请以一丸泥东封函谷关,图王不成,其弊足霸矣。《注》又曰:门水之左右，即函谷山也。门水又北径宏农县故城东，城即故函谷关校尉旧治处也[39]。汉武帝元鼎三年，徙关于新安县，以故关为〈宏〉{弘}农县、〈宏〉{弘}农郡治[40]。《班志》〈宏〉{弘}农郡〈宏〉{弘}农有故秦函谷关[41]。《匡谬正俗》：黄巷者，盖谓潼关之外，深道如巷，以其土色正黄，故谓之黄巷〈耳〉{尔}[42]。过此长巷，即至潼关。此巷〈自〉{是}古昔以来东西大道[43]，年代经久，车徒辐辏{凑}[44]，飞尘飘散，所以极深。隋帝恶其浚险，恐有变故，故始{移}大道去巷[45]，逐高更开平路耳。今其故迹犹存。《元和志》灵宝县：函谷故城，在县南十里[46]。秦函谷关城，汉〈宏〉{弘}农县也[47]。《西征记》曰："函谷关城，路在谷中，深险如函，故以为名。其中{劣}通[48]，{行路}东西十五里[49]，绝岸壁立，崖上柏林荫谷中，殆不见日。关去长安四百里。日入则闭，鸡鸣则开，秦法也。东自崤山，西至潼津，通名函谷，号曰天险，所谓'秦得百二'也。"穆案："东自崤山已下"云云，《寰宇记》引以为崔〈港〉{浩}注《地理志》语[50]。)

曹公垒、(《河水注》引郭缘生《记》曰：汉末之乱，魏武征韩遂、马超，连兵此地，今际河之西，有曹公垒。道东原上，云李典营。义熙十三年，王师曾据此垒。)

姚氏关城、王檀故垒、(《河水注》引《西征记》曰：沿路逶迤，入函道六里，有旧城。城周百馀步，北临大河，南对高山。姚氏置关以守峡。宋武王入长安，檀道济、王镇恶或据山为营，或平地结垒，为大小七营，滨带河险。姚氏亦保据山原，陵阜之上，尚传故迹矣。《宋书·柳元景传》：庞法起与刘槐即据潼关，虏蒲城镇{主}遣伪帅何难于〈对〉{封}陵〈自〉{堆}列三营[51]，以拟法起。法起长驱入关，行王檀故垒。虏谓直向长安，何难帅众欲济河以截军后。法起回军临河，纵兵射之。《寰宇记》阌{阌}乡县[52]：宋武〈大小〉七营[53]，在县西沿河。)

〈平吴台〉赫连氏京观[54]、(《元和志》阌{阌}乡县[55]：赫连氏京观，俗号平吴台，在县西二十{二}里[56]。赫连勃勃使太原公昌攻刘裕将朱龄石于潼关，克之，筑台以表武功。)

方伯堆、(《河水注》：爥{烛}水出衙岭下谷[原注：《班志》文。][57]，历涧东北出，谓之开方口。水侧有阜，谓之方伯堆。宋奋武将军鲁方平、建武将军薛安都等，与建威将军柳元景北入，军次方伯堆者也。堆上有城，即方平所筑也。《宋书·柳元景传》：法起等度铁岭山，次开方口，进次方伯自{堆}[58]，去〈宏〉{弘}农城五里[59]。《元和志》〈宏〉{弘}农县[60]：方伯堆，在县东南五里[61]，宋{奋武将军}鲁方平所筑[62]。）

故邱亭。（《河水注》：田渠{川}水出衙{衡}山之白石谷[63]，东北流，径故邱{丘}亭东[64]，是薛安都军所从城也。《宋书·柳元景传》：鲁方平、薛安都、庞法起进次〈臼〉{白}亭[65]。穆案：邱、臼，〈古〉音同相〈传〉{转}[66]，即《注》所云"故邱{丘}亭"也。又案：《薛安都传》曰[67]："安都后{从}征关陕[68]，至臼口，梦仰头视天，正见天门开，谓左右曰：'汝见天门开不？'"是即进次臼亭时事，然则臼口者，臼亭之口也。臼口，亦见《元景传》，曰："大军次臼口。"其地盖在卢氏之南也。《方舆纪要》芦{卢}氏县[69]：铁岭，在县北四十里，层岩陡立，峭壁嶙峋，中有一径，才通往来。[70]）

［夹注：邱亭入"〈芦〉{卢}氏"下。］[71]

校注：

① 恒农县在今本《魏书·地形志下》"陕州西恒农郡"下，此句以下为《收志》注文。

② 据《汉书·地理志》、《续汉书·郡国志》与《晋书·地理志》，弘农郡下均有"弘农县"，即此恒农县。

③ 引文此句"其"误写为"甚"，据改。

④《水经注疏》此句作"鼎湖"，并校云："赵、戴改'胡'。会贞按：自黄帝以下，《史记·封禅书》文、《汉书·郊祀志》同。"《水经注校证》仍作"鼎胡"，与本稿同，存考。

⑤《水经注疏》作"湖县"，并校云："赵'湖'改'胡'。"据改。

⑥ 引文此句"胡"误写为"湖"，据改。

⑦ 原稿经引文此句脱写一"县"字，据补。

⑧《水经注疏》此句作"山下有《石堤铭祠》云"，意谓不明，无校语，恐有误。《水经注校证》及库《水经注》与本稿同。

⑨《水经注疏》作"田渠川水"，并校云："赵、戴删'川'字。"《水经注校

证》与本稿同,存考。

⑩ 引文此句“有”误写为“里”,据改。

⑪ 引文此句“圆”误写为“员”,据改。《水经注疏》此句作“三百里”,并校云:“朱‘里’作‘仞’。赵、戴同。会贞按:《山海经》:夸父之山,其北有林焉,名曰桃林(引见下——原注),广员三百里。《史记·周本纪正义》引作‘广员三百里’。又《赵世家正义》引作‘广阔三百里’,《留侯世家索隐》引作‘广三百里’。虽有脱讹,然皆作‘三百里’。此注作‘三百仞’,与广圆义不合,其误无疑,今订。”《水经注校证》仍作“三百仞”,与本稿同,存考。

⑫ 引文多有节略。

⑬ 引文此句“决”误写为“没”,据改。

⑭ 引文此句“在”误写为“立”,据改。又《水经注疏》作“阌乡”,存考。

⑮ 今本《资治通鉴》此句作“渡”,库本《资治通鉴》作“度”,存考。

⑯ 今本及库本《资治通鉴》均作“马牧泽”,石翁不知何故记为“牧马泽”。据改。

⑰ 胡三省注文此条也为“马牧泽”,据改。

⑱ 原注中“四十里”后被圈删。

⑲ 引文有节略,据补。

⑳ 引文此句“回”误写为“还”,据改。

㉑ 闅乡,《读史方舆纪要》作“阌乡”。闅,为“阌”之通假字。

㉒ 此条引文出自“稠桑驿”条后。

㉓ 引文此句下有节略。

㉔ 引文此句“于”误写为“牧”,据改。

㉕ 今本《宋书·柳元景传》“沃州”作“泰州”,“闅乡”作“阌乡”,卷末“校勘记”云:“‘泰州’各本并作‘沃州’。按北魏无沃州,《魏书·岛夷刘裕传》作‘秦州刺史杜道生’,然蒲坂之秦州,据钱大昕《廿二史考异》,谓系泰州之讹,今据改。”据改。

㉖ 引文出自《资治通鉴》卷一五六《梁纪十二》“武帝中大通六年”胡注。

㉗ 今本《方舆纪要》作“阌乡县”,据改。

㉘ 原注纪年有误,应为“西魏大统三年”,据改。

㉙ 引文此句有省略，据补。

㉚ 今本《资治通鉴》作“阌乡”，据改。

㉛ 今本《水经注疏》卷四“校记”云：“熙仲按：《一统志》百七十五‘皇天原’下引《水经注》作‘阌山东首上平博’云云，阌山即泰山别峰，县以此名，在县西南七十里。据此，疑‘开山’为‘阌山’之讹。”存考。

㉜ 引文多有节略，据库本《大清一统志》卷一七五补。四部丛刊本《嘉庆重修一统志》作“闅乡”，库本《大清一统志》作“阌乡”。并存。

㉝《水经注疏》此句作“北东流”，并校云：“朱‘北’字讹在‘东’字下，赵、戴同。守敬按：《西征记》作‘北东’，谓自潼关之北东流也，今乙。”《水经注校证》与本稿同，存考。

㉞《水经注疏》此句下校云：“朱下‘巷’作‘卷’，赵、戴依此改。守敬按：三句，《西征记》文，引见《文选·西征赋注》。”《水经注校证》卷四校证云：“注笺本、项本、张本、《通雅》十三《地舆》引《水经注》、《方舆纪要》卷五十二《陕西一》‘潼关’引《水经注》均作‘黄卷坂’。”存考。

㉟ 引文此句“傍”误写为“旁”，据改。又《水经注疏》此句无“坂”字，并校云：“赵、戴傍上增‘坂’字。会贞按：此句紧接上文说，不必增字。此以下三句，《述征记》文，引见《书钞》(一百五十七)。”《水经注校证》与本稿同，存考。

㊱《水经注疏》此句为“涉”，并校云：“戴‘涉’改‘陟’。”《水经注校注》及库本《水经注》均与本稿同，存考。

㊲《水经注疏》前两个“险”均作“崄”，存考。

㊳ 引文此句“带”误写为“布”，据改。

㊴ 引文此句下有节略。

㊵ 原稿将两个“弘”字改为“宏”，据改。

㊶ 今本《汉书·地理志》为弘农郡弘农县，据改。

㊷ 库本《匡谬正俗》此句作“尔”，据改。

㊸ 引文此句“是”误写为“自”，据改。

㊹ 库本《匡谬正俗》此句作“辐凑”，存考。

㊺ 引文此句脱写一“移”字，据补。

㊻ 今本《元和郡县图志》卷六“校勘记”云：“今按：《史记·项羽本纪

正义》引《括地志》作‘在县西南十二里’。”

㊼ 今本《元和郡县图志》此句作“弘农”,据改。

㊽ 原稿引文此句空阙一“劣”字,据补。

㊾ 今本《元和郡县图志》卷六“校勘记”云:“《考证》王琦引下有‘行路’二字,此脱。”存考。

㊿ 原稿“崔浩”误写为“崔港”,据改。

51 引文此句脱写一“主”字,据补。又“封”字误写为“对”,据改。今本《宋书》作“封陵堆”,本稿为“自”,与库本《宋书》同,自,与“堆”通假,存考。

52 今本《太平寰宇记》作“阌乡县”,或版本不同,存考。

53 今本《太平寰宇记》为“宋武七营”条,据删。

54 “平吴台”三字后被圈删。

55 今本《元和郡县图志》作“阌乡县”,存考。

56 引文此句脱写一“二”字,据补。

57 “爥”,库本《水经注》作“烛”,并校云:“按烛,《汉书》作爥。”爥为“烛”之通假字。引文此句下有节略。

58 今本《宋书》作“方伯堆”,或是版本之异,并存。引文有节略。

59 今本《宋书》此句作“弘农”,据改。

60 今本《元和郡县图志》此条作“弘农”,据改。

61 今本《元和郡县图志》卷六“校勘记”云:“《考证》:下脱‘堆上有城’四字。《水经注》:方伯堆,堆上有城,即方平所筑,非谓堆也,脱四字,大失文义。”

62 引文此句有省略,据补。

63 《水经注疏》此句作“田渠水”,无“川”字,并校云:“赵、戴删‘川’字。”又作“衡山”,无校语。库本《水经注》此句下有案语云:“案:近刻脱‘水’字,‘衙’讹作‘衡’。”《水经注校证》作“衙水”,与本稿同,存考。

64 《水经注疏》此句作“丘亭”,存考。

65 今本《宋书》卷七七《柳元景传》此句作“白亭”,库本《宋书》同,均无校语,恐石翁引用有误。

66 原稿此句“古”字后被圈删。“转”误写为“传”,据改。

⑥⑦ 此处指今本《宋书》卷八八《薛安都传》。

⑥⑧ 今本《宋书》此句作“从征”，卷八八“校勘记”云：“从，各本并作‘后’。张森楷《校勘记》云：‘后当作从。’按张说是，今改正。”存考。

⑥⑨ 今本《读史方舆纪要》作“卢氏县”，据改。

⑦⓪ 介生按：此条引文为夹注所后增，似有不妥之处。

⑦① 下有“卢氏县”，非“芦氏”，据改。夹注为石翁重定文序，为保持原貌，并存。

卢氏(今陕州卢氏县治。)

汉属[1]，晋属上洛[2]，魏复，属[3]。(《灵征志》：景明四年六月，恒农卢氏县木连理。)

有高门城、石勒城、(《洛水注》：洛水又东，径高门城南，即《宋书》所谓后军外兵庞季明入卢氏，进达高门木城者也[原注：见《柳元景传》。]。洛水东与高门水合。水出北山，东南流，合洛水枝津，水上承洛水，东北流，径石勒城北。又东径高门城北，东入高门水，乱流，南注洛。《方舆纪要》卢氏县：高门城，在县东。)

龙骧城、(《洛水注》：洛水又东，径龙骧城北。龙骧将军王镇恶从刘公西入长安，陆径所由，故城得其名。)

[夹注：龙骧入“南陕”下。]

大蒿山、(《丹水注》：浙{析}水出浙{析}县西北宏农卢氏县大蒿山[4]。)

〈故丘{邱}亭([原注：注从前县移此。])〉[5]

坞渠城、({《水经》：}[6]“洛水东北过卢氏县南。”《注》：洛水径坞渠关北，坞渠水南出{出南}坞渠山[7]，即荀渠山也。其水一源两分，川流半解[8]。一水西北流，屈而东北，入于洛。《山海经》曰：熊耳之山，浮豪之水出焉，西北流，注入洛。疑即是水也。荀渠，盖熊耳之殊称，若太行之归山也。故《地说》曰：熊耳之山，地〈名〉{门}也[9]。洛水出其间，是亦总名矣。其一水东北径坞渠城西，故关城也。其水东北流，注于洛。坞渠，近本皆作

"阳渠",今从《大典本》。)

贳谷、(《宋书·柳元景传》:后军外兵参军庞季明年已七十三,秦之冠族,羌人多附之。求入长安,招怀关陕,乃自贳谷入卢氏。《通鉴注》:贳谷,在卢氏县南山之南⑩。《方舆纪要》卢氏县:贳谷,在县境南山中。)

百丈崖、(《宋书·柳元景传》:大军次臼口。元景以军食不足,难可旷日相持,乃〈东〉{束}马悬车⑪,引军上百丈崖,出温谷,以入卢氏。《方舆纪要》卢氏县:百丈崖,在贳谷南,温谷或曰即贳谷。)

邱亭⑫、臼口戍、(《丹水注》:丹水自商县东南流注,历少习,出武关⑬。又东南流入臼口,历其戍下。)

修阳亭。(《宋书·柳元景传》:鲁方平、薛安都、庞法起进次臼{白}亭⑭。时元景犹未发。法起率方平、安都诸军前入,自修阳亭出熊耳山。《丹水注》有修阳县,此亭近,当入之,惟修阳县所属之郡未知置于何时,尝系何州,或附著之"朱杨{阳}郡"下⑮。)

校注:

① 据《汉书·地理志》与《续汉书·郡国志》,弘农郡下均有卢氏县。

② 据《晋书·地理志》,上洛郡下有卢氏县。

③ 卢氏县在今本《魏书·地形志中》"阳州金门郡"下。

④ 介生按:《水经注疏》等书此句均作"析水"与"析县",或版本之异,或"析"、"淅"可相通,或石翁有意为之,待考。

⑤ 石翁对此条似有圈删之意。

⑥ 此条引文未注出处,据补。

⑦《水经注疏》此句作"出南",并校云:"赵、戴改'出南'作'南出'。守敬按:《注》有两例,南出、出南皆可,说见《浊漳篇》,不必改。孙星衍曰:坞渠,疑即蔓渠山,此《注》谓坞渠即荀渠而以为熊耳之殊称,而《伊水注》引《山海经》'伊水出蔓渠山',又引《地理志》'出熊耳山',是亦谓蔓渠即熊耳矣。然则此山虽东去伊水之源尚远,实皆熊耳之所绵亘也。"介生按:库本《水经注》此句案语云:"案:'南出'近刻讹作'出南'。"又《水经注校证》亦与本稿同,存考。

⑧ 今本《水经注疏》此句脱写一“川”字,并无校语。

⑨ 引文此句“门”误写为“名”,据改。

⑩ 引文出自今本《资治通鉴》卷一二五《宋纪七》“文帝二十七年”胡三省注文。

⑪ 引文此句“束”误写为“东”,据改。又引文多有节略。

⑫ 介生按:前已有“丘亭”条,疑有重复。本稿中“丘亭”与“邱亭”互可替代。

⑬ 引文有节略。

⑭ 今本及库本《宋书·柳元景传》均作“白亭”,并无校正,存考。

⑮ 介生按:原稿按语中“朱杨郡”似应为“朱阳郡”,疑有误写,存考。

南陕(在今河南府永宁县西南。)

世宗分卢氏东界置。(《元和志》长水县:后魏宣武帝分卢氏东境置南陕县,属〈恒〉{弘}农郡①。陈氏《沿革表》曰:魏延昌二年,析卢氏东境库谷、河渠谷以东为南陕县。)

有龙骧城②、鹈鹕山、(《洛水注》:黄亭{城}溪水出鹈鹕山③,山有二峰,峻极于天,高崖云举,亢石无阶,猿徒丧其捷巧,鼯族谢其轻工,及其长霄冒颠{岭}④,层霞冠峰,方乃就辨优劣〈尔〉{耳}⑤,故有大、小鹈鹕之名矣。《方舆纪要》永宁县:鹈鹕山,〈在〉县西八十里⑥。)

檀山、(《洛水注》:洛水又东,径檀山南。其山四绝孤峙,山上有坞聚,俗谓之檀山坞。义熙中,刘公西入长安,舟师所〈屈〉{届}⑦,次于洛阳。命参军戴延之与府舍人虞道元即舟溯流,穷览洛川〈川〉⑧,欲知水军可至之处。延之〈屈〉{届}此而返⑨,竟不达其源也。《方舆纪要》永宁县:檀山,在县西五十里。)

荀公谷。(《洛水注》:洛水又东,得荀公溪口。水出南山荀公涧,即庞季明所入荀公谷者也。《宋书·柳元景传》:季明进达高门木城,值永昌王入宏{弘}农⑩,乃回,还卢氏,据险自固。顷之,招卢氏少年,进入宜阳苟{荀}公谷⑪,以扇动义心。《方舆纪要》永宁县:荀公谷,在县东南。)

[夹注:荀公谷入“宜阳”下。]

校注：

① 今本《元和郡县图志》作"弘农郡"，据改。南陕县在今本《魏书·地形志中》"阳州金门郡"下。

② 龙骧城注文已见前"卢氏县"下。

③《水经注疏》作"黄城溪水"，并校云："赵据《禹贡锥指》改'城'作'景'，戴改同。会贞按：胡氏但因上称黄亭，下称黄亭溪水，改此'城'作'亭'，非别有所本，然《注》往往'亭'、'城'通称，不必改。"存考。

④《水经注疏》此句作'颠'，与本稿同，并校云："朱作'颠'，《笺》曰：一作岭。赵仍，戴改。守敬按：《大典》本、明抄本作'岭'。"《水经注校证》作"岭"，存考。

⑤ 引文此句"耳"误写为"尔"，据改。

⑥ 引文此句衍写一"在"字，据删。

⑦ 原稿此句作"屈"，误。《水经注校证》作"届"，库本《水经注》作"屆"，"届"与"屆"相通，据改。

⑧ 原稿此句后一"川"字被圈删。

⑨ 原稿此句作"屈"，误。说已见前，据改。

⑩ 今本《宋书》作"弘农"，据改。

⑪ 今本《宋书·柳元景传》此句作"苟公谷"，卷末"校勘记"云："苟公谷，《水经·洛水注》作'荀公谷'。"库本《宋书》也作"荀公谷"，存考。

宜阳（在今河南府宜阳县西五十里。《方舆纪要》：宜阳城，在宜阳县东北十四里。）

汉、晋属[①]。（《洛水注》：蠡城西有坞水，出北四里，山上原高二十五丈，故黾池县治。南对金〈水〉{门}坞[②]，水南五里，旧宜阳县治也。《洛水注》：昌涧水出西北宜阳山，而东南流，径宜阳故郡南，旧阳市邑也。故洛阳都典农治此，后改为郡。《收志》宜阳郡[③]：孝昌初置，属〈口〉[原注：缺一字。]{司}州[④]，天平初，属阳州。《方舆纪要》：汉宜阳{县地}[⑤]，属〈宏〉〈宏〉{弘}农郡[⑥]，晋及后魏因之。后魏〈未〉{末}置宜阳郡[⑦]，东魏兼置阳州。)[夹注:《纪要》写《收志》后。]⑧

有一合坞、(《洛水注》:洛水又东,径一合{全}坞南⑨。城在川北原上,高二十丈,南、北、东三箱,天险峭绝,惟筑西面,即为合{全}固⑩,一合{全}之名⑪,起于是矣。《元和志》福昌县[原注:在今宜阳县西六十里。]:今县城,即魏一〈合〉{全}坞〈城〉[原注:合,今本俱讹作"金"。]。⑫)

云中坞、(《洛水注》:渠谷水出宜阳县{南}女几山⑬,东北流,径云坞,左上迢递层峻,流烟半垂,缨带〈上〉{山}阜⑭,故坞受其名。)

白马涧、(《洛水注》:白马谿{溪}水出宜阳山⑮,涧有大石,厥状似马,故谿{溪}涧以物色受名也⑯。)

甘掌山。(《水经》:甘水出宏农宜阳县鹿〈蹄〉山。《注》:山在河南陆{浑}县故城西北⑰,俗谓之纵山。水之所〈发〉{导},〈导〉{发}于山曲之中⑱,故世人目其所为甘掌焉。)

校注:

① 据《汉书·地理志》、《续汉书·郡国志》与《晋书·地理志》,弘农郡下均有宜阳县。宜阳县在今本《魏书·地形志中》"阳州宜阳郡下"。

② 引文此句"门"误写为"水",据改。

③ 今本《魏书·地形志》中有两个"宜阳郡",一在《地形志上》"义州"下,一在《地形志中》"阳州"下。此"宜阳郡"为后者。

④《魏书·地形志中》卷末"校勘记"云:"诸本'属'下阙。按所阙当是'司'字,太和迁都置司州,西至潼关。孝昌立宜阳郡,当分恒农置,应属司州。"据补。

⑤ 引文此句有省略,据补。

⑥ 引文此句前一个"宏"字被圈删。又今本《太平寰宇记》此句作"弘农郡",据改。

⑦ 引文此句"末"误写为"未",据改。

⑧《读史方舆纪要》引文原在两条《水经注》引文之间,据夹注移置。

⑨《水经注疏》此句作"一全坞",并校云:"朱'全'讹作'合',赵、戴同。守敬按:《魏志·杜恕传注》引杜氏《新书》:恕去官,营宜阳一泉坞,因

其堑垒之固,小大家焉。《晋书·魏该传》亦作'一泉坞',泉、全音同,足见此《注》四'合'皆当作'全'。《通典》、《元和志》作'一金坞',则全、金形近致讹也。今订。在今宜阳县西六十里。"卷末"校记"云:"聚珍本《元和志》作'全',不作'金',当已校改。"今本《元和郡县图志》卷五"校勘记"云:"今按殿本'合'作'全',各本作'金'。《考证》云:金、全并误。《水经注》:洛水又东,径一合隖南。城在川北原上,高二十丈,南、北、东三箱,天险峭绝,惟筑西面,即为固,一合之名,起于是矣。王应麟引《通典》作'一金坞',盖自宋已误。南本改'合'。今按:《考证》盖据今本《水经注》误文为言。《通鉴》晋永嘉五年注引《水经注》作'即为全固,一全之名起于是'。今本'固'上脱'全'字,'全'误'合'。《魏志·杜恕注》、《晋书·魏该传》并作'一泉坞',泉、全音同,足证此当作'一全坞','全'、'合'并讹,今从殿本。"介生按:《水经注校证》引用了上述校语,但并未改"合"作"全"',存考。

⑩《水经注疏》此句改为"全固",并校云:"戴删'固'上'合'字。守敬按:《通鉴》晋永嘉五年《注》引此作'即为全固'。则胡氏所见犹是善本。细玩此《注》,一全之义自明。戴氏不知'合'为讹字而删之,疏矣。"《水经注校证》此句为"即为固",存考。

⑪ 说已见上两条,存考。

⑫ 今本《元和郡县图志》此句已将"一合坞"改为"一全坞",说已见前条,据改。末一"城"字为衍文。

⑬ 引文此句脱写一"南"字,据补。

⑭ 引文此句"山"误写为"上",据改。

⑮《水经注疏》此句作"白马溪",并存。

⑯《水经注疏》此句作"溪涧",并存。

⑰ 原稿此句引文空阙一"浑"字,据补。

⑱ 前两句引文"发"、"导"两字误乙,据改。

金门(在今永宁县南。《纪要》引魏收《志》①:东魏天平初,置金门郡及金门县。穆案:顾氏盖推类言之,其实,宜阳、金门二郡所领七县②,惟西新安,孝昌三年置,收有明文,其馀六县并无注。而宜阳、〈芦〉{卢}氏[3],魏仍旧置。南渑{池}、南陕[4],置自高祖、世宗之世,惟金门、东亭、〈二门〉二县[5],不可得其建置之详,必谓延昌以前所旧有,固属凭臆;遂断为东魏置,亦无据也。《乾隆府厅州县{图}志》嵩县:东魏东〈高〉{亭}故城[6],在县西。)

有金门〈坞〉山[7]。(《洛水注》:金门溪水南出金门山,北径金门坞,西,北流入于洛[8]。又引《开山图》曰:山{出}多重[9],固在韩[原注:注互见"宜阳"下。]。《方舆纪要》永宁县:金门山,在县西南三十里。)

校注:

① 此条引文出自《读史方舆纪要》卷四八《河南三》"河南府永宁县"下"龙骧城"条。又金门县在今本《魏书·地形志中》"阳州金门郡"下。

② 宜阳、金门二郡均在今本《魏书·地形志中》"阳州"下。

③ 今本《魏书·地形志》作"卢氏",据改。

④ 原稿此句省略一"池"字,据补。

⑤ 原稿此句衍写"二门"二字,据删。

⑥ 引文此条"亭"误写为"高",据改。

⑦ "坞"字后被圈删。

⑧ 引文有节略。

⑨《水经注疏》此句补一"出"字,并校云:"赵、戴并删'出'字。会贞按:此条有讹文。《续汉志》宜阳《注》:有金门山,山竹为律管。《通典》:福昌县有金门山,其竹可为律管。《御览》四十二、八百七十一引《物理论》:宜阳金门山,竹为律管。《寰宇记》陕县下:金门山有竹,可以律管。《事类赋注》二十四引梅(字疑误)子曰:宜阳金门山,竹为管律。是故书雅记载金门山,皆指竹为律管言。[《御览》四十二引阮籍《宜阳记》:金山之竹,堪为笙管。《寰宇记》河南郡下引《九州要记》:金山之竹,可以为笙管。乃为律管之变文。]此'多'从两'夕',与竹从两'亇'形近。'重'与'管','固'与'可','在'与'为','韩'与'律'亦形近。其言竹可为律管无疑。窃意当作'山出竹,可为律管'。赵、戴反以'出'字为衍而删之。试问'山多重

固在韩’,究作何解乎?”存考。

东亭[①](在今河南府嵩县西九十里。)

校注:

① 东亭县在今本《魏书·地形志中》“阳州宜阳郡”下。

南渑池(在今永宁县西。)

太和十一年置[①]。

校注:

① 南渑池县在今本《魏书·地形志中》“阳州金门郡”下。

〈朱阳郡(《寰宇记》朱阳县:本汉卢氏县地。按《十三州记》:“卢氏有朱阳山,因别立县。”后魏太和十四年,蛮人樊磨背梁归魏,魏于今卢氏县南{一}百五十里立朱阳郡[①],以樊磨为太守。孝昌二年省郡。穆案:魏太和十四年,乃齐武帝永明八年,此云“背梁”,有误。又案:《收志》朱阳郡,领黄水、朱阳二县,隶析州[②]。据钱氏《考异》云:析州,永安初置。而所领五郡、十一县,未详置自何时。此郡据《元和志》、《寰宇记》,知为太和中置,其所领二县,《书》无明文,亦未敢辄增也。又修阳郡,领盖阳、修阳二县。据《丹水注》“〈淅〉{析}水出{析县西北宏农}卢氏县大蒿山,南流,径修阳县故城北,县即析之北乡也”云云[③],知修阳县为孝昌以前所〈旧〉置[④]。而其时兼置郡与否,今亦无考,并记诸此,俟达者董焉。)

太和十四年置[⑤]。

有朱阳山。(《寰宇记》卢氏县:兜〈牟〉{鍪}山[⑥],自商州洛南界逦迤向县西,却入朱阳山,去县一百四十里,形似兜〈牟〉{鍪}。朱阳山,自兜〈牟〉{鍪}山逦迤向县西南[⑦],经县界入西石门山,去县{一}百里[⑧]。出檀木,为弓材。西石门山,自朱阳逦迤向县西界入熊耳山,去县{一}十里[⑨],

山形似门。[原注:又《均水注》。])〉⑩

[夹注:朱阳郡,恐当系"荆州"。]

校注:

① 引文此句省略一"一"字,据补。

② 析州与朱阳郡以及修阳县,均在今本《魏书·地形志下》。

③《水经注疏》作"析水",据改。又引文有省略,据补。

④ 原稿此句"旧"字被圈删。

⑤无领县数。

⑥ 今本《太平寰宇记》此条作"兜鍪",据改。下两条"兜牟"亦改。文渊阁"四库全书"本《太平寰宇记》此条作"夔牛山",下条为"形似夔牛",然并无校语。

⑦ 文渊阁"四库全书"本《太平寰宇记》此条仍作"夔牛山"。

⑧ 今本《太平寰宇记》此句无"一"字,存考。

⑨ 今本《太平寰宇记》此句无"一"字,存考。

⑩ 据夹注之意,"朱阳郡"后有圈删之意。

石城郡(《收志》石城郡:正始二年置县,后改①。《寰宇记》玉城县:本卢氏县地,后魏正始二年,分卢氏{县}地于今县东南十五里立石城县②,属安乐{乐安}郡③。废帝元年,改石城为玉城县,以隶虢。穆案:《寰宇记》乃沿《元和志》之文,而《元和志》无"属安乐郡"句。《隋志》"〈宏〉{弘}农郡卢氏"注云④:"后魏置汉安郡。""〈宏〉{弘}农"注云⑤:"又有石城郡玉城县⑥。"皆无"安乐"之名,疑世宗既置石城县,旋置石城郡,事殆相因,而废帝但改县名,未改郡名,《收志》但脱载一县耳[原注:改玉城县事,收例不载。]。乐书殊多歧{歧}误⑦,不敢尽信也。)

领县二⑧

[夹注:恒农郡、西恒农郡、渑池郡、石城郡,朱阳县,荆州。]⑨

校注:

① 石城郡在今本《魏书·地形志下》"陕州"下。

② 引文此句省略一“县”字，据补。

③ 今本《太平寰宇记》卷六“校勘记”云：“安乐，万本、中大本同，库本作‘乐安’，未知孰是。”存考。

④ 今本《隋书·地理志》作“弘农郡”，据改。

⑤ 今本《隋书·地理志中》作“弘农县”，据改。

⑥ 今本《隋书·地理志中》卷末“校勘记”云：“‘玉’原作‘王’，据《周书·阳雄传》、《元和志六》、《寰宇记六》改。”

⑦ 此处“岐”同“歧”，非误字。

⑧ 据今本《魏书·地形志下》，石城郡下领一县：同堤。

⑨ 夹注内容应为石翁重定文序。

石城（在今陕州灵宝县东南九十五里。）

正始二年，分卢氏西界置[①]。

有石城山。（《河水注》：爥{烛}水有二源[②]，左水南出于衙{衡}岭[③]，世谓之石城山。其水东北流径石城西，东北合右水。右水出石城山，东北径石城东，东北入左水。《地理志》：爥{烛}水出衙岭下谷[④]。《开山图》曰：衙山在函谷山西南。是水乱流，东注于绪姑之水。二水悉得通称矣。《洛水注》：《开山图》：卢氏山宜五谷，可避水灾，亦通谓之石城山。山在宜阳山西南。千名之山，咸处其内，陵阜原隰，易以度身者也。《方舆纪要》灵宝县：石城山，在县南三十五里。）

校注：

① 今本《魏书·地形志中》“石城郡”下并无石城县。

②《水经注疏》作“烛水”，爥，为“烛”之通假字。

③《水经注疏》此句作“衡岭”，并校云：“赵、戴依《汉志》改‘衡’作‘衙’，下同。守敬按：《汉书·高帝纪》文颖《注》曰：是时，函谷关在宏农郡衡岭。《史记·项羽本纪》注作：‘衡山领。’《续汉志》‘宏农’刘昭《注》亦作‘衡山领’，盖析‘嶺(岭)’为二字，然皆作‘衡’，不作‘衙’。全、赵、戴据《汉书》误本改《注》文，傎矣。武功衙领不与此相涉。《寰宇记》：岭在恒农

县西南三十五里，则烛水在今灵宝县南矣。"今本卷四"校记"云："按：《寰宇记》作'衙山岭'，不为无据。《记》下文接《汉书·地理志》'宏农县衙山岭镇下谷（介生按：今本《汉书·地理志》作'衙山领'，非岭字，又无'镇'字）。爥水所出'，则乐史所见本作'衙'。"《水经注校证》此句仍作"衙岭"，存考。

④ 今本《汉书·地理志》"弘农县"下注作"爥水"，《水经注疏》作"烛水"。

同堤（在今灵宝县东南八十里。①）

校注：

① 介生按：今本《魏书·地形志下》"石城郡"下领同堤县。

渑池郡①

领县二②

校注：

① 今本《魏书·地形志》有两个渑池郡，一在《地形志上》"义州"下；一是《地形志下》"陕州"下。此渑池郡应指后者。

② 据今本《魏书·地形志下》，"陕州渑池郡"下领二县：俱利、北渑池。

北渑池（今河南府渑池县治。）

故黾池，汉、晋属〈恒〉{弘}农①。

太和十一年，改属②。

有马头山、（《收志》有。《谷水注》：今谷水出千崤东马头山谷阳谷，东北流，历黾池川，本中乡地也。汉景帝中二年，初城，徙万户为县。因崤黾之池以目县焉。亦或谓之彭池，故徐广《史记音义》曰：黾，或作彭，谷水{所}出处也③。）

熊耳山、(《收志》有,今本“熊”讹作“生”④。《洛水注》:洛水之北,有熊耳山,双峦竞举,状同熊耳。此自别山,不与《禹贡》“导洛自熊耳”同也。昔汉光武破赤眉樊崇,积甲仗与熊耳平,即是山也。山际有池,池水东南流,水侧有一池,世谓之黾池矣。《方舆纪要》渑池县:天池,在县南,{盖}近宜阳西北境。⑤)

天坛山、(《寰宇记》渑池县:天坛山,在县东北十八里,高五百丈,{四面}陡绝如坛⑥。后魏孝文帝西巡至此,祀{有}天坛神⑦。)

蠡城。(《水经》:洛水又东北,过蠡城邑之南。《注》:城西有坞水,出北四里,山上原高二十五丈,故黾池县治。南对金门坞,水南五里,旧宜阳县治也。《宋书·王镇恶传》:遣司马毛德祖攻伪〈宏〉{弘}农太守{尹雅}于蠡城⑧,生〈禽〉{擒}之⑨。仍行〈宏〉{弘}农太守⑩。方轨长驱,径据潼关。《方舆纪要》渑池县:蠡城,在县西四十里。今为蠡城驿。金门坞属永宁县,以洛水为界。⑪)

校注:

① 据《汉书·地理志》、《续汉书·郡国志》与《晋书·地理志》,弘农郡下均有黾池县,据改。

② 介生按:今本《魏书·地形志下》“北渑池县”注云:“太和十一年置。”

③《水经注疏》此句作“谷水所出处也”,并校云:“朱作‘谷水处也’,全‘水’下增‘所径’,孙潜增‘出’字,赵、戴依增。”据补一“所”字。

④ 介生按:今本《魏书·地形志下》“渑池郡北渑池”下注有“生耳山”,并无校勘记。

⑤ 引文有节略,据补一“盖”字。

⑥ 今本《太平寰宇记》此句作“四绝如坛”,卷五“校勘记”云:“库本同,万本作‘四面陡绝如坛’。”介生按:文渊阁“四库全书”本《太平寰宇记》此句作“四面如坛”。据补“四面”二字。

⑦ 今本《太平寰宇记》此句作“有天坛神。”卷五“校勘记”云:“‘有’,万本、库本作‘祀’。”存考。

⑧ 今本《宋书》此句作“弘农”，据改。又脱“尹雅”二字，据补。

⑨ 今本《宋书》此句作“生擒”，据改。

⑩ 今本《宋书》此句作“弘农”，据改。

⑪《读史方舆纪要》将末二句也归入《水经注》引文，应有误。

俱利（在今渑池县西。）①

有俱利城。（《收志》有，见“北渑池”注。《谷水注》：谷水又东径秦、赵二城南②。司马彪《续汉书》曰：赤眉从黾池，自利阳南欲赴宜阳者也，世谓之俱利城。耆彦曰：昔秦、赵之会，各据一城。秦王使赵王鼓瑟，蔺相如令秦王击缶处也。冯异又破赤眉于是川矣。《方舆纪要》引渑池旧《志》云：县西十二里有东、西俱利城，二城相去止一里。）

校注：

① 今本《魏书·地形志下》“陕州渑池郡”下有俱利县。

②《水经注疏》此处校云：“朱此下有‘司马彪云云’二十二字，赵、戴同。全移于下‘故光武’句上。守敬按：全移极是，此必七校本，赵未见，指此见全本之非伪。”《水经注校证》在引述《水经注疏》以上校语后又云：“按五校钞本‘秦赵二城’下原有‘司马彪云云’句，全氏在此处旁批：‘旧本此下有错简，先司空公以宋本校改正。’又将‘司马彪云云’句，旁添于‘收之桑榆矣’下，与《注疏》本置此句于‘冯异又破赤眉于是川矣’下不同。”介生按：文渊阁“四库全书”本《水经注》亦未作移动。存考。

鲁阳郡（汉县。①）

太和十一年，置镇。十八年，改为荆州。二十二年，罢②。

领县{二}③

校注：

① 今本《汉书·地理志》“南阳郡”下有鲁阳县。

② 今本《魏书·地形志》有两个鲁阳郡，一在《地形志中》"广州"下，一在《地形志下》"南广州"下。此鲁阳郡应是前者。

③ 据今本《魏书·地形志下》，"广州鲁阳郡"下领二县：山北、河山。介生按：原稿领县数空阙，查下列实有四县，据补。而又依原稿目录，鲁阳郡领县二，汝南、符垒二县移写于"西舞阳"下。

山北（今汝州鲁山县治。）

故鲁阳，汉、晋属南阳①。

太和十一年改置。（《元和志》作"北山"②。安定皇甫枚，唐懿宗咸通末，为汝州鲁山县令，作《三水小牍》。《三水小牍》：汝州鲁县，元魏时西广州也。刺史纥豆陵层雄勇有智略，及卒，将吏奉遗旨窆于子城南之左却敌上{山}，今县治其中，于却敌上{山}立庙③，题云"纥豆将军"，岁时奉祀焉。）

有大盂山、蒙柏谷、（《汝水注》：今汝水西出鲁阳县之大盂山蒙{黄}柏谷④，岩障深高，山岫〈邃〉{邃}密⑤，石径崎岖，人迹裁交。西即卢氏界也⑥。其水又东〈屈〉{屈}尧山西岭下⑦，水流两分，一水东径尧山南，为滍水{也}⑧。一水东北出，为汝水，历蒙柏谷⑨，左右岫壑争深，山阜竞高，夹水层松茂柏，倾山荫渚，故世人以名也。《方舆纪要》鲁山县：大郁{盂}山⑩，在县西南七十里，西接卢氏{县}界⑪，山顶并窊，四围若城，俗呼为大团城、小团城山。）

鲁山、（《滍水注》：滍水又东，径鲁阳县故城南，城即刘累之故邑也。有鲁山，居其阳，故因名焉。又柏树溪水出鲁山北峡谷中，东南流，径鲁山西，而南合牛兰水，又东南，径鲁山南。阚骃曰：鲁阳县，今其地鲁山是也。《元和志》鲁山县：鲁山，在县东北十里。《方舆纪要》{鲁山县}⑫：{鲁山}⑬，在县东北十八里，山高耸，迥出群山，为一邑巨镇。）

尧山、（《滍水注》：尧之末孙刘累⑭，以龙食帝孔甲，孔甲又求之，不得，累惧而迁于鲁县，立尧祠于西山，谓之尧山⑮。{尧}山在太和川太和城东北⑯，滍水出焉。《班志》南阳郡鲁阳：有鲁山。古鲁县，御龙氏所迁。

〈尧〉{鲁}山[17],滍水所出,东北至定陵,入汝。《方舆纪要》鲁山县:尧山,在县西四十里。)

彭山庙、尹俭冢关{阙}、(《滍水注》:彭水,俗谓之小滍水。水出鲁阳县南彭山蚁坞东麓,北流,径彭山西。下有彭山庙,庙前有《彭山碑》,汉桓帝元嘉三年杜仲长立。彭水径其西北。汉安邑长尹俭墓东,冢西有石庙,庙前有两石阙,〈阏〉{阙}东有碑[18],阙南有二狮子相对,南有石碣二枚,石柱西南有两石羊,中平四年立。彭水又东{北}流[19],直应城南而入滍。《方舆纪要》鲁山县:彭山,在县东南二十里。)

应山、应城、(《收志》有。《滍水注》:桥水出鲁阳县北恃山,东南径应山北,又南径应城西。《地理志》曰:故父城县之应乡也,周武王封其弟为侯国[20]。战国范雎所封邑也,谓之应水。)

将孤山、(《汝水注》:古养水出鲁阳县北将孤山北长冈下。数泉俱发,东历永仁三堆南,又东径沙川,世谓之沙水。又潡水出鲁阳县之将孤山,东南流[21]。许慎云:水出南阳鲁阳,入父城,从水,敖声。吕忱《字林》亦言:在鲁阳。)

唐山、(《汝水注》:昆水出鲁阳县唐山,东南流,径昆阳县故城西。又屈,径其城南。又东,径定陵城南,又东,注汝水[22]。)

鱼齿山、(《滍水注》:滍水又东,径犨县故城北[23],出于鱼齿山下。《春秋{左传}·襄公十八年》[24]:楚伐郑,次于鱼陵,涉于鱼齿之下。所涉即滍水也。穆案:鱼陵、鱼齿山,截然两地,中尉合为一,盖沿杜预之误也。顾氏《左传杜解补正》引范守已说曰:"上文言子庚治兵于汾。《注》云:襄城县东北有汾丘城。兹乃谓鱼陵为鱼齿山,在南阳。岂子庚治兵于襄城,及欲伐郑,乃南还,走南阳邪?然则,鱼陵之不为鱼齿山,明甚,况下文又言鱼齿山,何故于此言鱼陵邪?"《元和志》鲁山县:鱼齿山,在县东六{十}里[25]。〈《方舆纪要》汝州:鱼齿山,在州东南五十里。〉[26])

[夹注:鱼齿山入"河山县"下。][27]

女灵山、(《滍水注》:房阳川水出南阳雉县西房阳川,北流,注入滍。滍水之北有积石焉,世谓女灵山。其山平地介立,不连冈以成高;峻石孤峙,不托势以自远。四面壁绝,极能灵举,远望亭亭,状若单楹插霄矣。北面有如颓落，劣得通步，〈两〉{好}事者时有扳陟耳[28]。）

太和城、（《汝水注》：汝水{西}出{鲁阳县之大盂山}蒙{黄}柏谷[29]，东北流，径太和城西。又东流，径其城北。左、右深松列植，筠柏交荫，尹公度之所栖神处也。《方舆纪要》伊阳县：太和城，在县西南，后魏时筑。其后，西魏得其地，置兵为防御之所。又太和山，在县西南，汝水经其下。山有太和谷，北魏置太和城，盖以山名。）

狐白川、（《汝水注》：汝水历蒙柏谷，津流不已[30]，北历长白沙口，狐白谿{溪}水注之[31]，夹岸沙涨若雪，因以取名。）

鲁阳关、（《淯水注》：鲁阳关水出鲁阳县南分水岭。南水自岭南流，北水从岭北注，故世俗谓此岭为分头也。其水南流，径鲁阳关。左、右连山插汉，秀木干云，是以张景阳诗云：朝登鲁阳关，峡路峭且深。亦司马芝与母遇贼处也。《滍水注》：鲁阳关水出鲁阳关外分头山横岭下夹谷，东北出，入滍。《元和志》鲁山县：鲁阳关水，俗谓之三〈福〉{鸦}水[32]，〈通〉{经}县西七里[33]。《方舆纪要》鲁山县：鲁阳关，在县西南九十里，与南阳府南召县分界，一名鸦路镇，自昔戍守要地〈处〉{也}[34]。）

三鸦路、（《韦珍传》[35]：珍试守鲁阳〈太守〉{郡}[36]。高祖南伐，路经珍郡[37]，谓珍曰：今日之举，亦欲与卿同行，但三鸦路险要{恶}[38]，非卿无以守也。《通典》：三鸦镇，在今汝州鲁山县西南十九里，〈一〉{亦}名〈高平〉{平高}城[39]。又云：百〈里〉{重}山[40]，在邓州向城县北，是三鸦之第一〈鸦〉[41]。又北分岭山{岭}北[42]，即三鸦之第二鸦{也}[43]，其第三鸦入〈汝州〉{临汝郡}鲁山县界[44]。《舆地广记》：三鸦镇，后周置，亦名平高城。）

温泉、寒泉。（《滍水注》：滍水{又}历太和川东[45]，径小和川，又东，温泉水注之。水出北山阜，七源奇发，炎热特甚。阚骃曰：县有汤水，可以疗疾矣。汤侧又有寒泉焉。地势不殊，而炎凉异致，虽隆火盛日，肃若冰谷矣。浑流同谿{溪}[46]，南注滍水。又东径胡木山，东流，又会温泉口。水出北山阜，炎势奇毒。疴{痾}疾之徒[47]，无能澡其冲漂，救养者咸去汤十许步别池，然后可入。汤侧有《石铭》云：皇女汤，可以疗万疾者也。《元和志》鲁山县：温汤水，在县西四十里，状若沸汤，可以熟米。）

校注:

① 据《汉书·地理志》、《续汉书·郡国志》,南阳郡下均有鲁阳县,《晋书·地理志》"南阳国"下有鲁阳县。

② 今本《元和郡县图志》卷六"鲁山县"下云:"(太和)二十二年罢荆州,置鲁阳郡,改鲁阳县为北山县。"

③ 介生按:原稿引文两处"却敌上"似应为"却敌山"之讹,存疑。

④《水经注疏》此句作"黄柏谷",并校云:"赵据何焯说,改'黄'为'蒙',全、戴改同。守敬按:非也,说见下。今水出嵩县西南分水岭。"存考。

⑤ 引文此句"邃"误写为"遽",据改。

⑥ 引文此句下有节略。

⑦ 引文此句"届"误写为"屈",据改。

⑧ 引文此句脱写一"也"字,据补。

⑨《水经注疏》在此句下校云:"朱《笺》曰:孙云:按上下文当作'黄柏谷'。赵云:按何焯云:以下文观之,则上文'黄'字亦当作'蒙'。守敬按:孙、何说皆误合黄柏、蒙柏为一谷,不知有必不可合者。黄柏谷在大盂山,蒙柏谷在尧山,一也。黄柏谷为汝水所出,蒙柏谷为汝水所历,二也。《注》叙黄柏谷,以'岩障深高'四语状之,叙蒙柏谷,则状以'左右岩岫争深'四语,三也。二谷判然有别,当仍原文作'黄'、作'蒙'为是。"存考。

⑩ 引文此条为"大盂山",非"大郁山",据改。

⑪ 引文此句脱写一"县"字,据补。

⑫ 原稿省略"鲁山县"三字,据例补。

⑬ 原稿省略"鲁山"条目名,据例补。

⑭ 今本《水经注疏》此句作"未孙",应有误。

⑮ 引文此句后有节略。

⑯ 引文此句省略一"尧"字,据补。

⑰ 引文此句"鲁山"误写为"尧山",据改。

⑱ 引文此句"阙"误写为"阀",据改。介生按:据此疑此条"关"字应

为"阙"字之误,存考。

⑲ 引文此句脱写一"北"字,据补。

⑳ 引文此句后有节略。

㉑ 今本《水经注疏》此句"东南"与"流"断开,不知何意,句读应有误。

㉒ 此段引文多有节略。

㉓ 引文此句后多有节略。

㉔《水经注疏》于书名增"左传"二字,并无校语,《水经注校证》则与本稿同,存考。

㉕ 引文此句脱写一"十"字,据补。

㉖ 此条引文后有圈删之意。

㉗ 介生按:为保持原稿原貌,两存其文。

㉘ 引文此句"好"误写为"两",据改。

㉙ 引文此句多有省略,据补。关于"蒙柏谷"与"黄柏谷"之辨,见前"蒙柏谷"条注文。

㉚ 此段引文多有节略。

㉛《水经注疏》此句作"狐白溪"。

㉜ 引文此句"鸦"误写为"福",据改。

㉝ 引文此句"经"误写为"通",据改。

㉞ 引文此句"也"误写为"处",据改。

㉟《韦珍传》附于今本《魏书》卷四五《韦阆传》后。

㊱ 引文此句"郡"误写为"太守",据改。

㊲ 此段引文多有节略。

㊳ 今本《魏书》此句作"险恶",并无校语,而库本《魏书》作"险要",与本稿同,库本《册府元龟》卷七七亦作"险要",存考。

㊴ 引文出自今本《通典》卷一七七《州郡七》"汝州鲁山县"下。此句"亦"误写为"一",误乙"平高"为"高平",据改。

㊵ 引文此条"百重山"误写为"百里山",据改。

㊶ 引文此句又衍写一"鸦"字,据删。

㊷ 引文此句脱写一"岭"字,据补。

㊸ 引文此句脱写一"也"字,据补。

㊹ 引文此句“临汝郡”误写为“汝州”，据改。

㊺ 引文此句脱写一“又”字，据补。

㊻《水经注疏》此句作“溪”。

㊼《水经注疏》此句作“痾疾”，并校云：“守敬按：《寰宇记》引此‘痾’作‘疴’，二字同。”介生按：今本《太平寰宇记》此句已改为“痾疾”。

河山（在今南阳府叶县西北十里。）

太和二十一年置①。（《方舆纪要》鲁山县：犨城，〈在〉县东南五十里②。又河山城，在犨城东南。后魏太和二十一年置河山县，属鲁阳郡。隋大业初，省入犨城。《寰宇记》云“今叶县境之河山保”是也。穆所据万刻《寰宇记》本无此文③。）

有鱼齿山、[原注：注从前叶移此。]（《滍水注》：滍水又东，径犨县故城北，出于鱼齿山下。《春秋{左传}·襄公十八年》：楚伐郑，次于鱼陵，涉于鱼齿之下。所涉即滍水也。穆案：鱼陵、鱼齿山，截然两地，中尉合为一，盖沿杜预之误也。顾氏《左传杜解补正》引范守已说曰：“上文言子庚治兵于汾。《注》云：襄城县东北有汾丘城。兹乃谓鱼陵为鱼齿山，在南阳。岂子庚治兵于襄城，及欲伐郑，乃南还，走南阳邪？然则鱼陵之不为鱼齿山，明甚，况下文又言鱼齿山，何故于此言鱼陵邪？”《元和志》鲁山县：鱼齿山，在县东六{十}里。〈《方舆纪要》汝州：鱼齿山，在州东南五十里。〉）④

湛浦。（《汝水注》：湛水出犨县北鱼齿山西北，东南流，历鱼齿山下，为湛浦，方五十馀步。《春秋·襄公十六年》⑤：〈焚〉{楚}公子格及晋师战于湛阪⑥。今水北悉〈枕〉{忱}翼山阜⑦，于父城东南，湛水之北，{山}有长阪⑧，盖即湛水以名阪，故有湛阪之名也。）

校注：

① 河山县在今本《魏书·地形志中》“广州鲁阳郡”下。

② 原稿引文衍写一“在”字，据删。

③ 介生按：经查，今本《太平寰宇记》也无相关内容。

④ 鱼齿山及注文，原稿本写在“山北县”下，今遵原注之意移写于此。校注也见前文。

⑤ 引文多有节略。

⑥ 引文此句“楚”误写为“焚”，据改。

⑦《水经注疏》此句作“忱”，而库本《水经注》与《水经注校证》与本稿同，均作“枕”，存考。

⑧ 引文此句脱写一“山”字，据改。

汝南（在今汝州宝丰县〈西〉北二十里[①]。）

太和十八年置[②]。

治贾复城。（《元和志》龙兴县：本汉郏〈城〉县地[③]，后魏太和十八年置汝南县[④]。县城本通鸦城，即后汉贾复城也。复南击郾所筑。后魏太和二十三年，孝文亲征马圈，行至此城，昏雾，得三鸦引路，遂过南山，故号通鸦城。《汝水注》：桓水出鲁阳北山，水有二源，奇导于贾复城，合为一渎。径贾复城北，复南击郾所筑也，俗语讹谬，谓之寡妇城，水曰寡妇水。）

[夹注：汝南、符垒移写下“西舞阳”后。][⑤]

校注：

① 原稿此句“西”字后被圈删。

② 汝南县在今本《魏书·地形志中》“广州汝南郡”下。

③ 今本《元和郡县图志》此句作“郏县”，并校云：“今按：各本‘郏’下衍‘城’字。”据删。

④ 引文此句下有节略。

⑤ 介生按：为保持原稿原貌，两存，暂不作移置。

符垒（在今宝丰县西北。）

太和中置[①]。

有沙水。（《收志》有。《汝水注》：古养水出鲁阳县北将孤山北长冈下，数泉俱发，东历永仁三堆南。又东径沙川，世谓之沙水。历山符垒北，又东径沙亭南，故养阴里也。司马彪《郡国志》曰：襄城有养阴里。京相璠曰：在襄城郏县西南。养，水名也，俗以是水为沙水，故亦名之为沙城，非也。又城处水之阳，而以阴为称，更用惑焉。〈穆案：《收志》：永安元年，置汝南郡，领汝南、符垒二县。未识永安以前应属何郡，始以地望附载于此。〉②）

校注：

① 符垒县在今本《魏书·地形志中》"广州汝南郡"下。

② 〈〉括号内文字后有圈删之意。介生按：据今本《魏书·地形志中》"广州汝南郡"下注："治符垒城。"则条目中应增"符垒城"。

襄城郡

曹魏分〈颖〉{颍}川郡置①，晋因之。（《收志》襄城郡：晋置②。〈《汝水注》：汝水又东南，径襄城县故城南。晋襄城郡治。〉③洪亮吉曰：襄城郡，《晋{书}·地理志》云④：泰始二年置。今考《沈志》⑤，〈颖〉{颍}川郡下：魏置襄城郡。《元和郡县志》亦同，云：至晋咸康三年省⑥。则言"晋置"，盖误。穆案：《晋志》：襄城郡领襄城、繁昌、郏、定陵、父城、昆阳、舞阳七县。《收志》：广州领郡七、县十五。定陵、汝南、汉广三郡，皆永安中置。南阳郡无注。顺阳郡注云："太和中置县，后改。"据《隋志》襄城郡郏城注："旧曰龙山，东魏置顺阳郡及南阳郡、南阳县。"《方舆纪要》："期城，在郏县西南，本郏县地，后魏置南阳县于此，东魏兼置南阳郡。"则南阳郡当省，县〈石〉{不}当省也⑦。［原注：又〈叶〉{按}⑧：《隋志》襄城郡犨城注："后魏置南阳县、河山县。大业初并废入焉。"初不以南阳县为东魏置，足证郏城注并数及南阳县之误。］《纪要》又曰："郏县，晋属襄城郡，后魏改为龙山县，仍属襄城郡，东魏为顺阳郡治。"〈《方舆纪要》云：期城，在郏县西南，本郏县地，后魏置南阳县于此，东魏兼置南阳郡。顺阳郡注云：太和中置县，后改。据《纪要》云：郏县，晋属襄城郡，后魏改为龙山县，仍属襄城郡，东魏为顺阳郡治。〉⑨然则南阳、顺阳二郡，均非延昌以前所应有也。惟"鲁阳郡"注云:"太和二十二年置。""襄城郡"注云:"晋置。"二郡实当司州之南界,而襄城郡止领襄城、繁昌二县,馀五县,郏即㚒城[原注:龙山乃别置。],乃隶南阳。定陵即北舞阳,舞阳即西舞阳,隶定陵。昆阳隶汉广。父城与汝南、符垒,地适相准,隶汝南。综广州六郡、十三县计之[原注:鲁阳郡不计。],实不过魏、晋襄城一郡七县地,而任城王澄请以南中郎将带鲁阳郡,则鲁阳亦屹然大郡,所领必不止二县。今以南阳、顺阳并入〈从宛溪说,并顺阳于〉襄城[原注:凡县六。][10],更依《晋志》附记〈南阳〉定陵、汝南、汉广四郡所领〈襄城〉诸县于襄城郡下[11]。疑其地必有当改隶鲁阳郡者,书无明征,不敢臆凭也。)

魏置关。(《汝水注》:汝水又东南,径襄城县故城南。晋襄城郡治,今置关于其下。[12])

领县{十三}[13]

校注:

① 本稿中"颍川"多误写为"颖川",据改。以后各处径改,不再出注。

② 今本《魏书·地形志》中有多个襄城郡,此襄城郡应在今本《魏书·地形志中》"广州"下。

③ 引文多有节略。〈〉括号内文字后有圈删之意。

④ 书名依例补一"书"字。

⑤《沈志》即指《宋书·州郡志》。

⑥ 事见今本《元和郡县图志》卷八《河南道四》"许州"下注文。

⑦ 原稿此句"不"误写为"石",改。

⑧ 原稿注文"按"误写为"叶",改。

⑨ 原稿夹注所增与正文内容有重复,〈〉括号内文字后被圈删。

⑩〈〉括号内文字后被圈删。

⑪ 介生按:原稿此句又有圈删之处,然文意似有不明,特据原样标出。

⑫ 引文多有节略之处。

⑬ 介生按:原稿领县数空阙,实领县十一。但据原稿目录,襄城郡领县十三,即将汝南、符垒二县增入。今本《魏书·地形志中》"广州襄城郡"

仅领二县：繁昌、襄城。

襄城（今许州襄城县治。）

汉属颍川[①]，晋属[②]。

有颍阳城、（《收志》有。穆案：此汉颍川郡颍阳县城也，故城在今许州西南。）

繁邱｛丘｝城。（《收志》有[③]。〈未详〉[④]《汝水注》：汝水又东南流，径西不羹城南[⑤]。又东南，径繁丘｛邱｝城南[⑥]，而东南出也。）

校注：

① 据《汉书·地理志》与《续汉书·郡国志》，颍川郡下均有襄城县。

② 据《晋书·地理志》，襄城郡下有襄城县。

③ 今本《魏书·地形志中》作"繁丘城"。

④"未详"二字后被圈删。

⑤ 引文此句下有节略。

⑥《水经注疏》此句作"繁邱"。

繁昌（在今许州临〈颖〉｛颍｝县西北三十里。）

魏文帝置，属汝南。（［夹注：属汝南，据《方舆纪要》。］洪氏《补三国疆域志》以繁昌属襄城郡，盖沿《晋志》而误。）

晋属[①]。

有繁昌城、（《收志》有。《颍水注》：繁昌｛故｝县[②]，曲蠡之繁阳亭也。《魏书·国志》曰：文帝以汉献帝延康元年，行至曲蠡，登坛受禅于是地，改元黄初。其年以颍阴之繁阳亭为繁〈为繁〉昌县[③]。城内有三台，时人谓之繁昌台｛坛｝[④]，坛前有二碑。）

颍乡城、（《收志》有。《颍水注》：颍水又南，径颍乡城西，颍阴县故城在东北，旧许昌典农都尉治也。后改为县。）

安阳城、（《收志》有。未详。）

冈邱{丘}城⑤、(《颍水注》:〈颖〉{颍}水又东南,径柏祠曲东,历冈{罡}丘城南⑥,故汾丘城也。《春秋左传·襄公十八年》:楚子庚治兵于汾。司马彪曰:襄城县有汾丘。杜预曰:在襄城县之东北也。)

阳城陂、(《收志》有。未知与颍川阳翟之钧台陂一源否?)

青陵陂。(《颍水注》:颍水又东南流,径青陵亭城北,北对青陵陂。陂纵广二十里,颍水径其北,枝入为陂。陂西则滶水注之。水出襄城县之邑城下,东流,注于陂。陂水又东,入临颍县之狼陂。颍水又东南流而历临颍县也。)

校注:

① 据《晋书·地理志》,襄城郡下有繁昌县。

② 引文此句应为"故县",据补。

③ 引文此句衍写"为繁"二字,据删。

④《水经注疏》此句为"繁昌坛",而《水经注校证》及库本《水经注》则为"繁昌台",与本稿同,存考。

⑤ 介生按:据下列引文,冈邱,应为"冈丘"。

⑥《水经注疏》此句作"罡丘",《水经注校证》与库本《水经注》作"冈丘",与本稿同,存考。

龙山(在今汝州郏县东南。)

太和十七年置①。

有龙山。(《收志》有。《汝水注》:龙山水出龙山龙溪,北流,际父城县故城东②。又东北流,与二水合,俱出龙山,北流注之,又东北,入于汝水。《寰宇记》郏城县:白龙山,在县南三十里尹村。)

校注:

① 龙山县在今本《魏书·地形志中》"广州顺阳郡"下。

② 引文此句下有节略。

龙阳(当在今郏县西,汝水之南。)

太和十七年置[①]。

校注:

① 龙阳县在今本《魏书·地形志中》"广州顺阳郡"下。

郏城(今汝州郏县治。)

故郏,汉属颍川[①]。晋属[②]。

有郏城、(《收志》有[③]。〈今本"郏"误作"峡",或从山,为从土之讹也。〉[④])

纪氏台、(《汝水注》:蓝水出阳翟县重岭山,东南流,径纪氏城西,有层台,谓之纪氏台。《续汉书》曰:世祖车驾西征,盗贼群起。郏令冯鲂为贼延裒{褒}所攻[⑤],力屈,上诣纪氏,群贼自降,即是处,在郏城东北十馀里。)

摩陂。(《汝水注》:白沟水出夏亭城西。又南径龙城西。城西北即摩陂也,纵广可{一}十五里[⑥]。魏青龙元年,有龙见于郏之摩陂,明帝幸陂观龙,于是改摩陂曰龙陂,其城曰龙城。)

校注:

① 据《汉书·地理志》,颍川郡下有郏县。

② 据《晋书·地理志》,襄城郡下有郏县。

③ 郏城县在今本《魏书·地形志中》"广州南阳郡"下。

④〈〉括号内文字后有圈删之意。

⑤《水经注疏》此句"延裒"后校云:"赵作'褒'。守敬按:从《范书》。"卷二一"校记"云:"按:今标点本范书《鲂传》作'褒',与赵氏同。"存考。

⑥《水经注疏》此句增写一"一"字,并校云:"戴删'一'字。"据删。

南阳(在今郏县西北。)

有大刘山祠。(《收志》有[①]。《隋志》襄城郡郏城:有大〈刘〉留山[②]。《方舆纪要》汝州:沛公垒,在州东北大刘山南。汉高入关时驻此,世祖西征,亦尝驻〈马〉{焉}[③],故山有大刘、小刘之称。《寰宇记》:"大刘山,在郏县北三十里。"[原注:今本《寰宇记》无此文。])

校注:

① 南阳县在今本《魏书·地形志中》"广州南阳郡"下。

② 引文此句"刘"字后被圈删。

③ 引文此句"焉"误写为"马",据改。

北舞阳(在今南阳府舞阳县北十五里。)

故定陵,汉属颍川[①]。晋属襄城[②]。

皇兴元年改置[③]。

有木陂、(《收志》有。)

百尺沟、龙渊、(《汝水注》:汝水又东{南}[④],径定陵县故城北[⑤]。水右则滍水左入焉;左则百尺沟出矣。沟水夹岸层崇,亦谓之为百尺堤也。自定陵城北,通颍水于襄城县。颍盛则南播,汝泆则北注。沟之东有澄潭,号曰龙渊,在汝北四里许。南北百步,东西二百步。水至清深,常不耗竭,佳饶鱼笋。湖溢,则东注滶水矣。《隋志》颍川郡北舞县:有百尺沟。)

芹沟水。(《汝水注》:芹沟水导源叶县,东径沅阳城北。又东,径定陵县南,又东南流,注醴。其水径流昆、醴之间,缠〈绤〉{络}四{三}县之中[⑥],疑即吕忱所谓涀水也。今于定陵更无别水,惟是水可〈以〉当之[⑦]。)

校注:

① 据《汉书·地理志》与《续汉书·郡国志》,颍川郡下均有定陵县。

② 据《晋书·地理志》,襄城郡下有定陵县。

③ 北舞阳县在今本《魏书·地形志中》"广州定陵郡"下。

④ 引文此句脱写一"南"字,据补。

⑤ 引文此句后多有节略。

⑥ 引文此句“络”误写为“绤”，据改。又《水经注疏》校云：“会贞按：‘四’字当误，据上导源叶县，径沅阳、定陵、立三县，古三、四皆积画成字，知本作‘三’，传钞变作‘四’也。”存考。

⑦ 引文此句衍写一“以”字，据删。

云阳（当在今南阳府舞阳县境。）

太和十一年置①。（《〈颖〉{颍}水注》：〈颖〉{颍}水又东，径临〈颖〉{颍}城北②。又东，径云阳二城间，南、北〈冀〉{翼}水③，并非所具。）

校注：

① 云阳县在今本《魏书·地形志中》“广州定陵郡”下。

② 引文有节略。

③ 原稿引文误抄“翼”为“冀”，据改。

西舞阳（在今舞阳县西。）

故舞阳，汉属颍川①。晋属襄城②。

天安元年改置③。

校注：

① 据《汉书·地理志》与《续汉书·郡国志》，颍川郡下均有舞阳县。

② 据《晋书·地理志》，襄城郡下有舞阳县。

③ 西舞阳县在今本《魏书·地形志中》“广州定陵郡”下，注文云：“天安元年置，正光中陷，兴和二年复。”

昆阳（今南阳府叶县治。）

汉属颍川①，晋属襄城②。

有汉广城、(《收志》有③。穆案:《收志》此县及"荆州汉广郡南棘阳县"下皆有汉广城。考《南齐〈州郡〉志》④,"宁蛮府没虏十二郡"内有汉广郡。此昆阳之汉广城,疑即南齐故治。但未知荆州之汉广城又系何代制耳。)

昆阳城、(《收志》有。《汝水注》:昆水出鲁阳县唐山,东南流,径昆阳县故城西⑤。又屈径其城南,盖藉水以氏县也。昆水又东,径定陵城南,又东,注汝水。《元和志》叶县:昆阳故城,在县北二十五里。《收志》"昆阳城"下有"新安"二字,疑有脱误,未详。)

烧车水、(《汝水注》:烧车水西出苦菜山,东流,侧叶城南,而下注醴水。《元和志》叶县:烧车水,在县南二十四里。世祖破王寻,烧其辎重于此水滨,因以为名。)

叶陂、(《汝水注》:叶县南有方城山⑥。山有涌泉,北流,畜之以为陂。陂塘方二里,陂水散流,又东,径叶城南,而东北注醴水。醴水又东,注叶陂。陂东西十里,南北〈二〉{七}里⑦,二陂,并诸梁之所堨也。)

叶公庙、(《汝水注》:醴水又东,径叶公庙北。庙前有《叶公子高诸梁碑》。旧秦、汉之世,庙道有双阙、几筵。黄〈中〉{巾}之乱⑧,残毁颓阙。魏太和、景初中,令长修〈馀〉{饰}旧宇⑨。后长汝南陈晞以正始元年立碑,碑字破落,遗文殆存,事见其碑。)

南中府。(《收志》"〈荆〉{襄}州南安郡"注⑩:太和十三年置郢州,十八年改为南中府。)

校注:

① 据《汉书·地理志》与《续汉书·郡国志》,颍川郡下均有昆阳县。

② 据《晋书·地理志》,襄城郡下有昆阳县。

③ 昆阳县在今本《魏书·地形志中》"广州汉广郡"下。

④《南齐志》即指《南齐书·州郡志》,原稿"州郡"二字被圈删。

⑤ 此段引文多有节略。

⑥ 此段引文多有节略。

⑦ 引文此句“七”误写为“二”，据改。

⑧ 引文此句“巿”误写为“中”，据改。

⑨ 引文此句“饰”误写为“馀”，据改。

⑩ 此段引文出处有误，据今本《魏书·地形志下》，南安郡隶属襄州，据改。

高阳（在今叶县北。）

太和元年置[①]。

有南襄城、（《收志》有。穆案：《隋志》“颍川郡叶{县}”注[②]：“后齐置襄州，后周废襄州，置南襄城郡。”据此，则南襄城之名亦因前制，不始后周矣。又案：《南齐志》“宁蛮府没虏十二郡”内有南襄城郡。其地当在今湖北境，不关此也。）

东西二蒲城、（《收志》有。《汝水注》：湛水又东南，径蒲城北。京相璠曰“昆阳县北有蒲城，蒲城北有湛水者”是也。《方舆纪要》叶县：蒲城，在县东北。相传蒲洪所筑，因名[③]。今为蒲城保。）

皮城、（《收志》有。）

高阳山、（《收志》有。）

首山祠。（《收志》有。《隋志》“颍川郡汝{县}坟”注[④]：“有首山。”）

校注：

① 高阳县在今本《魏书·地形志中》“广州汉广郡”下。

② 依例补一“县”字。

③ 引文有节略。

④ 依例补一“县”字。

征引文献及版本目录

“二十四史”校注合编本，中华书局1997年。（其中包括：《史记》、《汉书》、《后汉书》、《晋书》、《宋书》、《南齐书》、《魏书》、《隋书》、《新唐书》、《旧唐书》等）

《资治通鉴》（上、下册），（宋）司马光编著，（元）胡三省音注，中华书局1997年。

《古本竹书纪年辑证》，方诗铭、王修龄撰，上海古籍出版社1981年。

《古本竹书纪年辑校》，（清）朱右曾辑，（民国）王国维校补；《今本竹书纪年疏证》，（民国）王国维撰，黄永年校点，辽宁教育出版社1997年。

《春秋释例》（《春秋释地》），（晋）杜预撰，文渊阁“四库全书”本。

《春秋左传注疏》，（晋）杜预注，（唐）孔颖达疏，文渊阁“四库全书”本。

《东汉文纪》，（明）梅鼎祚编，文渊阁“四库全书”本。

《水经注》，（北魏）郦道元著，四部丛刊本。

《水经注》，（北魏）郦道元著，文渊阁“四库全书”本。

《水经注集释订讹》,(清)沈炳巽撰,文渊阁“四库全书”本。

《水经注释》,(清)赵一清撰,文渊阁“四库全书”本。

《水经注疏》,(北魏)郦道元著,(民国)杨守敬、熊会贞疏,段熙仲点校,陈桥驿复校,江苏古籍出版社1989年。

《水经注校证》,(北魏)郦道元撰,陈桥驿校证,上海古籍出版社2007年。

《合校水经注》,(北魏)郦道元著,(清)王先谦校,中华书局2009年。

《洛阳伽蓝记校注》,(魏)杨衒之撰,范祥雍校注,上海古籍出版社1958年。

《洛阳伽蓝记校释》,(魏)杨衒之撰,周祖谟校释,上海书店出版社2000年。

《北魏吊比干墓文》,《历代碑帖法书选》编辑组编,文物出版社2000年。

《通典》,(唐)杜佑撰,王文锦、王永兴、刘俊文、徐庭云、谢方点校,中华书局1988年。

《初学记》(上、下册),(唐)徐坚等著,中华书局2004年。

《艺文类聚》,(唐)欧阳询撰,文渊阁“四库全书”本。

《艺文类聚》,(唐)欧阳询撰,汪绍楹校,上海古籍出版社1982年。

《贞观公私画史》一卷,(唐)裴孝源撰,文渊阁“四库全书”本。

《元和郡县图志》(全二册),(唐)李吉甫撰,贺次君点校,中华书局1983年。

《括地志辑校》,(唐)李泰等著,贺次君辑校,中华书局1980年。

《匡谬正俗》,(唐)颜师古撰,文渊阁“四库全书”本。

《太平寰宇记》,(宋)乐史撰,金陵书局光绪八年刊本。

《太平寰宇记》,(宋)乐史撰,王文楚等校点,中华书局

2007年。

《舆地广记》三十八卷,(宋)欧阳忞撰,李勇先、王小红校注,四川大学出版社2003年。

《太平御览》(全八册),(宋)李昉等编,河北教育出版社1994年。

《太平御览》,(宋)李昉等编,四部丛刊三编景宋本。

《太平广记》(全十册),(宋)李昉等编,中华书局1961年。

《文苑英华》,(宋)李昉等编,中华书局1966年。

《文苑英华》,(宋)李昉等编,文渊阁"四库全书"本。

《河南志》,(宋)宋敏求等原著,(清)徐松辑,高敏点校,中华书局1994年。

《通鉴地理通释》,(宋)王应麟著,文渊阁"四库全书"本。

《元丰九域志》,(宋)王存撰,王文楚、魏嵩山点校,中华书局1984年。

《北道刊误志》,(宋)王瓘撰,文渊阁"四库全书"本。

《文昌杂录》,(宋)庞元英撰,文渊阁"四库全书"本。

《文献通考》(全二册),(元)马端临撰,中华书局1986年。

《禁扁》,(元)王士点撰,文渊阁"四库全书"本。

《说文解字》,(汉)许慎撰,中华书局1963年影印版。

《说文解字注》,(汉)许慎撰,(清)段玉裁注,中州古籍出版社2006年。

《集石录》(十卷),(宋)欧阳修撰,文渊阁"四库全书"本。

《金石录》,(宋)赵明诚撰,文渊阁"四库全书"本。

《宝刻丛编》,(宋)陈思撰,文渊阁"四库全书"本。

《广川书跋》,(宋)董逌撰,文渊阁"四库全书"本。

《历代帝王宅京记》(《历代宅京记》),(清)顾炎武著,中华书局1986年。

《日知录集释》,(清)顾炎武撰,黄汝成集释,栾保群、吕宗力校点，上海古籍出版社 2006 年。

《读史方舆纪要》，(清)顾祖禹撰，贺次君、施和金点校，中华书局 2005 年。

《河朔访古记》，不著撰人，文渊阁“四库全书”本。

《左传杜解补正》，(清)顾炎武撰，清“皇清经解”本。

《四书释地》，(清)阎若璩撰，清“皇清经解”本。

《嵩阳石刻集记》，(清)叶封撰，文渊阁“四库全书”本。

《癸巳类稿》，(清)俞正燮撰，清连筠簃丛书本。

《鲒埼亭集》，(清)全祖望著，四部丛刊本。

《金石萃编》(全五册)，(清)王昶编，中国书店 1985 年影印版。

《十三经注疏》，(清)阮元校刻，中华书局 2005 年。

《春秋左传注疏》，文渊阁“四库全书”本。

《钦定大清一统志》，(清)和珅等纂修，文渊阁“四库全书”本。

《山西通志》，(清)觉罗石麟等纂修，文渊阁“四库全书”本。

《河南通志》，(清)王士俊等纂修，文渊阁“四库全书”本。

《廿二史考异》，(清)钱大昕撰，陈文和、张连生、曹明升校点，凤凰出版社 2008 年。

《潜研堂集》(上、下册)，(清)钱大昕撰，吕友仁校点，上海古籍出版社 2009 年。

《十七史商榷》，(清)王鸣盛撰，陈文和、王永平、张连生、孙显军校点，凤凰出版社 2008 年。

《尚书后案》，(清)王鸣盛撰，清乾隆四十五年礼堂刻本。

《历代地理志韵编今释》，(清)李兆洛著，商务印书馆 1935 年。

《禹贡锥指》，(清)胡渭撰，邹逸麟整理，上海古籍出版社 1996 年。

《历代地理沿革表》，(清)陈芳绩撰，道光十三年刊本。

《钦定春秋传说汇纂》，(清)王掞、张廷玉等撰，文渊阁“四库全书”本。

《春秋地理考实》,(清)江永撰,文渊阁"四库全书"本。

《补三国畺(疆)域志》,(清)洪亮吉撰,《二十五史补编》本,中华书局1955年。

《汉书补注》,(清)吴卓信撰,清朝道光刻本。

(民国)《修武县志》,(民国)萧国祯修,萧凤桐纂,民国二十年铅印本。

《青溪旧屋集》,(清)刘文淇著,清光绪九年刻本。

《清人文集地理类汇编》,谭其骧主编,浙江人民出版社1986年。

《永乐大典》(全十册),中华书局1986年。

《续古文苑》,(清)孙星衍辑,清嘉庆刻本。

《中州金石记》,(清)毕沅撰,清经训堂丛书本。

《两浙金石志》,(清)阮元编,清道光四年李檽刻本。

《乾隆府厅州县图志》,(清)洪亮吉撰,清嘉庆八年刻本。

《初修河东盐法志》,(清)觉罗石麟等纂修,台湾学生书局1966年。

《河东盐法备览》,(清)蒋兆奎撰,清乾隆五十五年刻本。

《校勘学释例》,陈垣著,中华书局2004年。

《阎若璩年谱》,(清)张穆撰,邓瑞点校,中华书局1994年。

《梁启超论清学史二种》,(民国)梁启超撰,朱维铮校注,复旦大学出版社1985年。

《书目答问补正》,(清)张之洞原著,范希曾补正,上海古籍出版社1983年。

《北周地理志》,王仲荦著,中华书局1980年。

《中国历代地理学家评传》(三卷),谭其骧主编,王文楚、赵永复副主编,山东教育出版社1993年。

《山右丛书初编》,(民国)山西省文献委员会编,山西人民出版社1986年。

图书在版编目（CIP）数据

《魏延昌地形志》存稿辑校/［清］张穆原著，安介生辑校．—济南：齐鲁书社，2011.6

ISBN 978-7-5333-2507-7

Ⅰ.①魏… Ⅱ.①张…②安… Ⅲ.①地理志—中国—北魏②魏延昌地形志—校勘 Ⅳ.①K928.639.2

中国版本图书馆 CIP 数据核字（2011）第 093055 号

《魏延昌地形志》存稿辑校

［清］张穆 原著　安介生 辑校

出版发行　齊魯書社

社　　址　济南市英雄山路 189 号

邮　　编　250002

网　　址　www.qlss.com.cn

电子邮箱　qlss@sdpress.com.cn

印　　刷　山东新华印刷厂

开　　本　880×1230/32

印　　张　12.125

插　　页　2

字　　数　360 千

版　　次　2011 年 6 月第 1 版

印　　次　2011 年 6 月第 1 次印刷

标准书号　ISBN 978-7-5333-2507-7

定　　价　**39.00 元**